教育部哲学社会科学系列发展报告
MOE Serial Reports on Developments in Humanities and Social Sciences

# 中国中小企业发展报告2014

China Small and Medium Enterprises
Development Report 2014

主　编　林汉川　秦志辉　池仁勇
副主编　汪海粟　李安渝　李兴旺　黄鹏章

北京大学出版社
PEKING UNIVERSITY PRESS

# 图书在版编目(CIP)数据

中国中小企业发展报告 2014/林汉川,秦志辉,池仁勇主编.—北京:北京大学出版社,2014.9
(教育部哲学社会科学系列发展报告)
ISBN 978-7-301-24673-3

Ⅰ.①中… Ⅱ.①林…②秦…③池… Ⅲ.①中小企业—经济发展—研究报告—中国—2014 Ⅳ.①F279.243

中国版本图书馆 CIP 数据核字(2014)第 191309 号

| | |
|---|---|
| 书　　　　名: | 中国中小企业发展报告 2014 |
| 著作责任者: | 林汉川　秦志辉　池仁勇　主　编 |
| | 汪海粟　李安渝　李兴旺　黄鹏章　副主编 |
| 责 任 编 辑: | 李　娟　周　玮 |
| 标 准 书 号: | ISBN 978-7-301-24673-3/F·4022 |
| 出 版 发 行: | 北京大学出版社 |
| 地　　　　址: | 北京市海淀区成府路 205 号　100871 |
| 网　　　　址: | http://www.pup.cn |
| 电 子 信 箱: | em@pup.cn　　QQ:552063295 |
| 新 浪 微 博: | @北京大学出版社　@北京大学出版社经管图书 |
| 电　　　　话: | 邮购部 62752015　发行部 62750672　编辑部 62752926　出版部 62754962 |
| 印 刷 者: | 北京宏伟双华印刷有限公司 |
| 经 销 者: | 新华书店 |
| | 730 毫米×980 毫米　16 开本　25.5 印张　472 千字 |
| | 2014 年 9 月第 1 版　2014 年 9 月第 1 次印刷 |
| 定　　　　价: | 68.00 元 |

未经许可,不得以任何方式复制或抄袭本书之部分或全部内容。
版权所有,侵权必究
举报电话:010-62752024　电子信箱:fd@pup.pku.edu.cn

本报告系：
教育部哲学社会科学发展报告资助项目（编号：13JBG001）
浙江工业大学中国中小企业研究院资助项目
对外经济贸易大学中小企业研究中心资助项目
工业和信息化部中小企业发展促进中心资助项目
对外经济贸易大学北京企业国际化经营研究基地资助项目

## 顾问委员会名单

主　　任：李子彬　郑　昕　郭跃进
副 主 任：李鲁阳　王建翔　高鹰忠

## 编辑委员会名单

主　　　编：林汉川　秦志辉　池仁勇
副 主 编：江海粟　李安渝　李兴旺　黄鹏章
常 务 编 委（以姓氏笔画为序）：
　　　　　　史世伟　冯德连　叶红雨　邱　红　何　杰　张明龙
　　　　　　林仲豪　姜旭朝　杨　俊　陶秋燕　梅　强　尚会永
　　　　　　赵　敏　刘道学
编辑部主任：尚会永　赵　敏　吕　臣
编写成员（以姓氏笔画为序）：
　　　　　　马　勇　马晓霖　王玉燕　王先菊　王阳阳　王佳锐
　　　　　　王爱珍　王　璐　毛伟忠　孔春梅　边　涛　吕　臣
　　　　　　刘文波　刘绪军　刘道学　池仁勇　孙世强　李安渝
　　　　　　李红欣　肖　文　吴　宝　吴标兵　张万军　张　宁
　　　　　　张志娟　张亨明　张　荣　张　超　邵金菊　林汉川
　　　　　　林承亮　尚会永　罗仲伟　周志英　郑　颖　赵　敏
　　　　　　俞　锋　俞新武　姜玉勇　娄赤刚　贺　俊　顾　杰
　　　　　　徐洪水　黄阳华　黄雨潆　黄鹏章　黄　溪　寇　垠
　　　　　　程宣梅　赓金洲　谢文武　管丽萍　熊　翀　薛桂芝

# 总　　序

　　哲学社会科学的发展水平,体现着一个国家和民族的思维能力、精神状态和文明素质,反映了一个国家的综合国力和国际竞争力。在社会发展历史进程中,哲学社会科学往往是社会变革、制度创新的理论先导,特别是在社会发展的关键时期,哲学社会科学的地位和作用就更加突出。在我国从大国走向强国的过程中,繁荣发展哲学社会科学,不仅关系到我国经济、政治、文化、社会建设以及生态文明建设的全面协调发展,而且关系到社会主义核心价值体系的构建,关系到全民族的思想道德素质和科学文化素质的提高,关系到国家文化软实力的增强。

　　党的十六大以来,以胡锦涛同志为总书记的党中央高度重视哲学社会科学,从中国特色社会主义发展全局的战略高度,把繁荣发展哲学社会科学作为重大而紧迫的任务进行谋划部署。2004年,中共中央下发《关于进一步繁荣发展哲学社会科学的意见》,明确了新世纪繁荣发展哲学社会科学的指导方针、总体目标和主要任务。党的十七大报告明确指出:"繁荣发展哲学社会科学,推进学科体系、学术观点、科研方法创新,鼓励哲学社会科学界为党和人民事业发挥思想库作用,推动我国哲学社会科学优秀成果和优秀人才走向世界。"2011年,党的十七届六中全会审议通过的《中共中央关于深化文化体制改革、推动社会主义文化大发展大繁荣若干重大问题的决定》,把繁荣发展哲学社会科学作为推动社会主义文化大发展大繁荣、建设社会主义文化强国的一项重要内容,深刻阐述了繁荣发展哲学社会科学一系列带有方向性、根本性、战略性的问题。这些重要思想和论断,集中体现了我们党对哲学社会科学工作的高度重视,为哲学社会科学繁荣发展指明了方向,提供了根本保证和强大动力。

　　为学习贯彻党的十七届六中全会精神,教育部于2011年11月17日在北京召开全国高等学校哲学社会科学工作会议。中共中央办公厅、国务院办公厅转发《教育部关于深入推进高等学校哲学社会科学繁荣发展的意见》,明确提出到2020年基本建成高校哲学社会科学创新体系的奋斗目标。教育部、财政部联合印发《高等学校哲学社会科学繁荣计划(2011—2020年)》,教育部下发《关于进一步改进高等学校哲学社会科学研究评价的意见》《高等学校哲学社会科学"走出去"计划》《高等学校人文社会科学重点研究基地建设计划》等系列文件,启动了新一轮"高校哲学社会科学繁荣计划"。未来十年,高校哲学社会科学将着力构建九大体系,即学科和教材体系、创新平台体系、科研项目体系、社会服务体系、条件支撑体系、人才队伍体系、现代科研管理体系和学风建设工作体系等,同时,大力实施高校哲学社会科学"走出去"计划,提升国际学术影响力和话语权。

当今世界正处在大发展大变革大调整时期,我国已进入全面建设小康社会的关键时期和深化改革开放、加快转变经济发展方式的攻坚时期。站在新的历史起点上,高校哲学社会科学面临着难得的发展机遇和有利的发展条件。高等学校作为我国哲学社会科学事业的主力军,必须充分发挥人才密集、力量雄厚、学科齐全等优势,坚持马克思主义立场观点方法,以重大理论和实际问题为主攻方向,立足中国特色社会主义伟大实践进行新的理论创造,形成中国方案和中国建议,为国家发展提供战略性、前瞻性、全局性的政策咨询、理论依据和精神动力。

自2010年始,教育部启动哲学社会科学研究发展报告资助项目。发展报告项目以服务国家战略、满足社会需求为导向,以数据库建设为支撑,以推进协同创新为手段,通过组建跨学科研究团队,与各级政府部门、企事业单位、校内外科研机构等建立学术战略联盟,围绕改革开放和社会主义现代化建设的重点领域和重大问题开展长期跟踪研究,努力推出一批具有重要咨询作用的对策性、前瞻性研究成果。发展报告必须扎根社会实践、立足实际问题,对所研究对象的发展状况、发展趋势等进行持续研究,强化数据采集分析,重视定量研究,力求有总结、有分析、有预测。发展报告按照"统一标识、统一封面、统一版式、统一标准"纳入"教育部哲学社会科学发展报告文库"集中出版。计划经过五年左右,最终稳定支持百余种发展报告,有力支撑"高校哲学社会科学社会服务体系"建设。

展望未来,夺取全面建设小康社会新胜利、谱写人民美好生活新篇章的宏伟目标和崇高使命,呼唤着每一位高校哲学社会科学工作者的热情和智慧。我们要不断增强使命感和责任感,立足新实践,适应新要求,以建设具有中国特色、中国风格、中国气派的哲学社会科学为根本任务,大力推进学科体系、学术观点、科研方法创新,加快建设高校哲学社会科学创新体系,更好地发挥哲学社会科学认识世界、传承文明、创新理论、咨政育人、服务社会的重要功能,为全面建设小康社会、推进社会主义现代化、实现中华民族伟大复兴作出新的更大的贡献。

教育部社会科学司

# 前　言

据 2012 年国务院最新报道,目前我国各类中小微企业达 5 200 万户(含个体工商户),占全国企业总数的 99%,完成了全国 50% 的税收、60% 的 GDP、68.3% 的出口,提供了 80% 的城镇就业岗位、65% 的发明专利、75% 以上的企业技术创新和 80% 以上的新产品开发。由此可见,中小微企业已成为我国市场经济最活跃的因子,是增加就业、稳定社会、自主创新的主力军,在国民经济和社会发展中具有高度战略地位。

编写《中国中小企业发展报告 2014》旨在加深对 2013 年度我国中小企业的发展现状、变化趋势、政策取向的了解,并以近年来中国中小企业各种数据的变化为基础,探讨我国中小企业发展的总体态势、政策取向、技术创新、融资模式、地区动态以及服务体系等重点事件和热点问题,促进我国中小企业持续、健康、快速的发展。在我国,以中小企业发展为重点进行系统分析与评价的年度发展研究报告,在国内高校还是少有的。本报告正是为解决这些难题而设置的。

本报告由五篇三十二章内容组成。第一篇是 2013 年中国中小企业发展总体评述。包括:2013 年中小企业发展概况;2013 年中国中小企业扶持政策与法规综述;新时期中国急需实施第五次重大减税让利政策的建议与对策;中国中小企业品牌影响力的研究报告;完善小微企业种子基金的研究报告;中国中小企业移动电子商务发展的研究报告;发展中小企业是生产方式变革内在要求的研究报告。第二篇是 2013 年中国中小企业技术创新专题问题研究报告。包括:淮北市中小企业技术创新障碍及完善的对策建议;苏州市中小企业创新困境及完善的对策建议;陕西省中小企业与大企业协作配套现状及完善的对策建议;淮安市中小企业创新能力现状及完善的对策建议;宁波市中小企业专利发展现状及完善的对策建议;上海电子商务监管发展现状及完善的对策建议;互联网时代中小企业融资模式创新的对策建议。第三篇是 2013 年中国中小企业融资专题调研报告。包括:武汉市中小企业融资现状的调研报告;个体工商户融资现状的调研报告;出口导向型中小企业融资现状的调研报告;科技型中小企业融资现状的调研报告;建筑业中小企业融资现状的调研报告;OECD 成员国中小企业融资计分板与启示的调研报告。第四篇是中国中小企业热点问题专题调研报告。包括：构建转贷引导基金破解中小企业连环倒闭难题的调研报告；劳动密集型中小企业融资的调研报告；浙江省民营企业境外投资审批制度改革的调研报告；浙江海宁综合要素改革经验与借鉴的调研报告；黔南地区中小企业电子商务发展的调研报告；建立中小企业经营安全互助基金的调研报告。第五篇是2013年地区中小企业发展专题调研报告。包括：温州创建民间金融监管协调机制的新鲜经验与存在问题的调研报告；浙江省中小企业面临的突出问题与对策建议的调研报告；鄂尔多斯市中小企业经营状况与经营环境的调研报告；河北省中小企业发展的调研报告；湖北省中小企业健康成长环境的调研报告；浙江省中小企业知识产权利用现状的调研报告。最后，本书附有2013年中国中小企业大事记。

  本报告是教育部哲学社会科学发展报告资助项目、浙江工业大学中国中小企业研究院资助项目、对外经济贸易大学中小企业研究中心资助项目、工业和信息化部中小企业发展促进中心资助项目、对外经济贸易大学北京企业国际化经营研究基地资助项目的年度性研究成果。本年度发展报告由林汉川、秦志辉、池仁勇任主编，汪海粟、李安渝、李兴旺、黄鹏章任副主编，尚会永、赵敏、吕臣任编辑部主任。他们负责全书的设计、组织与统撰工作。具体参加本报告撰写的成员有（以章节为序）：前言林汉川，第一、二章赵敏，第三章林汉川、吕臣，第四章毛伟忠、孙世强、王先菊、张志娟、李红欣、薛桂芝，第五章张万军，第六章李安渝、王璐，第七章尚会永，第八章张亨明，第九章刘绪军，第十章张超，第十一章张荣，第十二章周志英、管丽萍、俞新武，第十三章李安渝、王璐，第十四章林承亮、赓金洲、邵金菊、徐洪水、娄赤刚、吴标兵，第十五章黄溪，第十六章姜玉勇，第十七章姜玉勇，第十八章寇垠，第十九章寇垠，第二十章熊翀、郑颖，第二十一章池仁勇，第二十二章罗仲伟、贺俊、黄阳华，第二十三章程宣梅，第二十四章吴宝，第二十五章李安渝、王璐，第二十六章刘道学，第二十七章王玉燕、林汉川，第二十八章肖文、谢文武，第二十九章孔春梅、王佳锐、马晓霖、王阳阳、边涛、张宁、王爱珍，第三十章黄雨濛、马勇、黄鹏章，第三十一章刘文波、顾杰，第三十二章俞锋，大事记赵敏。林汉川、池仁勇、赵敏、吕臣等同志对全书初稿进行了编辑。

  依据教育部社科司对高校编写哲学社会科学研究发展报告的新精神，在撰写《中国中小企业发展研究报告2013》《中国中小企业发展研究报告2012》《中国中小企业发展研究报告2011》等三部研究报告基础上，对外经济贸易大学中小企业研究中心、工业和信息化部中小企业发展促进中心、浙江工业大学中国中小企业研究院，联合中国社会科学院、浙江大学、中南财经政法大学、暨南大学、武汉科技大学、安徽省社会科学院、西南财经大学、西安邮电大学、内蒙古财经大学、浙江万里学院、浙江大学宁波理工学院、安徽财经大学、温州大学、北京联合大学、河北大

学、黄河科技学院、江苏食品药品职业技术学院、苏州工业职业技术学院、河北省民营经济研究中心等高校中小企业研究的专家、学者以及北京市工商联课题组等相关组织，共同撰写完成了《中国中小企业发展报告2014》。可以说，本报告是全国许多高校中小企业组织的学者以及相关部门联合攻关的结晶。

本报告在研究和撰写过程中，一直得到教育部社科司、中国中小企业协会、工业和信息化部中小企业司、工业和信息化部中小企业发展促进中心、商务部中小企业办公室、浙江省中小企业局、北京市经济与信息化委员会中小企业处、湖北省工商行政管理局等有关部门领导的指导与关怀，特别是中国中小企业协会李子彬会长、李鲁阳副秘书长，工业和信息化部中小企业司郑昕司长、王建翔副司长，湖北省政协郭跃进副主席，浙江省中小企业局高鹰忠局长等同志，他们不仅对本报告的许多关键问题给予了大力支持与帮助，还欣然同意担任本报告的顾问，使得本报告内容充实、数据准确、资料丰富，在此一并表示诚挚地感谢！

尽管参加撰写本报告的专家、学者以及实际部门的工作者都对自己撰写的内容进行了专门的调查研究，但由于面临许多新问题，加之时间紧、水平有限，因此，本报告中难免不妥之处，敬请各位读者批评指正。

编委会

2014 年 6 月

# 目 录

## 第一篇 2013年中国中小企业发展总体评述

### 第一章 2013年中小企业发展概况 …………………………………………… (3)
- 第一节 中小企业总体概况 ……………………………………………… (3)
- 第二节 中小企业实有户数情况 ………………………………………… (6)
- 第三节 规模以上工业企业发展情况 …………………………………… (13)
- 第四节 中小企业指数变化情况 ………………………………………… (14)

### 第二章 2013年中国中小企业扶持政策与法规综述 …………………………… (20)
- 第一节 国家部委中小企业扶持政策 …………………………………… (21)
- 第二节 各地中小微企业扶持政策 ……………………………………… (28)
- 第三节 重点政策解读 …………………………………………………… (35)

### 第三章 新时期中国急需实施第五次重大减税让利政策的建议与对策 ……… (41)
- 第一节 改革开放后四次减税让利政策及其效果 ……………………… (41)
- 第二节 当前中国小微企业面临"四贵三难"的困难形势 ……………… (42)
- 第三节 对策与建议 ……………………………………………………… (42)

### 第四章 中国中小企业品牌影响力的研究报告 ………………………………… (44)
- 第一节 中国中小企业品牌影响力的总体现状 ………………………… (44)
- 第二节 国外提升中小企业品牌影响力的经验 ………………………… (47)
- 第三节 对策与建议 ……………………………………………………… (48)

### 第五章 完善小微企业种子基金的研究报告 …………………………………… (60)
- 第一节 种子基金能够有效解决小微企业融资难的困境 ……………… (60)

第二节　种子基金业务模式面临的主要问题 …………………………… (61)
　　　第三节　对策与建议 ……………………………………………………… (62)
第六章　中国中小企业移动电子商务发展的研究报告 ……………………………… (63)
　　　第一节　中国中小企业移动电子商务的发展现状 ……………………… (63)
　　　第二节　中国中小企业移动电子商务监管面临的主要问题 …………… (64)
　　　第三节　对策与建议 ……………………………………………………… (65)
第七章　发展中小企业是生产方式变革内在要求的研究报告 ……………………… (67)
　　　第一节　中小企业的历史机遇 …………………………………………… (67)
　　　第二节　中小企业发展具有的天然优势 ………………………………… (68)
　　　第三节　对策与建议 ……………………………………………………… (69)

## 第二篇　2013年中国中小企业技术创新专题问题研究报告

第八章　淮北市中小企业技术创新障碍及完善的对策建议 ………………………… (73)
　　　第一节　淮北市中小企业创新的现状 …………………………………… (73)
　　　第二节　淮北市中小企业创新体系存在的问题 ………………………… (74)
　　　第三节　对策与建议 ……………………………………………………… (76)
第九章　苏州市中小企业创新困境及完善的对策建议 ……………………………… (80)
　　　第一节　苏州市中小企业创新现状 ……………………………………… (80)
　　　第二节　苏州市中小企业创新存在的问题 ……………………………… (82)
　　　第三节　对策与建议 ……………………………………………………… (83)
第十章　陕西省中小企业与大企业协作配套现状及完善的对策建议 ……………… (87)
　　　第一节　陕西省中小企业为大企业配套的现状 ………………………… (87)
　　　第二节　陕西省中小企业为大企业配套存在的问题 …………………… (89)
　　　第三节　对策与建议 ……………………………………………………… (90)
第十一章　淮安市中小企业创新能力现状及完善的对策建议 ……………………… (93)
　　　第一节　淮安市提升中小企业创新能力的做法 ………………………… (93)
　　　第二节　淮安市中小企业创新能力现状 ………………………………… (93)
　　　第三节　淮安市中小企业创新存在的问题 ……………………………… (94)
　　　第四节　对策与建议 ……………………………………………………… (95)
第十二章　宁波市中小企业专利发展现状及完善的对策建议 ……………………… (99)
　　　第一节　宁波市专利总体情况 …………………………………………… (99)
　　　第二节　宁波市中小企业专利现状调查 ………………………………… (100)
　　　第三节　宁波市专利申请量的原因分析 ………………………………… (103)

第四节　对策与建议 ………………………………………………………（105）
第十三章　上海电子商务监管发展现状及完善的对策建议 ……………………（107）
　　　第一节　上海电子商务发展的现状 ……………………………………（107）
　　　第二节　上海工商部门开展网络交易监管中存在的问题 ……………（107）
　　　第三节　外省市工商部门的解决方案 …………………………………（109）
　　　第四节　对策与建议 ……………………………………………………（110）
第十四章　互联网时代中小企业融资模式创新的对策建议 ……………………（112）
　　　第一节　中小企业网络融资发展现状 …………………………………（112）
　　　第二节　网络融资发展中存在的主要问题 ……………………………（115）
　　　第三节　对策与建议 ……………………………………………………（120）

### 第三篇　2013年中国中小企业融资专题调研报告

第十五章　武汉市中小企业融资现状的调研报告 ………………………………（129）
　　　第一节　武汉市中小企业融资现状 ……………………………………（129）
　　　第二节　武汉市中小企业融资存在的主要问题 ………………………（139）
　　　第三节　对策与建议 ……………………………………………………（146）
第十六章　个体工商户融资现状的调研报告 ……………………………………（149）
　　　第一节　个体工商户的发展现状 ………………………………………（149）
　　　第二节　影响个体工商户融资的主要原因分析 ………………………（152）
　　　第三节　对策与建议 ……………………………………………………（166）
第十七章　出口导向型中小企业融资现状的调研报告 …………………………（167）
　　　第一节　出口导向型中小企业的发展现状 ……………………………（167）
　　　第二节　影响出口导向型中小企业融资的主要原因分析 ……………（168）
　　　第三节　对策与建议 ……………………………………………………（177）
第十八章　科技型中小企业融资现状的调研报告 ………………………………（179）
　　　第一节　科技型中小企业的发展现状 …………………………………（179）
　　　第二节　影响科技型中小企业融资的主要原因分析 …………………（186）
　　　第三节　对策与建议 ……………………………………………………（195）
第十九章　建筑业中小企业融资现状的调研报告 ………………………………（199）
　　　第一节　建筑业中小企业的发展现状 …………………………………（199）
　　　第二节　影响建筑业中小企业融资的主要因素分析 …………………（201）
　　　第三节　对策与建议 ……………………………………………………（210）

第二十章　OECD成员国中小企业融资计分板与启示的调研报告 ………… (213)
  第一节　中小企业融资评价体系：OECD计分板 ……………………… (213)
  第二节　OECD计分板在OECD成员国的实践 ………………………… (216)
  第三节　对策与建议 …………………………………………………………… (226)

## 第四篇　中国中小企业热点问题专题调研报告

第二十一章　构建转贷引导基金破解中小企业连环倒闭难题的
      调研报告 …………………………………………………………… (231)
  第一节　中小企业连环倒闭产生的原因 ……………………………… (231)
  第二节　中小企业连环倒闭的原因分析 ……………………………… (232)
  第三节　杭州市中小企业转贷引导基金的模式创新与运行效果 …… (232)
  第四节　对策与建议 …………………………………………………………… (234)

第二十二章　劳动密集型中小企业融资的调研报告 ……………………… (236)
  第一节　劳动密集型行业中小企业融资面临的主要问题 ………… (236)
  第二节　劳动密集型行业中小企业融资难的原因分析 …………… (238)
  第三节　对策与建议 …………………………………………………………… (238)

第二十三章　浙江省民营企业境外投资审批制度改革的调研报告 …… (241)
  第一节　境外投资审批新政传递出"审批便利化"的强烈信号 …… (241)
  第二节　浙江民企境外投资审批体制的改革空间和改革红利 …… (242)
  第三节　对策与建议 …………………………………………………………… (243)

第二十四章　浙江海宁综合要素改革经验与借鉴的调研报告 ………… (245)
  第一节　我国工业要素流转与使用情况的现状与问题 …………… (245)
  第二节　海宁要素市场化配置综合配套改革的基本情况 ………… (246)
  第三节　对策与建议 …………………………………………………………… (247)

第二十五章　黔南地区中小企业电子商务发展的调研报告 …………… (249)
  第一节　黔南地区电子商务发展现状 ………………………………… (249)
  第二节　黔南地区电子商务发展存在的问题 ………………………… (249)
  第三节　对策与建议 …………………………………………………………… (250)

第二十六章　建立中小企业经营安全互助基金的调研报告 …………… (252)
  第一节　建立中小企业经营安全互助基金势在必行 ………………… (252)
  第二节　建立中小企业经营安全互助基金制度的有效性 ………… (252)
  第三节　对策与建议 …………………………………………………………… (259)

### 第五篇　2013年地区中小企业发展专题调研报告

**第二十七章　温州创建民间金融监管协调机制的新鲜经验与**
　　　　　　存在问题的调研报告 …………………………………………（265）
　　第一节　温州民间金融发展与监管现状 ………………………………（265）
　　第二节　温州创建民间金融监管协调机制的实践经验 ………………（270）
　　第三节　对策与建议 ……………………………………………………（277）

**第二十八章　浙江省中小企业面临的突出问题与对策建议的**
　　　　　　调研报告 ………………………………………………………（279）
　　第一节　当前中小企业发展的严峻现实 ………………………………（279）
　　第二节　当前中小企业面临的突出问题 ………………………………（282）
　　第三节　中小企业生存困境的深层次原因 ……………………………（289）
　　第四节　对策与建议 ……………………………………………………（292）

**第二十九章　鄂尔多斯市中小企业经营状况与经营环境的调研报告**……（295）
　　第一节　鄂尔多斯市中小企业发展现状 ………………………………（295）
　　第二节　鄂尔多斯市中小企业经营环境与状况存在的问题 …………（296）
　　第三节　对策与建议 ……………………………………………………（318）

**第三十章　河北省中小企业发展的调研报告** ……………………………（331）
　　第一节　河北省中小企业发展的现状、作用及面临的发展机遇 ……（331）
　　第二节　河北省中小企业面临的问题 …………………………………（332）
　　第三节　对策与建议 ……………………………………………………（335）

**第三十一章　湖北省中小企业健康成长环境的调研报告** ………………（340）
　　第一节　湖北省优化中小企业发展环境的现状 ………………………（340）
　　第二节　湖北省中小企业发展面临的新环境、新挑战 ………………（344）
　　第三节　对策与建议 ……………………………………………………（352）

**第三十二章　浙江省中小企业知识产权利用现状**
　　　　　　的调研报告 ……………………………………………………（358）
　　第一节　当前浙江省专利研发及其利用现状 …………………………（358）
　　第二节　中小企业对专利等知识产权需求存在的问题 ………………（358）
　　第三节　对策与建议 ……………………………………………………（359）

2013年中国中小企业大事记 …………………………………………………（362）

参考文献 ………………………………………………………………………（377）

# 图 目 录

图 1-1　2013 年企业实有数量及注册资本同比增长率 …………… 7
图 1-2　2013 年新注册登记企业产业分布 ……………………………… 8
图 1-3　2013 年全国市场主体区域分布 ………………………………… 12
图 1-4　2010—2013 年中国中小企业发展指数运行图 ……………… 14
图 1-5　2011—2013 年企业景气指数与企业家信心指数运行图 …… 17
图 4-1　品牌对企业发展作用认可度 …………………………………… 44
图 4-2　中小企业品牌建设目标 ………………………………………… 45
图 4-3　中小企业品牌意识调查 ………………………………………… 45
图 4-4　中心区域品牌管理能力状况调研 ……………………………… 46
图 4-5　中小企业品牌建设水平评测 …………………………………… 46
图 4-6　政府主导型知识产权预警机制 ………………………………… 56
图 10-1　2011 年陕西省各产业集群省内配套率 ……………………… 88
图 10-2　2011 年陕西省各市省内配套率 ……………………………… 88
图 12-1　2002—2010 年宁波市专利申请量 …………………………… 99
图 12-2　2002—2010 年宁波市专利授权量 …………………………… 100
图 12-3　2006—2010 年宁波市中小企业专利申请量 ………………… 100
图 12-4　研发投入占企业销售额的比例 ……………………………… 104
图 15-1　武汉市中小企业发展困难及程度 …………………………… 130
图 15-2　融资需求分布 ………………………………………………… 130
图 15-3　中小企业生命发展周期 ……………………………………… 132
图 15-4　各产业资金来源分布 ………………………………………… 134
图 15-5　不同要素密集类型企业资金来源分布 ……………………… 135
图 15-6　不同经营类型企业资金来源分布 …………………………… 135
图 15-7　生命周期资金来源分布 ……………………………………… 136
图 15-8　各产业融资需求分布 ………………………………………… 137

| | | |
|---|---|---|
| 图 15-9 | 不同要素密集类型企业流动资金状况 | 137 |
| 图 15-10 | 不同经营类型企业融资需求特点 | 138 |
| 图 15-11 | 各产业资金需求状况 | 138 |
| 图 15-12 | 不同经营类型企业资金需求状况 | 139 |
| 图 15-13 | 业务变化情况影响因素 | 142 |
| 图 15-14 | 武汉市中小企业成功获得银行贷款的原因调查结果 | 144 |
| 图 16-1 | 中国个体工商户 2009—2012 年状况 | 149 |
| 图 16-2 | 个体工商户 2002—2011 年营业收入变化 | 150 |
| 图 16-3 | 个体工商户 2002—2011 年利润及工资状况变化 | 150 |
| 图 16-4 | 2008 年全国个体工商户实有户数行业分布 | 160 |
| 图 17-1 | 2003—2012 年原料、燃料、动力价格指数变动 | 170 |
| 图 17-2 | 2002—2008 年人工工资变动情况 | 170 |
| 图 18-1 | 1995—2011 年高科技产业新产品研发与利税占比情况 | 181 |
| 图 18-2 | 高技术产品出口按贸易方式分布(2002—2011 年) | 184 |
| 图 18-3 | 高技术产品出口按企业类型分布(2002—2011 年) | 184 |
| 图 19-1 | 建筑行业毛利率和净利率与全市场比较 | 204 |
| 图 19-2 | 建筑行业经营现金与净利润比和现金收入比与全市场比较 | 204 |
| 图 19-3 | 中国建筑产业总收入变动情况 | 205 |
| 图 19-4 | 中国建筑产业增长速度指标变动情况 | 205 |
| 图 19-5 | 大型建筑央企在主营业务领域的市场份额 | 206 |
| 图 19-6 | 以需求为核心出发点的产量、毛利、回款分析框架 | 206 |
| 图 19-7 | 建筑施工中小企业无形资产分类 | 207 |
| 图 19-8 | 建筑施工企业无形资产互补性 | 208 |
| 图 20-1 | 1995—2010 年韩国大企业与中小企业贷款规模 | 219 |
| 图 26-1 | 1966 年以来日本中小企业倒闭状况 | 255 |
| 图 26-2 | 日本中小企业倒闭共济贷款情况 | 256 |
| 图 26-3 | 1989 年以来日本中小企业连锁倒闭防止共济基金加入状况 | 258 |
| 图 26-4 | 中国中小企业互助基金制度框架(案) | 260 |
| 图 26-5 | 中国中小企业经营安全互助基金管理运行机制(案) | 261 |
| 图 27-1 | 2008—2013 年温州地区民间借贷与金融类案件数与标的总额 | 267 |
| 图 27-2 | 温州民间融资综合利率指数的内容构成 | 273 |
| 图 27-3 | 2013 年 1 月至 2014 年 5 月温州民间融资综合利率指数 | 273 |
| 图 27-4 | 温州地区不同融资主体利率水平变化趋势 | 274 |

图 27-5　民间金融组织非现场监管系统信息服务设计图 …… 275
图 28-1　中小企业主经营企业压力的承受度 …… 282
图 28-2　中小企业主对企业承受的社会负担的态度 …… 283
图 28-3　当前中小企业资金短缺情况 …… 285
图 28-4　中小企业曾享受扶持政策的情况 …… 286
图 28-5　中小企业对用工环境的满意程度 …… 287
图 29-1　企业创立时间情况 …… 296
图 29-2　企业固定用工情况 …… 297
图 29-3　对国家政策的了解程度 …… 298
图 29-4　享受到的优惠政策（占政策份额） …… 298
图 29-5　没有享受优惠政策的原因 …… 299
图 29-6　申报项目遇到的困难 …… 300
图 29-7　政府行政许可审批的问题 …… 301
图 29-8　企业融资渠道 …… 302
图 29-9　企业融资难度评价 …… 302
图 29-10　税收负担的原因 …… 304
图 29-11　社会服务获得情况 …… 304
图 29-12　社会服务满意度 …… 305
图 29-13　获取市场信息的渠道 …… 306
图 29-14　招聘难度 …… 307
图 29-15　招工渠道 …… 308
图 29-16　经营环境面临的重大问题 …… 310
图 29-17　2013年与2011年、2012年相比企业成本水平变化情况 …… 310
图 29-18　企业目前存在的重大经营困难情况 …… 312
图 29-19　企业有无长期发展规划 …… 313
图 29-20　企业有无年度经营计划 …… 314
图 29-21　企业员工及管理者接受培训情况 …… 315
图 29-22　企业管理人员学历情况 …… 317
图 29-23　企业管理中面临的重大困难情况 …… 317

# 表 目 录

表 1-1　2013 年企业数量及注册资本情况 ……………………………………… 6
表 1-2　2013 年新注册登记市场主体情况 ……………………………………… 8
表 1-3　全国新注册登记个体工商户行业占比前十位 ………………………… 9
表 1-4　2013 年企业数量产业分布 ……………………………………………… 10
表 1-5　2013 年个体工商户产业分布 …………………………………………… 11
表 2-1　2013 年国家部委颁布的综合性政策 …………………………………… 21
表 2-2　2013 年国家部委颁布的金融政策 ……………………………………… 22
表 2-3　2013 年国家部委颁布的财税政策 ……………………………………… 25
表 2-4　2013 年国家部委颁布的产业升级及创新政策 ………………………… 26
表 2-5　2013 年国家部委颁布的创业就业政策 ………………………………… 27
表 2-6　2013 年国家部委颁布的服务体系政策 ………………………………… 28
表 2-7　2013 年各地扶持中小微企业法规及政策汇总 ………………………… 29
表 2-8　2013 年各地扶持中小微企业财税政策 ………………………………… 30
表 2-9　2013 年各地扶持中小微企业融资政策 ………………………………… 32
表 2-10　2013 年各地鼓励产业升级与创新政策 ……………………………… 33
表 2-11　2013 年各地鼓励就业创业政策 ……………………………………… 34
表 2-12　2013 年各地服务体系及其他政策 …………………………………… 35
表 8-1　2012 年安徽省各市高新技术产业总产值和增加值 …………………… 74
表 9-1　苏州市中小企业基本情况 ……………………………………………… 80
表 12-1　2006—2010 年宁波市中小企业各类专利占比情况 ………………… 101
表 12-2　不同性质企业专利申请量方差分析 ………………………………… 103
表 12-3　专利申请量与研发的投入的相关性 ………………………………… 104
表 12-4　激励机制的专利申请量方差分析 …………………………………… 104
表 12-5　管理机构的专利申请量方差分析 …………………………………… 104
表 14-1　第三方电子商务企业网络贷款规模 ………………………………… 112

| 表 14-2 | 主要 P2P 网络融资平台情况 | 113 |
|---|---|---|
| 表 14-3 | 第三方网络融资平台主要服务类型 | 114 |
| 表 14-4 | 各大银行主要网络融资产品 | 115 |
| 表 15-1 | 按资本类型划分的中小企业 | 130 |
| 表 15-2 | 融资难易程度分类 | 131 |
| 表 15-3 | 创始伙伴类型分布 | 140 |
| 表 16-1 | 2012 年部分城市居民月最低生活保障标准 | 151 |
| 表 16-2 | 某美发连锁公司与美发个体户收费价格对比 | 151 |
| 表 16-3 | 2011—2013 年个体工商户已取消的税费汇总表 | 153 |
| 表 16-4 | 个体工商户税费负担汇总表 | 155 |
| 表 16-5 | 个体工商户生存状况调查表 | 158 |
| 表 16-6 | 影响个体工商户融资的三级指标强度效用指数 | 164 |
| 表 17-1 | 2011—2013 年部分出口商品量值表 | 173 |
| 表 17-2 | 影响出口导向型中小企业融资的三级指标强度效用指数 | 175 |
| 表 18-1 | 2001—2010 年中国高科技民营企业概况 | 183 |
| 表 18-2 | 部分国家制造业和高技术产业的 R&D 强度 | 185 |
| 表 18-3 | 部分国家 R&D 经费的数量情况 | 185 |
| 表 18-4 | 部分国家科技研究人员的密度对比 | 186 |
| 表 18-5 | 2011 年度立项项目情况（技术领域和项目类别） | 188 |
| 表 18-6 | 影响科技型中小企业融资的三级指标强度效用指数 | 194 |
| 表 19-1 | 2012 年各行业增加值占国内生产总值的比重情况 | 199 |
| 表 19-2 | 2011 年中国建筑行业人员学历与年龄构成 | 201 |
| 表 19-3 | 影响建筑施工中小企业融资的三级指标强度效用指数 | 209 |
| 表 20-1 | OECD 计分板当中的中小企业家融资核心评价指标 | 214 |
| 表 20-2 | 韩国中小企业划分标准 | 217 |
| 表 20-3 | 韩国企业规模分布 | 217 |
| 表 20-4 | 韩国中小企业融资核心指标计分板 | 218 |
| 表 20-5 | 2007—2010 年韩国风险资本与成长基金情况 | 219 |
| 表 20-6 | 英国企业规模分布 | 220 |
| 表 20-7 | 英国中小企业融资核心指标计分板 | 221 |
| 表 20-8 | 2008—2010 年英国风险投资与成长基金概况 | 222 |
| 表 20-9 | 美国企业规模分布表 | 223 |
| 表 20-10 | 美国中小企业融资核心指标计分板 | 224 |

| 表 20-11 | 美国 2007—2010 年中小企业未偿贷款存量 | 225 |
| 表 20-12 | 2000—2010 年美国小企业管理局 7a 和 504 担保贷款情况 | 226 |
| 表 26-1 | 日本中小企业倒闭的原因构成 | 254 |
| 表 28-1 | 中小企业主对企业运营的信心度 | 280 |
| 表 28-2 | 中小企业主下一步投资意向 | 280 |
| 表 29-1 | 成本水平、企业盈利情况交叉制表 | 311 |

# 第一篇
# 2013年中国中小企业发展总体评述

# 第一章 2013年中小企业发展概况

## 第一节 中小企业总体概况

中小企业是促进就业、改善民生、稳定社会、发展经济、推动创新的基础力量,是构成市场经济主体中数量最大、最具活力的企业群体。中小企业发展状况,关系到中国经济社会结构调整与发展方式转变,关系到促进就业与社会稳定,关系到科技创新与转型升级。近年来受国内外各种复杂因素的影响,经济下行的压力比较大。经济下行对中小企业的影响明显,需求拉力减弱,市场竞争激烈,反映经营困难的企业不断增加。同时,中小企业又面临着劳动力成本、融资成本、原材料成本、税费成本、物流成本上升的压力。

### 一、中小企业总体情况

1. 已发展成主力军

以中小企业中的个体私营经济为例,近20年个体私营经济呈现跨越式增长态势。2013年,民间投资占全国固定资产投资的61.4%,民间资本占全国企业资本的60%。中小企业已经成为国民经济的重要组成部分,在完善社会主义市场经济体制、扩大全社会投资、促进企业发展、保障民生、创造就业岗位以及增加税收等方面发挥不可替代的作用。

2. 区域分布不平衡

中小企业区域发展不平衡,沿海东部数量及规模庞大,中西部地区发展相对滞后。据不完全统计,沿海东部的江苏、浙江、广东的中小企业规模均超过2万亿元,福建、河北、辽宁、四川、湖南也都超过1万亿元,中部地区的湖北、天津、山西及云南为4 000亿元—5 000亿元,而贵州省不足3 000亿元。从比重上看,中小企业呈现"东高西低、外高内低"的区域发展格局,福建、河北、浙江、辽宁的中小企业比重超过60%,四川、湖南、湖北、江苏比重过半。贵州省中小企业的规模和比重两项指标,在全国排名均相对靠后,尚未对社会经济构成有力支撑。而作为中小企业大省的浙江省,中小企业已达72万户(不含个体户),解决90%的劳动力就业问题,形成以中小企业为主干的块状经济新型载体,从而成为浙江经济的一个显著特征和突出优势。

### 3. 多从事传统行业

2013年，企业数量排名前10位的行业中，中小企业数量总计27.6万家，占全部企业数量的61.6%，劳动密集型产业、技术投资较少的产业仍是中小企业的经营和投资主要方向，而高新技术、战略性新兴等高附加值产业的中小企业数量很少。中小企业的技术装备较为落后、产品或服务技术含量不高、产品附加价值较低、技术创新少、低端产能重复投资偏多等现象和问题依然突出且普遍存在。

### 4. 人才短缺仍严重

现阶段，我国人力资源成本上涨已是大势所趋。人才市场在跨越"刘易斯"拐点之后，人力资源无限供给的特征逐步消退，人力资源价格上涨。高端人才更多地流向大中城市、大中型企业事业单位，导致中小企业很难获得发展所必需的核心人才；同时，中小企业也因自身经营风险和不稳定性偏高等因素，为同等水平人力资源支付了更高的人力成本，这进一步增加了企业的经营压力和风险。另外，"劳动力结构性短缺"现象也具有一定普遍性。

### 5. 信息化水平偏低

目前中国中小企业的信息化进程尚处在传统管理信息系统的初级阶段，对信息化管理的价值认识不充分、信息化建设缺乏必要规划和合理目标导向、专业人才匮乏、企业资金成本压力、管理基础不完善等问题，仍是阻碍中小企业有效挖掘、利用经营信息数据的重要因素。

而新兴的云计算、移动互联、物联网和社交网络技术的迅猛发展将企业管理带到一个如何变革的十字路口。信息化建设初级阶段的中小企业如何应对新兴信息技术对商业模式的冲击，如何利用新技术、新媒体实现企业的跨越式发展，需要企业管理者的经营理念发生深度变革，需要企业家具备战略管理思维以适应外部环境变化，需要企业完善和规范内部管理，保障战略规划的实施和发展目标的实现。

### 6. 融资难依然突出

外部有利因素短缺：

（1）金融体系的缺陷导致银行贷款在企业融资来源中占有绝对比重，而资本市场发展较晚，发育不完善且迟缓，中小企业获得直接融资所占比重极小；

（2）信用担保体系的欠缺和不完善等问题导致中小企业的担保需求难以满足，在较大程度上影响着中小企业的融资；

（3）政府的政策支持力度不够、机制不灵活、偏重大型企业等因素也是造成中小企业融资困难的重要原因。

内部必备因素不足：

（1）企业现代管理理念缺乏、经营管理能力不强、抵抗风险能力较弱、负债水平偏高等问题，使中小企业具有较高的破产/停产风险，从而难以获得金融机构的信赖；

(2) 中小企业规模小、信用水平低下，严重制约了其融资能力；

(3) 中小企业缺少可供担保抵押的财产，导致融资成本高，再度加剧经营风险。

**二、中小企业发展环境**

2012年以来，为解决中小企业特别是小微企业面临的经营压力大、成本上升、融资困难和负担偏重等问题，中国政府出台了《关于进一步支持小型微型企业健康发展的意见》(国发〔2012〕14号，简称国发14号文件)。各地区、各部门认真贯彻落实，各项工作取得了积极成效。

1. 政策环境逐步改善

截至2013年，在加强财税支持、完善金融服务、推进结构调整、健全服务体系、提升创新能力等方面，有关部门印发了国发14号文件的60个配套政策，32个省(自治区、直辖市)出台了实施意见。

2. 财税支持进一步加大

2013年中央财政中小企业专项资金规模增加至150亿元。设立国家中小企业发展基金的各项工作正在推进。财税部门出台企业税费优惠政策，自8月1日起，对小微企业月销售额不超过2万元的增值税小规模纳税人和营业税纳税人，暂免征收增值税和营业税，全面清理规范涉企收费行为。2012年以来，有关部门累计取消和免征340项行政事业性收费，涉及金额297亿元。

3. 缓解融资难取得进展

截至2013年6月末，主要金融机构及小型农村金融机构、外资银行人民币小微企业贷款余额12.25万亿元，占全部企业贷款的28.6%，同比增长12.7%，增速比同期大、中型企业贷款分别高2.3个和1.9个百分点。同时，国家通过营业税减免、各项准备金税前提取、资本金注入、担保费用补贴等扶持政策，支持中小企业信用担保机构和再担保机构为中小企业特别是小微企业提供信用担保服务。

4. 结构调整力度不断增强

现阶段，粗放型增长既不可行也难以为继，必须以经济转型谋求长远发展。工业和信息化部印发了《关于促进中小企业专精特新发展的指导意见》，组织实施"百项技术创新推进计划"，引导有条件的中小企业参加产业关键共性技术研发，促进中小企业创新发展。

5. 公共服务体系不断健全

实施中小企业公共服务平台网络建设工程，支持20个省搭建互联互通、资源共享的中小企业公共服务平台网络，为企业提供便捷服务。其中，首批启动建设的10个省已带动服务资源1757家，开展服务对接活动4.9万次，年服务中小企业

39万家。工业和信息化部分两批认定了307个国家中小企业公共服务示范平台。同时,开展了中小企业银河培训工程和中小企业经营管理领军人才培训。

6. 市场开拓取得积极进展

继续深化双边和多边合作机制,务实推进中德、中瑞(典)和APEC成员体之间的中小企业合作,举办多次中欧中小企业政策对话。成功举办十届中国国际中小企业博览会和七届APEC中小企业技术交流暨展览会等,为中小企业搭建展览、展示、合作、交易的平台。

## 第二节 中小企业实有户数情况

### 一、实有企业及个体工商户情况

2013年,全国市场主体健康有序发展,实有户数及资金规模总量扩大,增速提高,呈现稳中有进的发展态势。

根据国家工商总局统计数据显示,截至2013年年底,我国实有各类市场主体6 062.38万户,注册资本(金)总额达101.20万亿元,分别比2012年年底增长10.33%和18.21%。全国实有企业1 527.84万户,增长11.8%,注册资本(金)96.88万亿元,增长17.37%;内资企业1 483.24万户,增长12.15%,注册资本(金)84.51万亿元,增长19.52%(其中私营企业1 253.86万户,增长15.49%,注册资本(金)39.31万亿元,增长26.42%);外商投资企业44.60万户,增长1.21%,注册资本12.36万亿元,增长4.56%。

实有个体工商户4 436.29万户,比2012年年底增长9.29%,资金数额2.43万亿元,比2012年年底增长23.12%;实有农民专业合作社98.24万户,比2012年年底增长42.6%,出资总额1.89万亿元,比2012年年底增长71.85%,如表1-1及图1-1所示。

表1-1 2013年企业数量及注册资本情况

| | 企业 | | | 个体工商户 |
| --- | --- | --- | --- | --- |
| | 内资企业<br>(含私营企业) | 外资企业 | 其中:私营企业 | |
| 企业数量(万户) | 1 483.24 | 44.60 | 1 253.86 | 4 436.29 |
| 注册资本(万亿元) | 84.51 | 12.36 | 39.31 | 2.43 |

资料来源:根据国家工商总局资料整理。[①]

---

[①] 由于中小企业数量占比达99%以上,大型企业数量占比极小又相对稳定,因此以企业主体数量作为考量中小企业数量的重要指标。本数据根据国家工商总局公布数据整理。

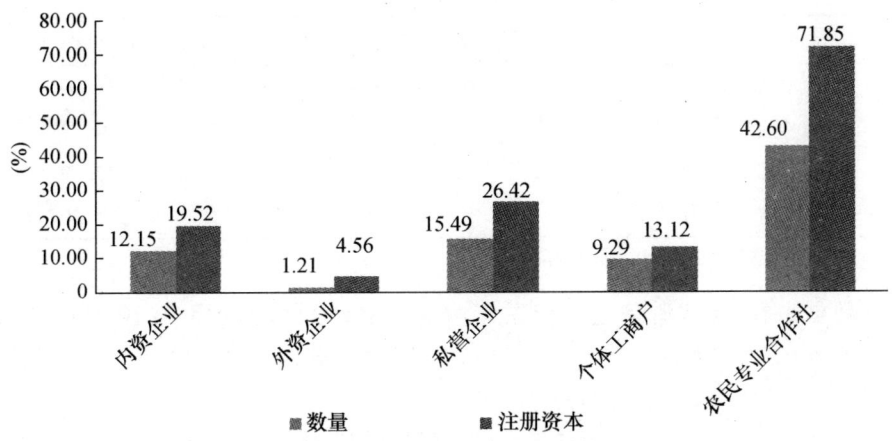

图1-1 2013年企业实有数量及注册资本同比增长率
资料来源:根据国家工商总局资料整理。

从市场主体类型看,2013年我国实有的内资企业、外资企业、私营企业、个体工商户、农民专业合作社均出现不同程度的量质齐增。私营企业和个体工商户是我国市场主体增长的主要推动力量。2013年新设私营企业和个体工商户数量占到了新设市场主体总量的96%。截至2013年年底,私营企业和个体工商户登记城镇从业人员为14 384.59万人,同比增长9.09%,占全国城镇就业人口的近四成。2013年新增私营企业和个体工商户从业人员1 184.48万,占全国新增城镇就业人口的九成。外商投资企业发展态势逐步走向平稳,但利用外资质量进一步提升,产业和区域结构逐步优化,我国仍然是世界第二大外资流入地,利用外资正从高速增长期进入成熟稳定期。总体来讲,私营企业快速发展,外资企业缓中趋稳,个体工商户增长较快,农民专业合作社迅猛发展。

## 二、新注册登记市场主体

表1-2列示了2013年新注册登记市场主体情况。2013年,全国新注册登记企业250.27万户,比上年同期增长27.63%;内资企业246.64万户,增长28.22%(其中私营企业232.73万户,增长29.98%);外商投资企业3.63万户,下降2.84%。新注册登记个体工商户853.02万户,增长16.39%;新注册登记农民专业合作社28.24万户,增长68.30%。2013年新注册登记市场主体数量显著增长,表明市场活力进一步增强。

表 1-2  2013 年新注册登记市场主体情况

| 主体性质 | 注册登记数量(万户) | 占比(%) |
|---|---|---|
| 内资企业 | 246.64 | 21.80 |
| 外资企业 | 3.63 | 0.32 |
| 个体工商户 | 853.02 | 75.39 |
| 农民专业合作社 | 28.24 | 2.50 |

资料来源:根据国家工商总局资料整理。

从数据来看,新注册登记市场主体增速明显,特别是 2013 年 10 月国务院第 28 次常务会议部署推进注册资本登记制度改革后,第四季度新注册登记市场主体加速增长,新注册登记市场主体 318.01 万户,同比增长 46.2%,环比增长 4.4%。资本总额 3.22 万亿元,同比增长 59.9%,环比增长 31.0%。

受工商登记制度改革影响,社会投资和创业热情迸发,2013 年新注册登记私营企业 232.73 万户,同比增速达到 30.0%,占新注册登记企业数量的 93.0%,比 2013 年年底私营企业占全国企业存续数量的 82.1% 高出 10.9 个百分点。持续带动社会就业,雇工人数达到 1 220.63 万人,同比增长 6.5%。

1. 产业结构

从产业来看,新注册登记企业主要集中在第三产业,为 191.58 万户,占新注册登记企业总数的 76.55%,比上年同期扩大 0.52 个百分点;第一产业 11.8 万户,占 4.71%,比上年同期扩大 0.39 个百分点;第二产业 46.89 万户,占 18.74%,比上年同期减少 0.91 个百分点(见图 1-2)。

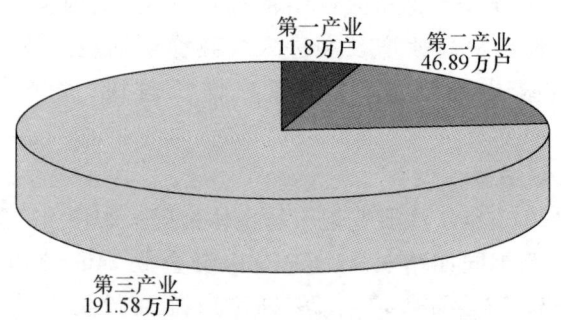

图 1-2  2013 年新注册登记企业产业分布

资料来源:根据国家工商总局资料整理。

2013 年新注册登记个体工商户中,第三产业的批发和零售业个体工商户达到 559.11 万户,占新注册登记个体工商户总量的 65.5%,同比增长率为 18.30%。第一产业的农林牧渔业个体工商户发展迅速,新登记数量同比增速达到 65.80%。

表1-3列示了全国新注册登记个体工商户行业占比前十位的情况。

表1-3 全国新注册登记个体工商户行业占比前十位

| 行业 | 数量占比(%) | 同比增长率(%) |
| --- | --- | --- |
| 批发和零售业 | 65.50 | 18.30 |
| 住宿和餐饮业 | 8.80 | 30.10 |
| 居民服务、修理和其他服务业 | 8.60 | 21.70 |
| 制造业 | 6.00 | 14.40 |
| 农林牧渔业 | 3.90 | 65.80 |
| 交通运输、仓储和邮政业 | 3.30 | -29.90 |
| 租赁和商务服务业 | 1.80 | 32.70 |
| 信息传输、软件和信息技术服务业 | 0.50 | -62.20 |
| 文化、体育和娱乐业 | 0.40 | 90.00 |
| 建筑业 | 0.30 | 24.90 |

资料来源:根据国家工商总局资料整理。

2. 市场主体密度

市场主体密度持续增加。从市场主体人均拥有量来看,2009年年底至2013年年底,全国市场主体密度从319.58户/万人逐年增加至447.73户/万人,其中2013年年底市场主体密度比2012年年底同比增长超过10%,达到10.3%。其中,排名前三位的北京、江苏、浙江市场主体密度分别为731.64户/万人、695.77户/万人及680.69户/万人,北京市场主体密度最高。

3. 区域分布

近八成新登记外资企业集中在东部地区,中、西部地区新登记内资企业超过东部地区。2013年新登记企业中,东、中、西部地区占比分别为59.0%、21.5%和19.5%,其中外资企业主要集中在东部地区,占比达到81.6%。中、西部地区新登记内资企业占比达到51.7%,超过了东部地区新登记企业占比。

**三、市场主体结构**

2013年12月底,我国企业数量达到1527.84万户,同比增长11.8%。个体工商户达到4436.29万户,同比增长9.3%。企业个体工商户比由2009年的0.326∶1提升到2013年的0.344∶1,企业所占比重持续增加。以北京为例,2013年北京新登记个体工商户5.70万户,同比下降20.2%,其原因一是产业升级促使投资人在创办初期就选择申办企业而非个体工商户;二是北京市力推"个转企"。

2013年年底各类市场主体(企业、个体工商户、农民专业合作社)户均资本规模相比2012年同期均呈现较高的增长速度。内资(非私营)企业户均资本规模达到1 970.5万元/户,同比增长17.8%。从新增企业户均注册资本来看,新增企业户均注册资本为377.73万元,较2012年全年新增企业户均注册资本331.55万元增长了46.18万元,增幅达13.93%。增幅较大的行业分别是居民服务、修理和其他服务业(56.87%)、教育(31.21%)、建筑业(27.61%)、金融业(23.46%)以及信息传输、软件和信息技术服务业(19.20%)。

**四、产业结构**

2013年产业结构进一步优化,区域发展更趋协调。市场主体在第一、第三产业所占比重继续扩大。截至2013年年底,企业在第一产业实有44.38万户,比上年增长17.23%,占企业总数的2.91%;第二产业382.00万户,增长7.23%,占25.00%;第三产业1 101.46万户,增长13.26%,占72.09%,比2012年提高了0.9个百分点,比2011年提高了1.6个百分点,其中批发和零售业企业数量达到542.85万户,占全国企业总量的35.5%(见表1-4)。

表1-4　2013年企业数量产业分布

| 产业分布 | 数量(万户) | 占比(%) |
| --- | --- | --- |
| 第一产业 | 44.38 | 2.91 |
| 第二产业 | 382.00 | 25.00 |
| 第三产业 | 1 101.46 | 72.09 |

资料来源:根据国家工商总局资料整理。

第三产业注册资本64.73万亿元,同比增长20.8%,在全国企业注册资本总额中占比达到66.8%,比2012年年底提高了1.6个百分点,比2011年年底提高了2.7个百分点。其中,金融业企业注册资本达到9.22万亿元,同比增长39.0%,资本集聚速度较快。

2013年年底第一产业企业呈现快速增长的特点,数量和注册资本在全国企业中的占比分别比2012年年底提高了0.4%和0.2%,表明"三农"政策持续发力,我国农业产业化进程加快。

个体工商户产业分布如表1-5所示,其中在第一产业实有93.36万户,占比为2.11%;在第二产业实有324.36万户,占比为7.31%;在第三产业实有4 018.57万户,占比为90.58%。从中可以看出个体工商户主要集中于第三产业。

表 1-5　2013 年个体工商户产业分布

| 产业分布 | 数量（万户） | 占比（%） |
| --- | --- | --- |
| 第一产业 | 93.36 | 2.11 |
| 第二产业 | 324.36 | 7.31 |
| 第三产业 | 4018.57 | 90.58 |

资料来源：根据国家工商总局资料整理。

战略性新兴产业企业总量持续增长。战略性新兴产业企业总量从2010年末的233.22万户增长至2013年末的296.6万户，年均增长率8.34%。2013年新登记企业46.71万户，较2012年增长26.64%。

截至2013年12月底，全国实有现代服务业企业409.65万户，同比增长13.9%，比服务业同比增长率高出0.9个百分点。企业实有注册资本57.58万亿元，同比增长43.3%，比服务业同比增长率高出13个百分点。卫生类新设企业达到5998户，比2012年增加了2931户，同比增速达到95.6%。2013年房地产企业发展呈现大幅回暖，新登记企业数量7.95万户，同比增速达到43.0%，注册资本8854.65万元，同比增速达到61.4%。广东、北京、上海三地新设现代服务业企业占全国三成以上，其中广东和上海的商务服务业较发达，北京则是科技推广和应用服务业较发达。

文化及相关产业数量比重逐年上升，企业规模偏小。截至2013年12月底，全国文化产业市场主体共279.62万户，占全国市场主体总量（6 062.38万户）的4.61%。全国文化产业内外资企业共133.45万户，占内外资企业总数（1 527.84万户）的8.73%，较2012年同期增长14.81%，高出全国企业增长率3.01个百分点；内外资企业注册资本（金）3.39万亿元，占内外资企业注册资本（金）总额（96.91万亿元）的3.49%，较2012年同期增长19.78%。2013年全国文化及相关产业新设企业有33.55%涉及文化创意设计。文化产品生产的辅助生产增长幅度最高，为43.2%。上海、浙江和北京三地新设文化及相关产业企业数量排在前三位，占比近三成。

现代制造业企业数量和资本在制造业中的占比略有下降。截至2013年12月底，全国现代制造业实有企业32.60万户，同比增长5.3%，注册资本5.14万亿元，同比增长3.9%，数量和资本同比增速均低于制造业整体水平。电子类和交通类发展加快，新设企业数量分别比2012年同期增加了1 683和1 679户，同比增长率分别为44.7%和35.9%。地域分布方面，浙江、江苏、广东三省现代制造业比较发达，新设企业数量分别为6 675户、5 078户、4 124户，三地占全国新设企业七成以上,其中浙江和广东省机电类企业较发达,江苏省则是电子类企业较为发达。河北现代服务业和现代制造业取得了突飞猛进的发展,增速分别达37.4%和80.9%,均位于全国首位。

2013年全国农民专业合作社存续数量达到98.24万户,是2010年的2.6倍。从同比增长情况来看,历年农民专业合作社同比增长率均保持在30%以上,其中2013年增速达到42.6%。

**五、区域结构**

中西部地区市场主体增长相对较快,区域差距减小。截至2013年12月底,西部地区实有市场主体1 493.65万户,同比增长11.9%,高于全国市场主体增速1.6个百分点。中部地区实有市场主体1 646.15万户,同比增长10.7%,高于全国市场主体增速0.4个百分点。与之相对应的是东部地区实有市场主体2 922.58万户,同比增长9.3%,低于全国市场主体增速1.0个百分点。

从市场主体在各区域中的占比变化来看,西部地区市场主体数量占比由2010年的23.7%增至2013年的24.6%,中部地区市场主体数量占比从2010年的26.2%增至2013年的27.2%;东部地区市场主体数量占比从2010年的50.1%降至2013年的48.2%,东、中、西部地区企业总量的比例由2010年的2.11:1.11:1变为2013年的1.96:1.11:1。图1-3为2013年全国市场主体区域分布图。中西部地区的较快增长,表明中西部地区与东部地区的差距正在逐步缩小,东、中、西部协调发展的趋势正在逐步形成。

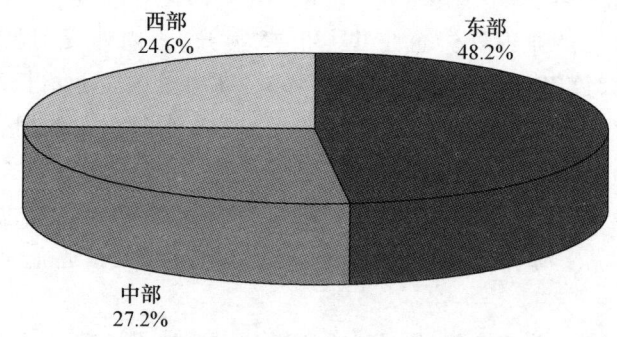

图1-3 2013年全国市场主体区域分布

资料来源:根据国家工商总局资料整理。

## 第三节 规模以上工业企业发展情况

### 一、全国规模以上工业企业发展情况

根据国家统计局公布数据,2013年全国规模以上工业企业实现利润总额62 831亿元,比上年增长12.2%,其中,主营业务利润62 201.3亿元,比上年增长4%。

2013年,在规模以上工业企业中,国有及国有控股企业实现利润总额15 194.1亿元,比上年增长6.4%,其中,主营业务利润12 385.2亿元,下降0.2%;集体企业实现利润总额825.4亿元,增长2.1%,其中,主营业务利润866.4亿元,下降7.5%;股份制企业实现利润总额37 285.3亿元,增长11%,其中,主营业务利润36 880.1亿元,增长1%;外商及港澳台商投资企业实现利润总额14 599.2亿元,增长15.5%,其中,主营业务利润13 930.7亿元,增长14%;私营企业实现利润总额20 876.2亿元,增长14.8%,其中,主营业务利润23 388.1亿元,增长3.8%。

在41个工业大类行业中,31个行业主营业务利润比上年增长,9个行业主营业务利润比上年减少,1个行业主营业务亏损比上年减少。

2013年,规模以上工业企业实现主营业务收入1 029 149.8亿元,比上年增长11.2%。每百元主营业务收入中的成本为85.27元,以利润总额计算的利润率为6.11%,以主营业务利润计算的利润率为6.04%。

在规模以上工业企业中,国有及国有控股企业实现主营业务收入258 242.6亿元,比上年增长6.1%,每百元主营业务收入中的成本为83.04元,利润率(按主营业务利润计算,下同)为4.8%;集体企业实现主营业务收入11 513.9亿元,增长5.1%,每百元主营业务收入中的成本为85.47元,利润率为7.52%;股份制企业实现主营业务收入610 395.8亿元,增长12.7%,每百元主营业务收入中的成本为85.14元,利润率为6.04%;外商及港澳台商投资企业实现主营业务收入241 387.8亿元,增长9%,每百元主营业务收入中的成本为85.6元,利润率为5.77%;私营企业实现主营业务收入329 694.3亿元,增长15.4%,每百元主营业务收入中的成本为86.3元,利润率为7.09%。

### 二、全国中小工业企业发展情况

2013年我国规模以上中小工业企业主营业务收入同比增长13.9%,利润同比增长15.8%,规模以下小型微型企业盈利水平也有较大幅度上升,中小企业的活力和竞争优势进一步显现。不过用工贵、企业成本负担高、贷款难问题依然制约着相关企业的发展。

## 第四节 中小企业指数变化情况

### 一、中小企业发展指数

2013年中小企业发展指数总体回升,第四季度指数达到95.7,为2011年第三季度以来的最高值(见图1-4),但仍处于景气临界值100以下。

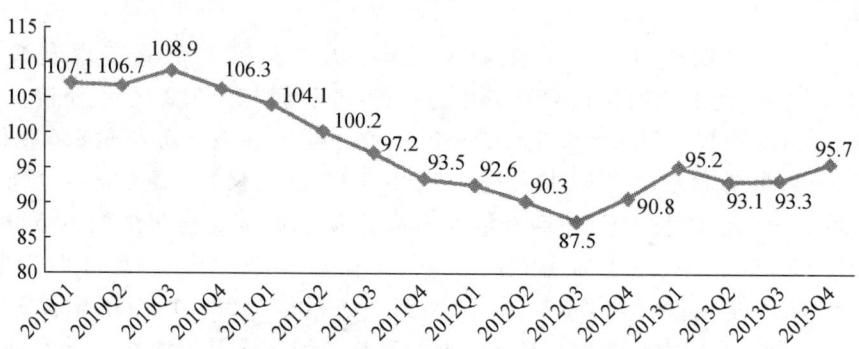

图1-4　2010—2013年中国中小企业发展指数运行图
资料来源:根据国家工商总局资料整理。

企业对于预期经济走势进一步趋好的信心增强,在一定程度上促进了当期中小企业发展指数的上升,但是,从总体上看,经济增长的动力尚待加强,尽管多数分行业(如工业、房地产业、建筑业等)指数存在进一步上升的趋势,但还有一些分行业特别是住宿餐饮业指数的下行压力较大,企业整体面临的一些困难特别是成本和资金方面的困难很难有大的改观,不能完全排除中小企业发展指数波动的可能性。

1. 第一季度

2013年第一季度中国中小企业发展指数(SMEDI)为95.2,比2012年第四季度上升4.4点。第一季度SMEDI保持了上季度出现的止跌回升势头,且上升幅度有所加大。分行业看,除房地产、住宿餐饮业外,第一季度工业、建筑业、交通运输邮政仓储业、批发零售业、社会服务业、信息软件业六个行业指数均有较大升幅,其中社会服务业指数位于景气临界值100以上。

与此同时,第一季度中小企业效益指数为76.7,上升4.4点。调查显示,56%的企业反馈企业增盈、减亏或持平,比上季度增加4个点。效益指数在2012年第三季度降至最低位,为69.8,尽管近两个季度连续上升,但所处点位仍然很低,表明企业效益状况有待大力改善。

尽管第一季度SMEDI回升势头得以持续,但尚待巩固。随着相关政策的贯彻执行和逐步到位,房地产和住宿餐饮业指数有可能维持目前的走势,同时工业和其他一些分行业指数出现强烈增势的可能性不大。广大中小企业生产经营中面临的成本、市场、融资等方面的困难没有明显改观,相应分项指数的上升也有较大压力。

2. 第二季度

2013年第二季度中国中小企业发展指数(SMEDI)为93.1,比第一季度下降2.1点。在国民经济总体平稳、错综复杂的形势下,中小企业的困难和问题更多一些,面临着较大的下行压力。

统计显示,第二季度调查样本内的多数分行业指数下降,8个分行业指数(工业、建筑业、交通运输邮政仓储业、房地产业、批发零售业、社会服务业、信息软件业、住宿餐饮业)中2升6降,且仅社会服务业指数位于景气临界值100以上。

8个分行业在三个方面具有较多的共性:一是企业对外部经济发展和运行状况不够满意,除房地产业和信息软件业外,其他6个分行业的总体运行状况指数和综合生产经营指数基本都是下降的,其中第二季度工业总体运行状况指数和综合生产经营指数环比分别下降6.8和4.1点,建筑业分别下降7.1和9.4点等。

二是企业的订单状况不够理想,除交通运输邮政仓储业和信息软件业外,其他6个分行业的订单指数均下降,其中第二季度工业企业的产品订货量指数环比下降5.6点、房地产业的商品房预售面积指数下降4.4点、建筑业新签订的工程合同指数下降7.1点、住宿餐饮业的业务预订指数下降7.9点、社会服务业的企业服务预订量指数下降8.3点、批发零售业的企业与供货商签订的购货合同指数下降9.5点。

三是企业的应收账款增加较多,第二季度工业、交通运输邮政仓储业、房地产业、社会服务业和信息软件业应收账款指数环比分别下降8.8、11.3、8.1、5.9和8.8点,表明这些行业的企业相互拖欠有所发展。

此外,第二季度东、中、西部指数分别为92.9、90.4、96.7,环比分别下降0.4、7.2和5.1点。

3. 第三季度

2013年第三季度中国中小企业发展指数(SMEDI)为93.3,比第二季度上升0.2点。从数据来看,上季度发展指数的下滑趋势得到遏制,分行业指数和分项指数分别为5升3降,呈现总体平稳态势。

在第三季度中小企业发展指数当中,工业指数表现较为平稳。反映市场状况的国外订单指数上升1.3点,产品销售量指数上升1.5点;固定资产投资指数上升6.4点,科技创新投入指数上升5.7点。但与此同时,融资指数下降5.5点;产成品库存有所增加,指数下降1.8点。

第三季度宏观经济感受指数在上季度大幅下降4.5点后本季度明显回升。

除交通运输邮政仓储业和社会服务业分别下降5.0和6.3点外,其他分行业都是上升的,特别是建筑业、房地产业、住宿餐饮业分别上升了9.3、9.7、9.2点。

综合经营指数止跌回升。除交通运输邮政仓储业和信息软件业指数分别下降3.8和1.0点外,其他分行业指数均上升,特别是建筑业、房地产业和住宿餐饮业分别上升6.0、7.1和7.7点,反映了被调查企业对于本企业总的生产经营情况比较看好。

成本指数减幅最大。8个分行业的成本指数均下降,特别是建筑业、批发零售、社会服务、信息软件业和住宿餐饮业分别下降7.1、6.6、6.2、6.7和6.4点。

资金指数状况较差。除房地产业和社会服务业分别上升9.3点和1.7点外,其他分行业均下降,特别是建筑业、信息软件业和交通运输邮政仓储业分别下降7.8、4.5和4.1点。

效益指数在最低位有所下降。本季度建筑业、房地产业和住宿餐饮业效益指数上升幅度较大,分别上升了3.8、9.6和4.9点,但对于改变效益指数总体状况的作用并不明显。

第三季度东、中、西部指数分别为93.3、95.6、91.4,东、中部分别上升0.4、5.3点,西部下降5.3点。从连续两个季度看,东部比较平稳,中部在大幅下降后又大幅上升,西部持续大幅下降,已低于东部和西部指数。

4. 第四季度

2013年第四季度中国中小企业发展指数(SMEDI)为95.7,为2011年第三季度以来的最高值,但仍处于景气临界值100以下。行业指数和分项指数上升的面有所扩大,分别为6升2降,企业对于预期经济走势趋好的信心增强,对于指数的上升起到了一定的促进作用,预计中国中小企业发展指数的平稳态势将持续。

综合企业运行状况判断,工业和建筑业较好,房地产业、交通运输邮政仓储业、批发零售业次之,住宿餐饮业较差。其中,尤为值得一提的是房地产行业。该行业指数连续两个季度在景气临界值100以上,建筑业和社会服务业指数已接近景气临界值。其中,本季度房地产行业的宏观经济感受指数上升3.2点,行业总体运行指数上升4.7点。

随着宏观经济的复苏,中小企业对于宏观经济感受指数、综合经营指数和投入指数本季度继续上升,多数分行业的状况较好,有的上升幅度较大,但值得关注的是,住宿餐饮业分别下降7.1、6.3和1.5点。这显示,相比于房地产行业的回暖,住宿餐饮行业正面临前所未有的困境。

## 二、企业景气指数和企业家信心指数

《中国中小企业景气指数研究报告2013》显示,广东、浙江、江苏三省蝉联中国中小企业省际综合景气指数排名榜前三名,华东、华南地区仍为中国中小企业发展最具活力的区域。

从全国情况来看,与2012年相比,2013年大部分省份的中小微企业综合景气指数同比有所上升,但总体凸显增速放缓趋势,这也从一个侧面客观反映了中国经济进入减速发展轨道的现实状况。

广东、浙江、江苏三省2013年中小企业综合景气指数分别为141.87、118.60、118.45,以高出平均值(62.63)两倍以上的景气水平继续领跑中国东南沿海地区中小企业的发展。

另外,2013年山东、上海、河北、河南、辽宁、福建、湖北、四川等省份(含直辖市,下同)的中小企业综合景气指数也较高(平均值为74.75),另外山东、河北、甘肃、陕西等省份的综合景气指数上升较快,特别是中西部企业家信心指数的逆转趋势更加明显,这体现了中西部省份中小企业在承接东部产业转移及因地制宜振兴区域经济方面存在很大的发展空间和潜力。

纵观全国综合景气指数的分布情况,中小企业发展凸显增速放缓的趋势。2013年广东、江苏同比增速分别回落了4个和8个百分点,全国平均回落了约8个百分点。

从七大地区中小企业综合景气指数的波动趋势上看,各地区之间中小企业的发展很不均衡。华东、华南地区是中国中小企业发展最具活力的区域,这些地区科技型成长企业和创业型企业数量多,中小企业产业集群发达,其中华东地区中小企业综合景气指数近年来呈现一枝独秀的特征。

就西部地区而言,中小企业以劳动密集型为主,与东部地区相比,西部地区中小企业发展的综合环境与发展水平仍存在很大改善余地。不过近年来随着"开发大西北"战略的实施,西北地区中小企业发展景气提升较快,与华东地区的差距在逐渐缩短。图1-5为2011—2013年企业景气指数与企业家信心指数运行图。

图1-5 2011—2013年企业景气指数与企业家信心指数运行图

数据来源:根据国家工商总局资料整理。

### 1. 第一季度

2013年第一季度企业景气指数为125.6，比2012年第四季度上升1.2点。其中，反映企业当前景气状态的即期企业景气指数为119.0，比2012年第四季度下降5.1点；反映企业未来景气预判的预期企业景气指数为129.9，比2012年第四季度上升5.3点。第一季度，企业家信心指数为122.4，比2012年第四季度上升2点，比企业景气指数低3.2点。

虽然综合反映企业即期和预期景气状况的企业景气指数比2012年第四季度略有回升，但比2012年同期下降1.7点，企业家信心指数仍明显低于企业景气指数，表明企业景气度不如去年同期，处于温和的景气状态，企业家信心仍处于恢复之中。

第一季度，企业家信心指数为122.4，较上季上升2.0点，较2012年同期下降2.2个百分点。第一季度银行家宏观经济信心指数为72.2，更是较上季大幅上升17.2个百分点。

### 2. 第二季度

2013年第二季度企业景气指数为120.6，比第一季度低5.0点，但仍明显高于100的景气临界值，企业运行仍处在景气区间。其中，反映企业当前景气状态的即期企业景气指数为117.0，比第一季度低2.0点；反映企业未来景气预判的预期企业景气指数为123.0，比第一季度低6.9点。第二季度，企业家信心指数为117.0，比第一季度低5.4点。

分行业来看，按企业景气指数高低排序依次是批发和零售业、工业、信息软件业、建筑业、交通运输邮政仓储业、房地产业、社会服务业、住宿和餐饮业，企业景气指数依次为123.1、121.6、120.3、117.1、112.0、111.6、101.5、89.2。与第一季度相比，住宿和餐饮业、批发和零售业，分别上升12.1、2.8点，建筑业、交通运输邮政仓储业、房地产业、工业、社会服务业、信息软件业，分别回落8.5、6.6、6.4、4.9、2.4、0.3点。

分企业规模来看，大、中、小型企业景气指数分别为131.0、120.8、104.8，与第一季度相比，仅大型企业上升3.6点，中型企业和小型企业分别回落1.3和8.3点。

### 3. 第三季度

2013年第三季度企业景气指数为121.5，比第二季度高0.9点，继续运行在景气区间。其中，反映企业当前景气状态的即期企业景气指数为117.9，反映企业未来景气预判的预期企业景气指数为123.9，均比第二季度高0.9点。第三季度，企业家信心指数为119.5，比第二季度高2.5点，表明当前企业景气状态处于温和回升态势。

### 4. 第四季度

2013年第四季度企业景气指数为119.5,继续运行在景气区间,但比第三季度略低2.0点。其中,反映企业当前景气状态的即期企业景气指数为120.22.3点;反映企业对未来景气看法的预期企业景气指数为119.1,比第三季度低4.8点。第四季度,企业家信心指数为117.1,比第三季度低2.4点,表明当前企业景气状况良好,企业家对未来预期谨慎乐观。

# 第二章　2013年中国中小企业扶持政策与法规综述

中小微企业在增加就业、促进经济增长、科技创新与社会和谐稳定等方面具有不可替代的作用,对国民经济和社会发展具有重要的战略意义。面对国内外经济形势的变化,中国政府始终高度重视发挥中小企业在稳增长、调结构、惠民生方面的积极作用。

针对中小企业面临的需求减弱、成本上涨、融资困难、税费负担偏重等问题,近年来国家密集出台了一系列扶持政策。自2003年实施《中小企业促进法》以来,国务院先后发布《关于鼓励支持和引导个体私营等非公有制经济发展的若干意见》《关于进一步促进中小企业发展的若干意见》《关于鼓励和引导民间投资健康发展的若干意见》《国民经济和社会发展第十二个五年规划纲要》等,通过实施这些政策措施,积极营造良好环境,促进中小企业发展。2012年4月19日,国务院印发了《关于进一步支持小型微型企业健康发展的意见》。为推动《关于进一步支持小型微型企业健康发展的意见》(国发〔2012〕14号)的贯彻落实,中共中央、国务院及各级部委于2013年相继出台多项政策,在加大财税支持、缓解融资困难、推动创新发展、加强公共服务等方面加大对中小企业的支持力度。尤其是金融方面的扶持倾斜,成为2013年中小企业扶持政策的亮点和重中之重,有效推动了我国中小微企业的蓬勃发展,为中国经济发展回归实体经济轨道、健康发展提供了政策支持。

2013年国家部委共出台23项重要政策扶持中小企业发展,其中综合性政策2项、金融政策8项、财税政策5项、产业升级及创新政策3项、创业就业政策2项、服务体系政策3项。2013年中小企业的扶持亮点在金融政策,数量多、力度大,全面贯彻了2012年出台的《关于进一步支持小型微型企业健康发展的意见》。其中,国务院办公厅出台的有"金融国十条"之称的《关于金融支持经济结构调整和转型升级的指导意见》(国办发〔2013〕67号)和《关于金融支持小微企业发展的实施意见》(国办发〔2013〕87号)、国家发改委发布的《关于加强小微企业融资服务支持小微企业发展的指导意见》(发改财金〔2013〕1410号)、中国银监会发布的《关于深化小微企业金融服务的意见》(银监发〔2013〕7号)成为2013年推动中小微企业金融改革的重要推动力。

## 第一节　国家部委中小企业扶持政策

### 一、综合性政策

中小微企业对国民经济和社会发展具有重要的战略意义,促进中小微企业健康发展是长期的战略任务。面对国内外经济形势的风云变化,中国政府始终关注中小微企业的生存环境,重视中小微企业在稳增长、调结构、惠民生方面的积极作用;针对中小企业面临的需求减弱、经营压力大、成本上升、融资困难和负担偏重等问题,不断出台一系列扶持政策(2013年相关政策见表2-1)。

表 2-1　2013 年国家部委颁布的综合性政策

| 出台时间 | 综合性政策 | 部门 |
| --- | --- | --- |
| 3月12日 | 《扶助小微企业专项行动实施方案》 | 工业和信息化部 |
| 7月1日起 | 修订《中小企业促进法》 | 全国人大财政经济委员会等 |

资料来源:根据中国中小企业信息网资料整理。

2012年国务院出台《国务院关于进一步支持小型微型企业健康发展的意见》(国发〔2012〕14号),以促进中小微企业发展。为贯彻中央精神,深入贯彻落实14号文件,推动"三型"小微企业发展,加快中小企业服务体系建设,进一步改善融资服务,深入推进减轻企业负担工作,工业和信息化部于2013年3月12日出台了《扶助小微企业专项行动实施方案》(工信部企业〔2013〕67号),以贯彻落实文件精神为核心,组织开展中小企业服务年活动,取得积极成效,推动出台扶助小微企业发展的配套政策措施;培育一批"三型"小微企业;认定第三批100家国家中小企业公共服务示范平台;开通一批中小企业公共服务平台网络;支持500家以上担保(再担保)机构为小微企业提供担保服务;完成50万名企业经营管理人员、1 000名领军人才培训,建立针对中小企业服务的管理咨询专家库,提升小微企业管理水平;积极帮助企业开拓市场,为超过2 000家境内外企业提供展示交流服务;建设企业负担情况网上直报系统,推动减轻企业负担政策的落实。

为进一步推动中小微企业的发展,扫清中小微企业的生存障碍,中小微企业的扶持政策方向逐渐由"扶持"转向"营造公平环境",《中小企业促进法》的修订工作迫在眉睫。中国实施《中小企业促进法》现已10年,2012年全国人民代表大会常务委员会将《中小企业促进法》修订列入2013年立法工作计划。自2013年7月1日开始,全国人大财政经济委员会邀请了国务院发展研究中心、社科院、中国中小企业发展促进中心、中国民私营经济研究会、北京联合大学、中关村等研究机构,以及若干政府部门、若干中小企业等连续召开了三场座谈会议,正式启动了对《中小企业促进法》的修订工作。修订工作将小微企业摆在更加重要的地位,在立法思想上,从"直接补贴扶持"的思路转向"营造公平环境"。现行《中小企业促进法》主要通过"资金支持、创业扶持、技术创新、市场开拓、社会服务"五方面的补贴扶持来体现对中小企业的"促进",修法工作将根据企业近几年经济、政策环境等的变化,更加注重公平发展环境的营造,不仅营造公平的产业环境,还更加注重营造良好的社会环境政策等,如制止大企业拖欠小微企业供货款、消除市场准入玻璃门、制止政府尤其是地方政府对企业发展的行政干预等,加大对弱势小微企业权益的司法保护和法律援助。同时,改进对小微企业的支持方式,在服务体系建设方面由直接建设和补贴服务的供给方,转向从需求方进行间接支持的模式,如加大政府采购,加大对就业贡献的社保补贴,加大对中小企业技工培训等具有正外部性的商业活动,提供"培训券"等财政支持,等等。

## 二、金融政策

信贷融资方式不匹配、金融体制不健全、金融监管不力、信用体系不健全、融资渠道窄造成了我国中小企业融资难的现状,加强小微企业金融服务,是金融支持实体经济和稳定就业、鼓励创业的重要内容,事关经济社会发展的全局,具有十分重要的战略意义。为推动《国务院关于进一步支持小型微型企业健康发展的意见》(国发〔2012〕14号)的贯彻落实,2013年出台的中小企业扶持政策中,金融扶持政策作为重中之重成为2013年的政策亮点。为进一步做好小微企业的金融服务工作,全力支持小微企业的良性发展,国务院办公厅、国家发改委、中国银监会等发布多项金融政策(见表2-2)支持中小企业尤其是小微企业发展,以期突破小微企业融资瓶颈,推动小微企业发展。

表2-2  2013年国家部委颁布的金融政策

| 出台时间 | 金融政策 | 部门 |
| --- | --- | --- |
| 2月2日 | 《全国中小企业股份转让系统有限责任公司管理暂行办法》 | 中国证监会 |
| 3月21日 | 《关于深化小微企业金融服务的意见》 | 中国证监会 |
| 7月1日 | 《关于金融支持经济结构调整和转型升级的指导意见》 | 国务院办公厅 |
| 7月23日 | 《关于加强小微企业融资服务支持小微企业发展的指导意见》 | 国家发改委 |
| 8月2日 | 《关于进一步改进企业债券发行工作的通知》 | 国家发改委 |
| 8月8日 | 《国务院办公厅关于金融支持小微企业发展的实施意见》 | 国务院办公厅 |
| 11月9—11日 | 允许具备条件的民间资本成立中小型银行 | 中共中央十八届三中全会 |
| 12月13日 | 《关于全国中小企业股份转让系统有关问题的决定》 | 国务院 |

资料来源:根据中国中小企业信息网资料整理。

在推动中小微企业金融改革、破冰小微企业融资困境方面,为贯彻落实2011年出台的"银十条"(2011年6月,中国银监会发布的《关于支持商业银行进一步改进小企业金融服务的通知》),2013年中国证监会首先发力,于3月21日出台了《关于深化小微企业金融服务的意见》,在"银十条"基础上提出了15条具体措施,继续推进小微金融差异化监管政策。《意见》指出,要以提高小微企业贷款可获得性、拓宽小微企业金融服务覆盖面为工作目标,督促商业银行单列年度小微企业信贷计划,进一步加大对小微企业的支持力度。同时,鼓励和引导商业银行尤其是中小银行加大小微企业金融服务专营机构的建设。支持商业银行发行小微企业专项金融债,同时在存贷比考核和不良率容忍度等方面均实行了"定向宽松"。与"银十条"相比,《意见》增加了不少新亮点。一方面,银监会要求商业银行根据小微企业不同发展阶段的金融需求特点,由单纯提供融资服务转向提供集融资、结算、理财、咨询等为一体的综合性金融服务;另一方面,引导商业银行在提升风险管理水平的基础上,创新小微企业贷款抵质押方式,研究发展网络融资平台,拓宽小微企业融资服务渠道。不仅如此,《意见》还指出,在推进资产证券化业务试点工作中,优先选择小微企业金融服务成效显著、风险管控水平较高的商业银行,进一步拓宽小微企业贷款的资金来源。

为落实十八届三中全会决定,切实解决小微企业融资困境,2013年国务院办公厅、中共中央相继出台各项措施。7月1日,国务院办公厅发布《关于金融支持经济结构调整和转型升级的指导意见》(国办发〔2013〕67号),即"金融国十条",要求推动金融改革和发展,扩大民间资本进入金融业,持续加强对重点领域和薄弱环节的金融支持,切实防范化解金融风险。其中,"金融国十条"强调整合金融资源支持小微企业发展,优化小微企业金融服务,从延伸服务网点、提供综合金融服务、支持小微企业专项金融债、支持小微企业金融信息整合、降低小微企业融资成本等方面对小微企业提供金融服务支持。继续加大力度落实国务院办公厅2013年8月提出的确保实现小微企业贷款增速和增量"两个不低于"目标等八条重要措施,将小微企业贷款覆盖率、小微企业综合金融服务覆盖率和小微企业申贷获得率三项指标纳入监测指标体系,按月进行监测、考核和通报。金融支持小微企业再出新举措,国务院办公厅8月8日发布《关于金融支持小微企业发展的实施意见》(国办发〔2013〕87号),确保实现小微企业贷款增速和增量"两个不低于"的目标,加快丰富和创新小微企业金融服务方式,着力强化对小微企业的增信服务和信息服务,积极发展小型金融机构,大力拓展小微企业直接融资渠道,切实降低小微企业融资成本,加大对小微企业金融服务的政策支持力度,全面营造良好的小微金融发展环境。

同时,中共中央也高度重视中小企业的金融扶持工作。2013年11月,中共中央召开十八届三中全会,明确提出允许具备条件的民间资本成立中小型银行,对解决中小企业融资难、融资成本高问题带来决定性的变化,要求加快建立和出台相应的法律法规,尽快建立金融机构存款保险制度,推进存款利率市场化,促进民营小微银行繁荣发展,将民间金融合法化、规范化,为民间金融发展提供法律制度环境,完善金融配套体系建设,创建科学完善的小微企业信用等级评估体系以及担保机制良好的信用环境和信用关系,并创新融资手段,增加企业融资渠道;积极鼓励小微企业融资商业模式的创新,支持互联网金融发展。

为推动金融改革、响应中共中央及国务院的政策号召,国家发改委相继政策落实金融扶持工作。7月23日,国家发改委发布《关于加强小微企业融资服务支持小微企业发展的指导意见》(发改财金〔2013〕1410号),指出要确保符合条件的创业投资企业及时、足额地享受税收优惠政策,继续加大国家新兴产业创投计划实施力度,制定鼓励财政出资的股权投资企业、产业投资基金支持小微企业的政策措施,进一步完善"统一组织,统一担保,捆绑发债,分别负债"的中小企业集合债券相关制度设计,扩大小微企业增信集合债券试点规模,鼓励发行企业债券募集资金投向有利于小微企业发展的领域,清理规范涉及企业的基本银行服务费用,完善银行收费定价机制。其后,国家发改委又进一步出台政策规范债券发行工作,规范中小微企业融资路径。8月2日,《关于进一步改进企业债券发行工作的通知》(发改办财金〔2013〕1890号)出台,指出要按照完善制度、公开透明、简化手续、优化程序、在线运行、限时办结、权责对等、严控风险、探索创新的基本原则,经广泛征求意见和认真研究,决定将地方企业申请发行企业债券预审工作委托省级发改委负责。

规范中小企业金融运转与管理同样成为推动中小企业金融发展的关键。2013年,中国证监会及国务院相继发布文件规范中小企业金融运作。2月2日,中国证监会公布《全国中小企业股份转让系统有限责任公司管理暂行办法》(以下简称《办法》)。《办法》共6章35条,囊括总则、全国股份转让系统公司的职能、全国股份转让系统公司的组织结构、全国股份转让系统公司的自律监管、监督管理及附则部分。《办法》公布实施后,全国股份转让系统公司还将发布实施相关业务规则,全国场外市场的业务规则体系将逐步建立,为全国场外市场建设从区域性试点转为面向全国的规范运行奠定法律基础。此后,12月13日,国务院发布《关于全国中小企业股份转让系统有关问题的决定》(国发〔2013〕49号),规定要充分发挥全国股份转让系统服务中小微企业发展的功能,建立不同层次市场间的有机联系,简化行政许可程序,建立和完善投资者适当性管理制度,加强事中、事后监管,保障投资者合法权益,并加强协调配合,为挂牌公司的健康发展创造良好环境。

## 三、财税政策

财税政策在国家促进中小企业发展的一揽子政策体系中具有重要地位。多年来,财政部门认真贯彻落实党中央、国务院的决策部署,在进一步深化税收制度改革、建立完善公共财政体系的同时,不断加大对中小企业发展的支持力度,促进中小企业发展的财税政策措施也日益丰富完善,形成了以税费优惠政策、资金支持、公共服务等为主要内容的促进中小企业发展的财税政策体系。为推动《国务院关于进一步支持小型微型企业健康发展的意见》(国发〔2012〕14号)的贯彻落实,工业和信息化部、财政部、国家税务总局、中国银监会等2013年出台了多项措施,在全国范围组织开展以"扶助小微、转型成长"为主题的"扶助小微企业专项行动",提出推动"三型"小微企业(创新型小微企业、创业型小微企业和劳动密集型小微企业)发展,加快中小企业服务体系建设,暂免征收部分小微企业增值税和营业税等措施。表2-3简要列示了国家部委颁布的财税政策的相关信息。

表2-3 2013年国家部委颁布的财税政策

| 出台时间 | 财税政策 | 部门 |
| --- | --- | --- |
| 4月27日 | 《地方特色产业中小企业发展资金管理办法》 | 财政部 |
| 6月15日 | 《中央预算内投资补助和贴息项目管理办法》 | 国家发改委 |
| 7月24日 | 暂免征收增值税和营业税 | 国务院常务会议 |
| 9月14日 | 《关于开展全国涉企收费专项检查的通知》 | 国家发改委 |
| 10月16日 | 《关于公布取消314项行政事业性收费的通知》 | 财政部、国家发改委 |

资料来源:根据中国中小企业信息网资料整理。

2013年7月24日,国务院常务会议宣布小微企业自8月1日起暂免征收增值税和营业税,但没有规定减免期限。这是自2009年以来官方再度出手为小微企业减负,使符合条件的小微企业享受与个体工商户同样的税收政策,为超过600万户小微企业带来实惠,直接关系几千万人的就业和收入。据测算,此次减税新政实施后,小微企业年减税规模将近300亿元,按照从2013年8月1日起执行估算,2013年将减税120亿元。

财政部于2013年4月27日印发《地方特色产业中小企业发展资金管理办法》(财企〔2013〕67号),明确中小企业发展资金的支持内容及方式,项目资金的申请,项目申报、审核,资金拨付及监督管理,附则,共6章25条,自2013年5月1日起施行。

国家发改委则先后发布相关财政政策,于2013年6月15日通过《中央预算内投资补助和贴息项目管理办法》(国家发改委2013年第3号令),并于9月14日印发《关于开展全国涉企收费专项检查的通知》(发改价监〔2013〕1779号),在全国范围内部署开展涉企收费专项检查工作,结合政府职能转变工作,以国家减轻企业负担政策为主线,严肃查处国家明令取消及免征的收费项目继续收费的;商业银行在贷款过程中强制收费、以捆绑等方式变相强制收费,只收费不服务、少服务的;擅自将已取消的行政事业性收费转为经营服务性收费继续收取的;行业协会利用行政职能强制入会并收取会费等乱收费问题。10月16日,财政部、国家发改委联合发布《关于公布取消314项行政事业性收费的通知》,对各省(自治区、直辖市)设立的行政事业性收费项目进行了全面清理,决定取消一批行政事业性收费。自2013年11月1日起,取消314项各省(自治区、直辖市)设立的行政事业性收费。

同时,2013年展开的《中小企业促进法》的修订工作中,应建立国家中小企业法律监察机制,对各部委、各级地方政府出台的涉及中小企业权益有可能受损的法规、条例和部门规章进行法律层面的评估,以杜绝产生新的中小企业负担。

**四、产业升级及创新政策**

企业是经济活动的基本单元,是技术创新的主体,在推进产学研合作、促进科技与经济结合中处于关键环节和核心地位。若想获得长远发展,中小企业需苦练内功、提高产品附加值、积极做好转型工作,以产业升级作为驱动力是一条必由之路。在推进结构调整和转型升级方面,实施中小企业成长工程,引导中小企业加快调整结构、加强技术创新、实现集聚发展和开展节能减排。中央预算内投资安排工业中小企业改造资金,重点支持中小企业采用新技术、新工艺、新设备、新材料对现有设施、工艺条件等进行改造提升。继续实施中小企业信息化推进工程和知识产权战略推进工程,帮助企业提高信息化应用水平,提高创造、运用、保护和管理知识产权能力。表2-4简要列示了国家部委颁布的产业升级及创新政策的相关信息。

表2-4 2013年国家部委颁布的产业升级及创新政策

| 出台时间 | 产业升级及创新政策 | 部门 |
| --- | --- | --- |
| 2月7日 | 《创新型产业集群试点认定管理办法》 | 科技部 |
| 5月6日 | 《2013年科技型中小企业技术创新基金项目指南的通知》 | 科技部 |
| 5月10日 | 《关于坚决遏制产能严重过剩行业盲目扩张的通知》 | 国家发改委、工业和信息化部 |

资料来源:根据中国中小企业信息网资料整理。

2013年2月7日,科技部印发《创新型产业集群试点认定管理办法》(国科发火〔2013〕230号)及创新型产业集群评价指标体系,明确创新型产业集群试点认定条件和工作程序,以贯彻落实国务院《关于进一步支持小型微型企业健康发展的意见》,进一步促进产业集群创新发展。为进一步推动中小企业科技创新与产业升级,科技部又于5月6日发布《2013年科技型中小企业技术创新基金项目指南的通知》(国科发计〔2013〕458号),作为中小企业、各类机构以及地方创新基金管理部门申报、组织创新基金项目的重要指导性文件。

此后,国家发改委、工业和信息化部于5月10日出台《关于坚决遏制产能严重过剩行业盲目扩张的通知》(发改产业〔2013〕892号),推动中小企业产业升级与创新工作。

**五、创业就业政策**

为大力支持小型微型企业创业兴业,努力扩大社会就业,促进经济平稳较快增长,国家部委于2013年颁布了相应的创业就业政策(见表2-5)。

表2-5 2013年国家部委颁布的创业就业政策

| 出台时间 | 创业就业政策 | 部门 |
| --- | --- | --- |
| 6月19日 | 《关于开拓中小企业人力资源 做好2013年高校毕业生就业工作的通知》 | 工业和信息化部办公厅 |
| 10月25日 | 放宽公司注册资本登记门槛 | 国务院常务会议 |

资料来源:根据中国中小企业信息网资料整理。

2013年6月19日,工业和信息化部办公厅发布《关于开拓中小企业人力资源,做好2013年高校毕业生就业工作的通知》(工信厅企业〔2013〕106号),强调充分认识当前做好高校毕业生就业工作的重要性,大力促进高校毕业生就业工作。

加快落实注册资本登记制度改革,降低小微企业发展门槛成为鼓励中小微企业创业的重要政策。10月25日,国务院召开常务会议,决定放宽公司注册资本登记门槛,除法律、法规另有规定外,取消有限责任公司最低注册资本3万元、一人有限责任公司最低注册资本10万元、股份有限公司最低注册资本500万元的限制;不再限制公司设立时股东(发起人)的首次出资比例和缴足出资的期限。公司实收资本不再作为工商登记事项。这一措施将进一步激活中小企业、小微企业的活力。

**六、服务体系**

发展中小企业,改善其生存和发展环境是重要途径,而优化发展环境的重中之重则是建设完善的中小企业社会化服务体系。建立健全中小企业服务体系是促进中小企业加快转变发展方式,实现持续健康发展的重要措施。为完善中小企业服务体系及做好服务工作,工业和信息化部、国务院办公厅、财政部相继出台相关政策(见表2-6),推动中小企业公共服务平台建设及政府社会化采购服务。

2013年1月17日,工业和信息化部办公厅发布《关于加强国家中小企业公共服务示范平台管理工作的通知》(工信厅企业〔2013〕7号),旨在规范对国家中小企业公共服务示范平台的管理,发挥其示范带动作用,加强国家中小企业公共服

表 2-6　2013 年国家部委颁布的服务体系政策

| 出台时间 | 服务体系政策 | 部门 |
| --- | --- | --- |
| 1月17日 | 《关于加强国家中小企业公共服务示范平台管理工作的通知》 | 工业和信息化部办公厅 |
| 9月26日 | 《关于政府向社会力量购买服务的指导意见》 | 国务院办公厅 |
| 12月4日 | 《关于做好政府购买服务工作有关问题的通知》 | 财政部 |

资料来源：根据中国中小企业信息网资料整理。

务示范平台的管理工作。

在规范政府社会采购方面，国务院办公厅于9月26日印发《关于政府向社会力量购买服务的指导意见》（国办发〔2013〕96号），要求规范有序开展政府向社会力量购买服务工作，进一步明确购买主体、承接主体、购买内容，建立健全购买机制、资金管理和绩效管理。各级政府要加强组织领导、健全工作机制、严格监督管理、做好宣传引导，确保确定的目标任务顺利完成。为贯彻落实国务院的指导意见，财政部于12月4日发布《关于做好政府购买服务工作有关问题的通知》，指出要充分认识推进政府购买服务工作的重要性和紧迫性，积极有序推进政府购买服务工作，切实加强对政府购买服务工作的组织实施。

## 第二节　各地中小微企业扶持政策

2013年国家部委出台一系列政策推动中小企业健康发展。在中央政策方向的指导下，各地进一步加大对中小企业尤其是微小企业的扶持力度，制定并实施了一系列扶持优惠政策，帮助中小企业减轻企业负担、拓宽融资渠道、增强盈利能力、提高创新能力、推动产业升级，为中小企业尤其是微小企业的健康发展提供政策法规的扶持。

在各地相继出台的各项扶持中小企业发展的政策中，绝大多数地方政府通过制定相关规章制度、实行多条举措，从制度上确保中小企业尤其是微型企业发展。2013年出台相关政策中还突出了对微型小型企业发展的重视。为突破中小企业尤其是微型小型企业的融资困难瓶颈，多地政府出台多项举措提供融资信贷优惠政策，并促成银政合作协议；同时，在税费资金政策方面，多地政府出台政策向中小企业提供免征、减税、贷款贴息等政策，并拨付专项资金推进中小企业发展。在此基础上，各地政府还出台相关政策，从鼓励创业就业、推进产业升级、鼓励企业创新、成立融资服务机构、成立融资协会、成立服务平台、推进培训工程等角度，全方面多层次地推进中小企业扶持工作。其中，重庆、浙江、天津等地政府表现尤为突出，打出政策组合拳，全方位地为中小企业尤其是微型企业提供宽松的政策环境。

## 一、扶持中小微企业法规及政策

在制定法规政策方面,吉林、四川、青海、河北、重庆、广东、辽宁、福建、山东等地争相出台各项规章制度、政策措施推动中小微企业发展(见表2-7),与国家部委各项扶持政策相呼应。其中,2月23日,吉林省政府印发《关于突出发展民营经济的意见》(吉发〔2013〕5号),其他省份则相继出台法规政策支持中小微企业发展。

表2-7 2013年各地扶持中小微企业法规及政策汇总

| 地区 | 政策法规 |
| --- | --- |
| 吉林 | 《关于突出发展民营经济的意见》 |
| 四川 | 《关于鼓励和支持民营经济又好又快发展的若干政策措施》 |
| 四川 | 《大力扶持小型微型企业发展重点工作部门分工方案》 |
| 青海 | 《青海省千家中小微企业培育工程实施意见》 |
| 河北 | 《办好10件实事扶助小微企业工作方案》 |
| 重庆 | 《关于进一步支持小微企业健康发展的实施意见》 |
| 重庆 | 《关于进一步支持小型微型企业健康发展的实施意见》 |
| 重庆 | 签订《联合帮扶成长型微型企业合作协议》 |
| 重庆 | 《关于做好微型企业社会保险补贴工作的通知》 |
| 广东 | 《关于进一步扶持中小微企业发展和民营企业做大做强的意见》 |
| 辽宁 | 《辽宁省中小微企业权益保护条例(草案)》 |
| 福建 | 实施万家小微企业成长计划 |
| 山东 | 《全国扶助小微企业专项行动山东省实施方案》 |
| 山西 | 《进一步支持中小微企业发展的措施(2013年第1批)》 |
| 新疆 | 《新疆扶助小微企业专项行动实施方案》 |
| 河北 | 出台科技型中小企业扶持政策 |
| 湖北 | 启动扶助小微企业专项行动 |

资料来源:根据中国中小企业信息网资料整理。

2013年2月23日,吉林省政府印发《关于突出发展民营经济的意见》(吉发〔2013〕5号),明确总体要求和发展目标,放宽了准入领域和条件,鼓励全民创业,大力支持科技创新,并在金融、财政、税收等方面给予支持与优惠,特别是设立了中小企业和民营经济发展专项资金及发展基金10亿元,由省工信厅(中小企业处)组织实施。河南省政府发文明确责任,细化50余条优惠政策,大幅降低小微企业市场准入门槛,从各个领域为小微企业发展加油鼓劲。天津市质监局3月制定五项服务科技型中小企业的发展措施,切实为全市科技型中小企业发展保驾护航。河北省紧随其后,河北省中小企业局发布《办好10件实事扶助小微企业工作方案》进一步强化服务小微企业、促进小微企业发展。这10件实事是,推进政策落实、解决融资困难、破解用地瓶颈、推动小微企业转型升级、加快创业基地建设、推进平台网络建设、强化人才智力支撑、帮助企业开拓市场、加强信用体系建设、加强财政资金扶持。贵州省中小企业局则印发2013年全省中小企业和民营经济工作要点,明确2013年全省中小企业和民营经济工作的总体要求、发展指标和重点工作。

3月8日,工信部出台《扶助小微企业专项行动实施方案》,各地中小企业负责部门积极响应。依据此方案,结合当地实际,贵州、湖北、福建、四川等地陆续启动了扶助小微企业专项行动。此外,广西开展小微企业创业基地标准厂房建设用地试点,2013—2015年每年安排3000亩新增建设用地,用于支持小微企业创业基地标准厂房建设;山西省通过了《进一步支持中小微企业发展的措施(2013年第1批)》,提出将使中小企业财政扶持资金规模达到10亿元;新疆出台了《关于进一步支持小型微型企业发展实施意见》,提出在财政资金、税收优惠、金融、市场开拓、人才培养、就业等八个方面,进一步促进小型、微型企业发展;四川省印发了《关于鼓励和支持民营经济又好又快发展的若干政策措施》,将就财政资金、财政政策、税收、信贷、直接融资渠道、用地、人才等方面给予民营企业支持;河北省启动了质量提升行动,小微企业将获得改善行政许可工作流程等四项重点帮扶,围绕小微企业生产合格产品,帮扶将促进产品质量整体水平提升,促进经济发展质量和效益提升;山西省将进一步推动"小巨人"企业培育工作,完善培育目标企业储备库,形成三个梯队的培育梯次。

## 二、财税政策

中小企业尤其是微型企业2013年面临最突出的问题是资金问题,为突破资金问题,各级地方政府纷纷出台财税措施(见表2-8),从出台减税优惠措施、专项资金补贴等方面,全面缓解微型小型企业资金问题。

表2-8　2013年各地扶持中小微企业财税政策

| 地区 | 政策法规 |
| --- | --- |
| 甘肃 | 《甘肃省中小企业发展专项资金管理暂行办法》 |
| 广西 | 《关于支持小型微型企业发展若干金融财税政策的通知》 |
| 广西 | 《广西中小微企业信用担保机构风险补偿资金管理办法》 |
| 上海 | 《关于进一步做好支持上海市小型微型企业健康发展相关税收工作的通知》 |

（续表）

| 地区 | 政策法规 |
|---|---|
| 江西 | 《全力支持吉泰走廊打造重要增长带税收优惠政策和服务措施》 |
| 山东 | 《关于贯彻落实小微企业营业税优惠政策的通知》 |
| 山东 | 《关于鼓励和支持小额贷款公司发展有关事宜的通知》 |
| 海南 | 《关于减轻餐饮业税费负担支持餐饮业健康发展的通知》 |
| 四川 | 《关于组织中小企业担保机构和小额贷款公司申请享受所得税优惠政策的补充通知》 |
| 青海 | 降低部分行政事业性收费 |
| 吉林 | 出台一系列税收优惠政策 |

资料来源：根据中国中小企业信息网资料整理。

面对中小微企业困境，吉林、甘肃、广西、山东、海南等各级地方政府纷纷出财政政策重拳缓解资金压力问题。3月吉林新办企业两年内免征房产税和土地使用税，个体工商户和个人营业税起征点上调到20 000元；湖北小规模纳税人按季报税，落实零收费政策，精简五成涉税审批，企业凭合同即可退税等；南昌、吉林小微企业增值税起征点提至两万元；安徽对涉禽企业提供贷款贴息和税收减免；山东营业额不超过2万元的企业或非企业性单位，可直接申报享受税收优惠政策；福州入驻信息产业特色园区的软件企业，营业收入超过5 000万元，将按企业当年实现税收地方留成部分较上年增量部分的50%给予奖励；湖南重点企业可延期三个月缴税。与此同时，青海省印发《关于降低部分涉企经营服务性收费标准的通知》，规定自2013年6月1日起至2015年5月31日，降低国土、建设、财政等十三个收费单位部门的28项涉及小型微型企业的经营服务性收费标准；安徽省调整小微出口企业信用保险补贴方式，实行"差额缴费、补贴直拨"，小微企业投保出口信用保险时，仅需差额缴纳不含政策补贴的保费，即全部保费的50%；海南省11月发出通告，从2014年1月1日起，海南个体工商户个人所得税起征点由1.5万元提高至2万元，以进一步降低个体工商户的个人所得税负，扶持海南小微企业发展。

### 三、金融政策

目前中小企业面临突出的融资难、融资成本高问题。各级政府为解决中小企业融资问题，纷纷从鼓励融资信贷、签署政银合作协议等方面，全面缓解微型小型企业资金问题（见表2-9）。

表 2-9 2013 年各地扶持中小微企业融资政策

| 地区 | 政策法规 |
|---|---|
| 广西 | 《关于支持小型微型企业发展若干金融财税政策的通知》 |
| | 《广西银监局 2013 年关于深化小微企业金融服务工作的意见》 |
| 河北 | 《深化小微企业金融服务工作的意见》 |
| 湖南 | 《关于金融支持经济结构调整和转型升级的实施意见》 |
| 新疆 | 《关于金融支持小微企业发展的实施意见(暂行)》 |
| 山西 | 签订《小微企业创新金融服务战略合作协议》 |
| | 签订《中小企业私募债券业务试点合作备忘录》 |
| | 15 条政策缓解小微企业融资难 |
| 陕西 | 《关于进一步加强金融支持小微企业健康发展的实施意见》 |
| 福建 | 实施万家小微企业成长计划 |
| 河南 | 成立中小企业金融和公共服务平台 |
| 四川 | 《关于组织中小企业担保机构和小额贷款公司申请享受所得税优惠政策的补充通知》 |

资料来源:根据中国中小企业信息网资料整理。

各地政府从多方面"出击",帮助中小企业解决融资难题。陕西省银监局下发《关于进一步加强金融支持小微企业健康发展的实施意见》,提出各银行业金融机构要全力推进小微企业贷款业务的发展,实现"单户授信 500 万以下小微企业贷款"零突破。同时,四川省经信委出台《关于组织中小企业担保机构和小额贷款公司申请享受所得税优惠政策的补充通知》,启动中小企业担保机构和小额贷款公司所得税优惠申请,申请成功的企业可减按 15% 缴纳企业所得税。9 月 8 日,新疆发布《关于金融支持小微企业发展的实施意见(暂行)》,从确保实现小微企业贷款增速和增量"两个不低于"的目标,拓展小微企业直接融资渠道,切实降低小微企业融资成本等 8 大类、42 条具体工作措施支持小微企业发展,并明确了具体的牵头单位和责任单位;河北省银监局 10 月出台《深化小微企业金融服务工作的意见》,将继续深化小微企业金融服务机制,加大小微企业金融服务专营机构(部门)建设。12 月,各地在解决中小企业融资难问题上继续发力。山西省分别与上海证券交易所、深圳证券交易所签署了《中小企业私募债券业务试点合作备忘录》,顺利成为中小企业私募债试点地区。这意味着山西省内中小企业可通过深沪交易所备案发行私募债,解决其融资难题;陕西省发改委就支持小微企业融资提出实施意见,鼓励股权投资企业、产业投资基金投资小微企业,支持发行企业债券募集资金向有利于小微企业发展的领域投资,并清理规范涉及企业的基本银行服务费用。

## 四、产业升级与创新政策

中小企业若想获得长远发展,需苦练内功、提高产品附加值、积极做好转型工作,以产业升级作为驱动力是一条必由之路。表2-10简要列示了各地鼓励产业升级与创新的政策措施。

表2-10　2013年各地鼓励产业升级与创新政策

| 地区 | 政策措施 |
| --- | --- |
| 天津 | 《天津市"高校科技创新工程"实施意见》 |
| 重庆 | 《扶助中小微型企业科技创新和信息化建设实施方案》 |
| 山西 | 《进一步支持中小微企业发展的措施(2013年第1批)》 |
| 陕西 | 《科技型中小企业技术创新基金规范》 |
| 浙江 | 出台政策促进小微企业转型升级 |
| 河北 | 进一步支持企业技术改造的九项措施 |
| 四川 | 科技型中小企业技术创新专项资金 |

资料来源:根据中国中小企业信息网资料整理。

在推动中小企业创新发展方面,天津出台包括支持科技型中小企业申请天津名牌等五项措施助力其发展,实施企业创新能力提升工程,设立1亿元专项资金,支持科技型中小企业开发150项产品,促进1000项科技成果转化和应用,不断增强科技"小巨人"的综合实力;随后,重庆市政府发布《重庆市扶助中小微型企业科技创新和信息化建设实施方案》,对扶助重庆市中小微型企业加强科技创新能力和信息化建设提出了明确的发展目标和扶持措施,同时,重庆市中小企业局发出通知,决定建立重庆市科技型中小企业项目库;4月22日,天津市科委、教委联合下发《天津市"高校科技创新工程"实施意见》,从增强服务本市经济社会发展能力、设立成果转化专项基金、突破制度性障碍、营造良好创新创业环境等方面,为高校科技创新提供了政策"红包";四川省财政厅下达2013年科技型中小企业技术创新专项资金4500万元,重点支持企业技术创新、科技成果转化、技术研发能力建设和创新主体培育,建立以企业为主体、市场为导向、产学研用紧密结合的创业主体。

## 五、鼓励就业创业政策

2013年全国各地积极推进鼓励就业创业的政策,简要列示如表2-11所示。江苏省出台关于落实小型微型企业招用高校毕业生就业的有关扶持政策,明确对小微企业新招用高校毕业生给予培训补贴和社会保险补贴;天津市财政局、市人力资源和社会保障局、中国人民银行天津分行印发《关于进一步改进小额担保贷款管理积极推动创业带动就业的意见》,大幅提高了贷款最高额度,包括大学毕业生自主创业、自谋职业者最高可获得30万元小额担保贷款支持,随后发布《关于做好促进普通高等学校毕业生就业工作的意见》,落实高校毕业生就业指导工作;重庆市工商局与团市委签订《促进青年创新创业合作协议》,信息产业、文化创意以及生态高效农业将成为重点支持的产业,并将设立1000万元的微企创业资金,用以补贴300户符合条件的青年微企创业者;吉林省出台11条政策措施鼓励高校毕业生创业,同时鼓励中小企业吸纳高校毕业生。与此同时,河北省下发《关于进一步做好普通高等学校毕业生就业创业工作的实施意见》,对高校毕业生就业提供补贴,自主创业成功一次性补贴5000元。

表2-11 2013年各地鼓励就业创业政策

| 地区 | 政策措施 |
| --- | --- |
| 天津 | 《关于进一步改进小额担保贷款管理积极推动创业带动就业的意见》<br>《关于做好促进普通高等学校毕业生就业工作的意见》 |
| 湖南 | 《关于鼓励支持劳动密集型企业和中小微型企业吸纳就业的若干措施》 |
| 海南 | 《海南省创业孵化基地认定和管理暂行办法》 |
| 重庆 | 签订《促进青年创新创业合作协议》 |
| 山东 | 《关于促进创业带动就业的意见》 |
| 广西 | 《市场准入五放宽两下放的意见》 |
| 吉林 | 出台11条政策措施鼓励高校毕业生创业 |

资料来源:根据中国中小企业信息网资料整理。

## 六、其他推动中小企业发展举措

2013年,各级政府还通过建立服务平台、实施各项示范工程、成立协会、推进培训工程、成立融资服务机构等措施(见表2-12)多层次多角度地推动中小企业健康发展。

3月,宁夏回族自治区经信委牵头编制完成《宁夏回族自治区中小企业公共服务平台网络建设方案》,并上报国家相关部门批复,综合考虑宁夏回族自治区资源优势、区位条件和产业基础,立足不同区域发展定位构建以自治区服务平台为枢纽、窗口服务平台为支撑的"一枢纽多窗口"中小企业公共服务平台网络总体格局;云南省中小企业网络建设项目启动。该项目计划在今明两年,投资1.5亿元建成30个中小企业公共服务平台,为中小企业提供高效快捷服务。由省经信委、省中小企业局指导建设的江苏省中小企业公共服务平台网络正式开通,中小企业遇到融资、培训、管理、法律援助等问题,今后拨打"96186"服务热线或登录"江苏

省中小企业公共服务平台"网站,便可轻松获得帮助。

表 2-12　2013 年各地服务体系及其他政策

| 地区 | 政策措施 |
| --- | --- |
| 江苏 | 中小企业公共服务平台开通 |
| 重庆 | 多措并举促进中小企业信息化建设 |
| 河南 | 成立中小企业金融和公共服务平台 |
| 宁夏 | 《宁夏回族自治区中小企业公共服务平台网络建设方案》 |
| 贵州 | 《贵州省扶贫开发条例(草案)》 |
| 四川 | 中小企业私募债券业务试点合作备忘录 |
| 云南 | 云南省人民政府关于加快广告业发展的意见 |

资料来源:根据中国中小企业信息网资料整理。

## 第三节　重点政策解读

### 《国务院办公厅关于金融支持经济结构调整和转型升级的指导意见》解读

**一、出台背景**

当前,我国经济运行总体平稳,经济增速仍处于合理区间,但经济运行中不确定、不稳定的因素在增加,结构性矛盾依然突出。要实现经济持续、健康发展,提高经济发展质量和效益,必须着力解决经济结构战略性调整问题,推动经济转型升级。

金融和实体经济密不可分。金融对于稳增长、调结构、促转型都具有重要作用。现阶段金融运行总体稳健,但资金分布不合理现象仍然存在,部分领域融资难、融资贵的问题尚未解决。与服务实体经济发展、推动经济结构调整和转型升级的要求相比,还需要不断深化金融改革,不断提高金融服务水平。

制定和出台《意见》就是为了深入贯彻党的十八大、中央经济工作会议和国务院常务会议精神,更好地发挥金融对经济结构调整和转型升级的支持作用,推动解决制约经济持续、健康发展的结构性问题,真正提高金融服务实体经济的质量和水平。

**二、指导思想**

经济结构调整和转型升级是当前经济工作的重中之重。《意见》的指导思想就是把加强和改进金融对实体经济的服务有效聚焦到支持经济结构调整和转型升级。

为此,《意见》确立的基本思路就是按照稳中求进、稳中有为、稳中提质的要求,继续执行稳健的货币政策,不因经济增速放缓转向宽松,也不因当前一时货币增长较快而转向紧缩,同时坚持有扶有控、有保有压的原则,着力调整优化金融资源配置,盘活存量资金,用好增量资金,有效推动经济结构调整和转型升级。

遵循这一思路,《意见》综合提出了货币、信贷、证券、保险、外汇等多方面政策措施,围绕继续执行稳健货币政策,引导推动重点领域与行业转型和调整,加大对小微企业、"三农"等国民经济薄弱环节的支持,推动消费升级,支持企业"走出去"等经济结构调整和转型升级的重点领域做了具体规定。

## 三、制定思路

《意见》制定过程中,主要有以下几点基本考虑:

一是要充分发挥市场作用。优化金融资源配置,首先要让市场在金融资源配置中发挥基础性作用。《意见》高度重视推进金融领域的市场化改革,释放金融改革红利。例如,《意见》提出,要稳步推进利率市场化改革,更大程度地由市场来决定资金价格。

二是切实转变政府职能。《意见》按照政府职能转变"该放的权力坚决放开放到位,该管的事必须管住管好"的要求,一方面积极放宽管制,例如提出要扩大民间资本进入金融业,探索民间资本发起设立自担风险的民营金融机构,要扩大银行不良贷款自主核销权限等;另一方面,强化政府维护产权和公共服务职能,例如鼓励地方人民政府建立小微企业信贷风险补偿基金,支持小微企业信息整合,加快推进中小企业信用体系建设,支持地方人民政府加强对小额贷款公司、融资性担保公司监管,鼓励地方人民政府出资设立或者参股融资担保公司等,积极弥补小微企业融资问题上的市场失灵缺陷。

三是注重政策协同配合。金融政策要充分发挥作用,必须与财政政策和产业政策等其他政策衔接配合,形成合力。《意见》高度重视金融政策与其他政策的协同作用。例如,对于化解产能过剩,《意见》配合"消化一批、转移一批、整合一批、淘汰一批"的产业政策要求,提出相应的金融政策,消化过剩产能,支持先进产能。

四是要坚持两手抓。防范风险是金融工作的永恒主题,必须坚持一手抓金融支持经济结构调整和转型升级,一手抓防范和化解金融风险。在防范金融风险的前提下促进经济转型发展,在促进经济转型发展的过程中增强防范金融风险的能力。

## 四、继续执行稳健的货币政策

当前我国经济增长总体平稳,物价形势基本稳定,稳健的货币政策符合我国宏观经济形势,政策实施效果良好。继续执行稳健的货币政策,一方面要统筹兼顾稳增长、调结构、控通胀、防风险,合理保持货币总量。要把好流动性控制的"总闸门",通过综合运用数量、价格等多种货币政策工具,适时适度地进行预调微调,保持金融市场的总体稳定,为实体经济的健康发展创造良好的货币条件。另一方面,要提高资金使用效率,积极盘活存量,用好增量。充分发挥运用再贷款、再贴现、差别存款准备金动态调整机制等政策工具对资金流向的引导功能,同时稳步推进利率市场化改革,更大程度地由市场决定资金价格。通过货币政策引导和市场价格机制将资金资源配置到符合经济规律、亟待转型升级的领域中去,配置到具有经济效益、能够创造就业的企业中去,加快资金周转速度,提高实体经济资金使用效率。

## 五、通过金融引导、推动重点领域与行业的转型和调整

金融促进重点领域和行业的转型和调整,必须坚持有扶有控、有保有压的原则,发挥资金引导作用,增强资金支持的针对性和有效性,不断优化社会融资结构,一方面持续加强对重点领域和行业的金融支持,另一方面大力支持化解产能过剩矛盾。

在加大对重点领域和行业的金融支持方面,要大力支持实施创新驱动发展战略,加大对有市场发展前景的先进制造业、战略性新兴产业、现代信息技术和信息消费产业、服务业以及传统产业改造升级、绿色环保领域的资金支持力度,保证重点在建续建工程和项目的合理资金需求,积极支持铁路等重大基础设施、城市基础设施建设和保障性安居工程等民生工程建设。这些产业和领域或者是引导未来经济社会发展的先导产业,或者是有利于发挥我国经济竞争力的传统优势领域,或者是经济持续健康发展和结构优化升级的重点环节,或者是转变经济发展方式的有力抓手,因此应当是金融支持的重点方向。

与此同时,要大力支持化解产能过剩矛盾。产能过剩是我国产业结构调整中的突出问题。中央经济工作会议明确提出要把化解产能过剩矛盾作为工作重点。金融支持化解产能过剩矛盾,关键是区分产能过剩行业的不同情况,分门别类地执行差别化政策,对于产能过剩行业中产品有竞争力、有市场、有效益的企业,继续给予资金支持,帮助其加快发展;对于产品虽然在国内供大于求,但是在国际市场上有销路、有市场的企业,通过各种融资方式支持其跨境投资经营;对于实施产能整合的企业,通过探索发行优先股、定向开展并购贷款等方式,促进其实施兼并重组;对属于淘汰的落后产能的企业,通过保全资产和不良贷款转让、核销等方式支持压产退市;对产能严重过剩行业违规建设项目严禁提供任何形式新增融资,防止盲目投资加剧产能过剩。

## 六、加强小微企业和"三农"金融服务

小微企业和"三农"是国民经济的两个薄弱环节。就加大对小微企业的金融支持,《意见》从改进金融服务和改善外部环境两方面着手,提出了相关要求。

在改进金融服务方面,《意见》明确了力争小微企业贷款增速和增量"两个不低于"的工作目标,支持金融机构延伸服务网点以贴近小微企业,拓宽服务内容以满足小微企业多元化需求,严格规范收费行为以降低小微企业融资成本,不断推动加强小微企业金融服务。与此同时,《意见》还优化完善相关监管政策,包括继续支持发行小微企业专项金融债,从而增加小微企业信贷资金来源;逐步推进信贷资产证券化常规化发展,从而推动金融机构盘活资金支持小微企业;适度放开小额外保内贷业务,从而扩大小微企业融资来源;适当提高对小微企业贷款的不良容忍度,从而提升金融机构从事小微企业金融服务的积极性。

在改善外部环境方面,《意见》以解决小微企业信用难题为突破口,提出要支持小微企业信息整合,推进中小企业信用体系建设,破解银企之间的信息不对称;支持地方人民政府加强对小额贷款公司、融资性担保公司的监管,鼓励地方人民政府出资设立或参股融资性担保公司,引导融资性担保公司健康发展,从而帮助小微企业增进信用;鼓励地方人民政府建立信贷风险补偿基金,有效分担小微企业的信用风险。

对于"三农"金融服务,《意见》围绕力争全年"三农"贷款实现"两个不低于"的目标,主要从三个方面加大对"三农"的金融支持:一是推进农村基础金融服务全覆盖。通过鼓励在金融服务空白乡镇设立服务网点,在尚不具备设立标准化网点条件的少数乡镇,鼓励采取各种形式简易便民服务,或者利用科技手段等实现基础金融服务全覆盖。二是推动农业现代化。顺应农业生产组织创新趋势,积极开发符合专业大户、家庭农场、新型农民合作组织和农业产业化龙头企业等农业农村新型经营主体和农产品批发商特点的金融产品和服务,加大支持力度。三是加强涉农金融服务的改革创新。创新融资担保方式,扩大林权抵押贷款,探索开展大中型农机具、农村土地承包经营权和宅基地使用权抵押贷款试点;拓宽支农资金来源,推出"三农"专项金融债;发挥农业银行"三农金融事业部"管理专业和政策优惠的优势,扩大县域"三农金融事业部"试点省份范围等。

## 七、通过金融促进消费升级

党的十八大报告指出,要牢牢把握扩大内需这一战略基点,加快建立扩大消费需求的长效机制,释放居民的消费潜力。围绕这一要求,《意见》主要强调了以下几方面内容:

一是培育消费金融的新增长极。传统上,住房、大宗耐用消费品的信贷需求是消费金融主体业务。随着居民收入的增长,消费结构不断改善,新型消费业态不断涌现,金融机构要适应和促进消费升级,在做好传统消费金融业务的同时,加强对新型消费品,以及诸如文化、教育、旅游、养老等服务消费领域的信贷支持,同时推进消费支付方式现代化,完善银行卡消费服务功能,优化使用环境。

二是发展消费金融的新型机构。消费金融公司是一类较为新型的非银行金融机构。目前,北京、上海、天津和成都四个城市共试点成立了四家消费金融公司。凭借自身优势和特点,消费金融公司在银行消费信贷业务之外起了很好的"拾遗补缺"作用。《意见》因此提出,要逐步扩大消费金融公司试点城市。

三是开辟消费金融的新着力点。我国正处于加速城镇化进程之中,如何做好城镇化金融服务中的消费金融业务,是摆在金融机构面前的新课题。《意见》提出,要根据城镇化过程中进城务工人员等群体的消费特点,提高金融服务的匹配度和适应性。

## 八、通过金融支持企业走出去

当前,全球经济结构面临深度调整,围绕市场、资源、人才、技术、标准等方面的竞争日趋激烈,《意见》通过采取下列措施支持企业国际化经营:一是鼓励金融机构为企业"走出去"提供便捷高效的金融服务。二是实施便利"走出去"的外汇管理制度,推动人民币跨境使用,完善货物贸易和服务贸易外汇管理制度,逐步开展个人境外直接投资试点,进一步推动资本市场对外开放,改进外债管理方式,加强外汇市场基础设施建设。三是拓宽"走出去"外汇资金来源。通过创新外汇储备运用方式,拓展外汇储备委托贷款平台和商业银行转贷款渠道,为用汇主体提供融资支持。

## 九、加快发展多层次资本市场的具体措施

金融支持经济结构调整和转型升级,既要充分发挥间接融资功能,也要大力发展直接融资,拓宽融资渠道,降低融资成本,分散金融风险。《意见》提出,一是完善资本市场体系建设。促进主板、中小企业板、创业板各层次资本市场均衡发展,进一步发挥期货市场定价、分散风险、套期保值等功能。二是优化资本市场制度安排。完善资本市场发行、定价、并购重组等方面的各项制度,适当放宽创业板对创新型、成长型企业的财务准入标准,扩大中小企业股份转让系统试点范围,促进债券市场互联互通等。三是加强资本市场主体建设。规范非上市公众公司管理,同时规范发展各类机构投资者,探索发展并购投资基金,利用资本市场推动企业并购重组,鼓励私募股权投资基金、风险投资基金产品创新,助推创新、创业型中小企业融资发展。

## 十、发挥保险对经济转型发展的保障作用

保险是市场经济条件下风险管理的基本手段之一,也是金融体系的重要组成部分。保险业服务经济结构调整和转型升级,一是要充分发挥保险作为经济"稳定器"的职能。《意见》提出,要扩大农业保险覆盖范围,推广新型农业保险险种,大力发展出口信用保险,鼓励为企业"走出去"提供一揽子保险服务,试点推广小额信贷保证保险,推动发展国内贸易信用保险等,从而有效地发挥保险业在增强

农业抗风险能力、支持国内企业有效应对海外贸易与投资风险和提升小微企业信用等方面的积极功能。二是要充分发挥保险作为经济"助推器"的职能。根据保险资金长期性、稳定性的特点，拓宽保险资金的运用范围，更好地发挥保险资金服务经济转型升级的作用。

## 十一、进一步推动民间资本进入金融业

民间资本进入金融业，对于动员社会资金进入实体经济、促进金融机构股权结构多元化、激发金融机构市场活力具有重要意义。《意见》提出要进一步推动民间资本进入金融业，发挥民间资本在村镇银行中的积极作用，尝试由民间资本发起设立自担风险的民营银行、金融租赁公司和消费金融公司等金融机构。

尝试由民间资本发起设立自担风险的民营金融机构，之所以强调投资者要自担风险，主要是为了防范道德风险，防止金融机构经营失败的风险外溢。这既符合投资收益和风险承担相一致的市场原则，也避免在金融机构市场退出机制还不健全的情况下出现风险处置真空，或者演化成依赖国家信用提供隐性担保。关于具体的探索方向，可以考虑通过有关制度安排，确保主发起人拥有承担金融机构经营失败风险的能力，同时对此类金融机构的负债业务进行分类管理，有效地控制风险敞口。

## 十二、防范经济结构调整和转型升级中的金融风险

经济结构调整和转型升级过程中的矛盾和问题必然会折射和反映在金融领域，带来潜在甚至是现实的金融风险。为此，《意见》主要从三方面就防范和化解金融风险提出要求：

一是提高风险预警与处置能力。金融业要深入排查各类金融风险隐患，适时开展压力测试，动态分析可能存在的风险触发点，及时锁定，及早预警。对已暴露的风险，处置时要稳妥有序，加强疏导，避免因处置不当引发新的风险。

二是严密盯防重点领域。地方政府融资平台、房地产、理财和"两高一剩"行业是当前重点金融风险领域，各金融机构对上述领域的风险要严密盯防，严加防控。除此之外，各金融机构对于跨市场、跨行业经营带来的交叉金融风险，以及民间融资、非法集资、国际资本流动等外部风险也要提高警惕。

三是优化信用环境。良好的信用环境是防范和化解金融风险的坚实基础。要加快信用立法，推进社会信用体系建设，形成诚信文化，努力塑造"守信激励、失信惩戒"的信用环境，为防范化解金融风险创造良好的外部条件。

（根据中华人民共和国中央人民政府网站政策解读内容整理）

# 第三章 新时期中国急需实施第五次重大减税让利政策的建议与对策

## 第一节 改革开放后四次减税让利政策及其效果

### 一、第一次重大减税让利政策,发展个体经济与乡镇企业(20世纪80年代)

改革开放初期,国民经济在所有制结构、产业结构、消费结构和经济效率等方面面临一系列的发展困境,亟待在发展过程中进行突破性拓展。在重工业与轻工业失调的大背景下,中央政府通过对国人举办企业实施全部免税政策,大力发展轻工业,构建了市场经济主体。以鼓励优秀人才下海、精英经商、办实业,鼓励个体户经营,鼓励创办乡镇企业的三个"鼓励"为中心,调动了国人进行从商创业。1978年年底全国城乡个体工商业户仅有14万人,到1987年年底,仅私营企业已达90 581万户,从业人员总数约164万人,注册资金84亿元。1979—1988年,我国实际GDP增长142.34%,年均增长10.2%。

### 二、第二次重大减税让利政策,发展中外合资企业与外商独资企业(20世纪90年代)

20世纪90年代初,与周边国家特别是"四小龙"存在技术、资本、人才、管理、设备等巨大差距,大多比六七十年代的竞争力还弱。以邓小平同志南方谈话为契机,中央政府在深圳经济特区试点基础上对所有中外合资企业、外商独资企业实行"免三减二"政策。这次减税让利政策更新了产品、装备、管理、人才,带来了国际上先进的技术、资金和管理理念,将国内外大量社会资金和人才吸引到中国,帮助中国大批企业实现了转型升级。截至1996年年底,外商投资项目累计达283 300多个,协议金额达4 690多亿美元,实际利用1 750多亿美元。实际利用外资占全社会固定资产投资完成额比重从1990年的4.6%增长到1998年的13.2%,成为仅次于美国的外资利用大国。整个90年代到2000年,我国实际GDP增长169.76%,年均增长9.4%。

### 三、第三次重大减税让利政策,加入WTO适应全球规则(2001年后)

经济全球化、信息化和技术创新加速带来的强烈冲击,特别是2001年中国加入WTO形成倒逼机制,要求中国加快和国际通行税制接轨,嵌入全球价值链,为此,中央政府按照WTO相关政策对全球跨国公司在华开办企业实施减税让利政策,享受减税体制的双重优惠。这对我国引进外资和经济增长起到了重要作用。"中国制造"对全球产业产生重要影响,目前已经有156个制造业部门产值位居全球第一,2010年GDP跃居全球第二,中国也是吸收外国直接投资最大的发展中国家并总量排名全球第二,税收已经连续8年以超过20%的速度增长;中国一大批本土企业与世界接轨,截止到2012年,世界500强公司中已有约490家在中国投资,跨国公司在华设立的研发中心、地区总部等功能性机构已经达到1 600余家。2000—2010年,我国实际GDP增长170.92%,年均增长10.3%。

### 四、第四次重大减税让利政策,全面取消农业税(2006年)

由于本报告主要针对中小微企业,故本节对第四次全面取消农业税刺激农业发展不做详细介绍。

综上所述,中央政府进行了四次减税让利政策,三次主要对象是制造业,最近一次是全面取消农业税。四次减税让利政策带来国家经济社会制度、产业结构和实体经济的快速发展。2008年4万亿经济刺激计划主要投向了房地产、大型国有企业等,在新时期已没有减税让利空间。近年来,政府支持中小企业发展的优惠政策主要转向了中型企业,而小型企业和微型企业真正得到实惠的极少,为此,在国家财政开支比较大、经费有限的情况下,需要将有限资金用在急需解决的对象上。建议在新时期适时推出第五次重大减税让利政策,主要对象是小微企业、科技型小微企业及出口企业。

## 第二节 当前中国小微企业面临"四贵三难"的困难形势

当前我国小微企业面临"四贵三难"的困难形势:"四贵"是指用工贵、用料贵、融资贵与间接费用贵,"三难"则是订单难、转型难、生存难。以税收为例,目前小微企业的税收起征点为2万元,按平均利润率10%来算,每月利润达到2 000元就要征税,比个人3 500元征收标准还要低。

## 第三节 对策与建议

### 一、加大税收优惠、"放水养鱼"是当前我国小微企业解困的"牛鼻子"

调查显示,当前约有45.1%的小微企业认为税负过高。据世界银行统计,国际上小微企业税负平均为20%,而我国小微企业所得税高就达25%,增值税17%(需抵扣已交的进项增值税),加之其他各种税费,综合税费高达40%—50%;美国《福布斯》杂志2007年发布的一份"全球税负痛苦指数"显示,中国税负仅次于法国、比利时,名列世界第三,远远高于美国、日本、新加坡等发达国家。在如此沉重的税费下,小微企业难以保持发展的张力,更加难以抵御全球经济衰退带来的冲击。

## 二、对小微企业、科技型小微企业实施综合减税的优惠政策

针对小微企业、科技型小微企业自身规模小、人员少、资金缺乏等弱势,建议对小微企业、科技型小微企业实施综合性减税,简化税制程序:一是所得税降到10%以下;二是其他所有税负相加的综合税率不宜高于5%,同时,由政府成立一个专门征收该项税收的部门,简化征收程序;三是借鉴农业免税费经验,逐步免除小微企业、科技型小微企业一切费用,切实减轻小微企业、科技型小微企业税费负担,全面实施"放水救鱼"与"放水养鱼"的综合减税优惠政策。

## 三、对小微企业、科技型小微企业实施"免三减二"的税收优惠政策

借鉴我国20世纪80年代发展个体经济与乡镇企业、90年代发展中外合资企业与外商独资企业、21世纪初期引入跨国公司的相关税收优惠政策,以及近期对农业实施的税收优惠政策经验,建议对小微企业、科技型小微企业在五年内实施"免三减二"的税收优惠政策,即1—3年内免去一切税负,第4—5年实施税负减半的税收优惠政策。

## 四、构建适应我国小微企业、科技型小微企业特点的税收制度与管理体系

一是成立国家中小企业管理委员会或中小企业局,彻底解决"五龙治水"的混乱局面,加快促进制定《中小企业基本法》,加大依法行政力度,以体制创新加强对小微企业、科技型小微企业的统筹规划、组织领导和政策协调,进一步落实"扶小"战略与政策法律支持体系;二是研究针对小微企业、科技型小微企业实际特点的税收体系,构建税基统一、税种少、税率低的税收制度;三是对小微企业、科技型小微企业只设所得税与综合税两项税种,并实施二者之和不超过15%的限额;四是税务部门对小微企业、科技型小微企业尽量实施低税率的"包税制",不搞弹性大、易于高收税的"核税制";五是避免企业所得税与个人所得税重复征收。

## 五、对出口企业实施出口退税的优惠政策

一是进一步搭建第三方的外贸综合服务平台,聚合中小微企业的业务,化零为整,转危为安,降低出口企业运营成本,为小微企业提供便利;二是出口退税新规政策需进一步细化处理,避免误伤小微出口企业;三是简化出口企业申报价格核定程序,避免二次重复核定(新出口退税政策规定出口企业申报价格除需要海关内部体系核定外,还需要国税进一步重新核定价格);四是进一步明确农产品企业出口退税政策,现行规定要求发票等凭证,而农民由于不能为收购商提供发票,造成增值税抵扣有漏洞;五是外贸企业出口退税实行一级审核,简化审核税制与退税流程,提升审核审批效率,加快出口企业资金周转率,缓解企业资金周转压力。

综上所述,当前正好是我国给小微企业全面实施第五次重大减税让利政策的最佳时机,建议从国家战略角度给予重视,并尽快逐步实施。

# 第四章 中国中小企业品牌影响力的研究报告

## 第一节 中国中小企业品牌影响力的总体现状

### 一、中国中小企业品牌影响力作用认可度调查

本项目组通过实地考察、召开座谈会、电话访谈及网络调研等形式,通过收回的3306份有效问卷,对中小企业就其"品牌作用"问题进行问卷调研,只有23.9%的企业认为品牌对企业发展起着决定性作用,64.9%的企业、8.2%的企业和3.0%的企业分别认为品牌对企业发展起着重要、一般和辅助作用,如图4-1所示。

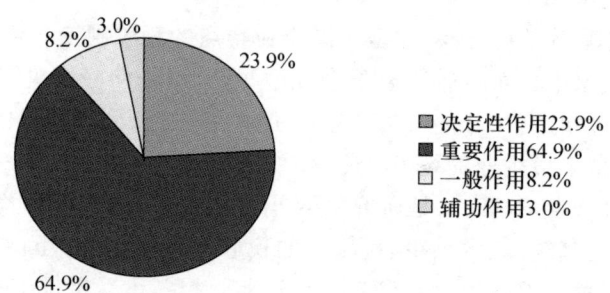

图4-1 品牌对企业发展作用认可度

资料来源:根据调研资料整理。

这说明绝大多数中小企业已经认识到品牌在企业发展中的作用,但与国外品牌起"决定性"作用的普遍认识相比,尚存在认识不足、品牌观念淡漠的差距。

### 二、中小企业品牌建设目标现状调查

基于有效调研问卷,就品牌建设目标进行摸底调研,在有品牌建设目标的2909家中小企业中,以"国际知名品牌"为建设目标的中小企业占比23%;以"国家知名品牌"为建设目标的占比28.4%;以"省内知名品牌"为建设目标的最少,占比为18.6%;以"区域知名品牌"为建设目标的最多,占比为30%,具体如图4-2所示。

### 三、中小企业品牌管理现状调查

(一)中小企业重视品牌意识与践行品牌建设分离,品牌建设名义化

当前虽然有88.8%的中小企业认为品牌对企业有"决定性"和"重要"作用,但在实践中,大部分中小企业依然停留在产品竞争上,忽视品牌经营及影响力的

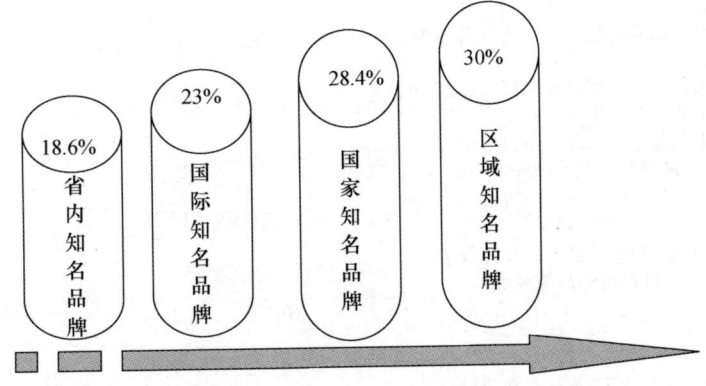

图 4-2 中小企业品牌建设目标

资料来源:根据调研资料整理。

提升,没有执行品牌策略,甚至部分中小型企业没有品牌意识,如图 4-3 所示。

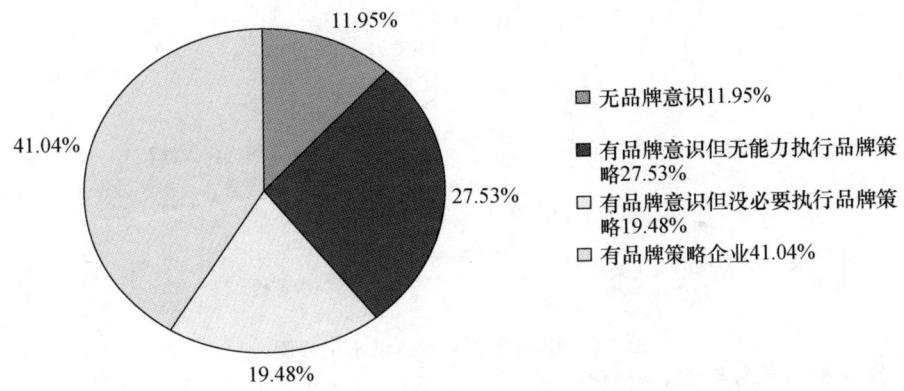

图 4-3 中小企业品牌意识调查

资料来源:根据调研资料整理。

(二)企业内部品牌管理能力低且缺乏长期性、系统性

大多数中小企业并没有专门的品牌管理部门或品牌策划人员,多是由市场部、企管部等部门承担,部分中小企业虽设置了品牌管理部门,但品牌管理也等同于商标管理,没有专业人员,没有品牌策略推广的长远系统规划,如图 4-4 所示。

(三)品牌建设水平落后

品牌建设主要包括品牌核心价值、内涵、定位的确定,品牌标志设计,品牌管理人才储备,品牌管理组织架构与流程建设,品牌宣传五个方面。而就当前我国中小企业品牌建设实际,与美、日、德、韩等发达国家相比,这五个方面的广度和深

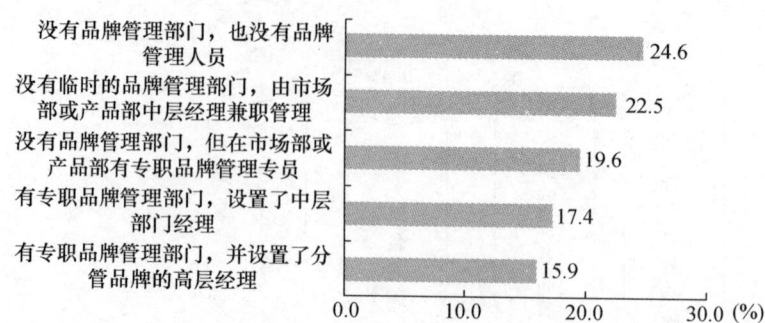

图 4-4　中心区域品牌管理能力状况调研

资料来源：根据调研资料整理。

度效应都严重不足,尤其是品牌管理人才储备、品牌管理组织架构与流程建设和品牌宣传三个方面,如图 4-5 所示。

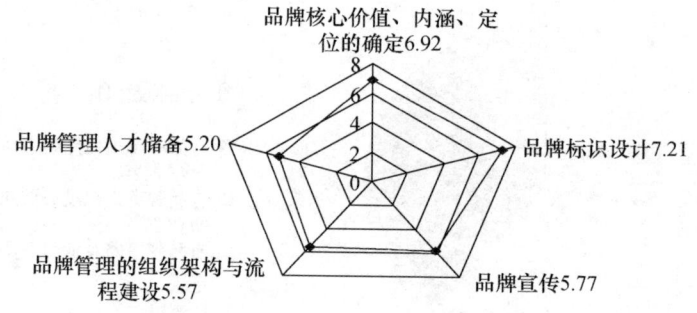

图 4-5　中小企业品牌建设水平评测

资料来源：根据调研资料整理。

(四) 品牌扎堆且处于低端或传统行业领域

在冶金、采矿、建材、化工等行业的品牌居多。这些领域的资源约束、环境约束严重地掣肘了品牌影响力的提升空间,不利于品牌策略施展。

(五) 支撑品牌的知识产权落后

知识产权是品牌生命,中小企业知识产权落后,加之创新不足,使得中国的整体品牌策略陷入尴尬境地。

(六) 科技成果转化率低导致中小企业品牌创建力弱

数据显示,2011 年我国科技成果转化率大约为 25%,而真正实现产业化的不足 5%,与发达国家 80% 转化率相差甚远。

(七) 区域品牌聚集与辐射效应不足

与发达国家相比,中国区域品牌集聚效应不明显且呈现非均衡特点。相对东部区域,中西部区域品牌集聚效应较弱。市场经济发展程度与品牌区域间辐射效应是相辅相成的。中国区域经济的品牌数量及影响力也体现出同区域经济发展的非均衡性相对应的特征。我国东部区域具备品牌培育、品牌集聚和打造中国强势品牌的优势,中西部等内陆区域则处于较低水平。中西部区域应借助发达区域品牌扩展的内在促动,努力提升本区域品牌效应以壮大自己。

## 第二节 国外提升中小企业品牌影响力的经验

### 一、实施适合自身的品牌战略

企业常用的品牌战略主要有产品品牌战略、系列品牌战略、综合品牌战略等。这些品牌战略不仅适用于品牌初创时期,也适用于提升品牌影响力时期。每个品牌战略都有不同的特点,又都适用于不同的情况。国外中小企业品牌影响力的提升实践经验各有千秋,无法比较哪个是最佳战略,但结合自身实际情况,通过差异化的品牌战略,努力创造和提升自身品牌影响力是共同经验。即使是同一行业,选择不同品牌战略同样可以获得成功。SNS品牌一举成名的优势就体现在与传统社交网络品牌传播差异化特点上,这种差异表现在品牌主体隐蔽性、休闲娱乐信息共享性、情感体验导向性、品牌信息微量化与开放性、网民深度参与性等各方面,这也是与其他同类品牌相比的优势所在。

### 二、注重品牌管理,加强品牌形象维护

品牌形象是企业的符号。国外的中小企业,几十年甚至上百年的老品牌是非常多的,原因就在于国外的中小企业主时时刻刻都在精心维护企业的品牌形象。国外的企业不仅注重品牌内涵的培养,而且非常关注品牌的维护工作。品牌维护不仅是为品牌立名,也是向人们宣布某一种企业精神和品牌精神,体现的是一种对消费者负责的意志。我国中小企业在品牌形象维护方面存在诸多问题,除了制度环境、社会环境等客观因素外,过分追逐眼前利益是导致品牌形象难以长期存在的重要原因。品牌缺乏内涵加上品牌维护不够,导致流星闪现的企业、产品数不胜数,甚至一些老字号企业因忽视品牌维护而迅速走向没落的例子也屡见不鲜。品牌是一种契约,只有持之以恒、始终如一,才能最终赢得消费者。品牌形象维护应该融入企业文化和社会需求,应该贯穿于企业的所有运行环节。

### 三、人才储备是中小企业品牌影响力提升的保证

中小企业人才储备是人力资源规范中最重要的一个环节。对于任何一个企业,尤其是中小企业来说,未建立一个与企业战略相适应的人才储备吸纳机制及保有机制,就没有办法实现其战略目标。发掘、培育人才是中小企业品牌影响力提升的关键。品牌策划人才的数量是品牌能否有影响力和影响力提升空间到

有多大的前提条件。品牌影响力提升策划需要基于市场调研,并借助科学技术和艺术,使消费者在脑海中产生个性化认同,达到企业或产品品牌体现的价值观与消费者的价值观相统一的效果,从而形成品牌声浪,达到品牌影响力提升的目的。因此,品牌策划人才需要具备市场调研、预测、整合信息和管理的能力,还需要具备消费心理、消费价值观等心理素质。另外,品牌传播与维护等方面的专业人才也是不可或缺的,他们是提升品牌影响力的重要保障。品牌传播的目的是让消费者接受并认可企业的产品和服务,这就要求管理者具备较高的心理、管理和经济的理论与实践,同时还需要较高的商业心智、应变及协调能力。提升品牌影响力,没有这些专业人才是不可能完成的。

## 第三节 对策与建议

中小企业是经济增长和社会发展的重要力量,发展中小企业符合国家的根本利益,这已经成为各级政府的共识。同时,中小企业的发展也离不开宏观政策和政府的扶持。虽然我国制定了一系列的中小企业发展政策,且各地根据自己的实际也纷纷出台了地方性的政策法规促进中小企业的发展,并取得了一定的成效,但是政策效果不尽理想,而且目前很多配套政策和措施还不到位。因此,需要找准着力点,进一步完善和落实。

### 一、提升中小企业品牌影响力的财税政策着力点

(一)财政支出资金支持政策着力点

现有政策文件只提到要加大财政资金的支持力度,但支持力度到底有多大、财政资金的可持续性如何、出自哪里等问题均没有讲清楚。这一点我国政府可以借鉴国外的经验。比如,德国在支持中小企业发展的资金中,政府的财政预算资金占了70%,因此,我国政府可以采取类似的办法,为企业创业和品牌推广分担资金压力,或者将支持中小企业的资金规模与上一年度的GDP或财政收入总额挂钩,采取按一定比例的方式纳入财政预算,这样就可以每一年度相对上年度通过增加比例的途径逐步扩大中央财政预算中扶持中小企业发展的专项资金规模,并通过政策性银行对中小企业进行低息融资,通过降低利息的方法间接节约企业的投资成本。同时,要求各地方财政也按一定比例逐年加大对中小企业的支持力度。总之,一定要通过政府文件的形式将"加大扶持力度"量化,同时,专项资金要体现政策导向,增强针对性、连续性和可操作性,突出资金使用重点,向中小型企业和中西部地区倾斜;约束资金的使用方向为中小企业品牌创建、品牌推广,专款专用。

(二)专项资金与基金政策着力点

建立品牌建设专项基金,用于企业开展自主品牌建设,支持企业进行研发和

自主创新。在同等条件下,优先安排名牌出口企业使用技术更新改造项目贷款贴息资金和出口产品研究开发资金。比如,对于以自主品牌出口的商品,允许企业按一定比例将其收入的一部分作为专项的品牌建设基金,从应税所得中扣除而免征所得税。

目前我国支持中小企业的专项基金的总量规模还比较小,财政政策的"汲水作用"还不十分明显,因此,基金规模要随着经济增长速度和中小企业数量的增加而增加。中小企业专项资金、技术改造资金等要重点支持销售渠道稳定、市场占有率高的中小企业。采取财政补助、降低展费标准等方式,支持中小企业参加各类展览展销活动。支持建立各类中小企业产品技术展示中心,办好中国国际中小企业博览会等展览展销活动。

(三) 财政补贴着力点

在财政补贴政策实施过程中,应注重对补贴重点对象和方式的选择。对中小企业的补贴重点应在以下一些领域和环节:中小企业的技术改造和产业结构调整,中小企业新产品、新工艺的研究开发和技术创新,中小企业为节省能耗和物耗以及保持生态平衡、绿色生产和宣传而进行的研究与开发,中小企业信息网络建设、人力资源开发与应用、就业与培训、国际市场开拓;"老、少、边、穷"或西部地区新办的中小企业,对促进农业商业化、产业化发展并提高农民收入水平有较大贡献的中小企业,能够提高人们生活质量并扩大就业渠道的中小企业等。

(四) 政府采购政策着力点

政府采购通过向自主创新的中小企业订购产品,可以创造和增加中小企业技术创新产品的市场需求,提高自主创新产品的变现能力,加快资金的周转,产生对技术创新产品的"市场拉动"效应,从而降低科技型中小企业的市场风险。此外,政府采购还可以通过向创新型中小企业预付采购货款的方式,保证创新生产、研发资金有效落实,为生产政府采购产品的中小企业提供资金支持。

第一,要继续修改完善《政府采购法》,将政府应该保证"在政府采购产品和劳务的各种合同中应给中小企业以公平的比例"纳入法律条款中;同时,各地要制定出充分体现促进中小企业发展的采购具体措施和制度,以切实保障和有效维护中小企业的发展权益。

第二,制定出台"政府采购法实施细则"等配套政策,进一步明确中小企业的标准和政府采购标准,即以重新界定后的中小企业范围为标准,对员工人数、年销售额和资产总额再进一步细化,确定中小企业参与政府采购的市场地位,科学设计中小企业参与政府采购的门槛。也即在政府采购的立法层面实际操作中,应建立三个机制,即建立政府采购评价体系和宏观调控互动机制、建立政府采购的中小企业培育机制、建立中小企业的资格认证机制,以保证优质中小企业获得更多的政府采购合同。

第三,尽快修订和完善中小企业参与政府采购的保护性法规和条款。应参考发达市场经济国家的做法,规定一个中小企业参与政府采购的强制法定比例或者比例幅度;同时,不断扩大中小企业参与政府采购的范围和预算比例。在执法层面,要有专门的政府机构拥有帮助中小企业获得政府采购合同的职能,明确中小企业的报价在不高于外国供应商和本国大企业报价的一定范围内可获得政府采购合同的订单。

第四,加强政府采购活动监督和监管考核工作。加强对政府采购供应商的监管,督促所有参与政府采购的中小企业遵守法律法规和政府采购制度规定,恪守诚实信用原则,依法参与政府采购竞争,对以不正当手段非法谋取中标、损害政府采购利益的不法企业严格查处,建立优秀的政府采购供应商队伍,为优秀的中小企业提供更多的竞争机会。

第五,加强政府采购日常管理。制定相关的"政府采购官员行为准则",经常性组织纪检、监察、财政、审计等部门开展政府采购巡察活动,对违法违纪采购官员及供应商予以严惩,遏制腐败现象的滋生。

(五)社会化服务体系扶持政策着力点

1. 加快信息化进程,增加中小企业信息渠道

当前中小企业普遍存在缺少商务沟通和市场信息等问题,由于信息不充分或交易成本过高,中小企业一般难以及时把握市场运行情况,从而减弱了中小企业的市场竞争力。对此,财政可通过专项基金等工具的运作,支持中小企业咨询、信息和技术培训等服务的建立,满足现代经济时代中小企业对信息传递和信息交流的要求;资助中小企业参加各种展览会和交易会,为中小企业发展开拓更加广阔的市场空间。

2. 逐步建立和完善中小企业创业辅导体系

创业辅导体系建设是中小企业社会化服务体系的有机组成部分。目前我国中小企业创业辅导体系还比较薄弱,对中小企业的自主创新存在一定的影响。财政和税收政策应以中小企业创业辅导为切入点,在进一步整合各种社会资源、建立健全中小企业创业辅导体系的过程中,强化对中小企业的扶持力度,提高中小企业创业成功率,培育出一批创新型、科技型、服务型等具有良好发展前景的中小企业;支持各类技术经济信息、政策及法律咨询等社会化服务的建立,对创业者和创业企业管理人员开展培训,提高创业企业管理水平和素质。

3. 继续为中小企业减负

继续减免部分涉企收费并清理取消各种不合规收费,落实中央和省级财政、价格主管部门已公布取消的行政事业性收费。免征部分管理类、登记类和证照类

行政事业性收费;清理取消一批各省(自治区、直辖市)设立的涉企行政事业性收费;规范涉及行政许可和强制准入的经营服务性收费;继续做好收费公路专项清理工作,降低企业物流成本;加大对向企业乱收费、乱罚款和各种摊派行为监督检查的力度,严格执行收费公示制度,加强社会和舆论监督;完善涉企收费维权机制。

(六)信用担保着力点

1. 资金来源

可在财政预算管理中安排该项资金栏目,同时对财政资金支持的方向进行相应的调整,逐步减少财政资金作为中小企业信用担保机构资本金的扶持模式,除对各类再担保公司的资本金投入和已开办信用担保机构资本金的增资之外,财政资金将重点解决现有信用担保企业风险补偿资金不足的问题,建立对信用担保机构风险补偿资金缺口的担保补偿金机制,定期由政府按财政收入增长的一定比例,补充用于政府担保机构的担保资金。积极探索中小企业税收"补偿机制",即将征自中小企业的税收总额,按一定比例定向用于政府担保机构的资金补偿。

2. 担保重点

重点支持循环经济领域、高新技术领域和外向型中小企业的发展,特别是那些通过正常渠道不能获得贷款同时又具有良好发展前景的中小企业。

3. 设立中小企业政策性银行

中小企业政策性银行主要是贯彻政府对中小企业财政扶持政策,体现为政策性贷款和信用担保。贷款主要分为两类,其一是中长期贷款,主要用于符合国家产业发展方向和经济宏观调控方向的中小企业,为初创的中小企业提供资金,扶持这些企业成长和创业;其二是短期流动资金贷款,以满足中小企业日常周转资金的需求。

在中小企业政策性银行成立后,可将目前各级财政支持中小企业的信用担保业务和功能纳入其中,由中小企业政策性银行统一为中小企业提供政策性信用担保业务。

(七)税收优惠政策着力点

1. 明确优惠标准

现有政策在发布以后,实施起来多有时滞,而且遇到注入资金节流等问题,因此,政策发布后还要敦促执行。比如,提高营业税和增值税起征点到多高,有没有标准,如果找不到标准怎么提高?如何加快推进营业税改征增值税试点,要明确由哪个部门执行,落实到人,逐步解决服务业营业税重复征税问题的时间限制;什么时候、由哪个部门具体组织研究进一步支持小型微型企业发展的税收制度。

2. 涉外税收优惠

在涉外中小企业税收优惠政策方面,在不违背WTO基本原则及我国与其他国家贸易协定的情况下,政府可以对有贡献的中国品牌给予更优惠的外贸政策,例如在现有基础上增加出口退税力度,或给予适当的税收减免、抵免,以增强中国品牌的竞争力,进而提升其在国际市场上的影响力。比如,允许提取收入的一定比例作为品牌建设专项资金从应税所得中扣除,减轻企业的品牌建设压力。

3. 当地政府为企业提供特殊优惠政策

中小企业的入驻可为当地解决就业、增加税收收入,当地政府也应该以财政税收优惠政策反哺企业。比如,企业出现用工荒、招聘不到熟练工人难题时,当地政府规定企业可以要求定向培训工人,培训费由政府出;此外,当地政府还可以在土地使用、电价、水价以及税收等多个方面给予企业政策优惠,使得中小企业能有比较充裕的资金投入研发,打响品牌。

## 二、提升中小企业品牌影响力的知识产权政策着力点

### (一)进一步完善法规体系

我国政府已着手建立了一个保护品牌的法制体系,先后出台了一系列的法律法规,如《专利法》《商标法》《产品质量法》《公司法》《消费者权益保护法》《反不正当竞争法》等法律,以及国务院发布的行政法规及规范性文件(主要是国务院根据上述法律制定的相应实施细则、条例,如国务院发布的《质量振兴纲要》等),国务院有关部门发布的部门规章及规范性文件(主要有原国家经贸委和原国家技术监督局联合发布的《关于推动创品牌产品的若干意见》,以及原国内贸易部发布的《商业特许经营管理办法(试行)》等)。中国目前在这些方面的政策法规,随着改革的不断深入还需要不断地完善。所有这一切对于保护品牌和品牌企业的合法经营,禁止不正当的竞争,维护社会经济的正常秩序,都将起到巨大的保障和促进作用。

另外,要加大执法力度,打击假冒品牌。打击假冒品牌,仅靠被假冒企业的努力是不够的,它是一项社会工程,必须由政府组织各方面的力量,把行政、法律、舆论、群众的力量都调动起来,把专项打假与联合打假结合起来,把突击打假和长期打假结合起来。

### (二)商标保护

品牌保护最有效的方法是走法律的途径。对于凝结的个性品牌识别系统,是企业自身宝贵的知识产权,从品牌识别系统开始规划之日起,就应该通过知识产权法等相关法律,请求法律上的确认,保证品牌的独有排他性,才能使品牌防患于未然,同时使品牌受到侵害之时,取得相应的法律保护。品牌通过商标的注册取得法律上的唯一专有使用权;通过对产品特有包装和装潢的保护,避免自己的产品在形象上被仿造假冒;通过产品原产地名称的保护,使得代表特定品牌的地理识别得到保护,同时代表良好品质基础的称谓免遭不必要的侵害,如避免出现山

西老陈醋、金华火腿在任何地方都可以制造、生产的尴尬境地等。
(三) 建设知识产权中小企业集聚区
　　1. 培育国家示范性知识产权优势中小企业集聚区
　　通过分期、分批选择具有产业特色和知识产权创造、运用基础的城市中小企业集聚区,培育一批示范性知识产权优势中小企业集聚区。制定并有效组织实施中小企业集聚区总体知识产权推进战略,制定实施培育中小企业集聚区知识产权优势的具体发展规划及落实措施;建立有效的集聚区知识产权管理制度,开展集聚区知识产权管理运行体系建设,建立政府知识产权、中小企业主管部门、相关机构、企业等共同参加的集聚区组织领导机制和日常执行机制,统筹协调集聚区知识产权管理的各方面工作,推动各工程实施的主体和对象切实完成各项保障措施的落实,切实完成各项工程任务。
　　2. 开展自主知识产权优势中小企业培育工作
　　分期、分批在具有产业特色和竞争优势的中小企业集聚区中选择具有一定知识产权和品牌创造潜力的中小企业,实施重点培育。通过政策引导和重点辅导服务,指导企业建立自身知识产权战略,完善企业知识产权全面管理、全过程管理,建立健全创新激励机制;鼓励企业加大知识产权创造投入力度,鼓励企业充分运用知识产权等各类创新资源,不断提高自主创新和技术成果转化的能力;支持和帮助具备条件的自主知识产权优势中小企业上市融资,加快发展。通过示范带动作用,整体提升区域中小企业知识产权创造、运用、保护、管理的能力和水平。
　　3. 建立中小企业知识产权服务支撑体系
　　在具有产业特色和竞争优势的中小企业集聚区,依托现有公共服务平台,建立健全中小企业知识产权辅导服务机构,建立中小企业集聚区专利工作交流站。不断完善以知识产权咨询、知识产权评价评估、知识产权投融资、专利信息检索、专利申请辅导、专利技术分析、专利战略研究制定、专利预警、专利工作交流、专利技术(产品)展示交易等为一体的专业化、综合性中小企业服务支撑体系,着力提高区域中小企业创造和运用知识产权的能力,推动形成一批具有自主知识产权创造优势的中小企业集聚区。
　　4. 建立和完善中小企业集聚区知识产权保护机制
　　在中小企业集聚区推动建立行业自律组织和中小企业知识产权联盟、协会等,形成有效的知识产权保护机制和法律援助机制等。对有条件的地区,在中小企业集聚区公共服务平台或知识产权辅导服务机构增设中小企业知识产权保护援助服务功能,为企业提供有效的综合知识产权保护援助服务,营造有利于中小企业技术创新、知识产权创造与运用的良好外部环境。

（四）提升中小企业知识产权意识

1. 知识宣传与普及

以城市中小企业集聚区为重点，有计划地持续开展广泛的知识产权宣传和知识产权知识推广，着力提高中小企业知识产权意识，培育中小企业知识产权创新文化，推动形成城市中小企业集聚区创造知识产权、尊重知识产权、保护知识产权的社会氛围。

2. 加强对企业管理和科技人员的知识产权教育和培训

目前企业缺乏专业的知识产权管理方面的人才，特别是基层管理人员和广大职工对知识产权了解肤浅，不能完全适应市场经济的需要。应加大对知识产权的宣传力度，提高社会知识产权意识。在加强知识产权宣传与普及的基础上，要加强知识产权培训和交流工作，特别是增强企业领导的专利意识。要从宣传、教育和培训入手，指导、帮助和支持企业提高知识产权工作的水平，交流和学习国内外成功企业的先进经验，提高企业保护知识产权的能力。通过科研奖励等措施鼓励企业积极申请专利，将专利保护与保密结合起来，注重对"无形资产"的保护，防范仿冒和侵权行为。

3. 增加用于知识产权的投入

增加研究开发投资和知识产权管理经费的投入，设立专项专利、商标经费，用于缴纳申请和应付诉讼等经费开支，或是成立法律援助机构。有很多的中小企业尤其是小型企业，内部没有相应的知识产权管理部门和人员，一旦被侵权，往往不去应诉，或是由于资金的问题放弃诉讼。

4. 缩短专利审查部门审查周期

专利审批周期拉长不仅大大降低了申请专利的经济价值，也降低了企业申请专利的积极性。建议简化申请手续，简化填表内容。健全专利审查规范，避免重复、类似或相近技术被授予专利的情况发生，严格执行专利法，杜绝不符合专利法的授权专利出现，避免由此而引起的企业之间的纠纷，给侵权认定和查处造成困难。

5. 深化改革现行的科技成果申报、鉴定和奖励制度

目前普遍存在的重成果、轻专利的问题已经制约了企业申请专利的积极性，也严重损害了企业的竞争力。当前，计划经济体制的科技管理模式仍然在沿用，阻碍着与市场经济体制相适应的知识产权管理模式的发展。

（五）建立政策体系，推进中小企业知识产权建设

1. 科技信息政策

其目的在于为中小企业技术创新提供智力支持。内容包括：中小企业知识产权网络服务；专利的申请、检索，商标的注册、检索；产学研结合。

## 2. 资金政策

技术创新、专利申请及维护,商标注册及维护,软件开发及保护,都需要资金的投入,金融政策就是拓宽融资渠道,为中小企业知识产权建设拓展融资渠道,提供资金支持。内容可包括:建立专门为中小企业知识产权建设服务的金融机构;实施中小企业的知识产权抵押融资政策(专利融资、商标融资);鼓励技术创新风险投资或为中小企业设立风险基金等。

## 3. 财税政策

在税收优惠的问题上,我们要彻底改变以往"只顾眼前利益,忽视长远利益"的做法,要知道暂时的税收减少会给国家带来更大的回报。在税收上,针对企业资金的使用途径不同,采取不同的征税标准,用于技术创新、专利保护与维持和商标注册与维持的资金实行免税或减税;中小企业的创新产品可参与政府购买并有一定份额的优惠政策。其目的在于通过税收优惠和政府购买等措施激励中小企业搞好知识产权工作。

## 4. 教育培训政策

其目的在于为中小企业提供知识产权人才。内容包括:对中小企业经营者、科技人员和员工等不同层次的培训政策;知识产权人才引进政策等。

### (六) 加强知识产权公共服务,建立知识产权预警机制

## 1. 突出政府主导地位

政府主导型知识产权预警机制应包括以下四个层次:第一层次,是国家知识产权预警部门牵头,总体协调指导相关知识产权部门,日常的各个部门汇总的各种案件的特征、数据和值得关注的问题输入规定的知识产权预警审查计算机预警系统。第二层次,是国家知识产权局、国家工商总局商标局、国家版权局向各个下属职能单位和法院、海关等部门收集知识产权预警信息,及时反馈到国家知识产权预警部门,由该部门进行信息检索、比对、分级处理。第三层次,全国各地知识产权局和法院、商务部在处理知识产权纠纷案件过程中,将各种案件的特征、数据和值得关注的问题输入规定的专利纠纷计算机预警系统;海关是通过联网海关的进出口贸易计算机预警系统,对我国进出口贸易量进行分地区的动态监测,找出贸易量显著增加的品种。第四层次,是国内企业和行业协会、驻外的商业机构,作为国外知识产权侵害的触点,即时通过海关、法院、驻外领事馆、各地知识产权局反映相关被侵害信息,通过上述渠道汇总到知识产权预警部门进行处理。图4-6为简单的预警机制图示。

## 2. 加强基础设施建设

加大对知识产权公共信息网络建设和服务的资金投入力度,重点支持公共基础信息的提供,可以委托社会中介提供增值信息服务,但要建立公平获得基础公

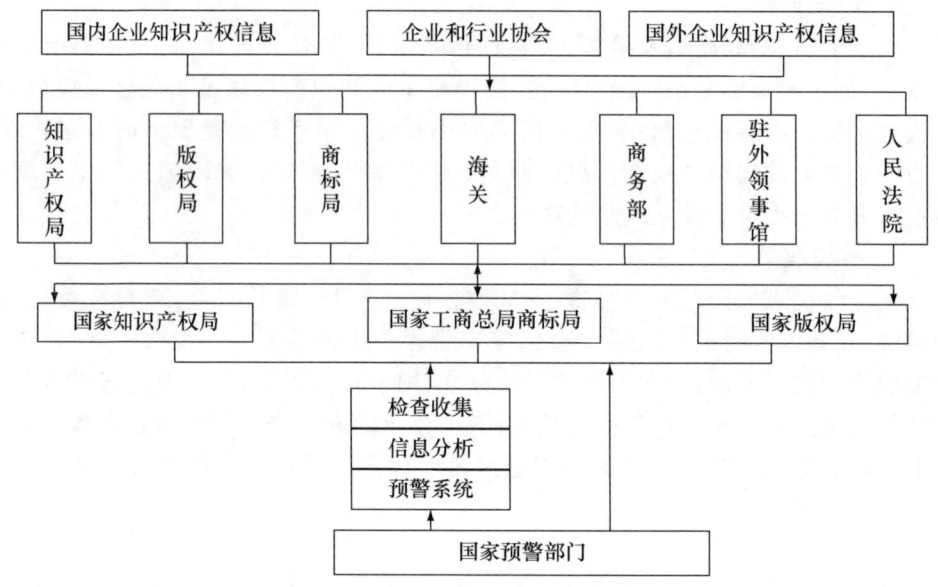

图 4-6　政府主导型知识产权预警机制
资料来源:根据调研资料整理。

共信息的机制,防止少数中介垄断公共信息资源。

3. 建立顺畅的沟通渠道

建立知识产权管理部门之间有效沟通的机制,采取多种形式建立政府与企业的沟通渠道。

4. 建立知识产权信息调查系统和各部门共享的信息网络系统

加强与知识产权相关的信息统计和数据库建设,为政策研究和决策提供科学依据。

5. 为中小企业创新和申请专利提供指导和服务

鼓励中小企业创新,适当实行税费减免,建立大企业向中小企业转移技术的激励机制,强化对小微企业知识产权信息服务和管理上的指导。①

### 三、提升中小企业品牌影响力的科技政策着力点

(一) 完善科技政策体系

1. 加强中小企业立法工作

我国政府应该完善符合我国国情的中小企业法律体系,以《中小企业促进法》为基础,推进适合我国国情的中小企业基本法律的出台。在基本法的框架下,进

---

① 赵亚静:《我国中小企业知识产权建设政策体系研究》,东北师范大学博士学位论文,2012。

一步完善中小企业科技政策，最终建立全面的中小企业科技政策体系。立法侧重于对中小企业市场独立地位的保护，肯定其对科技创新的特殊贡献，使其得到与大企业对等的法律保护。

2. 进一步制定促进产学研结合的科技政策

从以往促进产学研结合政策的实施效果来看，要真正实现产学研结合，必须做到以下三点：一是要加强政府资源配置对产学研结合的引导作用，制定针对产学研结合的国家层次的专项科技计划，以点带面促进产学研整体水平的提高，推进重大科技成果向现实生产力转化；二是要发挥科技中介在产学研结合中的作用，健全产学研结合的公共技术平台和服务体系，从根本上解决服务于产学研结合的信息渠道分散、信息网络不畅通的问题；三是要强化大学角色，增加对大学的研发经费资助，也鼓励大学自筹经费进行产学合作，尤其强调学科间整合，推动多元学科间的合作。大学的研发经费分配倾向以研发结果的评鉴作为标准。

3. 促进中小企业科技政策与其他政策的结合

国务院促进中小企业发展工作领导小组应发挥其组织领导、统筹规划和政策协调的作用，积极促进中小企业各管理部门之间的沟通和协调，保证促进中小企业发展的科技政策与财政政策、税收政策、金融政策的相互协调，只有这样才能调动全社会资源，大幅度增加科技投入，保证科技的发展和科技成果的扩散，实现科技政策的既定目标。

(二) 制定差异性扶持政策

1. 制定符合科技型中小企业发展阶段的科技政策

中小企业在发展的不同阶段，对政策的需求是不同的。处在孕育期时，最关注技术创新资助与资金扶持；处在生存期时，专注于企业的产品市场拓展；而处在快速发展期和成熟期时，致力于企业的融资渠道建设和税收优惠。欧美中小企业政策发展经历了由对中小企业的普适性支持到对中小企业的选择性支持，由单一政策支持到与区域经济和社会发展政策日益结合的过程。我国应该借鉴这些先进的经验，一方面中央应根据国情制定精细化的政策措施，另一方面各省政府应制定符合当地中小企业发展的科技政策，来促进中小企业的发展。

2. 加强针对微型和小型企业的科技扶持政策

2011年新的中小企业划分标准出台，首次在中小企业类型中增加"微型企业"一类。微型和小型企业是我国企业中比例最大的群体，具有经济基础相对薄弱、科研能力总体偏低的特征，与中型企业相比，更需要政策扶持。新标准划出了微型企业标准，有利于明确重点，出台更有针对性的优惠政策。小型和微型企业应该成为今后政策的扶持重点，有关部门应该进一步研究出台相关的科技扶持政策，促进小型和微型企业的品牌创建与宣传。

### 3. 加强创新激励机制

根据小企业技术创新所处的阶段与成果，创立不同种类小企业技术创新奖励项目，加强对中小企业的创新激励。

### 4. 建立中小企业集聚区

按照布局合理、特色鲜明、用地集约、生态环保的原则，支持培育一批重点示范产业集群。加强产业集群环境建设，改善产业集聚条件，完善服务功能，壮大龙头骨干企业，延长产业链，提高专业化协作水平。鼓励东部地区先进的中小企业通过收购、兼并、重组、联营等多种形式，加强与中西部地区中小企业的合作，实现产业的有序转移。

## （三）支持企业自主创新政策

### 1. 对中小企业研发投资给予财政税收优惠

20世纪90年代，美国克林顿政府曾宣布对企业的R&D投资给予永久性税额减免的优惠待遇，并将中小企业的先进技术长期投资收益税降低50%；日本政府增加实验研究经费的税额抵扣制度，即当实验研究开发经费的增加部分超过过去的最高水平时，对增加部分免征20%的税金；英国营业额少于2 500万英榜的中小企业，R&D投入超过5万英镑，即可享受减免150%税额的优惠。我国政府要逐步完善企业研究开发费用所得税前加计扣除政策，支持企业进行技术创新。支持中华老字号等传统优势中小企业申请商标注册，保护商标专用权，鼓励挖掘、保护、改造民间特色传统工艺，提升特色产业。设立高科技风险基金，扶助中小企业品牌进入市场。加大科技投入，建立科研基金，资助高科技项目。

### 2. 引导企业增加产品科技含量

如果企业在技术上不断创新，企业品牌也就不会过时。华为集团在与世界级的企业竞争时，它的技术就起了非常大的作用。华为的技术淡化了品牌的差距，并且促进了品牌的知名度。但是中国的餐饮文化绵长悠远，全聚德也是中国餐饮的一个特色品牌，为什么全聚德无法走向世界？其根本原因就在于全聚德无法解决技术上的复制问题。麦当劳、肯德基快餐是不需要技术的，也不需要厨师。需要的只是精准的时间。而做烤鸭要的是技术，需要厨师，并且每一位厨师的技术也不完全相同。也就是说，如果全聚德要开十家分店，那就需要十名技术相同的做烤鸭的厨师，做到这一点很难。所以，中国的餐饮在技术上基本无法复制，也就很难做到在世界各地开连锁店。中国企业的品牌影响力的提升，最大困境就是受制于企业实际。对于一些国内知名的传统行业，可以引导企业在技术上加大研发力度。比如，服装业的雅戈尔，研发的超长绒棉超越了埃及棉、美棉的纤维长度和韧性，这种服装面料的技术升级使得雅戈尔在金融风暴袭击下仍能不断提高出口订单，并提升其国际影响力。

### 3. 督促品牌企业清洁生产和绿色营销

政府有关部门应加大环境保护的力度,鼓励出口企业实施"绿色营销"。当今环境已成为全球人类关注的问题,"绿色"应贯穿于原料的取用、制作过程中原料的使用、产品使用后的处理等整个生产周期。在国际竞争中,各国通过"绿色壁垒"实现阻碍进口的目的,不跟随"绿色消费"则无法参与国际竞争,无法跨入国际名牌的行列。品牌名称、标记、符号、诚信等都代表了消费者对企业的一种理解。这种理解或许是一种生活方式,或许是一种生活品质,或许是一种心理感受,从而使企业和品牌在无形中代表了一种生活。这种生活是人们向往的,而这正构成品牌的形象,也构成了消费者对企业和品牌所特有的一种归宿感。实施"绿色营销",不仅可以吸收更多的顾客,还有利于企业的长期效应,提升品牌影响力。

### 4. 推动电子商务发展

以互联网技术、多媒体技术为代表的信息技术革新和应用,极大地丰富了品牌管理的手段,突破了传统媒体传播的局限,品牌信息载体的选择空间更大,提高了品牌传播的效率。中小企业一般主要经营消费品,规模较小,产品品种多样,符合网络营销的特点。

同时,中小企业由于在人员管理上比大企业简单地多,便于调整、管理,便于较快贯彻新的营销观念而不受原有的企业文化束缚,可以较快地以更新的经营观念适应时代的潮流。因此,信息化建设和电子商务技术的广泛应用,为中小企业的发展提供了新的机遇,使中小企业实施品牌营销、提升品牌影响力力成为可能。

# 第五章 完善小微企业种子基金的研究报告

## 第一节 种子基金能够有效解决小微企业融资难的困境

小微企业是实体经济的基础。然而,融资难、融资成本高一直是困扰小微企业融资问题的根本,尤其是在民间信用危机冲击下,因担保链连锁传导风险加剧,很多小微企业无法获取融资有效担保,从而导致资金链异常紧张甚至断裂、不良贷款骤增的现象频繁出现。在这种背景下,以杭州市中小企业转贷引导基金为代表的一批种子基金,为各级政府支持小微企业发展、缓解融资困境提供了一种创新服务模式。

所谓种子基金模式,是指政府机构、园区、核心企业、商会、协会等与商业银行合作,以缴纳保证金形式形成的资金池作为主要风险缓释措施,为小微企业贷款进行担保,提供数倍于保证金金额的融资额度。例如,杭州市中小企业转贷引导基金由杭州市经信委专门设立,与市财政局共同管理,总规模2.5亿元,分5年到期,首期2 000万元从工业专项扶持资金中安排,转贷引导基金和社会资本按1:3的比例出资设立转贷资金池。杭州市中小企业服务中心在合作银行开设转贷资金专用账户,委托第三方银行监管,实行封闭运行,纳税地点在杭州市范围内、符合产业导向、企业运行正常、自身转贷困难、符合银行续贷条件的小微企业均可申请,单笔金额最高达1 500万元。该基金成立3个月以来,已对46家企业共48笔业务进行转贷支持,累积发放贷款3.25亿元。由东莞市辖内最大的塑胶专业市场——"常平大京九塑胶城"市场管理方出资设立种子基金,在不到一年时间,就已为市场内近20户小微企业授信1.5亿元,在塑胶城总融资的占比超过40%,有效解决了该市场内小微企业因缺乏有效的抵质押担保而形成的融资难问题,实现了银企共赢。

目前我国很多省市都成立了类似杭州和东莞的种子基金,为小微企业提供融资服务。在为小微企业提供融资服务的过程中,种子基金主要有如下优点:

1. 融资成本低

传统融资模式下,很多小微企业由于没有房产、设备等银行偏好的抵押物,为了获得信用增级和融资,往往会寻求专门的融资性担保公司获得有效担保,使得小微企业在融资过程中除了需要付给银行10%—15%的高额利息外,还要付给担

保公司贷款金额2%左右的担保费以及抵押登记费等反担保费用，造成小微企业融资成本高；而种子基金业务不收取贷款利息之外的任何费用，极大地降低了小微企业的融资成本。据测算，杭州市中小企业转贷引导基金成立的三个月左右时间内，累计为企业节省融资成本396万元。

2. 贷款保障足

种子基金业务的融资放大倍数一般在3倍左右，低于大多数担保公司5—10倍的放大倍数，信用风险敞口相对更小；同时，种子基金的资金质押于银行，银行有权在债务人逾期时，通过扣划基金资金进行代偿，快速弥补风险损失，贷款保障更为充足，小微企业能够将主要精力和时间投入到经营活动中去。

3. 资金到账快

通过种子基金提供担保的小微企业，往往是政府、园区、核心企业、商会、协会等较为熟悉的会员企业，其生产经营情况、信用状况和潜在风险点等关键信息可获取性较强，因此银行放款意愿较强。据统计，杭州市中小企业转贷引导基金下的小微企业转贷，一般2—3个工作日即可完成，极大地缩短了企业融资时间。

4. 转变财政资金使用方式

政府财政扶持资金相对有限，对小微企业融资覆盖面较小，通过设立种子基金模式，可以在有限的财政扶持资金基础上，引导规范民间资金进入金融服务领域，重点支持小微企业发展，有效发挥政府职能。

## 第二节 种子基金业务模式面临的主要问题

**一、存在集体违约风险**

在经济增速放缓、通货膨胀加剧、原材料及人力成本攀升的被动经济形势下，依托于某个供应链、商圈、市场、商会或者园区的种子基金，贷款集中度相对较高，在出现区域性风险或者行业不景气等系统性风险时，借款人盈利能力急剧下降、资金周转困难，借款人集体违约风险较大。

**二、存在较大的信用敞口风险**

种子基金业务模式下，小微企业融资总金额往往数倍于保证金额度，而银行的风险偏好依托于大数定律——如果仅仅部分企业违约，保证金金额能够覆盖不良贷款；一旦违约概率超过一定水平，比如出现系统性风险等情形导致借款人集体违约时，种子基金保证金就无法全面覆盖贷款本息。

**三、种子基金管理人水平参差不齐**

种子基金业务模式下，种子基金管理方的角色非常重要，承担着向银行推荐优质小微企业、提供各项业务经营数据、协助银行进行贷后管理等职能，如果管理水平跟不上，或者管理人员与借款方恶意串通、存在寻租空间等情形时，会给银行带来信用风险。

**四、存在一定的操作风险**

种子基金业务涉及基金设立、质押担保、基金代偿等多个环节，任何一个环节的操作失误，都会引起操作风险。

## 第三节 对策与建议

**一、制定与种子基金相关的法律法规**

目前，全国各地设立的各种小微企业种子基金形式多样、规模差别很大、放大倍数不同、担保条款和偿还机制不统一、基金管理办法千差万别，为种子基金的统一规范管理带来不便，各个环节监管的缺失都容易形成信用风险。建议政府相关部门或银监会等机构尽快出台制定相关的法律法规，对种子基金的发起、设立和管理予以规范，明确参与各方的权利和义务，完善各项管理措施，引导种子基金健康发展，切实发挥对小微企业贷款融资的促进作用。

**二、成立全国性的种子基金，为小微企业提供信用担保**

目前设立的种子基金都是地方、市场或者园区等适用范围较小的区域，覆盖面不大，建议财政部或工业和信息化部等相关政府部门牵头，出资一部分财政扶持资金，并吸纳一部分社会资本，组建全国性的种子基金，为全国范围内的小微企业融资提供信用担保，搭建类似于日本信用保证协会和中小企业信用保险公库等信用担保体系，解决困扰小微企业担保难、融资贵的社会问题。

**三、提高种子基金管理水平，完善市场运作机制**

一方面，要加强对基金管理人员的专业化培训，使其能够有效识别小微企业经营过程中的风险，及时提供各种预警信息，供商业银行在第一时间化解；另一方面，通过市场化运作来选择对种子基金担保的企业，减少政府部门的行政干预，降低所担保的小微企业的行业集中度，尽量避免系统性风险。

**四、完善风险补偿措施**

建立多种层级的风险补偿措施，通过保险或再担保等多种手段为种子基金进行信用增级，防止违约概率过高导致种子基金保证金无法覆盖贷款本息的情况出现，提高种子基金的整体抗风险能力。

# 第六章　中国中小企业移动电子商务发展的研究报告

## 第一节　中国中小企业移动电子商务的发展现状

欧美国家的移动电子商务从 1997 年就开始起步,而我国的移动电子商务起步较晚,2006 年当当网首先开始进入,2008 年淘宝网发布手机购物网站,2009 年智能手机和 3G 网络的迅速普及,为移动电子商务的发展提供了条件。

### 一、中国中小企业移动电子商务的发展过程

从广义上讲,在手机等移动终端上进行的消费都属于移动电子商务的范畴,如 2000 年 12 月中国移动正式推出的移动梦网和 2004 年 3G 门户上线后提供的移动服务都有移动电子商务的影子。但从狭义上移动电子商务在我国发展较晚,主要从 2006 年手机当当网开通,独立移动电商网站买卖宝上线,我国移动电子商务才开始起步。总体来看,我国移动电子商务的发展经历了三个阶段。第一阶段(2009 年前),为用户提供信息服务,如天气和路况的预测、股市行情、新闻等。这些服务的特点是用户在消费前必须和商家签订合同,属于预付费服务,支付于非在线上进行,资金的流动形式比较简单,交易规模几乎可以忽略不计。第二阶段(2009—2012 年上半年),为用户提供具有在线支付能力的移动商务服务,如移动电子银行、移动贸易、移动购物、移动证券、移动缴费等。在这个阶段,中国进入 3G 时代,智能终端开始普及,以手机网购为代表的移动电子商务开始得到消费者的认可,但由于受安全性和支付便捷性的影响,移动电子商务消费习惯和信任度尚未建立。第三阶段(2012 年下半年以后),移动电子商务发展进入爆发期。这一时期,千元以内智能手机开始普及,同时 3G 网络资费下调,加上各大传统电商积极推动移动端的建设和培育用户移动终端的消费习惯,消费者开始更加主动地尝试移动电子商务。

### 二、中国中小企业移动电子商务主要提供的服务类型

我国目前的移动电子商务市场主要分为两个部分:一是虚拟商品。主要是依附于各运营商旗下的 SP 所提供的收费图铃、游戏下载或其他资讯类业务。工商银行等多家银行和支付宝也开通了通过手机交水电费、话费等业务。二是实体商品。国内主要有淘宝、立即购、掌店商城、买卖宝等电商均涉足这一领域。

### 三、中国中小企业移动电子商务发展的市场潜力巨大

2012 年下半年开始,中国移动电子商务发展进入爆发期,这和政策支持、移动

互联网用户规模、3G用户规模、智能手机普及率等各方面的发展密切相关。一是政策支持移动电子商务的发展。近年来，国家连续出台有力政策，加大对移动电子商务实施的支持力度。2012年3月，工业和信息化部发布《电子商务"十二五"发展规划》，决定推进移动电子商务发展，要求推动移动支付标准的制定。各地纷纷开展移动电子商务试点工程，推进区域移动电子商务建设，为移动电子商务的发展创造了良好的条件。二是移动互联网用户规模巨大。根据相关机构统计，2011年，中国移动互联网用户规模达到3.56亿人，2012年达到4.5亿人，预计2013年将达到6.48亿人，移动网民数量或将首次超过互联网用户。移动互联网用户规模的迅速扩大，为移动电子商务的爆发奠定了庞大的用户基础，将推动移动电子商务的快速增长。

**四、中国中小企业移动电子商务将成为电子商务监管的主要内容**

当前，移动电子商务面临终端设备、支付环境等方面的限制，但仍显示出增长的强大爆发力。可以预见，在不远的将来，移动电子商务必将作为电子商务的主流形式，工商系统电子商务监管必然要将移动电子商务监管作为主要内容。另据中国电子商务研究中心监测数据显示，2013年上半年网络购物投诉占45.40%，网络团购占13.15%，移动电子商务占9.50%，物流快递占6.64%，B2B网络贸易占5.83%，其他为15.16%。其中，移动电子商务领域投诉较前一年同期占比增加明显，随着市场不断扩大，如果不能有效监管，必然成为违法行为、消费纠纷高发的热点区域。

## 第二节 中国中小企业移动电子商务监管面临的主要问题

**一、法律法规不健全**

作为一种崭新的商务交易模式，我国移动电子商务产业才刚刚起步，还没有国家标准和统一管理机构，而且市场机制还不够规范和完善，不可避免地出现一些经济纠纷和法律问题。截至目前，国内也没有一部针对移动应用市场的相关法规，这也是恶意广告、暗扣、病毒、虚假信息、色情信息等现象难以禁绝的原因之一。而与普通APP不同的是，电商类APP涉及商品交易、支付等环节，并且正在暴露出一系列问题，对于用户来说，这有可能造成更大的损失。

**二、准入门槛低，认证体系缺失**

在PC端，一般网站通常需要具备通信管理局发放的ICP证，并由当地公安局备案才能合法运营，以经营为目的的电商网站还需要具备《经营性网站备案信息》，特殊类目的的电商还需要具备相应的许可证，如出版物经营许可证、音像制品经营许可证、互联网药品信息服务资格证等。而在移动端，目前只有wap网站有ICP备案，但对于上述经营性网站、特殊类目商品经营方面并没有相应的资质认证体系。对于购物类的移动应用来说,更是不受监管部门的直接监管,而是主要依靠移动应用市场进行审核准入。快速发展带来的巨大收益吸引了诸多企业进入,当中难免鱼龙混杂,由于缺少主体审核和诚信体系,造成移动电子商务混乱现象频发。

### 三、运营环节管理真空,相应的监管体制更加匮乏

有审核权力的移动应用市场容易成为甩手掌柜,一旦电商应用进入用户移动终端,假货、虚假宣传、恶性插件、隐私泄露等情况就难以监控和阻止。当前,PC端电商生态和规则已经相对成熟,工信部、工商部、质检部、海关、食品安全部门都开始倾注精力。而移动电商方面,目前主要涉及的监管部门只有工信部和工商部门,由于移动电子商务整体交易规模还有限,商业生态还处于初级探索中,可变性很强,很多规则需要在摸索中形成和完善,所以并未纳入监管视线,监管机制、监管手段、监管技术都未形成体系,对违法行为通常是靠消费者申诉进行。

### 四、企业自我监管缺失

企业自我监管的缺失也是目前移动电商市场极不规范的一个重要原因。目前国内多数纯移动电商企业均处于初创阶段,其内部并无独立部门负责商品质量,导致自我审查和约束的缺失。相比之下,发展时间更长的传统电商则已经具备了较为成熟的自我监控系统。

## 第三节 对策与建议

### 一、加强基础理论研究

近年来,随着移动电子商务的高速增长,人们把关注点从传统电子商务转向移动电子商务,相关理论文章数量呈现增长趋势,但研究内容大多是"移动安全"和"无线移动通信系统"方面的文章,对于其发展和监管的研究远远不够。移动电子商务源自传统电子商务,对其监管的重点虽然也离不开"主体、客体、行为"三个环节,但由于移动电商的特点带来的新变化,使得在实际监管中主体更加难以确定、行为模式更加复杂,因此必须加强对移动电子商务行为、模式、安全和跨文化等方面的理论研究,为实现有效监管奠定理论基础。

### 二、完善法律体系

日本和韩国的移动电子商务发展迅速,得益于其政府的支持和配套的法律法规健全。但电子商务在我国属于新兴产业,监管面临法律法规不健全的问题,移动电子商务作为电子商务的自然延伸,支持配套的法律法规和行业规范更是少之又少,诸如电子代理人效力、合同的生效地点以及电子传输发生错误的责任等很多问题均没有明确界定。因此,应结合电子商务的法律完善,将移动电子商务一并考虑,推动相关部门完善法律法规和技术标准。

### 三、推动可信交易保障环境建设

移动电子商务是基于网络载体的变化,在传统电子商务的基础上发展而来的,由于其自身特点产生了更加多种多样的消费模式,电子商务可信交易环境建设对移动电子商务同样具有重要意义。建议国家工商总局在推进电子商务可信环境建设中,针对移动电子商务的形势和特点,将移动电商主体、客体、合同等环节要素一并考虑,融入电子商务可信环境建设统一部署。

# 第七章　发展中小企业是生产方式变革内在要求的研究报告

中小企业在创新、出口、吸纳新增加就业、促进弱势群体就业等方面发挥了重要的作用,各国都越来越重视中小企业的发展。透过中小企业在社会生产中作用不断提升的现象,可以发现新的经济环境中生产方式的一些变化,这种新的生产方式和中小企业优先发展之间具有内在逻辑关联。掌握这种趋势,有利于我们促进中小企业创新和发展的方法。

## 第一节　中小企业的历史机遇

### 一、信息技术及其应用降低了中小企业参与社会分工的成本

经济学家科斯有一个重要的观察结论:交易成本的大小影响企业的规模。当交易成本不断降低时,市场的压力将迫使企业生产更具有比较优势的商品,而那些不具备比较优势的商品和服务将通过市场购买来获得,随之企业之间的分工也在不断深化。比如,世界领先的整车厂通过将非核心的部件交由中小企业来生产以降低成本,整车企业的自给率近年来有所降低。而能够把握这些机会的中小企业吸收了大企业管理、工艺、制造、研发方面的一些优秀经验而迅速壮大。

可以说,随着信息技术和新的商业模式的出现,整个社会的交易成本不断降低,这一趋势深刻改变了社会的分工结构和生产的组织形式。从这个角度来看,苹果公司的乔布斯先生的伟大成就在于创造了一个社会化分工程度很高但交易成本极其低廉的商业模式。在这个商业模式中,几十万个中小企业作为一个个独立决策单位在苹果商店中销售软件及其他数字产品,这些中小企业在保持创新活力和生产效率的同时,也为提高苹果产品的应用体验和竞争力做出了贡献。再如,阿里巴巴利用互联网创立了一种交易成本极其低廉的商业系统,为中国中小企业加入世界产业链提供了平台和窗口。

### 二、现代技术提高了中小企业的生产能力

马克思在《共产党宣言》中曾惊叹"资产阶级在它不到一百年的阶级统治中所创造的生产力,比过去一切世代创造的全部生产力还要多,还要大",当前的生产力已经有了更加惊人的进步。比如,中国1992年的经济总量比1870年增长了

19.3倍,2013年经济总量比1992年又增长了约21倍。科技及生产力的惊人变化改变了企业的社会分工和企业内部的分工结构。过去不得不依靠更多人协作来完成的劳动,现在只需要很少的人就能完成,甚至能完成得更好。比如,3D打印技术的出现,改变了一部分企业生产的具体形式和流程:企业在生产中不再是依靠车床等工具进行弯曲、剪裁、冲压等,而是经过层层喷涂就可以制造出新的产品;原来生产中要按照生产链条对生产的各个环节进行分工,在3D技术下1—2个人往往就可以完成所有的操作。可以说,中小企业作用不断提升是生产力高速发展过程中生产方式自我扬弃的必然结果。

### 三、现代金融制度降低了中小企业获取资本要素的成本

良好的资本供给是企业成长的重要条件,也只有充分、适当的资本供应才使中小企业的各种创新活动转化为大量的新的商品和服务,从而推动经济和社会的发展,创新也因此才具有社会意义。从大的趋势来看,社会交易成本不断降低的结果是,中小企业集中和集聚资本的速度不断加快、成本不断降低。可以说,交易成本降低使中小企业具有低成本获得资本的社会环境,那些能够寻找到新的技术和商业模式、开辟出新的市场的中小企业有机会利用这些资本获得迅速的发展,从而不断推动产业结构优化升级。

从我国来看,经济危机以来中小企业出现了大范围的融资难、融资成本高问题,解决这一问题还需要我们进行卓有成效的改革,降低中小企业融资中的交易成本,将资本配置到最有效创造财富的企业中去。

## 第二节 中小企业发展具有的天然优势

相对于大企业来说,中小企业规模小、人数有限,每个人在企业中的贡献更容易被观察和计量,并在分配中予以倾斜。公平分配又将产生更有效的生产激励,从而提高中小企业的产出效率。试想,如果苹果商店和淘宝平台中所涉及的商品和服务的供给交由一个大企业来完成,其中生产的协调、交易的实现、财富的分配将产生大量的管理难题。但是新的商业模式解决了这些潜在的管理难题,企业所创造的直接财富和间接财富更容易在创造者中进行分享,其生产效率得到了很大的提高。

相对于中小企业来说,大企业采用比较刚性的等级制架构的管理体系,个人仅仅作为生产链条的一个节点,上下级之间的信息传递和信息沟通不畅,个人的能动性和创业精神更容易被抹杀。相反,中小企业的个人能动性和创新性就容易得到满足,从而也更能实现人的价值和尊严。可以说,在中小企业非常活跃的经济体中,整个社会的发展更具活力和柔性,社会发展更加迅速,社会的对立和冲突也就越少。因此,中小企业发展在信息传递和激励制度上具有天然的优势。

## 第三节 对策与建议

### 一、促进中小企业创新需要降低企业的交易成本

交易成本太高,就不利于企业整合资源、达成合作,创新的程度就会受到极大的影响。降低交易成本最根本的方法就是完善市场的体制和机制,坚持市场经济才是对创新最大的支持。

### 二、要真正地对企业进行大幅度的减税让利

减轻税费负担是我国最近几十年经济高速发展的重要原因之一。我国已采取了对外资减税、对民营经济减税、对电子信息等特定行业减税、对高新技术企业等企业群体减税等政策。目前,总体上看,中小企业的负担还是太重,较重的税负在减少了企业可用于创新的资源的同时,更容易产生企业的偷漏税问题,这一问题又进一步恶化了企业的预期,导致企业不愿意在事关长远发展的创新方面进行投资。过去,我们经过了治乱减负、清费减负、减税减负等几个阶段,现在迫切需要赋权减负。

### 三、要提高制度的包容性和支撑力

企业创新很容易表现为异己的力量,大多数时候,大多数人都能对中小企业的创新保持欣赏和宽容。但是一旦创新的力量导致利益格局的重大改变,如果制度没有足够的包容性,创新企业就很容易被推向制度的对立面;如果制度没有足够的支撑力,其中利益的纠葛所产生的压力将导致创新成果的坍塌,结果被毁坏的不仅仅是企业,而且还有企业家。因此,制度如果没有足够的包容性和支撑力,创新就有可能行之不远。

### 四、支持创新就要优化各种支持性政策

医生在使用药物时都很清楚并不是剂量越大越好,而是要通过最合理的剂量使病人的身体状况恢复到最佳状态。同理,政府对企业创新、发展方面政策力度的把握,方式、方法的诀窍都需要在实践中摸索。目前,我们看到各个地方越来越支持中小企业的创新和发展,总体上这是一件好事情,但是如果力度过大、过猛,也会造成企业行为的异化,从而弱化企业的创新和发展。

### 五、培养尊重创业和创新的社会氛围

中小企业大多为民营经济,政府对中小企业给予了种种歧视性政策。现在,政府加大了对中小企业的支持力度,许以厚利,但是对企业家的尊重和爱护还远谈不上,社会一般民众的仇富心态也在蔓延。整个社会还没有尊重创业和创新的社会氛围,需要尽快扭转这种局面以提高企业家的荣誉感和幸福感。

# 第二篇
# 2013年中国中小企业技术创新专题问题研究报告

# 第八章　淮北市中小企业技术创新障碍及完善的对策建议

## 第一节　淮北市中小企业创新的现状

### 一、企业创新能力不断增强

截至 2012 年,淮北市高新技术企业达 54 家、高新技术产品达 88 个,其中,国家级高新技术企业 10 家,省级高新技术企业 25 家。目前,全市拥有 1 家国家级企业技术中心,29 家省级企业技术中心。总体来看,企业科研条件逐渐改善,技术开发能力不断提升,专利申请量、授权量持续增长。企业创新能力的提高,带动了淮北市高新技术产业的快速发展。2013 年上半年,淮北市实现高新技术产业总值 26.4 亿元,高新技术产业增加值 7.7 亿元,分别比去年同期增长 149.4% 和 108%,两项增幅均居安徽省之首,远远高于全省平均增幅。

### 二、产学研合作不断加强

目前,淮北市中小企业与国内百余所高等院校、科研院所建立了不同形式的产学研合作关系,这促使最新一批科研成果在较短时间内向现实生产力转化。例如,淮北新兴实业有限公司与淮北煤炭师范大学联合研发的"天门冬氨酸"为国内该产品产业化最大的企业之一;安徽曦强乳业集团有限公司与齐齐哈尔医学院合作,攻克了双歧杆菌在发酵型酸中的应用这一重大技术难题;安徽科宝生物工程有限公司联合中国科学院理化技术研究所实现了 16—DPA 的绿色化工业生产,从根本上解决了甾体皂苷元铬酐氧化的重金属铬污染问题。

### 三、创新环境不断优化

为加快科技创新,淮北市成立了市人才工作领导小组、科技工作领导小组,出台了一系列鼓励科技创新的政策,为科技创新营造良好的政策环境。淮北市设立了产学研合作专项资金,每年安排的产学研合作项目占年度科研计划的 50% 以上,引导创新资源向企业集聚,提升企业创新能力。同时,淮北市对专利申请、购买和实施予以资助。

### 四、创新平台和服务体系不断完善

近年来,淮北市建立了首家省级工程技术研究中心——安徽省专用棉工程技术研究中心,创建了 60 个农业科技园区、示范基地,建立了 3 个省级星火技术密集区,培育和建设了 23 个星火农村科技服务组织。中国煤炭特殊凿井集团公司与中国煤炭科学研究院联合共建的"煤矿深井建设技术国家工程实验室"项目已由国家发改委批准立项,将成为该领域应用研究成果转化的有效渠道、产业技术自主创新的重要源头和提升企业创新能力的支撑平台。杜集区矿山机械制造工业园、杭淮纺织工业园一期工程和占地 200 亩的科技企业孵化器已建成并投入使用,濉溪县农科所、益农源良种场、华奥科技公司分别被列为国家级小麦品种试验基地、国家良种猪示范场和国家区域科技成果转化中心。国家(淮北)专利技术展示交易中心建成投入使用,为加快科技成果转化、技术转移和引资引智搭建了重要平台。全市各类科研开发和技术推广服务机构已达 136 家,初步形成了科研攻关、新技术新产品研发、引进、推广、科技咨询、信息加工传递及成果转化服务的网络体系。

## 第二节 淮北市中小企业创新体系存在的问题

### 一、企业创新意识不强

由于创新风险较大,在知识经济条件下创新周期日益缩短,企业如不能及时收回创新投入,会导致经营恶化。创新活动通常都有很强的外部性,很容易产生"搭便车"问题。淮北市中小企业创新意识不够。调查显示,全市规模以上中小企业中近 70% 的企业没有科技开发活动,13.8% 的企业停留在现有的技术水平和生产经营状况,仅有 9% 的企业设有科研机构,企业科研开发活动少、规模小。

### 二、企业自主创新能力薄弱

淮北市近 60% 的企业没有自己的科研开发机构,近一半企业没有科研开发活动。就中小企业而言,85% 以上没有研发机构。企业研发活动以跟踪模仿为主,关键技术自给率低,对外技术依存度超过 50%,反映了淮北市产业总体技术发展水平较低,高新技术产业发展滞后。2012 年,淮北市规模以上高新技术产业实现产值 46.8 亿元,在全省 16 个地级市中居第 12 位(见表 8-1)。淮北市高新技术产业总体上处于产业的中低端,知名品牌的骨干企业及具有重大产业带动作用的战略性产品屈指可数。

表 8-1 2012 年安徽省各市高新技术产业总产值和增加值

单位:亿元

| 市名 | 增加值 | 总产值 | 市名 | 增加值 | 总产值 |
| --- | --- | --- | --- | --- | --- |
| 合肥市 | 358.7 | 1 263.7 | 马鞍山市 | 105.2 | 351.4 |
| 淮北市 | 14.1 | 46.8 | 巢湖市 | 71.7 | 261.8 |
| 亳州市 | 16.9 | 61.0 | 芜湖市 | 177.2 | 669.0 |
| 宿州市 | 13.1 | 46.1 | 宣城市 | 42.5 | 142.3 |

（续表）

| 市名 | 增加值 | 总产值 | 市名 | 增加值 | 总产值 |
|------|--------|--------|------|--------|--------|
| 蚌埠市 | 61.5 | 224.4 | 铜陵市 | 66.6 | 255.8 |
| 阜阳市 | 10.7 | 38.3 | 池州市 | 8.7 | 28.0 |
| 淮南市 | 10.2 | 32.8 | 安庆市 | 31.9 | 112.4 |
| 滁州市 | 67.6 | 239.0 | 黄山市 | 19.5 | 70.2 |
| 六安市 | 17.8 | 63.9 | 合计 | 1 093.9 | 3 906.9 |

资料来源：安徽省科学技术厅网站。

### 三、多元化的科技投入体系尚未建立

近年来，淮北市财政科技投入力度持续加大，鼓励引导企业和全社会增加对科技的投入，积极争取国家和安徽省对本地区的科技投入，在一定程度上缓解了中小企业发展的资金难题，促进了高新技术产业的发展。由于多元化的科技投入体系和风险投融资机制尚未建立，资金短缺仍是淮北市企业技术创新面临的现实问题，2012年全市企业技术研发投入占工业销售产值的比例不到2%。中小企业融资渠道单一，科研活动经费主要靠企业积累，但是多数中小企业规模偏小，经营困难，盈利较少，没有资金开展技术创新活动。

### 四、科技人才匮乏

相关研究表明，只有科技人员在员工中的比例达到15%以上，才能保持企业持续、稳定发展。由于淮北市地处中部地区，经济不发达，对人才缺乏吸引力，且人才流失现象严重，企业科技人员比例偏低，占比15%以上的企业较少。2012年年末，全市规模以上中小工业企业中中级职称以上人员只占7%。中小企业科技人才更是短缺，吸引优秀创新人才的环境亟待进一步完善。

### 五、中介服务机构功能不健全

淮北市科技评估、技术产权交易、创业投融资服务等中介组织发展滞后，在咨询服务活动方面显得较弱，难以适应人们普遍高涨的创业热情和快速发展的高新技术产业的需要。同时，现有的科技中介机构多数是从政府部门分离出来或是从事业单位改制而来，运作方式仍然延续原来行政部门、事业单位的思路，服务内容和服务方式缺乏创新，运作机制不灵活，并且工作人员素质偏低，不能适应当前科技快速发展的需要，影响了服务质量。

### 六、创新创业环境有待优化

淮北市尚未形成系统的促进企业自主创新的政策体系，相关的政策有待进一步完善。政府采购没有有效地为本地企业提供市场支持，缺乏促进科技创新的引导和扶持政策，特别是有利于企业加大研发投入、资源整合、成果转化、产业发展以及资本、技术和人才引进的激励政策不足,导致企业及人员创新创业的内在动力不足,社会各方面创新创业的活力未被激发出来。此外,还存在政策配套措施不完善、政策兑现难、落实到位难等问题。

## 第三节 对策与建议

### 一、完善相关的政策法规

对近年来国家制定的关于科技投入、税收激励、金融支持、政府采购、创造和保护知识产权等政策认真研究,借鉴发达地区经验,结合当地实际,不断完善淮北市的自主创新政策体系,为技术创新营造良好的政策环境,激发企业自主创新的活力。

借鉴发达国家支持中小企业技术创新的做法,设立重要技术的研究开发经费补助金,用于补贴符合条件的中小企业新技术研发。加速中小企业研发设备折旧,激励中小企业增加科技创新投入。对中小企业引进技术设备和仪器给予一定的贴息,对新产品开发在税收上给予优惠,对新产品出口给予贴息等。

政府采购是鼓励创新的重要政策工具。加大政府采购力度,把自主创新产品编入政府采购目录,政府采购时优先考虑自主创新产品,在招标、投标评审中给予适当加分。加大对技术创新产品的政策倾斜,不断扩大政府采购规模,为本地自主创新产品开拓市场需求。给予中小企业特别优惠,优先购买中小企业生产的产品,重点扶持有发展前途的中小企业。

### 二、建立多元化的创新投融资体制

一般来说,中小企业可供融资的渠道少、融资渠道不畅,这限制了企业获取足够的资金用于创新活动,影响了企业进行技术创新的意愿。要加大各级财政对中小企业自主创新的投入,建立科技创新财政投入稳定增长机制,保证科技投入增幅明显高于经常性财政收入的增幅,为创新提供充足的资金。调整财政科技投入结构,加大对淮北市经济社会发展的关键技术、核心技术、前沿技术研究及科技基础条件建设的支持力度,积极鼓励和扶持中小企业开展技术创新活动。提高政府创新资金的集中度和使用效率,建立适应新形势的科研经费监督管理和绩效评估体系,提高财政科技经费的使用效率。

按照"政府引导、政策支持、多元化投入、市场化运作"的原则,积极组建多种形式的担保机构,加快推进信用担保体系建设。加大对中小企业信用担保机构的扶持力度,建立和完善考核奖励机制、风险补偿机制,并实行优惠的财税政策。设立"再担保基金",通过建立和完善企业信用再担保机构等创新手段,进一步拓宽企业融资渠道,帮助中小企业解决融资难问题。建立科技与金融合作机制,通过提供财政担保、补贴等形式,鼓励银行、证券、保险等金融机构加强对中小企业技术创新的金融支持。进一步降低中小企业的融资成本,积极搭建银企合作平台,持续提高中小企业贷款在贷款总量中的比重。

积极发展以民间资本为主导的风险投资公司。发达国家风险投资业十分发达,对促进自主创新和高新技术产业发展起了重要作用,许多大型高科技企业都是依靠风险投资由小到大、由弱到强迅速发展起来的。目前,淮北市科技风险的投资机制和退出机制尚未形成,不能满足中小企业技术创新的需求。必须重视以民间资本为主的风险投资公司的发展,鼓励和支持社会资本组建风险投资公司或创业投资公司,积极引进境内外创投基金、私募基金、产业基金等投资机构开展创投业务。争取建立非上市企业股份制公司转让市场,创建股权融资平台,支持创新型企业进行股权募集,建立有效的风险投资进入和退出机制。

支持证券业发展,推动证券公司改善经营管理,转变经营模式。健全保险市场体系,拓宽保险领域。加强对中小企业上市的引导、扶持和培育,增强上市公司再融资能力和资本运营效率,扩大拟上市公司队伍规模,使直接融资成为中小企业增加研发投入的重要来源。

### 三、加强科技中介服务体系建设

科技中介服务作为新兴的、知识密集的专门服务业,是中小企业开展技术创新的重要支撑服务体系。发展和完善各类科技服务中介机构,就意味着为淮北市中小企业技术创新营造一个更优越的服务环境。

大力扶持生产力促进中心、科技咨询机构、创业投资服务机构和科技孵化器等中介机构,加快中试平台建设,鼓励高等院校、科研机构的人员创办科技创业服务中心,支持有条件的技术经纪人以股份制或合伙形式成立技术经纪公司。加强资源整合,构建共享机制,推动信息平台建设,为企业信息资源开发提供服务。吸引、推动国内外著名科技中介机构在淮北市建立分支机构,或建立合资、合作机构。

制定和完善从业人员持证上岗和机构资质认证制度,开展科技中介从业人员的资格考试和资格认证以及中介机构的开业资质认定,提高科技服务从业人员的素质和服务质量。工商管理等相关政府职能部门要对科技中介服务机构的运营进行规范,对从业人员进行考核,规范科技中介服务标准,引导科技中介服务机构向专业化和市场化方向发展,尽快建立结构合理、门类齐全、机制灵活、功能完备的科技中介服务体系。

### 四、积极推动中小企业信息化建设

技术创新的关键是信息,信息是创新的源泉,信息技术已成为影响企业创新能力的重要因素。淮北市中小企业由于资金短缺、人才不足和难以得到中介机构有效的信息服务,收集外部信息的广泛性、真实性和及时性较差,导致中小企业在自主创新过程中因信息的不确定而增加了自主创新的风险。

按照"政府倡导、企业为主、社会参与"的原则,实施中小企业信息化工程,通过开展信息化培训、支持中小企业上网、帮助中小企业信息化建设等活动,推动中小企业利用现代信息技术,加快中小企业信息化进程。政府要加大对信息基础设施建设的投入,提高信息网络化的程度,充分利用计算机网络等先进技术手段,逐步建立面向社会开放的中小企业信息服务体系,为中小企业提供一个高效、便捷的信息传递通道。建立中小企业信息网,为中小企业技术创新提供信息、培训、咨询等相关内容,并且把政府管理机构、行业协会组织等单位联系起来,形成以信息为纽带,集管理、技术创新、市场交换为一体的商务网络,为中小企业获取政策、技术、市场、人才等信息提供方便,降低中小企业技术创新成本。培育健全的技术市场,建立技术市场信息网络系统。适时组织中小企业参加商品交易会、科技博览会、专利技术推广会等,便于中小企业及时获取科技、产品、商业信息。

## 五、加强对创新型人才的培养

促进中小企业技术创新必须树立强烈的人才意识、全新的人才观念、长远的育才战略、真诚的聚才方式。加大人才队伍建设的投入,加强人才的培养、选拔和引进,尽快形成培养人才、稳住人才、引进人才、用好人才的机制。抓好科技人员的继续教育,有计划地对科技骨干进行重点培养,凝聚一批创新人才,形成一支稳定、持续的自主创新人才队伍。促进中小企业与高等院校、科研院所合作,共同培养急需的各类创新型人才。

培养创新型企业家人才队伍。淮北市中小企业的企业家队伍总体素质不高,开拓精神和创新意识不强。在中小企业管理人才培育上,适应现代企业经营管理的需要,实施"企业家素质提升工程",加大对中小企业高管的培训力度,尽快形成一支高素质、善经营、懂管理、适应市场竞争的企业家队伍。定期组织中小企业负责人外出参观、学习与交流,使他们拓宽思路,增强驾驭企业的能力,激发做大做强企业的热情和动力。为企业家成长营造良好的环境,完善企业家投资创业的支持服务体系。

做好高层次人才的引进工作。建立健全激励措施,如提供质优价廉的人才公寓、专项资助和生活补贴等,为引进人才提供良好的生活和发展环境,这是人才引进的前提,否则人才引进后也会流失。面向国内外,加大自主创新领军人才的引进力度,提高人才队伍的质量。面向国内外,鼓励高级人才来淮北市从事全职、兼职或短期工作,不断扩充壮大人才队伍。积极吸引海外留学人员创业、就业。

## 六、营造良好的科技创新文化氛围

针对中小企业,培育创新创业精神,大力弘扬崇尚创新、支持探索、鼓励创新的文化,使创新成为经济社会发展的内在动力和全社会推崇的行为。自主创新失败的风险较大,要形成容忍失败的社会氛围,减少企业对创新失败的顾虑,提升企业自主创新的积极性,促使高新技术企业加大对发明设计的投入。建立和完善有利于激发创造活力的机制,设立产业发展与创新人才奖,用于奖励做出突出贡献的创新型人才。

知识产权的保护为自主创新提供了必要的保证,只有知识产权得到保护,中小企业才能顺利进行自主创新,激发自主创新的热情和积极性。要严厉打击侵犯知识产权的各种行为,提高侵权的成本,营造尊重和保护知识产权的环境。充分发挥专利展示交易中心的功能,积极开展专利技术咨询、发布、推介等业务。加强和完善地区知识产权网,通过知识产权网、专利数据库建设,促进专利信息的传播和有效利用。不断增强消费者购买优质、正版产品的意愿,提高对知识产权的认可程度,促进高新技术企业的创新热情,生产更多的产品,直接增加产品的销售量;同时,也为盗版厂商构筑新的技术壁垒,使其难以对创新产品形成冲击。

切实转变政府职能,全力打造支持创新、服务创新的良好政务环境。严格控制各种检查,防止重复、违规、多头检查;清理和规范收费事项,凡向企业收费的项目和金额必须依法依规,并公开收费标准,收费就低不就高,可收可不收的坚决不收。建立社会评议制度,由纪检、监察部门定期组织企业和群众对政府相关部门进行评议,对行政不作为的部门或个人依法依纪进行查处。建立企业投诉中心,及时查处企业对政府部门的投诉,追究有关责任人的责任。

我国地区之间经济发展差距明显,安徽省也不例外,皖北地区的经济发展相对落后,淮北市在皖北地区具有一定的代表性,因而作为后发达地区的典型有较好的参考价值。对淮北市中小企业技术创新问题的研究发现,淮北市地处内陆地区,城市开放度不足,创新创业文化培育滞后,创新创业的文化氛围尚未形成。服务环境上,政府职能转变不快,改革创新力度不大,行政服务的质量和效率不高,仍然存在缺位、越位和不到位的现象。市场化的中介服务机构缺位,社会化的服务体系不健全。

淮北市中小企业尚未形成完善的自主创新体系。中小企业技术创新仅仅依靠企业自身条件是不够的,政府的推动作用不容忽视。政府要为中小企业技术创新营造良好的外部环境和氛围,并给予大力支持,帮助中小企业破解难题。同时,还要调动全社会力量,广泛组织社会资源,不断完善中小企业技术创新的社会化服务体系。通过分析淮北市中小企业创新体系的现状及问题,探索适合后发达地区中小企业发展的路径,通过中小企业技术创新,促进企业发展,带动经济增长,对后发达地区的经济发展具有重要的借鉴作用。

# 第九章 苏州市中小企业创新困境及完善的对策建议

## 第一节 苏州市中小企业创新现状

通过对苏州中小企业采用随机的形式,共发放问卷 320 份,回收的有效问卷为 300 份,有效率为 93.8%。对问卷整理分析,参与调研的企业基本情况如表 9-1 所示,企业性质以三资企业居多,其余各类型企业相对较少;所调研的企业以发展 4、5 年为主,基本进入企业的稳定发展期;涉及的行业主要与电子信息相关;企业的产业特征主要集中在资本密集型企业;企业人数符合中小企业的界定,基本集中在几百人的规模;2011 年的销售额以 3 000 万元到 3 亿元之间居多,也符合中小企业的内涵界定。

表 9-1 苏州市中小企业基本情况    单位:%

| 表 1 企业的基本情况 | | |
|---|---|---|
| 企业性质 | 民营 | 6.7 |
| | 三资 | 80.0 |
| | 国有 | 3.5 |
| | 集体 | 3.3 |
| | 其他 | 6.5 |
| 企业的发展期 | 1—3 年 | 0 |
| | 4—5 年 | 90.0 |
| | 6—8 年 | 10.0 |
| | 9 年以上 | 0 |
| 企业主营业务所属行业 | 电子信息 | 66.7 |
| | 机械 | 16.7 |
| | 家电 | 16.6 |
| | 其他 | 0 |

（续表）

| | | |
|---|---|---|
| 企业的产业特征 | 劳动密集型 | 16.7 |
| | 资本密集型 | 80.0 |
| | 技术密集型 | 3.3 |
| 企业的职工人数 | 100人以下 | 13.4 |
| | 100—499人 | 40.0 |
| | 500—999人 | 46.7 |
| 企业的销售额 | 3亿元以上 | 0 |
| | 3 000万—3亿元 | 83.3 |
| | 3 000万元以下 | 16.7 |

资料来源：根据调研资料整理。

从调查问卷的数据可以看出，对企业创新能力有影响的因素主要集中在企业家自身的创新意识和能力、企业文化、创新人才、资金问题和政策扶持等。

企业家自身的创新意识是提升企业创新能力的重要因素。数据表明，83.3%的企业家认为企业不创新就将面临死亡的压力，企业家的创新意识越强，就越有可能抓住潜在的创新机会，率先捕捉到市场竞争的机会。

企业文化看似与创新毫无关系，但企业文化是企业在长期的经营过程中形成的全体员工共有的价值体系，尤其对人数规模不大的中小企业的经营活动有较强的影响作用。数据表明，76%的员工认同包容创新的企业文化与创新之间是相辅相成的，对企业创新能起到无形的推动作用。

企业技术基础薄弱、创新人才短缺是影响企业创新的重要因素之一，主要表现在没有专门的研发机构、缺乏与高等学校或科研单位的支持、创新人才的短缺。其形成的主要原因有：企业家在创立企业之初，认为研发之类的问题往往应该由大公司或科研单位去完成，中小企业只要抓住机会即可；企业技术水平整体不高，往往不设立专门的研发机构，技术创新方面的投入不足等使得中小企业在与高校或科研单位的合作中处于劣势，流失不少技术人才和创新人才。

企业资金问题也是直接影响企业创新的重要因素之一。数据表明，高达96.7%的中小企业认为在自主创新过程中面临的最大障碍就是资金不足，融资困难。72%的企业以"内部积累"作为主要的资金来源，直接来自银行的贷款所占比例很少。同时，自身资金的缺乏也制约了企业的创新活动。究其原因，所调研的中小企业仍然处于资金积累的成长期，资金积累是一个漫长的过程，而且部分中小企业从事的是传统产业。

调查数据表明，78%的企业希望得到政府在财政资金上的支持和专项贷款的支持,对于目前政府的扶持政策大部分企业还是认可的,但对于政府部门的办事效率、税收减免等财政支持、金融服务体系的完善等方面有近40%的企业认为还有待提高。这些问题若不能得到较好解决,也会制约中小企业的创新进程及效益。

## 第二节 苏州市中小企业创新存在的问题

### 一、苏州中小企业的资金面

苏州中小企业由于历史和地域的先天原因,在自身快速发展过程中,资金一直比较匮乏,融资难一直是苏州中小企业面临的一个重大难题和亟待突破的一个瓶颈问题。首先,苏州中小企业要想从银行取得贷款十分困难,要取得优惠利率的贷款更是难于上青天。纵观全局,我们不难发现造成现在这种局面的主要原因是多数中小企业财务管理能力差,缺乏具有国际视野的财务人才,企业在控制财务风险能力方面相对薄弱,这些都是影响资金偿还能力的主要因素,因此大多数银行不愿意给中小企业贷款。其次,倒逼苏州中小企业去创业板上融资,创业板融资也不是很容易。表面来看创业板融资的门槛不高,条件不多,能够达到这个门槛的中小企业数量众多,但是实际能够上市的企业情况远远高于基本门槛指标,而上市的企业就只有那么多,很难大面积地铺开推广。因此,苏州中小企业融资难的问题仅仅靠去创业板上市是无法根本解决的。

### 二、苏州中小企业的技术面

生产规模不大和资金匮乏是制约苏州中小企业发展的一个重要因素。与大企业相比,中小企业的差距非常明显,几乎没有什么优势,其生产设备落后,生产技术和研发能力更是落后。这些是苏州中小企业面临的现实问题,也是其发展过程中的瓶颈问题。与大企业相比,中小企业在新技术开发方面投入的资金不多,甚至没有投入,加上自身规模较小,一般没有自己的研发中心,因此开发新技术必须依靠科研院所和大企业,从而造成中小企业在高端技术的掌握、先进技术的革新等方面通常都落后于大企业。这是我国中小企业现在甚至更长时期面临的一个重大挑战问题。但绝大多数中小企业具有规模小、转型容易的优势,如果中小企业能够在短期内通过技术创新开发高附加值的新产品,就能够极大地降低生产成本,改变现有的生产状况,提高其核心竞争力。

### 三、苏州中小企业的人才面

缺乏具有一定敏锐观察力的、独特的、优秀的专业高技能人才、先进的管理人才和人才流失一直是中小企业不得不面临的一个重大难题。在现有金融危机的背景下,大多数中小企业通常为了节约成本,在招聘员工初期提供的报酬、福利待遇、住房等相比于财力雄厚的大企业差距较大,对优秀的人才吸引力不强,很容易导致中小企业招聘的企业员工素质普遍低于大企业。同时,由于缺乏具有针对性的监督管理机制和激励机制,很容易导致中小企业的人才流失。最终形成恶性循环,难以招聘到综合素质高的、满足企业转型升级需要的优秀技能人才。现在苏州中小企业亟待解决的主要问题是:企业优秀人才的流失和新进员工素质的下降所带来的危机效应。

## 第三节 对策与建议

中小企业要实现突破,技术创新是必由之路。在现阶段,苏州地区中小企业自主创新能力依然不强,主要原因是高层次创新人才缺乏,可利用的科技物质基础条件薄弱,难以形成具有一定竞争力的技术水平,因此,加强、加快中小企业自主创新能力的提升任务十分紧迫,研究其对策措施也成为必然。

### 一、加大宣传,建立机制

1. 加大宣传,倡导正确的舆论创新导向

目前在中小企业内部具有自主创新能力的人才其社会地位不高、职业声望不高、缺乏职业认同感,各级地方政府应出台相关政策做到主动营造良好的社会氛围,引导并支持企业转变社会创新导向;企业首先要努力树立新思想、引导新方向,营造尊重知识创新、崇尚技能创新、鼓励创新的社会舆论氛围。在宣传中要充分利用有力政策和渠道,鼓励有能力的人进行技术改造、技术革新,给予创新人才成长的平台,在政策上给予倾斜,对于创新中做出杰出贡献的给予重奖,引导以崇尚各种创新活动、树立创新型人才是宝贵财富的理念。

2. 建立健全中小企业的激励创新机制

要完全建立适合中小企业的创新激励机制,关键在于企业的领导决策层面,他们的思路、团体协作、倾听底层的声音和定期征集合理化建议对于制定出的政策的合理性和实用性起着重要作用,在制定扶持中小企业公司内部创新激励政策过程中必须要以国家的法律为依据,与国家的配套政策同步,做到政府与企业同步激励,统一安排,相互协调、彼此激励,共同探寻激励的最好机制与方法。企业对技术的革新和改造往往是心理需求迫切,但是实际行动往往滞后,不是不想革新,而是在大环境好、企业效益好时忙于生产,缺乏长远考虑,此时政府必须提前干预,研究市场动向,培训企业管理层增强加快技术创新的意识,从思想上紧跟时代技术革新的步伐,时机成熟时制定一些激励创新人才的政策,来提高他们创新的积极性。

3. 改善并提高企业创新人才的各种福利政策

在提高企业创新人才的福利政策上,应该采取以政府为主导、企业为辅的方式,制定符合激励创新人才的合理的福利政策,政府要在企业创新人才的聘任、薪酬、带薪学习、培训、休假、出国进修等方面给予大力支持,在政策上给予引导和鼓励;对高校毕业生到创新科技研发岗位上工作的,应确定合理的工资待遇,并对业绩突出的给予嘉奖补贴;对创新人才做出特殊贡献的,应制定长效激励措施,鼓励他们多出创新成果,以饱满的激情、昂扬的斗志创造出更多的奇迹。允许创新人才通过实施科技攻关、必要的技术革新、一定的成果转化等获取应有报酬,同时政府给予免税等财税支持来充分调动他们的积极性。

## 二、搭建平台,互利共赢

### 1. 为中小企业创新研发搭建服务平台

为社会服务的职能必须由各级政府来承担,而政府的公共服务职能最终需要一些平台来帮助实现,这个平台的搭建可以通过功能健全的社会服务平台来实现:

(1)建立企业公共创新平台。各级政府要关注高端产业,研究高端新兴产业的前瞻性,特别是周期长的高科技研发类企业迫切需要政府的大力支持;在企业规模较小、财力比较薄弱的现实情况下,虽然其有心去建设新平台,但是又无力实施时,政府就要扮演重要角色,敢于立马当先,发扬为企业服务的理念,积极帮助企业,勇挑重担,出面协调组织,以社会和企业开展公益性、公共性高科技研发服务的要求为突破口,以公共财政专项经费投入为主体的方式来建设公共创新平台。

(2)以创新技能竞赛为契机,建立创新技能竞赛交流平台。在政府和行业协会的主导下,建立公开、公平、公正的创新技能竞赛平台,让企业在平台上尽情发挥,实行政策统一、总体规划、规范运作的创新人才选拔机制,通过岗位练兵、技能竞赛、先进操作方法演示以及技能革新项目推广等多种形式,建立竞赛、表彰、奖励多管齐下的长效激励机制,优秀创新技能人才充分地在平台上展示自己的才华。

### 2. 用校企合作机制来促进校企共同研发新技术

加强学校与企业在科技创新方面的全方位的深度合作,探索建立"校中厂、厂中校"的创新研发基地,将学校的核心科技研发实力与企业技术革新有机地结合起来。校企开展"订单式"研发。科研院校研发要以企业的科技需求为主导,兼顾发挥自己研究的领域和研究特长,不要盲目研发,不参与调研,随意上马研发项目,从而脱离实际,定位不准。企业方必须主动和学院一起参与制定科技研发的规划、拟订研发计划,实施科学论证。特别是校企合作中应加强科研院校与企业的研发结合,派遣企业专家来校指导,使教师首先掌握最先进的技术。企业的工程师和学校的研发教师可以进行科技研发交流,使理论与实践交融,促进校企双方共同发展。

### 3. 促进创新人才合理有序流动和荣誉互认平台建设

很多创新人才一直处于闭塞的环境中,他们缺乏对市场的了解,很多人找不到真正适合自己的岗位,甚至有些地方设置重重阻碍,限制他们的流动,大大打击了他们创新的积极性。要转变这些思路,劳动保障部门必须加快创新人才库的建设,搭建信息服务平台,及时、准确地收集和发布创新人才需求信息,向用人单位推荐适用人才,积极引进经济建设急需的创新人才。充分发挥市场对创新人才资源配置的基础作用,打破阻碍创新人才流动的体制机制障碍,既要维护用人单位在选择、聘用人才和确定工资待遇方面的自主权,又要保证创新人才在选择用人单位、工作岗位和福利待遇等方面的合法权益。

## 三、政府主导,企业参与

### 1. 政府加大科技创新资金投入,提高企业自主创新能力

一是各级政府要建立科技投入稳定增长体制、机制。要想办法依法制定财政经费的持续增长投入,催化企业自主创新细胞增生的同时,也要充分发挥科技研发机构、行业协会、科研院所的技术服务的带动支持作用,通过政府公共财政的购买,免费为需要的企业提供服务,为企业提供工业设计、产品研发和检测以及人才培训等一系列综合服务,促进校企产—学—研相结合的一体化发展模式。二是出台政策积极引导企业和社会资本投入科技研发,建立完善的科技融资体系。鼓励中小企业通过委托开发、联合开发、共建研发机构、创办经济实体等多种形式与大学、科研院所、专业技术服务企业建立技术合作联盟!开展联合创新,鼓励大学、科研院所和有条件的大企业开放应用研究室、技术中心、实验室等,为中小企业技术创新提供科研设施、人力资源服务。

### 2. 政府应引导中小企业加大对自主知识产权的保护

要让具有自主知识产权的企业取得的科技成果受到法律的保护,必须要由国家发改委牵头、科技部和国家知识产权局落实操作来协助中小企业开展专利活动。帮助中小企业提高专利申报的数量,让它们意识到知识产权保护的必要性,增强保护意识,认识到盗用、剽窃是违法的并要受到法律的制裁;会同财政、科技等有关部门建议政府在采购中优先采购具有自主知识产权的中小企业的产品,增加企业技术革新的积极性。

## 四、科技引领,接轨高端

### 1. 加强依托重点产业集群和优势产业的中小企业技术服务平台建设

中小企业一般规模较小,资金实力不够雄厚,时常面临资金周转慢、技术革新滞后、信息服务落后、人才素质不高、管理相对落后等诸多困难,在当今激烈的市场竞争中,具有自主知识产权的产品还不多。因此,中小企业作为技术创新主体的功能明显不足。大企业的优势是技术创新能力较强,在某个领域的整体技术水

平较高。截至 2011 年年底,苏州很多大企业的技术中心成为国家级技术中心,成为江苏省企业技术中心;引进国外境外高技术专家几千人,聘请院士几十人!如果能够使他们的产品实行有效的对接,把技术开发和引进作为一种升级的捷径,增强企业对新技术的消化吸收能力,加快企业技术改造和创新步伐,以提升企业的产品核心竞争力和市场竞争力,将会大大提高中小企业产品的科技含量,增加产品的附加值,使企业的发展走上良性循环的道路,实现企业的产品结构快速地转型升级,实现平台的服务功能和服务业绩双提升。

2. 成立中小企业科技研发中心

一切事物时刻都在变化!市场更是风云变幻,中小企业要在激烈的市场竞争中占得先机,必须主动地适应市场需求,对先进技术进行二次开发,由于新技术的投入大、风险大,这就要求所拥有的产品技术寿命和市场竞争力不断适应新的挑战。一般中小企业的二次研发实力比较薄弱。为了解决大多数中小企业的现状,可以让政府牵头、企业参与共同成立中小企业科技研发中心,集中优势研发资源,采取抱团取暖的方法共同开发,为中小企业提供源源不断的科技新活力。

# 第十章 陕西省中小企业与大企业协作配套现状及完善的对策建议

课题组采用了问卷调查及实地访谈相结合的方法,历时1年多,面向陕西省10市21个重点产业集群,对21家大企业和31家中小企业进行调查。

## 第一节 陕西省中小企业为大企业配套的现状

### 一、重点产业集群协作配套已有一定基础,省内配套率已达到一定水平

近年来,陕西省大力推进产业集群发展,制定发布了《陕西省产业集群发展规划纲要(2009—2015)》(陕政发〔2009〕24号),把发展产业集群作为工业发展战略的主导模式和重要抓手,坚持"三抓一上"(抓龙头、抓配套、抓园区、上水平),着力延伸产业链,提高省内配套能力,大力推进企业间的联合与协作,努力提高产品的集成和成套能力。目前,已在大多数重点产业集群中形成了一定的产业协作和产品配套。各地、市积极探索中小企业与大企业协作配套机制,西安、宝鸡和榆林的协作配套已形成一定规模,省内整体配套率已达到一定水平。2011年,陕西省中小企业为大企业配套的省内整体配套率,从产业集群角度测算为31.44%(见图10-1);从区域角度测算为33.22%(见图10-2)。这为进一步推进陕西省中小企业为大企业配套工作奠定了良好的基础。

### 二、中小企业技术不断进步,具备了一定的配套能力

近年来,陕西省采取加大财政扶持力度、落实税收优惠政策、全力扩大信贷支持、推进中小企业信用担保体系建设等措施,在创业孵化、技术研发、技术转让、产学研合作、新技术产业化等环节,对中小企业技术进步与转型升级给予大力扶持,同时实施中小企业信息化推进工程和中小企业知识产权战略推进工程,使陕西省中小企业的技术水平和配套能力不断提升。

### 三、协作配套服务体系不断完善,协作配套取得一定成效

近年来,陕西省通过加快建设省、市、县三级中小企业综合性服务平台,加大财政资金扶持力度等政策措施,使中小企业服务体系建设工作逐步走上规范化道路。在此过程中,一些市为了推动中小企业为大企业配套,进一步强化中小企业服务体系的协作配套职能,面向中小配套企业提供创业辅导、信息资讯、关键技术

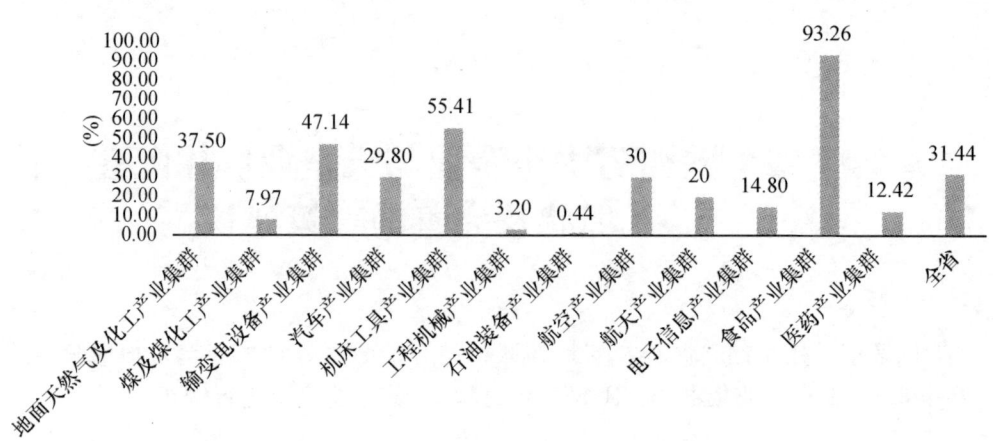

图 10-1  2011 年陕西省各产业集群省内配套率

资料来源：根据调研资料整理。

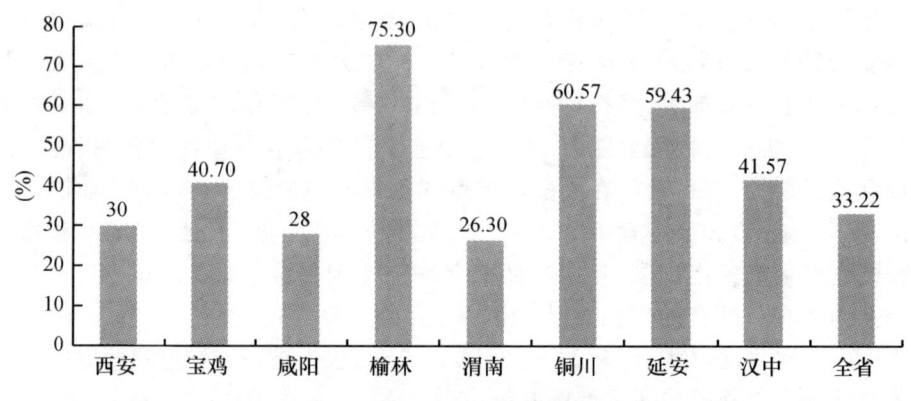

图 10-2  2011 年陕西省各市省内配套率

资料来源：根据调研资料整理。

攻关等服务，有力促进了中小企业为大企业的配套工作，并取得了一定成效。

**四、协作配套专业园区开始出现，特色产业集群初步形成，各开发区和工业园区是大中小企业开展协作配套的重要平台和载体**

近年来，陕西省围绕 21 个重点产业集群，依托大企业和大项目，加快建设了一批配套产业园区。按照产业集聚模式布局，整合、优化、提升现有各类工业园区，将资源和材料使用具有共性的企业集中布局，突出产业特色，实施一区一业发展。鼓励和引导园区通过统一规划建设标准化厂房，建设产业集群配套企业孵化基地，吸引中小配套企业入园发展。

## 第二节 陕西省中小企业为大企业配套存在的问题

### 一、中小企业技术、管理水平低,配套能力弱

调查发现,陕西省绝大多数大企业的主要配套产品仍从外省购进,省内配套率较低。调研涉及的21户大企业中,有12户的省内配套率低于25%,其中3户低于10%,1户约为0。除省内无合适配套企业、配套产品由客户提前指定、大企业已有固定配套厂商、大宗配套件面向国内外公开招标等原因外,其他原因如下:一是大企业对某些配套件的加工技术和产品质量要求较高,而省内配套中小企业的技术水平无法达到配套要求;二是大企业对于配套企业的质量认证体系、管理体系、企业规模有严格要求,而省内配套企业由于规模小、配套量受制于大企业,相关软件建设达不到大企业的要求;三是省内配套企业的产品价格竞争力弱,而且交货和服务普遍不及时,总体配套能力弱。

### 二、对接渠道不畅,配套衔接不理想

陕西省大中小企业之间,尚未建立有效的协作配套对接交流机制,协作配套服务体系不健全,缺乏专业的协作配套信息交流平台,多层次、高标准的配套工业园区相对缺乏。同时,协作配套衔接不理想主要表现如下:一是大企业与中小企业间的联系松散,中小企业不知道大企业真正需要什么,大企业也不知道中小企业具体能做什么。供需双方不能相互协调,无法实现中小企业零部件、中间产品与大企业产品的有效配套。例如,陕煤集团提出,目前省内同行业企业都以主机制造为主导产品,配套件生产企业数量少、规模小,无法保证大企业配套件的供应。二是大企业缺乏带动本地中小企业协同发展、有效推动地方经济发展的使命感以及责任感,对本地中小配套企业的支持力度不够。三是中小配套企业之间缺乏合作,组织化程度低,难以与大企业形成有效配套。

### 三、协作配套发展不均衡,政策激励力度不够

一是各产业集群省内配套率不均衡,行业间差距极大。省内配套率最高的是食品加工产业集群,达到93.3%,最低的是石油装备产业集群,仅为0.4%。二是各区域省内配套率不均衡,陕北地区(榆林、延安)较高,关中地区(铜川、宝鸡、西安、咸阳、渭南)次之,陕南地区(汉中、安康)最低。协作配套发展不均衡的一个主要原因是各地政策激励力度不一。相对而言,宝鸡市在这方面的激励力度很大,经验值得借鉴。2011年,宝鸡市对陕西汉德车桥有限公司等20户大企业采购市域内工业品奖励218万元,这20户产业集群龙头企业2011年采购市域内配套产品金额达到41亿元;对宝鸡市天瑞汽车内饰件有限公司等93户配套企业贷款贴息692万元,这93户企业项目建成后,可新增销售收入99.8亿元。这种双向激励政策产生了极大的激励效果,大中小企业之间协作配套逐步增强,配套率明显提升。

## 四、资金、土地瓶颈制约突出，中小配套企业发展受限

调查结果显示，融资难、用地难已经成为陕西省中小配套企业发展的瓶颈。目前，省内中小企业融资方式主要有四种：银行贷款、通过小额贷款公司和融资性担保机构贷款、民间借贷、内部集资，其中90%以上依赖银行贷款。要想得到银行贷款，最主要的甚至唯一途径就是抵押贷款，而很多中小配套企业并没有大型不动产可以抵押，因此很难得到发展所需资金。尽管政府、银行都有意帮助中小配套企业融资，但是一遇到实际问题，银行也只能表示"爱莫能助"。同时，中小配套企业用地难的原因在于：一是随着工业化、城镇化和农业现代化快速推进，用地需求明显增加，土地供需矛盾十分突出，征地成本、难度不断加大；二是中小配套企业分散发展，土地利用率过低；三是闲置用地难以回收，"圈而不用"或"用而不实"现象客观存在。

## 五、协作配套环境不理想，行政服务水平较差

目前，陕西省中小企业为大企业配套工作在省、市级层面尚缺乏强有力的组织领导，政府相关部门提供的协作配套信息不足，协作配套政策宣传力度不够、落实不到位，其效能未能充分发挥，真正能落到实处、让企业深切感受到政策带来的好处的并不多。另外，调研中一些中小配套企业反映，政府部门也存在服务意识不强、运作不够规范、办事程序繁杂等问题。

# 第三节 对策与建议

## 一、不断提升中小企业配套能力

一是制定实施"中小配套企业能力提升计划"。建立企业成长性评价指标体系，对5 000户中小企业进行成长性评价，筛选1 000户"成长型"中小配套企业重点支持，力争培育100户"小巨人"企业，努力将中小企业配套服务能力提升到新水平。此外，每年筛选130个中小企业重点配套项目，纳入重点支持中小企业技术改造、技术创新、节能减排等固定资产投资建设项目中，并着力加以推进。

二是积极引导中小企业扩大企业规模，延伸产业配套半径，增强配套能力。加快推进产学研合作，促进科研成果在中小配套企业的应用。实施企业技术中心创新能力建设专项计划，提升中小企业配套服务能力，面向外部市场，延伸产业配套半径。

三是加强与大企业的专业化协作，建立稳定的产、供、销和技术开发等协作配套关系。

四是做好中小企业资质管理的宣传和认定工作。鼓励配套企业申请行业相关认证，对通过认证的企业给予一定补助。加强对配套企业资质的监管考核，根据配套厂商的产品质量等进行级别分类，为大企业选择配套厂商提供依据。

五是针对重点产业集群产业链的空白和薄弱环节，组织引导大企业、产业园

区积极开展定向招商,引进一批投资规模大、科技含量高、经济效益好、产业关联度大的协作配套企业及重大关键项目。

## 二、强化协作配套激励政策

首先,建立协作配套"双向支持"激励机制。一是发挥省级专项资金的导向作用,重点支持与中小企业协作配套表现突出的大企业。在产品质量和价格等方面不存在歧视的前提下,对采购省内配套产品的大企业,按照实际采购额给予0.3%的补贴或奖励,对省内配套率达到40%或省内配套率年增速达到10%以上的大企业,给予年度奖励。同时,由省国资委加强对大企业采购本省配套产品的考核工作。二是对与大企业协作配套中表现突出的中小企业给予一定奖励。对中小配套企业在建、新建固定资产投资项目、技术改造项目的固定资产贷款和新增流动资金贷款给予贴息。支持中小配套企业加快技术进步和技术创新,对研发配套新产品、新技术、新工艺所发生费用超过上年发生额一定比例的企业,可按超过上年发生额部分的50%减免当年应纳所得税。对纳入环境保护、节能节水企业所得税优惠目录的协作配套项目,按规定给予企业所得税优惠。对认定为高新技术企业的中小配套企业,按减免15%税率征收企业所得税。对入驻协作配套园区企业的城镇土地使用税予以减免。

其次,鼓励产品使用者积极选用省内工业产品。建立各市《工业地产品指导目录》,送省、市政府采购中心。各级市政设施工程、重点项目、政府采购项目,在同等条件下优先采购本省产品的,酌情给予奖励。鼓励省内外各工程项目设计单位大力推介省内工业产品,设计项目中使用省内工业产品全年达2000万元以上的,按项目单位实际采购金额的0.5%给予设计单位一次性奖励,奖励金额原则上不超过200万元。

最后,对招商引资工作中引进省外配套企业或大企业成绩突出的部门、市区、中介代理机构及自然人、招商机构、办事处等,酌情给予奖励。

## 三、促进协作配套对接

一是建立协作配套对接交流机制。充分发挥政府主管部门的组织协调作用,通过编制重点产业协作配套指导目录以及召开协作配套对接座谈会、重点产业集群配套对接会等活动,加强产品配套对接。二是建设协作配套信息服务平台。组建省、市两级协作配套信息网,及时向中小企业和大企业传送协作配套信息,推进产业链上下游、企业间信息共享和产品有效对接,为企业协作配套的对接提供强有力的支持。三是加强中小企业公共服务平台建设。公共服务平台包括中小企业服务中心和社会化服务机构,是协作配套服务的核心力量。江苏省通过制定《中小企业服务平台星级认定办法》,以资格认定、业务委托、业绩奖励等方式引导和带动协作配套工作,其经验值得推广。同时,支持行业协会等社会机构建设各类中小配套企业公共服务平台。加强公共服务平台之间的联系与合作,实现服务资源共享。四是建设协作配套园区。通过核心专业园区整合相关协作配套资源,提升现有产业园区协作配套功能,围绕大企业建设一批协作配套园区;高标准建设一批标准化厂房,降低中小企业入园成本,吸引中小配套企业入园发展;着力打造高标准的协作配套示范基地,协作配套重点项目布局优先向示范基地集中,以扩大示范基地的发展规模和影响力,促进协作配套水平不断提升。五是创新协作配套模式。支持大企业引领众多中小企业联合组建跨区域的产业联盟,争取更多订单;支持大企业向中小企业提供自己的销售渠道、销售网络;鼓励大企业与中小企业之间有偿共享技术、管理、物资、信息、资金和市场等资源,促进资源的有效配置。

**四、加强资金和土地支持**

首先,加强资金支持。一是引导和鼓励商业银行支持中小配套企业发展,由政府牵头建立信息互通机制,定期召开银企对接会;扩大短期流动资金贷款审批权限,提高长期贷款和信用贷款规模。二是支持商业银行创新金融产品,根据来自大企业的订单,对中小配套企业开展订单贷款业务;鼓励商业银行对与大企业协作配套效益明显的中小企业给予信贷支持。三是提高商业银行和信用担保机构对协作配套效益较好的中小企业的融资支持力度。四是建立互保联保融资机制,增强中小配套企业融资能力。

其次,加强土地支持。一是用地指标优先用于协作配套园区建设。二是促进各类闲置土地流转,解决协作配套项目用地问题。三是鼓励节约用地。四是切实平抑地价。

**五、优化协作配套环境**

首先,省政府有关部门应加强对协作配套工作的统筹规划、组织领导和政策协调,认真研究制定促进中小企业为大企业配套的发展规划和政策措施。建立大企业(包括民营大企业)代表参加的联席会议制度、专家咨询制度和信息发布制度。加强对中小企业为大企业配套的跟踪服务,及时协调解决协作配套中出现的突出问题。定期组织开展协作配套工作会议,通过工作简报、经验交流和专题培训等方式,总结、推广协作配套的成功经验,表彰奖励协作配套中的优秀企业和先进个人。组织实施协作配套专项资金的评审发放。加强督查工作力度,推动相关政策落实到位。

其次,各级行政执法部门应进一步强化服务意识,提高服务水平,认真落实扶持中小企业发展的各项政策措施,促进协作配套各项优惠政策落实到位。从促进区域经济发展的大局出发,始终坚持"放水养鱼,藏富于民"的思想,为中小配套企业发展服务。规范、简化行政审批程序,切实减轻中小配套企业负担。全面彻底清理涉及中小配套企业的各项乱收费,确保中小配套企业合法权益不受侵害。

# 第十一章 淮安市中小企业创新能力现状及完善的对策建议

## 第一节 淮安市提升中小企业创新能力的做法

近年来,淮安市尤其重视中小企业创新能力提升问题,成立了江苏省中小企业淮安网服务平台,着力引导和支持创新要素向中小企业集聚,激发中小企业自主创新活力。一是建立动态调整、分类指导的工作机制。引导和帮助发展势头好的科技型中小企业,推进产学研结合,推动企业研究新技术和开发新产品,努力形成拥有自主知识产权的核心技术和产品。二是通过加大组织建设力度、加大项目建设力度、大力培育骨干企业、完善配套设施、加快村级创业点建设等途径,全力推进乡镇中小企业工业集中区建设。三是通过完善政策体系,建立中小企业担保贷款风险补偿机制,设立担保贷款补助专项基金等,着力缓解中小企业融资困难。四是组织开展市级中小企业信息化建设优秀应用示范企业和优秀服务示范单位"双优"评选命名及系列免费培训活动,全力提升中小企业信息化水平。五是通过建立企业研发机构、企业工程技术研究中心、科技公开技术服务平台、产学研联合创新载体,稳步推进中小企业科技创新载体建设。六是完善中小企业服务体系。自 2008 年以来,淮安市着力打造以"一中心八平台"为主要内容的中小企业服务体系,有力推动了全市中小企业的快速发展。然而,尽管有了政府的支持,但淮安市中小企业创新能力的提升仍面临诸多问题。

## 第二节 淮安市中小企业创新能力现状

我们主要采用问卷的形式,走访了淮安经济开发区的中小企业。在所调查的企业中,民营企业占 73%;有 70% 的企业处于发展的成长阶段,10% 的企业处于起步阶段;所调研的企业对于创新的需求极为迫切。相关问题的调研情况如下:

### 一、对不同领域创新重要性的认识

调查显示,有近 90% 的企业认为技术创新比较重要,其中 70% 的企业认为非常重要。渠道在占领市场方面的作用越来越受到企业的重视,有 70% 的企业认为渠道创新比较重要;随着企业服务意识的逐渐增强,有近 70% 的企业认为应加强服务创新,但个别企业如建筑企业认为服务创新没有必要;尽管管理是企业发展壮大的重要影响因素,但限于企业规模等问题,只有不到60%的企业比较重视管理创新;中小企业对于促销创新和文化创新的重视程度不够,仅有不到50%的企业认为应该注重促销和文化创新。

**二、企业创新的制约因素**

调查显示,有近85%的中小企业认为,研发资金、研发设备、科研人员不足是制约企业创新的主要因素;有近30%的企业认为,知识产权保护体系不健全,导致新技术和新产品容易被模仿,而很多假冒产品也严重冲击了企业的产品市场,导致企业创新效益不高,严重削弱了企业创新的积极性。特别应该注意的是,目前中小企业管理者的创新意识非常薄弱,在被调查企业中,有近75%的企业认为创新既浪费时间风险又大,认为只要产品有市场,就不需要进行创新。

**三、企业技术创新的途径**

调查显示,超过85%的中小企业依靠引进和培训人才,进行独立的产品开发和技术创新,通过自主创新拥有核心技术并形成核心竞争力。有60%的企业通过购买设备等形式进行技术创新。通过技术入股、与高校及科研院所合作以及购买现成技术成果的中小企业相对较少,占比不足20%。这些数据表明,自主创新是中小企业技术创新的主要途径。

**四、企业创新资金的来源**

资金是否充足、来源是否有保障决定着企业能否进行创新以及创新是否具有持久的动力。调查显示,有近90%的企业,目前的创新资金主要依赖于企业积累的自有资金和银行贷款;有近19%的企业通过向亲朋好友借贷、引进新的投资者等方式筹措资金;只有极少数中小企业通过民间借贷来满足创新的资金需求。总体来说,中小企业创新融资渠道相对单一。

**五、企业创新所需支持与服务**

政府的政策支持以及高效的服务措施,能够有效推进中小企业的创新进程。调查显示,超过85%的企业急切希望得到政府在税收减免、专项贷款等方面的财政支持;有近60%的企业希望得到完善的多层次中介服务体系和金融服务体系等的支持。在政府服务方面,有近80%的中小企业希望政府能够组建专家人才库,为企业创新出谋划策、排忧解难,尤其是解决技术疑难问题;有近50%的中小企业希望政府能够搭建与高等院校、科研院所在高新技术、专利技术等方面的技术转化平台;有45%的中小企业希望政府的办事效率能够大幅提升。

## 第三节　淮安市中小企业创新存在的问题

**一、管理层创新意识薄弱,创新管理不完善**

企业家是推动创新的主体。尤其对中小企业而言,只有从上至下贯彻创新理念,企业才能走上持续创新之路。目前,中小企业管理层普遍缺乏创新意识,认为产品只要有市场,就不需要致力于创新,其短视问题明显;即使关注创新,也大多将集中于技术创新,对管理创新、服务创新、文化创新、渠道创新等重视不够。只有唤醒企业家的创新精神,进行全面创新,才能进一步提升中小企业的创新能力。

**二、创新资金来源渠道少,普遍缺少研发经费**

调查显示,中小企业普遍存在技术创新资金瓶颈。中小企业要想在技术创新中有所建树,就必须要有多元的融资渠道。企业创新资金来源主要是自有资本积累和银行贷款,但所能提供的资金规模有限,还不足以满足长期的资金投入。同时,中小企业普遍存在贷款难问题,而民间借贷不仅成本高,而且安全性差,其支持作用有限。

**三、创新途径单一,研发、科技人员不足**

目前,中小企业创新主要依靠引进和培训人才,因此,企业所能拥有的科技人才数量便在很大程度上体现了企业的创新能力。但中小企业显然并不具备大量吸收科技人才的条件和能力,从而影响了企业自主创新的开展。

**四、缺乏健全的创新服务支持系统**

虽然淮安市政府大力支持中小企业进行自主创新,也出台了如中小企业特别融资申请、免征营业税、小企业贷款增长风险补偿奖励资金等相关支持政策,但现有优惠政策普遍针对软件和集成电路等能够带来短期经济效益的行业,缺乏对中小企业创新支持政策的长期性、战略性谋划。

**五、知识产权保护体系不完备**

只有在完备的知识产权保护体系的保障下,企业才会不断激发创新热情。然而,一方面,专利授权时间过长,企业为此往往需要等待1—3年,还要支付申报费和维护成本,这无疑削弱了本就实力较弱的中小企业的创新热情;另一方面,知识产权保护体系不完备,对假冒伪劣产品的生产和经营惩治力度不够,在一定程度上导致企业创新收益得不到保障,进一步遏制了中小企业的创新动力。

## 第四节 对策与建议

**一、通力合作,攻克融资瓶颈**

一是加强总结交流和考核激励。由金融办牵头,人民银行和银监局协助,适时召开中小企业金融服务经验交流会,认真检查和总结国务院关于促进中小企业健康发展的金融政策的贯彻落实情况,广泛交流、大力推广促进中小企业发展方面的金融服务创新经验。引进考核激励机制,加强金融监管,由人民银行和银监局共同负责,在金融系统内实行半年一考核、一年一评审,总结经验,表彰先进,以确保实现中小企业贷款较快增长的目标,不断提高面向中小企业的金融服务水平。

二是加快推进全方位服务地方经济发展的金融网络建设。进一步引进外省、市金融机构，推进村镇银行建设，指导小额贷款公司规范运作。充分利用国务院关于降低创业板上市财务门槛、放开多种渠道服务中小企业的机遇，力求在帮助民企上市、中小企业集合债券发行、私募股权投资基金等方面有所突破。针对中小企业贷款"规模小、用时短、需求急"的特点，量身定做诸如金湖县"过桥资金""制造业企业合作资金"，洪泽县"应急资金互助会""创业引导资金"等金融服务产品。加快设立"中小企业统贷平台"，帮助中小企业提高直接融资比重，降低融资成本。

**二、改善行政服务，建立创新服务载体**

一是确立服务中小企业就是服务经济、服务民生工程的责任意识。按"马上办、主动办、上门办、公开透明办"的要求，创新服务办法，拓展服务范围，提高服务效能。进一步简化审批程序、缩短审批时间。对利用自有资金申办中小企业的项目，改串联式为并联式审批，实施一站式服务。尽量减少前置审批，改事前审批为事中、事后监管。

二是建立规范的市场信息引导机制。整合各类要素，尽快建立并开通民间投资信息网，及时、准确并无偿地发布国家及省、市、县（区）相关投资政策解读及投资信息、本地及行业发展规划和前景、市场需求动态，以及产学研合作、新技术开发、新成果和新发明转让信息，引导中小企业及时进行技术创新。

三是针对中小企业创新普遍存在的融资难、引进人才难等问题，通过创新中介服务机构建设，引导和鼓励有愿望、有专长、有能力、有责任感的机关、学校和大中型企业的技术人员参与服务机构的运营，在企业创新项目申报、专利申请、财务代理、融资协理、产学研合作等方面给予中小企业具体有效的帮助。引导高校和科研院所结合产业发展需要，根据专业设置，为相关企业培养急需的专业技术人才，或为企业在职人员提供再教育培训。建立技术创新人才库和专家库，通过创新研讨会、中小企业交流会等形式，为企业与创新人才搭建交流平台。

**三、构建区域创新网络，提升创新能力**

应联合各类主体，构建区域中小企业创新网络。其中，地方政府、行业协会、金融机构、中介机构、研究机构和高校作为区域创新网络的最外层，为企业创新活动提供政策支持、技术支持、资金支持等。供应商、相关企业和客户等构成中间层，为企业创新提供横向的知识共享和纵向的产业链带动。中小企业作为区域创新网络的核心层，一方面应结合自身定位，有选择地吸收最外层提供的创新资源，并将其转化为自身的独特优势；另一方面，应加强与中间层的横向及纵向联合，将科研成果尽快转化成产品。

## 四、提高管理层创新意识,加快创新步伐

创新意识是一个卓越领导者必须具备的。通过外出培训、参加创新研讨会等形式,中小企业家了解了行业发展趋势、最新技术动态,意识到创新的重要性,从而激发其推动创新的动力。企业应完善管理层的考核机制与激励机制,将"创新能力"作为重要的考核标准,将"创新成果"作为其绩效工资的重要组成部分。企业管理层要时刻关注市场动态,同时把握机遇,利用政府提供的各项优惠政策,通过与高校、科研院所的交流合作,加大研发投入,不断提升企业的创新能力。

## 五、丰富创新内涵,开展特色创新

企业创新的内容包含引入新的产品(含产品的新质量)、采用新的技术(含生产方法、工艺流程)、开拓原材料的新供应源、开辟新的市场、采用新的组织形式和管理方式方法等多个方面。中小企业应充分理解创新的丰富内涵,以技术创新为主导,结合自身的特色进行多元化特色创新。例如,服务企业可强化服务创新,食品企业应着重进行食品安全方面的品质创新,零售企业可进行促销创新等。针对中小企业规模小、研发能力弱的现状,可通过合理的模仿创新,快速抢占市场空白。自主创新能使企业拥有自主知识产权、提升核心竞争力,从长远来说无疑是最佳创新模式。但从中小企业资金、人才匮乏现状来看,尤其在中小企业发展初期,模仿创新无疑是最优选择。以知识产权合理利用为前提的模仿创新,不仅可以节约大量的基础研究投入,使中小企业在短时间内迅速获得回报,还可以规避一定的市场风险,有利于资金积累,加快中小企业的发育和成长。

## 六、加强开放式创新,获取外部创新资源

在横向上,通过中小企业之间的"抱团创新",共享创新资源,扩大市场份额和影响力,共同应对知识产权冲突等问题。中小企业"抱团创新"有两种形式:一是临时性的创新项目联盟。由一家企业挑头,负责项目的总体规划,集合各家企业的资源优势,联合对技术项目进行攻关,并共享项目所带来的收益。临时性创新项目联盟的稳定性较差,对中小企业的约束力较小,项目攻克结束后,联盟便会解体,采取这种办法时,应注意各方面利益关系的协调和风险防控。二是基于协会或商会的创新联盟。以工商业联合会为主体,积极发展行业协会或商会,通过合理分工、集中采购、信息共享、技术分享、打包融资、共建市场等实现中小企业的创新合作。协会或商会的创新联盟比较稳定,并可通过协会制定的规章制度、行会标准等约束会员企业的行为。在纵向上,可以与产业链其他企业合作共享技术和市场信息,及时、准确地了解用户需求,从而降低研发过程中的不确定性和市场风险。

## 七、鼓励内部自我创新,发挥已有人才优势

人是创新中最活跃的要素。鼓励企业内部员工的自我创新、发挥现有人才优

势是当前提升中小企业创新队伍整体实力的可选路径。企业应在生产、经营、管理等各领域进行创新激励的方案设计,设立专利奖、技术革新奖、管理创新奖等各类创新奖项,举办各类创新成果比赛活动,开展解决企业生产经营实际问题的全员创新活动,使全体员工都能成为创新的主体。尤其应通过创新奖励机制,激发员工创新的积极性和能动性。例如,企业可为员工设计不同的发展规划,引导员工在更适宜的岗位不断创新;将善于管理创新的员工作为企业干部后备而重点培养;通过科研成果和贡献与收入挂钩的方式,激发技术人才的创新动力;关注一线操作工人的流程创新等,并从收入、职称、荣誉等多方面予以激励。

# 第十二章　宁波市中小企业专利发展现状及完善的对策建议

## 第一节　宁波市专利总体情况

宁波市技术创新活动活跃,专利申请和授权总量快速增长,2002—2010年宁波市各类专利申请和授权量情况如图12-1、12-2所示。2011年市专利申请量达到47 582件,比上年增长80.2%;专利授权量达到37 342件,比上年增长43.8%,双双位列全省第一。其中授权发明专利1 625件,比上年同期增长34.4%。截至2011年年末,宁波累计获得授权专利12.6万件。

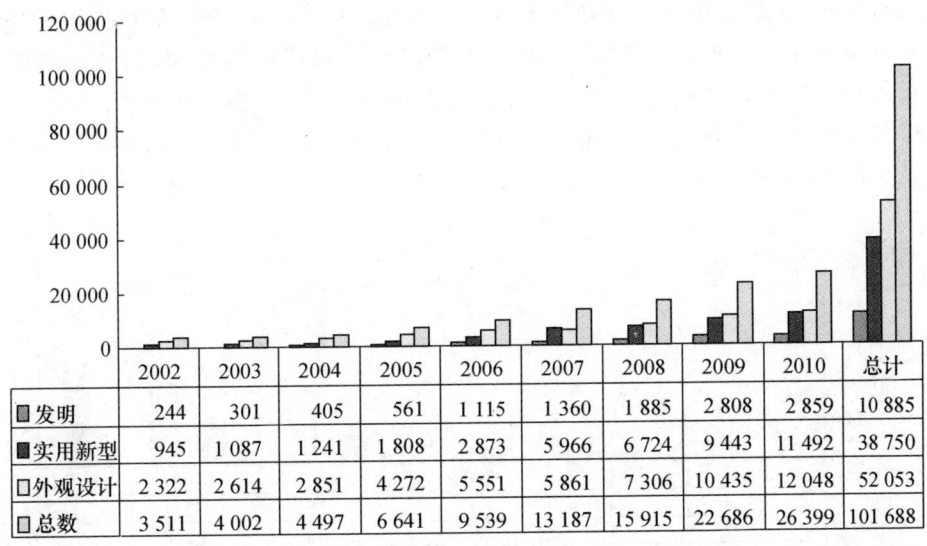

| | 2002 | 2003 | 2004 | 2005 | 2006 | 2007 | 2008 | 2009 | 2010 | 总计 |
|---|---|---|---|---|---|---|---|---|---|---|
| 发明 | 244 | 301 | 405 | 561 | 1 115 | 1 360 | 1 885 | 2 808 | 2 859 | 10 885 |
| 实用新型 | 945 | 1 087 | 1 241 | 1 808 | 2 873 | 5 966 | 6 724 | 9 443 | 11 492 | 38 750 |
| 外观设计 | 2 322 | 2 614 | 2 851 | 4 272 | 5 551 | 5 861 | 7 306 | 10 435 | 12 048 | 52 053 |
| 总数 | 3 511 | 4 002 | 4 497 | 6 641 | 9 539 | 13 187 | 15 915 | 22 686 | 26 399 | 101 688 |

图12-1　2002—2010年宁波市专利申请量

资料来源:根据调研资料整理。

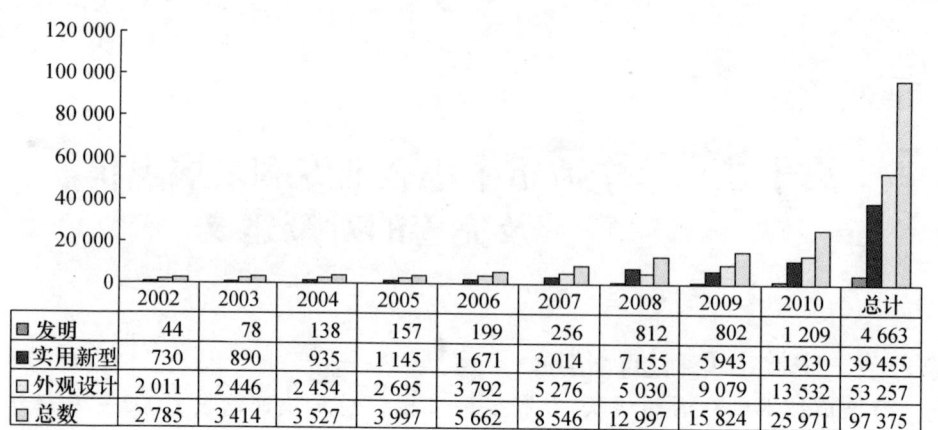

图 12-2 2002—2010 年宁波市专利授权量

资料来源：根据调研资料整理。

## 第二节 宁波市中小企业专利现状调查

近年来，宁波市中小企业越来越重视专利的申报工作，获得专利授权的中小企业数量逐年大幅提高，2006—2010 年的平均年增长速度达到 45.87%。2010 年获得授权的中小企业数量达到 1 646 家，为 2006 年的 4.53 倍。而全市中小企业专利申请量更是在 2010 年首次超过 1 万件，其中发明专利 1 331 件，占整个宁波市申请总量的 12.37%，如图 12-3 所示。

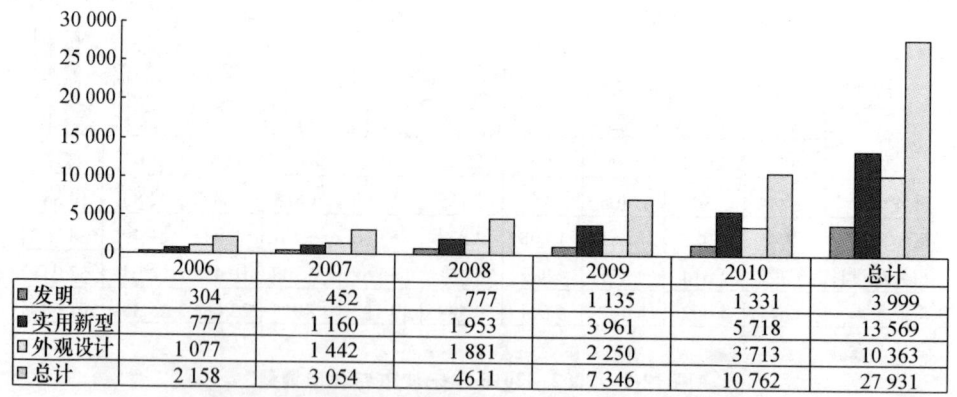

图 12-3 2006—2010 年宁波市中小企业专利申请量

资料来源：根据调研资料整理。

### 一、样本选取

本次调查针对全市 11 个区县的中小企业进行，发放了 500 份问卷（350 份纸质问卷、150 份电子问卷),共收回 440 份,剔除无效的、明显不认真的,剩余 299 份有效,有效率为 59.2%。

## 二、样本企业专利现状及存在问题

在被调查的中小企业中,只有 3% 的企业从未申请过专利,有将近 55% 的企业申请的专利数量在 20 件以下,81% 的企业没有申请过 PCT(专利合作条约)。将近 2/3 的企业拥有的专利数量在 20 件以下。由此可见,大多数中小企业基本具有专利创造、申请的意识,但拥有的专利数量不多,说明中小企业专利工作还有很大的发展空间。具体表现在以下方面:

### 1. 专利中发明专利占比较低,专利结构有待进一步优化

如表 12-1 所示,宁波整个中小企业专利中发明专利申请量都在 15% 左右,而授权量都在 5% 左右。在被调查的中小企业中,有 2/3 的企业所拥有的发明专利占企业拥有专利量的比例不超过 10%,大部分为外观设计专利。而在三种专利中,发明专利申请的创造性要求最高,更能体现企业的创新水平(徐珍、孙颖,2010)。因此,发明专利占比低反映出中小企业的创新能力尚低。从地域而言,主要是受宁波产业结构因素的影响,工业产品处于产业链低端现象明显;发明专利产出率低的传统产业产值占市工业产值比重较大,本市企业核心专利技术的匮乏将严重阻碍企业进一步发展和产业的转型升级。

表 12-1　2006—2010 年宁波市中小企业各类专利占比情况　　　　单位:%

| 年份 | 申请量 | | | 授权量 | | |
|---|---|---|---|---|---|---|
| | 发明 | 实用新型 | 外观设计 | 发明 | 实用新型 | 外观设计 |
| 2006 | 14.09 | 36.01 | 49.90 | 6.31 | 34.88 | 58.81 |
| 2007 | 14.80 | 37.98 | 47.22 | 4.28 | 43.35 | 52.37 |
| 2008 | 16.85 | 42.36 | 40.79 | 6.12 | 52.60 | 41.28 |
| 2009 | 15.45 | 53.92 | 30.63 | 5.81 | 48.05 | 46.14 |
| 2010 | 12.37 | 53.16 | 34.50 | 5.05 | 57.49 | 37.46 |
| 平均 | 14.32 | 48.58 | 37.10 | 5.37 | 51.81 | 42.82 |

资料来源:根据调研资料整理。

### 2. 专利实施存在矛盾,形式单一

专利申请有多种动机(曹丽荣,2009),实施专利以获得专利的价值,提高企业经济效益是其中一大动机。在调查过程中发现中小企业的专利实施存在矛盾之处。首先,调查结果显示中小企业专利的实施率很高。在样本企业中,58% 的企业专利技术的产业化比例在 50% 以上,1/3 企业高达 75% 以上。这从一方面反映出宁波中小企业专利技术实施效果较好,但从调查中得知大部分实施专利为外观

设计。因此产品附加值低,产品利润率提高幅度不大(徐小钦、王艳侠,2009)。其次,专利实施形式单一。专利实施的形式有自己实施、许可他人、专利转让、质押等。实际情况是大部分为自己实施。调查数据显示,89%的企业没有进行过专利转让或者许可,60.94%的企业没有受让过他人专利或被许可使用他人专利,更没有采用质押等方式。专利实施的形式单一导致专利的价值利用不够。

### 3. 部分中小企业专利维护意识淡薄,专利管理制度不健全

专利在申请中和授权后要进行维护管理,主要包括分析测评、决策是否维持、专利的维权、专利无效的申请、答复等。其中主要侧重于维权诉讼。调查结果表明部分中小企业有一定的专利保护意识。样本企业中,将近1/3的企业遇到过专利被他人侵犯的问题,在遇到此类情况时,超过2/3的企业选择了寻求法律保护,但也有23.4%的企业对此置之不理,缺乏专利保护意识。在专利维权措施方面,43%的企业采取了行政手段解决专利纠纷,38%的企业采取了司法途径解决,但都认为效率较低,其余企业有的通过和解达成,有的不了了之。

在样本企业中,60%以上的中小企业没有设置完善的知识产权部门和从事专业知识产权的人员。而本次调查的企业有近90%是高新技术企业或专利示范企业,由此可以推断,宁波市中小企业中没有设置完善的知识产权部门和从事专业知识产权的人员的企业所占的比例将远远高于60%。

中小企业内部创新激励机制尚未形成,大部分企业仅对专利授权行为进行激励,甚至16%的中小企业对员工的创新行为没有任何的激励措施。因为创新激励机制不健全,中小企业在执行专利管理制度时遇到的最主要困难是员工的重视程度不够。中小企业在执行专利管理制度时遇到的另一大困难是制度设计存在缺陷,不能完全符合企业实际。

### 4. 中小企业知识产权人才缺乏

实施专利战略,需要有较强的专业意识和专业知识的人才保障。但调查发现,目前宁波市近1/3的中小企业在专利实施过程中遇到的最大问题是缺少专利经营管理人才,表明专利经营管理人才匮乏的矛盾已尤为突出。缺乏能进行专利技术挖掘以指导科研创新、防范专利诉讼的人才以及专利的管理人才是制约中小企业制定和实施专利战略的瓶颈。

### 5. 专利服务体系建设滞后,企业需求难以满足

专利代理机构是专利服务体系的重要组成部分。调研中发现,目前中小企业最急需的两项专利服务分别为专利代理服务和战略咨询服务,占比均为30%,排在第三位的是专利文献检索服务,为25%。另外,有企业反映在境外申请专利时,不了解境外申请程序,或格式等不规范。但宁波市目前专利代理机构仅10余家,从业人员学历结构一般为本科,具有硕士学位的人员数量不高,而且具有专利代

理人资格的比例较低,能撰写外文专利的人数相对较少,尚没有知识产权评估师,专利代理机构的数量和整体水平都亟待提高。

## 第三节 宁波市专利申请量的原因分析

一个企业的专利申请量反映了该企业的创造创新能力,同时在一定程度上也将对企业的经济效益和发展前景带来正面的影响。下面利用统计工具分析企业专利申请量的影响因素。

### 一、不同的企业性质

不同的企业性质是否会对专利创造产生影响呢?表 12-2 给出不同性质将导致申请量差异的假设。

表 12-2 不同性质企业专利申请量方差分析

|  | 平方和 | df | 均方 | F | 显著性 |
|---|---|---|---|---|---|
| 组间 | 1 260.223 | 4 | 315.056 | 0.253 | 0.908 |
| 组内 | 362 491.318 | 291 | 1 245.675 |  |  |
| 总数 | 363 751.541 | 295 |  |  |  |

资料来源:根据调研资料计算。

从表 12-2 得出 $F$ 检验概率 $= 0.908$,接受原假设 $H_0$:各所有制性质企业的专利申请量相等,因此不同所有制性质的企业专利申请量之间不存在显著差异。

### 二、对研发的投入程度

企业的创新活动需要资金的投入,对研发的投入在多大程度上影响创造产出?表 12-3 体现了创造能力的专利申请量与对研发的投入占销售额的比重之间相关程度高达 0.839,可知两者是显著正相关,因此对研发的投入是创造的必要基础支撑。然而在对各中小企业 2010 年研发投入的调查中发现,有 77% 的企业研发投入占企业销售额的比例不超过 7%(见图 12-4),说明中小企业普遍在创新方面的投入力度不大。

### 三、有无激励机制

企业投入资金进行研发是为了提高企业竞争力,从而增加企业效益。然而技术的创造是要靠科研团队或者员工个体完成,员工的创新积极性直接影响专利技术的产出。从表 12-4 可得出 $F$ 检验概率 $= 0.002$,拒绝原假设,即对专利研发的激励措施是显著影响专利申请量的。因此,如何激励员工是专利工作的一个重要部分。

表 12-3　专利申请量与研发的投入的相关性

|  |  | 对研发的投入占比 | 平均专利申请量 |
|---|---|---|---|
| 对研发的投入占比 | Pearson 相关性 | 1 | 0.839* |
|  | 显著性（双侧） |  | 0.037 |
|  | N | 6 | 6 |
| 平均专利申请量 | Pearson 相关性 | 0.839* | 1 |
|  | 显著性（双侧） | 0.037 |  |
|  | N | 6 | 6 |

注：* 在 0.05 水平（双侧）上显著相关。
资料来源：根据调研资料计算。

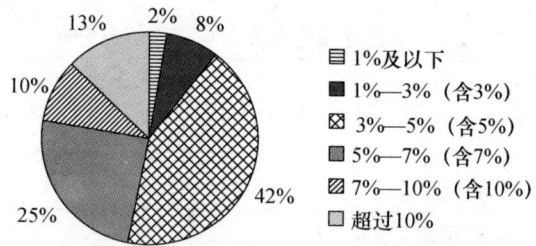

图 12-4　研发投入占企业销售额的比例

资料来源：根据调研资料计算。

表 12-4　激励机制的专利申请量方差分析

|  | 平方和 | df | 均方 | F | 显著性 |
|---|---|---|---|---|---|
| 组间 | 11 448.820 | 1 | 11 448.820 | 9.488 | 0.002 |
| 组内 | 353 566.041 | 293 | 1 206.710 |  |  |
| 总数 | 365 014.861 | 294 |  |  |  |

资料来源：根据调研资料计算。

## 四、有无专门管理机构

从表 12-5 得出 F 检验概率 = 0.000，拒绝原假设，即有无专门管理专利的机构或部门是显著影响专利申请量的。在样本企业中，有 60% 以上的中小企业没有设置完善的知识产权部门和从事专业知识产权的人员。

表 12-5　管理机构的专利申请量方差分析

|  | 平方和 | df | 均方 | F | 显著性 |
|---|---|---|---|---|---|
| 组间 | 55 890.520 | 4 | 13 972.630 | 13.137 | 0.000 |
| 组内 | 307 376.698 | 289 | 1 063.587 |  |  |
| 总数 | 363 267.219 | 293 |  |  |  |

资料来源：根据调研资料计算。

## 第四节 对策与建议

针对前面阐述的中小企业专利现状及影响因素分析，未来可从政府、企业两个角度的以下五方面进行努力。

**一、政府出台研发激励政策，协助中小企业与高校、科研所等建立长期产学研合作项目，从内部提升中小企业的专利技术研发能力**

从专利现状可知中小企业的专利普遍缺乏发明专利，创新性不高。问渠那得清如许，为有源头活水来。要提升企业的创新能力，必须从源头来增强。高校和科研所聚集了大量的专业研发人员，走在技术知识的前端。而产学研合作也已有多年的经验，关键是大部分产学研都是非长期性的，从而导致技术研发的非连贯性，较大地影响了成果的产出。因此，政府可从政策上激励中长期产学研合作项目，关注长期效益。

**二、政府建设地方专利服务体系，促进公益服务和中介服务共同发展，为中小企业提供专利服务后盾**

建议政府对那些为中小企业提供深层次多方位的服务（如专利信息维权、分析预警、展示交易等）、产生良好经济与社会效益的服务机构进行一定的支持。加强中介服务机构建设，资助专业人才的引进和培养工作，引导专利代理行业提高自身的服务质量和服务能力，尽可能缩短专利申请的周期，积极与国际接轨，帮助出口企业获得专利的国外授权。

全面推进行业协会建设，鼓励专业中介服务机构为中小企业提供优质服务。不断完善区域服务体系，加快区域技术交易市场、产权交易市场、人才市场、信息市场等要素市场建设，加速要素集聚，促进要素合理流动、配置。

**三、政府引导中小企业进行多元化专利实施**

前文所述，中小企业的专利实施方式单一。为了更大程度地实现专利的价值，企业首先要转变观念，改变以往"自给自足"的小农意识，转向"专利市场化"的实施理念。积极探索专利资本化、标准化、商品化等各种模式，从企业发展战略和知识产权战略的高度经营专利，选择专利实施模式。比如，当有偿使用专利及转让专利的利益及价值高于自己实施时，可考虑转让及有偿使用；又如，当竞争双方互相构建技术壁垒时，可通过专利技术的交叉许可获得"双赢"，从而促进整个行业的技术进步。

制定适当的补贴政策，鼓励和支持担保机构为专利权质押贷款业务提供担保服务。由担保公司为企业贷款提供担保，再由企业把专利权抵押给担保公司作反担保。这样，银行专利质押贷款风险转嫁给了担保公司。担保公司需要通过对企业经营情况和财务状况进行全方位的调查和评估，并依据评估结果进行担保。专业担保公司的介入,降低了银行贷款风险,有利于改变目前专利权质押贷款难以开展的现状。

**四、政府调整各类专利的资助额度,提高发明专利的资助力度**

积极引导企业申报发明专利,一方面,进一步提高国内外发明专利授权的资助力度,同时适当降低实用新型的补助力度;另一方面,进一步加强对专利示范企业、高新技术企业和专利代理机构的政策引导效果,提高对专利示范企业、高新技术企业发明专利数目和增长情况的考核标准,提高对专利代理机构代理的授权发明专利数目和增长情况的要求,加强激励政策的引导作用。

**五、中小企业要加强知识产权管理,激发员工的创造积极性**

具备专门的专利管理部门和管理制度,完善专利管理是中小企业提高专利申请量的一个基础和保障。中小企业普遍存在资金和人力不足的问题,靠中小企业自身力量建立完善的企业专利管理制度难度较大。为此政府可以出台相关政策,引导企业进行有效的知识产权管理,并建立科学的企业知识产权管理绩效评估体系来激励企业员工进行创新、创造,从而推进企业的专利发展。

# 第十三章 上海电子商务监管发展现状及完善的对策建议

## 第一节 上海电子商务发展的现状

近年来,随着信息技术的日益普及,电子商务发展十分迅速,应用领域日益广泛,商业模式不断创新。主要表现为以下几个特点:一是增长势头强劲。2012年上海电子商务交易额达7815亿元,同比增长41.9%,相当于全市商品交易总额的14.5%;网络零售交易额达到1105亿元,同比增长50%,其中商品类交易额占全市社会消费品零售总额的8.9%。二是发展日新月异。先进的技术应用不断更新,利用移动应用软件、社交软件开展电子商务的移动互联网技术发展迅速;新兴的经营模式层出不穷,网购企业高速发展,传统商圈和商贸企业纷纷进军电子商务。三是总体处于健康发展态势。2012年,上海12315平台共受理网络购物申投诉举报达1.8万件,同比增长58.1%,占全市消费申投诉举报总量的12.9%,略高于同期网络零售商品交易的增长水平。在快速发展的同时,电子商务也暴露出了不少问题:电子商务法律体系和社会诚信体系有待进一步完善,利用互联网虚假宣传、销售假冒伪劣商品、侵犯消费者权益等违法行为较为明显,现行的管理体制和管理模式还不完全适应电子商务跨部门、跨行业发展的要求。

## 第二节 上海工商部门开展网络交易监管中存在的问题

经过近年来的监管实践,上海工商部门已经初步建立了市场条线牵头、各业务条线分工负责,市局、分局、工商所按管辖区域分级管理的网络交易监管工作体制,并摸索出了一些具体的监管办法和措施。但随着监管工作的深入以及各种情况的变化,新的问题、新的矛盾以及原先认识的不足逐渐显现,主要有以下几个方面:

### 一、网络交易监管工作体制有待进一步完善

1. 部门之间配合不够

网络交易监管涉及工商业务的各个部门,特别需要部门之间协作配合。但在实际工作中,各条线分别开展工作,存在信息割裂的情况。整个工商系统在形成网络交易监管工作合力的方面还需加强。

2. 网络监管力量不足

从事网络交易监管需要执法干部具备较强的计算机应用能力和综合执法能力,而现状是年龄大的监管干部接触网络交易少、新进大学生又缺少执法经验,监管效能大打折扣。

## 二、网络交易的虚拟性和跨地域性给监管执法带来难度

1. 实地检查取证难

信息技术发展降低了网络经营的准入门槛,使个人能够在任意场所通过个人电脑、手机等日常工具进入网络经营领域。经营者的住所、经营工具本身具有隐私性,使得工商部门难以找到经营者的实际经营场所,即便查到实际经营场所,也常常因为是居民住宅而难以开展现场执法。

2. 异地管辖权受到法律限制

信息技术的无边界性使电子商务突破了地域限制,可以在全球范围内开展经营活动。如果按照《行政处罚法》以违法行为发生地确定管辖权限,则各地工商部门都可以对网站经营者进行管辖,造成了一定程度的混乱。为此,按照便于及时查处、及时有效保护权益的原则,总局的49号令明确由网站经营者住所所在地工商部门管辖。这一规定基本解决了网络交易管辖的问题,但仍有不足之处。

其一,部分网站运用定位技术,将网页信息与上网地址联系起来,即在不同的地区上网,显示的网页内容不同,这在搜索门户网站表现得特别明显。以百度为例,北京工商局负责对百度进行管辖,但上海地区发现的违法广告,北京可能看不到,上海又无权管,形成了事实上的监管盲点。随着移动互联网应用(手机上网)日益普及,消费者在不同地点(如徐家汇和静安寺)可以收到同一网站发送的不同信息,这一问题可能更为显著。

其二,按照49号令的规定,本市企业在外地的平台网站上开设网店的违法行为,由平台网站经营者所在地工商部门管辖。在实际操作中,上海工商行政管理部门对这些网店的违法行为采取"不告不理"的做法,并且由于取证不便,较少进行立案查处。而平台经营者所在地工商部门则大多因为平台上网店众多、管辖异地网店经营者不便,很少对网店的具体违法经营行为进行处罚。这样监管现状引起了部分消费者的不满。

## 三、网络交易监管的技术手段需要进一步加强

1. 技术搜索能力不足

互联网信息数量大、更新快,人工浏览网页的形式远远达不到监管要求。上海工商行政管理部门目前尚无专门的机构负责网络交易信息监测,也没有较好的技术手段来发现网络违法线索。而从外省市工商部门开发专业搜索引擎的运用效果来看,由于网上违法经营行为的多样性、复杂性,普遍反映制定搜索关键字及

搜索规则的难度非常大,搜索效果较差。国家工商行政管理总局网络监管平台虽然已经开发了相关应用,但预计仍需相当长的时间进行修改完善,才能达到预期效果。

2. 电子证据取证难

由于互联网信息具有易修改、易删除和远程操控等特性,电子证据难以用传统的取证方式获得、固定及得到法律认可。目前一般采取当面打印违法信息、当事人现场予以确认的形式将电子证据转为书面证据。如果当事人不配合或预计违法信息会被修改的情况下,则需采用公证方式,但需要较高的执法成本。工商部门迫切需要建立起符合司法规范的电子证据提取、固定和分析工作平台。

### 四、外部协作机制尚不健全

1. 部门协作有待改进

网络交易涉及各个领域,工商部门在监管过程中也需要与其他政府部门进行合作。目前,除了关闭网站可依据《关于建立境内违法互联网站黑名单管理制度的通知》(工信部联电管〔2009〕371号)操作之外,其他部门合作并未形成制度性的文件,给网络交易监管工作带来极大的不确定性。

2. 跨省市合作尚需加强

与实体经济相比,网络交易的跨地域性,使得异地消费者权益保护、异地违法经营行为的查处问题显得特别突出,这对各地工商部门之间的协作配合提出了较高的要求。为此,国家工商总局专门下发了《关于加强跨省网络商品交易及有关服务违法行为查处工作的意见》(工商市字〔2011〕111号),并在总局的网络监管平台上开发了案件协查的功能。但是目前各地的协作配合仍然较少,需要进一步磨合、完善。

## 第三节  外省市工商部门的解决方案

为了解决上述的监管难题,对外省市工商部门开展网络交易监管的方式方法进行了收集和分析,认为以下一些做法可供本市工商部门学习借鉴:

### 一、北京市工商局以主体搜索为抓手,构建网络与实体经济的桥梁

北京市工商局认为,为了适应网络交易监管的要求,工商部门需要拥有全网级、智能化、可持续的网络监管技术。因此从2006年开始,北京市工商局与搜狐公司合作研发了第一代和第二代垂直搜索引擎,用于搜索确定北京市的网络经营主体,目标是将虚拟的网络经营主体还原为现实的线下经营主体,以适应现有的管辖体制和机制。

### 二、重庆市工商局以促进服务为主导,加强网络监管制度建设

重庆市工商局坚持发展与监管并重,注重工作方法的创新和工作经验的总

结，制定下发了《电子商务监管工作规则》《电子商务经营主体网上巡查工作指南》《关于切实发挥职能作用支持服务我市电子商务发展的意见》等一系列的文件、规则，开发建设了较为完备的信息化系统，初步建立了全方位的网络商品交易监管体系，取得了实质性突破和明显成效。

**三、福建省工商局以电子取证为突破，打击网络违法行为**

福建省工商局成立了省网络商品交易及有关服务监管工作小组，设立了省局网络商务监测中心，建立跨区域联动办案指挥系统和协作系统。依托泉州市工商局开展试点，在市局检查支队设立了专门负责互联网商务监管的直属第四大队（办案）、监测室（巡查监测）和鉴证室（电子取证）。研发了"互联网商务监督管理系统""电子数据在线取证分析系统"等软件和设备，开展互联网商务经营主体备案、网络经营行为自动搜索监测、案件线索审批分流、电子证据取证分析等工作。

**四、深圳市市场监督管理局以公共平台为依托，加强电子商务可信交易环境建设**

深圳市市场监督管理局负责建设深圳市的电子商务可信交易环境，主要包括三方面内容：一是制定《深圳电子商务可信交易管理办法》及在线支付等配套法规；二是建立完善、可信的交易环境标准体系，包括主体、客体、交易、维权等领域；三是建设可信交易基础支撑平台，提供电子商务主体身份验证、客体信息查验、交易凭证查验、纠纷维权处理和数据统计分析等公共服务。

## 第四节 对策与建议

**一、健全网络交易监管体制**

以工商部门机构改革和职能转变为契机，借鉴部分省、直辖市工商局单独设立网络监管机构的做法，市工商局机关单设"网络交易规范监督管理处"，各工商分局机关参照设立"网络交易监管科"，以便集中精力更好地完成网络监管工作。在人员力量有限的情况下，鼓励有条件的分局试点设立专业网监机构，集中有效力量，配备上网专线和设备，开展网上巡查和搜索。

**二、进一步夯实网络交易监管基础**

一是要充实和完善网络经济主体数据库，通过各种方式扩充库内网络经营主体的数量，将个体工商户逐步纳入网上亮照（即网上公示营业执照）的范围；二是完善网上巡查工作和考核机制，提升网络监管效能；三是根据新的业务需求及监管实践，完善网络交易监管系统，为系统开展网络监管打下基础。

**三、创新网络交易监管手段**

1. 增强网络交易信息监测能力

一是运用好国家局网络搜索系统，根据工作需要及时提出搜索需求，利用国家局的垂直搜索引擎发现本市的网络违法行为；同时，做好系统培训工作，推进国家局网络监管平台在线搜索功能的运用。二是支持部分分局自行建设网络交易监测软件,市局将指导分局建设和开发区域搜索引擎,并研究做好搜索关键字字典库及搜索规则的制定、完善工作。三是拓展广告监测中心的职能,升级改造现有的网络广告监测系统,将广告监测延伸到对网络交易的全面监测。

2. 开展电子取证手段研究

现阶段采用政府采购的形式解决大要案件查处中的电子取证需要,同时加强对符合司法规范的电子证据取证设备、系统和规则的研究。

## 四、完善协作机制

1. 加强政府部门之间的协作配合

一方面要继续加强与公安、通信部门的协作配合,争取形成制度化的部门合作,在线索发现、案件处置方面形成监管合力;另一方面,江、浙、沪三省市工商部门已经起草《苏浙沪三省市网络交易监管协作机制》,今后应进一步开展地区间工商部门的网络监管合作。

2. 探索与大型网络企业的互动

发挥大型网络企业在网络交易中的中枢作用,运用技术手段规范网络经营者的经营活动,维护网络经营秩序。例如,与阿里巴巴合作,做好平台内上海企业网上亮照标识的申请、加贴、去除工作;与百度合作,屏蔽假冒网站的信息等。

## 五、加强对电子商务企业的行政指导

通过政府约谈、上门走访等方式开展行政指导,引导电子商务企业增强责任意识和诚信意识,建立健全商家资质审核、交易商品准入、消费者权益保护、交易安全和信息安全等内部管理制度,切实维护消费者的合法利益。

# 第十四章 互联网时代中小企业融资模式创新的对策建议

## 第一节 中小企业网络融资发展现状

### 一、网络融资规模发展迅速

自2007年第一家P2P网络借贷平台拍拍贷成立以来,网络融资在我国的兴起虽然只有短短的7年时间,却呈现出高速发展的态势,现已成为中小企业新兴的融资渠道,网络融资规模不断增长。有数据显示,2012年通过全国第三方电子商务平台发放的中小企业的网络融资规模超过200多亿元,比2007年增加了10倍(见表14-1)。2007年以来网络融资规模快速扩张,2011年受国内外经济低迷的影响,国内银行业全年人民币贷款同比减少3 901亿元[①],而网络融资规模却同比增加了12.86%,显示了网络融资具有巨大的市场空间。

表14-1 第三方电子商务企业网络贷款规模

| 年份 | 金额(亿元) | 年增长率(%) |
| --- | --- | --- |
| 2007 | 0.2 | — |
| 2008 | 14 | 6 900.00 |
| 2009 | 46 | 228.57 |
| 2010 | 140 | 204.35 |
| 2011 | 158 | 12.86 |
| 2012 | 200 | 26.58 |

资料来源:中国电子商务研究中心。

### 二、新兴网络融资平台方兴未艾

随着互联网技术的不断进步,第三方电子商务融资平台方兴未艾。自首家网络借贷P2P平台拍拍贷在上海创建以后,随后北京的"宜信"、深圳的"红岭创投"纷纷加入,网络融资平台的影响力日益显著。截至2012年年末,全国P2P贷款服务平台超过200家[②],2013年网络贷款平台已经突破400家,平台注册地也从北

---

① 中国金融新闻网,http://www.financialnews.com.cn/yh/xw/201201/t20120111_861.html。
② 中国电子商务研究中心,http://www.100ec.cn/detail—6116744.html。

京、上海、广州等一线大城市向内陆二、三线城市甚至县级区域拓展开来(见表14-2),预计到2014年,全国网络融资平台将超过1 000家[①]。

表14-2  主要P2P网络融资平台情况

| 网络借贷平台 | 注册地 | 上线时间 | 注册资金(万元) |
|---|---|---|---|
| 拍拍贷 | 上海 | 2007.8 | 100 |
| 红岭创投 | 深圳 | 2009.3 | 5 000 |
| 盛融在线 | 广州 | 2010.9 | 1 000 |
| 人人贷 | 北京 | 2010.4 | 100 |
| 365易贷 | 南京 | 2010.2 | 1 002 |
| e速贷 | 惠州 | 2010.9 | 200 |
| 微贷网 | 杭州 | 2011.5 | 500 |
| 中宝投资 | 衢州 | 2011.5 | 100 |
| 808信贷 | 淮安 | 2011.5 | 500 |
| 人人聚财 | 深圳 | 2011.12 | 500 |
| 紫枫信贷 | 南京 | 2011.12 | 500 |
| 温州贷 | 温州 | 2012.2 | 500 |

资料来源:各网络融资平台网站。

目前国内网络融资平台众多,根据其服务模式的不同,主要分为四种类型:P2P融资平台、在线融资公共服务平台、电商金融平台和众筹融资平台(见表14-3)。其中,发展最快的是P2P融资平台和在线融资公共服务平台,截至2012年年末,P2P平台线上借款余额将近100亿元,投资人超过5万人。[②] 阿里巴巴小额贷款股份有限公司作为我国电子商务领域第一家小额贷款公司开创了通过网络发放贷款的先河,公司自2010年6月成立以来,截至2013年6月,3年累计为超过32万家电商平台上的小微企业、个人创业者提供融资服务,累计发放贷款超过1 000亿元,户均贷款4万元。[③] 阿里金融利用平台大数据建立了自身完整的信用评价体系和贷款风险监控制度,创新了我国中小企业融资服务的新机制。

---

① 中国电子商务研究中心,http://www.100ec.cn/detail—6112341.html。
② 中国电子商务研究中心,http://www.100ec.cn/detail—6116744.html。
③ 中国电子商务研究中心,http://www.100ec.cn/detail—6112532.html。

表 14-3　第三方网络融资平台主要服务类型

| 平台类型 | 服务形式 | 代表平台 |
| --- | --- | --- |
| 在线融资公共服务平台 | 作为融资中介,将平台企业预评估后推荐给金融机构 | 全球网、数银在线 |
| P2P 融资平台 | 平台发布交易信息,具体借贷手续线下完成 | 易贷网 |
| P2P 融资平台 | 作为融资中介平台,借款人和出借人通过平台竞拍交易,平台可以承担或不承担违约风险 | 拍拍贷、红岭创投 |
| 电商金融平台 | 利用自身诚信体系,面向平台中小企业提供融资服务 | 阿里金融 |
| 众筹融资平台 | 用捐赠资助或是预购产品的形式,向网友在线募集项目资金 | 点名时间、淘梦网 |

资料来源:各网络融资平台网站。

### 三、银行中小企业融资服务的新兴领域

互联网金融的出现和互联网新技术、新工具的介入,正在改变着银行中小企业融资服务的传统思路和方式,越来越多的银行将网络融资作为创新中小企业融资服务的突破口,从组织架构、融资渠道、产品等方面展开创新改革,网络融资已成为银行为中小企业提供融资服务的新兴领域和重要渠道。

面对互联网金融的冲击,各大银行纷纷推出了针对中小企业的网络融资产品(见表 14-4)。中国工商银行、中国建设银行、中国农业银行、平安银行等多家银行推出了"网银循环贷"业务,为中小企业客户量身定制了一种网络自助式循环贷款服务。中信银行与银联商务有限公司合作共同推出了 POS 网络商户贷款业务。招商银行牵手国内最大的外贸电子商务网站敦煌网推出了"敦煌网生意一卡通",为网站注册商户提供融资、结算、理财等综合金融服务。中国建设银行推出了网上交易融资平台"善融商务",实现了电子商务和网络融资的深度融合。中国银行的"网络通宝"、北京银行的"科技链"等业务也都发展迅速,银行中小企业融资业务网络化的趋势已越来越清晰。

经过几年的发展,各大银行的网络融资规模也发展迅速。2008—2012 年,中国建设银行已累计向 1 万多家企业发放网络银行贷款 951.64 亿元。[①] 中国工商银行 2009 年开始推出网络融资业务,截至 2012 年年底已累计为 4.3 万户小微企业发放了 7 710 亿元的网络融资贷款,其中仅 2012 年就累计为约 3 万户企业发放 3 288 亿元网络贷款。[②]

---

① 中国建设银行 2012 年年度报告。
② 人民网,http://finance.people.com.cn/bank/n/2013/0111/c202331-20174683.html。

表 14-4　各大银行主要网络融资产品

| 银行 | 产品 | 贷款方式 |
|---|---|---|
| 工商银行 | 网贷通 | 抵押担保方式下的网络自助式循环贷款 |
|  | 易融通 | 为网商企业提供信用贷款、联保贷款 |
|  | 电子供应链融资 | 依托核心企业信用,通过电子化渠道为供应链的核心企业、上下游企业提供在线第三方担保融资 |
|  | 网上商品交易市场融资 | 为网上商品交易市场企业提供以电子仓单作质押的线上买方融资和卖方融资 |
| 建设银行 | e 贷款系列产品 | 包括 e 贷通、e 单通、e 点通、e 保通、e 棉通等业务,为第三方电子商务、供应链、物流等平台企业提供线上信用贷款、仓单质押贷款、第三方担保贷款、联保贷款等 |
|  | "善融商务"融资 | 利用"善融商务"平台的信用记录,为平台企业提供网络联贷联保、网络大买家供应商融资、网络速贷通、e 点通等 |
| 中国银行 | 网络通宝 | 中国银行浙江省分行为第三方电子商务平台企业提供的网络贷款 |
|  | 税贷通 | 为广西税务系统纳税信用等级较高的优质中小企业提供的网络信用贷款 |
| 招商银行 | 敦煌网生意一卡通 | 对外贸电商平台的小微企业提供的信用贷款 |
| 中信银行 | POS 网络商户贷款 | 对 POS 网络商户提供的小额短期信用贷款 |
| 北京银行 | 稳盈—安 e 贷 | 向由科技型核心企业推荐的下游优质代理商、分销商提供信用贷款 |

资料来源:各网络融资平台网站。

## 第二节　网络融资发展中存在的主要问题

网络融资的兴起为互联网时代中小企业拓展融资渠道、解决融资难问题提供了一个新的空间,传统银行向网络融资领域的不断延伸、各种新兴网络融资平台的快速崛起,以及网络融资规模的不断扩大等实践也证明了这一判断。但是,客观来说,当前中小企业网络融资还存在诸多问题,其中有些是发展中的问题,有些是金融管理体制机制改革滞后于市场实践带来的问题,蕴含了很大的风险和不稳定因素。

## 一、融资平台发展缺乏规范

银行网络融资由于从银行内部独立出来,统一在国家金融监管体系之下,发展运行比较规范,但是P2P融资平台、众筹融资平台等各种新兴网络融资平台目前总体上处于无序发展状态,发展不够规范,蕴藏着极大风险。这种不规范主要表现在几个方面:一是实力薄弱。P2P平台投资者实力薄弱,绝大多数平台注册资本在1000万元以下,从业人员数量少,具有金融行业从业经验的人员少。二是功能异化。P2P融资平台最初始的功能是借贷双方交易的信息平台,不承担风险补偿功能。但是为了吸引投资者,目前几乎所有国内P2P平台都推出了本金全额担保甚至收益担保的服务,导致平台担负的风险迅速上升。三是过度竞争。随着P2P平台数量的快速扩张,为了吸引投资者,平台之间竞争加剧,虚假宣传、高额揽资现象频发,导致劣币驱逐良币,反而挤压了正规P2P平台的生存空间。四是恶意欺诈。部分P2P公司设立之初就带有欺诈目的,有的希望通过平台为自己的关联企业获得资金,有的希望借助"庞氏骗局"手法谋取不法利益。2013年12月前P2P平台归集的资金并没有纳入第三方资金账户进行托管,资金的支配权力掌握在平台运营方手中,客观上为恶意欺诈提供了条件。五是担保不足。相当多的P2P平台缺乏借款人风险的识别能力,主要通过担保公司分散风险,而担保公司担保能力明显不足。课题组对10家P2P平台的抽样调查发现,10家P2P平台2013年成交量主要分布在4亿元至17亿元之间,平台自身注册资本或者担保公司注册资本仅在500万元到1亿元之间。

新兴网络融资平台缺乏规范,主要原因在于相应的监管滞后。一是缺乏进入监管。P2P平台尽管实际上介入了金融活动,但是并没有按照金融机构或者小贷公司进行准入管理。国内的P2P网络借贷平台大多是以投资咨询或者信息科技发展公司等形式注册的,根据工商注册管理相关规定,咨询类企业注册资金最低只要3万元,门槛很低,导致行业发展鱼龙混杂。二是缺乏运行监管。P2P平台至今为止监管主体不明确,实际上处于无人监管状态,相应的法律法规政策缺位,导致对P2P运行中发生的问题无人愿管、无法可依。

## 二、企业网络融资成本偏高

从美国等发达国家的实践来看,网络融资的兴起可以降低资金供需双方的交易成本,可以比线下融资提供更低的利率。例如,美国个人无抵押借款利率高达15%—25%,而在P2P平台上的借款利率则只有11%(3年期的借款)和14%(5年期的借款)。对比中国,目前网络融资利率则远远高于一般的银行贷款利率。根据互联网融资服务平台网贷之家的统计,企业在获得贷款时,除了向投资者支付利率外,还要向P2P平台支付服务费、管理费、风险金等其他费用。例如,人人贷要求借款人额外支付交易服务费和账户管理费,交易服务费根据借款人信用等

级不同,平均收取借款金额的 2%—3%,主要用于风险准备金;另外一笔是每月 3‰ 的管理费,按照一年期借款计,两笔费用将增加借款人每年 5.6%—6.6% 的借款成本。平安集团下属的陆金所投资者年收益率为 8.61%,借款人除了支付投资者收益外,同时要向担保公司支付每月 1 个点左右的担保费,借款综合成本在 20% 左右。拍拍贷规定,平台在完成一笔借款后将收取借款人本金的 2%(借款期限 6 个月)或 4%(借款期限 6 个月以上),加上 16.9% 的投资者收益,一年期贷款拍拍贷的综合借款成本也在 20% 以上。

之所以会出现网络融资成本偏高的情况,主要有以下两个原因:

一是平台资金供给成本偏高。与银行可以低成本地获取储户资金相比,无论是 P2P 公司还是电商金融平台的小贷公司都没有权力吸收储户存款。小贷公司的资金主要来自股东投资和银行贷款,资金成本自然高于银行存款利率。P2P 平台的资金主要来自社会上的闲散投资者,这些投资者之所以选择 P2P 平台而非银行就是为了追求高额回报。随着 P2P 平台数量的不断增加,平台之间相互竞争又进一步推高了投资者的回报,导致平台贷款利率进一步上升。

二是平台贷款风险高,高风险推动了高利率。网络融资平台特别是非银行主导型的网络融资借款风险高,导致逾期率和坏账率较高。首先,P2P 平台借款人多为次级客户。P2P 平台的借款人 80% 以上是无法从银行渠道获得贷款的个人和企业,其本身就属于次级客户范畴,总体偿还能力和信用水平偏低。其次,P2P 平台征信成本高。按照目前国家规定,P2P 平台不能使用央行的征信系统,又没有电子商务平台的大数据支持,为了控制风险,宜信等许多平台不得不采取线下征信的方法,通过实地走访借款人等方法对借款人的真实信息进行识别,导致征信成本大大上升。再次,P2P 贷款缺乏抵押来分散风险。网络贷款的特点决定了绝大多数 P2P 平台的贷款为信用贷款,缺乏抵押物,平台主要通过担保公司来分散风险。但是,由于国内担保市场发展不规范,大多数担保公司或者缺乏实力,或者缺乏风险识别能力,实际上只是起到一个风险资金池的功能,一旦坏账率超过一定程度,风险资金池的功能就会难以为继,最终还是要平台来承担风险。最后,P2P 平台缺乏贷款风险管理的专业能力。由于 P2P 平台缺乏进入管制,对从业人员的资质也没有要求,目前中国 P2P 平台绝大多数管理人员来自非金融领域,对金融行业缺乏了解,更没有金融风险管理的专业能力,对借款人的风险判别只能停留在面上。

### 三、网络审贷效率有待提高

尽管网络融资的兴起部分缓解了中小企业的融资难问题,但是客观上来看,目前无论是银行主导型网络贷款还是非银行主导型网络贷款,审贷通过率仍然有待提高。以 P2P 网络融资为例,2012 年宜信审贷通过率不到 20%,人人贷审贷通过率为16%,积木盒子审贷通过率为30%,陆金所审贷通过率为40%,与银行面向中小企业贷款的全国平均审贷通过率60%相比还有较大差距。

网络贷款审贷通过率低于线下贷款,除了网络贷款借贷人"质量"可能相对偏低外,主要与以下三个方面的因素有关:

第一,银行缺乏对电子商务运作的了解。据调查,银行对借款人风险的判断目前主要采取"模型+人工"的方式,即先通过模型对借款人的风险大小进行初步判断,风险模型通过了再由人工方式进行最终判断。目前在银行平台上申请网络融资的多为电子商务企业,电子商务企业的运作与传统企业不同,很难用固定资产、销售量等方式进行判断,由于对电子商务了解和把握能力的差异,往往会出现不同专业能力的审贷员对同一企业给出不同结论的现象。对电子商务产业发展的判断能力影响了银行网络贷款的发放。

第二,网络大数据挖掘的滞后。在互联网时代,大数据是对中小企业质量进行判别的关键所在。由于大数据技术发展的滞后和大数据挖掘的滞后,目前我国还只能对企业电子商务的交易数据进行部分挖掘,对网络社区中的数据挖掘还没有实质性启动。

第三,网络信用数据库整合的滞后。当前我国网络信用数据主要来自企业在网络交易过程中产生的数据,这些数据掌控在各个电子商务平台以及部分收单银行手中,电商平台把企业交易数据视为平台最重要的资源,不愿意进行整合。由此导致P2P等网络融资平台不仅不能使用央行的征信数据库,也无法利用电子商务交易形成的征信数据库,审贷效率难以提高。

## 四、资金供求结构难以匹配

网络融资资金供求结构不匹配主要体现在资金供求期限不匹配和资金供求性质不匹配两个方面。

在资金供求期限方面,主要体现为以短期为主的资金供给与越来越长期化的资金需求之间的矛盾。随着企业转型升级压力的不断加大,目前中小企业的资金需求已经逐步从短期的流动性、周转性资金需求转向长期的投入性、发展性资金需求。巴曙松主持的《小微企业融资发展报告:中国现状及亚洲实践》,对小微企业融资需求期限的调查表明,37.1%的小微企业希望融资期限在1年以上,其中13.4%的小微企业希望融资期限在3年以上。但是,目前银行面向中小企业实际发放的贷款期限63.3%在1年以下,只有8.4%在3年以上。相比银行贷款,网络贷款的期限更短。《中国P2P借贷服务行业白皮书2013》发布的数据表明,该调查跟踪的15家P2P平台中,14家平台平均借款期限在1年以下,其中成交额位居第一的温州贷平均借款期限仅为6天。网络融资借款期限偏短主要源于资金供给者担心长期贷款带来的风险难以控制,实质上也是行业不规范下投资者自我保护的体现。但是这种网络融资资金供求期限的不匹配导致相当比例的对资金有较长期限需求的中小企业被排除在网络融资体系之外,也引致了"拆标"这一不规范运作问题的出现,即部分P2P平台为了解决资金供求的期限错配问题,将一些期限长、金额大、一般很难在短时间内找到合适的投资人的标的拆分成大量的短期标的,再分别出售给资金供给者,以实现短贷长投。这种做法看似满足了资金供求双方的需求,但是同时P2P平台需要有大量的自有资金来应对流动性风险,一旦突遇集中到期或大量提现的状况,平台需要自筹资金来垫付,实力不够的平台可能因此倒闭。

在资金供求性质方面,主要体现为以债务性融资为主的资金供给与越来越多的权益性融资为主的资金需求之间的矛盾。当前网络融资的资金供给主要为债务性融资,除了众筹外,无论是银行主导型网络融资、P2P、电商金融还是碎片化融资都属于债务性融资范畴。从市场需求来看,随着中小企业转型压力的不断加强,特别是中小科技型企业的兴起,中小企业对权益性融资的需求正在快速上升。这是因为:首先,企业转型对权益性融资需求增加。债务性融资期限短,大多数为1年以下,企业到期必须将债务性融资如数偿还,如果到期无法偿还,企业将面临丧失市场、丧失信誉等风险,与企业转型需要的长期性资金投入存在矛盾。权益性融资可以解决企业科技创新、固定资产更新等需要的长期资本投入问题。其次,企业希望通过权益性融资分散经营风险。随着市场竞争的日益激烈,市场经济发展初期只要"胆子大,敢冒险"就能做大企业的机遇逐渐消失,企业发展对资金投入的依赖度不断上升,企业经营的不确定性也逐步增加,完全依靠企业家的个人投入可能会给家庭带来很大风险,通过权益性融资让渡部分股权可以分散企业家的经营风险。再次,权益性融资有助于解决企业创业期的资源整合问题。中小企业特别是科技型中小企业在创业初期往往拥有核心技术,但是在管理、市场、资金等方面面临较多约束。权益性资本的融入可以为科技型企业引入优秀的管理、市场等资源,帮助企业渡过创业的瓶颈期。但是,与中小企业对权益性融资需求矛盾的是,目前网络融资领域对权益性融资基本没有开放。按照我国《证券法》规定,向不特定人群募集股份,人数超过200人便属于公开发行,就需要在交易所遵循一系列规则去交易。当前监管部门将利用互联网平台向公众转让股权、成立私募股权投资基金等行为定性为非法证券活动。为了规避政策风险,目前国内运作的众筹网站均没有采取股权转让和现金回报的方式,而是以投资后生产的产品作为回报形式,这无疑大大减少了众筹模式的吸引力。

## 第三节 对策与建议

### 一、建立健全网络融资监管体系

1. 监管主体：纵向管理和横向管理相结合，纵向管理为主

建议在中国人民银行下设"互联网金融监管局"，在省会城市和副省级城市设"互联网金融监管分局"，统一管理全国的网络融资市场。互联网金融监管局负责全国统一的网络融资监管政策制定、政策实施的督察，但是不介入网络融资机构的日常监管。地方金融监管部门在人民银行互联网金融监管局的指导下，具体负责网络融资监管政策的实施，培育发展和监督管理地方网络融资市场。

2. 监管内容：准入、运行和退出管理相结合，准入和退出管理为主

就具体监管内容而言，在准入管理上，重点是对网络融资相关企业进行分类，将实际上从事金融活动或者可能从事金融活动的企业参照非银行金融机构进行审批，在注册资本、从业人员、股份构成、治理结构、经营场所等方面提高标准，强化准入监管；与其他纯中介型的企业保持一定的距离，重点是动态、及时地评估各种创新对投资者、借款人的潜在影响，允许一定程度风险的存在，逐步引导市场主体建立健全风险管控体系。在退出管理上，重点要逐步建立网络融资市场主体的退出机制，对严重侵犯社会利益或者资不抵债的企业勒令其及时退出市场。

3. 监管方式：从正面清单管理转向负面清单管理，负面清单管理为主

网络融资作为一个探索中的新兴市场，可以在监管上率先从正面清单管理转向负面清单管理，以负面清单管理作为市场监管的主要手段。

### 二、打造网上网下一体化信用平台

1. 深层次挖掘互联网信用信息

（1）交易数据挖掘。利用先进的统计、数据挖掘和机器学习算法深入地挖掘信息。利用购物行为和资金流量等交易数据发现不明显的、隐含的信息，从而在数据中挖掘信用价值。

（2）社交数据挖掘。随着大数据时代的到来，网站的每次点击、每个电话、社交信息、博客可能都被储存并用来分析，成为商业可见的价值。越来越多的公司认识到利用大数据进行预测性和描述性分析的必要性。利用用户身份、社会身份、社会关系、生活习惯和日常活动来预测欺诈、避免高成本的损失。将外部丰富的社交网络数据和经济数据相结合，可以产生借贷人综合的风险档案，从而能有效地防止欺诈行为。

2. 推动碎片化网络信用数据库的整合

（1）扩大信用信息数据源，有序推进信用数据收集工作。网络金融的信用平

台要做大,首先数据的基数就必须做大。大型电子商务企业在数据收集上有先天优势,同时数据也是电子商务企业间新的竞争点,因此有必要给予充分的重视。但仅由电子商务企业承担信息数据工作是不够的,在电子商务企业之外,还有数千家网贷公司、万余家小额贷款公司,这些公司由于缺少可用的信息数据库,往往采取线下人工调查的方式来核准客户信用与还款能力,并且经过较长时间的发展,许多公司已掌握了中小企业客户丰富的贷款记录、还款记录、信用资料等。

另外,仅仅扩大信用信息数据源还不够,还应当大力推进数据的标准化工作。为了保证商务活动数据能实现在不同计算机上的识别与对接,一定要有数据格式的一致约定,这就是信用信息平台中标准化所要解决的问题。应当鼓励、指导电子商务企业、网贷公司、小额贷款公司按照特定的标准进行信息化储存,在数据加工、数据建模、信用量化方面适当设置标准,以消除数据壁垒、打破信用壁垒,为下一步的数据共享做准备。

(2)探索电子商务企业之间合理的数据共享模式。建立信息分享机制(如建立诚信联盟),建立信息交换制度,实现各个资信机构的信用信息全国互联。若要实现数据共享,必须要有一个各方都能接受的合理模式。

(3)促进金融和电子商务机构数据库的整合。当前很多银行已经通过开展"金融互联网"采集电子商务数据。银行通过打造一个闭环的金融生态环境,将支付创新、融资业务、客户积分、金融产品销售等整合在一个平台后能够获得海量的资金、客户信息等数据。银行等金融机构在人民银行征信系统的基础上,结合经挖掘处理的信用数据,建立起更为完善的信用平台。

3. 加快网上网下信用数据库的融合

(1)政府构建信用平台,职能重新定位。应当将政府构建和开放信用平台作为业绩考核的重要指标。政府服务市场经济,将政府所掌握的信用信息进行纵向收集与横向挖掘,信用平台的数据体现智慧政务的特征。

(2)完善人民银行征信系统。中国人民银行征信中心已经将我国主要银行的企业、个人存贷款信息纳入统计中,银行等金融机构可以通过该系统查询到企业和个人在本行和其他银行的贷款、抵质押、担保及逾期还款记录等信息,这些信息是评估融资风险与信用的重要信息。目前,小额贷款公司、村镇银行、网贷公司、消费金融公司、农村资金互助社以及银监会、证监会等机构尚未接入征信系统,不能向征信中心报送相关数据,不能实现信息资源共建共享,使中小企业信贷信息不全面。因此,银行征信系统也需要进一步完善。

(3)融合政府征信系统。信用平台的建立需要收集其他政府部门掌握的与企业信用相关的关键信息。信用平台在建设过程中,可以以企业代码为连接点,利用各种社交平台以一种即时、互动的方式收集各个系统中有用的信息数据。政府主导的信用平台可以在丰富的信息数据基础上,对数据进行建模、分析、整合,通过企业信用评价模型,得出企业的信用评级。在平台更为成熟时,可以整合大型电子商务企业和银行主导的信用平台,使信用数据的获取更为便利。

### 三、建立健全网络融资风险管控体系

#### 1. 技术风险管控建议

将网络融资技术风险系数降到最低,致力于金融网络系统的立体防御,参照已有的国家信息安全和金融业信息安全标准,确立银监会在网络金融信息系统安全的管控主体地位,加强对硬件基础设施、网络基础设施、技术人员配置和操作管理、信息科技外包、网络安全事件、风险控制系统和风险预警系统等方面的监管。在基础设施上,必须采取严格的准入制。

#### 2. 运营风险管控建议

(1) 业务模式方面,引入第三方托管。非银行主导型的网络融资模式必须采取一对一的模式,只做平台不做资金池,不做错配,一个借款人同时只能借一笔,每笔借贷限制最高额度,债权比较清楚,不会产生流动性的风险。

(2) 设置企业风险保证金。参考国际无抵押贷款平均4%—5%的坏账率,保证金只有设置于此比例才能保障投资人利益。

(3) 分业经营。吸收并完善Lend Club的经验,机构放贷和个人放贷分业经营,规定机构投资的最低额度。

(4) 内部风险控制制度。网络金融机构必须具备完善的财务制度、资金管理、借款人信用管理、贷款流程、贷前调查、贷款审批制度、贷后跟踪、贷款催收、印鉴管理等一系列具体管理制度,以明确平台是否对借贷双方注册信息进行审核、如何审核,平台是否对资金流向和最终用途进行监测、如何监测,平台如何审核借款人的信用状况、还款意愿和能力,平台如何判断借款人"发标"信息的真实性等问题。另外,网络金融机构应提交其坏账率,以及年度财报等具体的财务信息。

(5) 线下调查系统。线下调查是识别用户的重要环节。线下调查是以一种动态的、现实的方式获取实体的异结构数据,并对其进行有效分析的过程,可以有效地判断和预警错误的、未知的和可能发生的风险。网络金融机构应建立完善的线下调查系统,与地方信息服务机构建立业务合作信息。

#### 3. 信息(隐私)风险管控政策建议

应该从"民事权利"角度去界定信息和个人隐私。建议参照"美国财务资讯隐私权保护相关规定"完善相关规章制度。

#### 4. 调控风险管控政策建议

(1) 理顺现行的与网络金融相关的法律法规和规章制度。梳理现行互联网

金融发展设计的框架性、原则性内容：现行的与网络金融相关的法律法规和规章制度到底有哪些，位阶如何，哪些是不可触及的禁止性规定，哪些是命令性规范，哪些是授权性规范，这些应编制成册，必要时对相关人员进行培训。

（2）加快互联网金融立法。目前我国的金融法律体系中尚不存在专门针对互联网金融业务的法律，应从法律层面厘定互联网金融发展的方向，界定互联网金融的范畴，建立规范的行业准入门槛，发布网络金融行为指引文件和国家标准，为网络金融平台的相关参与者提供具体化的规范引导。

（3）鼓励行业自律。应该发挥行业协会的作用，要求企业在协会中实现自律，制定行业标准。现在其实已经出现了一些标准，例如平台只能提供信息，不能成为交易的一方，也不能为一方提供担保，不得挪用资金等。

（4）加强对影子银行的监管。中国影子银行已经成为各种持续的投机活动的主要融资来源。一方面，规范各种融资行为，让民间资本发起设立民营银行和中小金融机构。当前货币领域存在的问题是结构性错配，而不仅仅是总量多寡，应当理顺和完善社会融资结构。另一方面，在有计划、有步骤地缩紧货币政策的同时，提高直接融资比重，推进利率市场化，从而减少融资成本，增强金融运行效率。仅仅放松货币供应总量，并不能实现货币从金融领域向实体经济投放的目的。

**四、发展壮大新兴网络融资机构**

1. 规范发展 P2P 融资平台

（1）明确 P2P 网络融资平台的属性和监管主体。鉴于 P2P 网络融资平台兼具类银行信贷业务特征和网络服务平台属性的交叉性，当前可以采取纵向管理与横向管理相结合、以纵向管理为主的思路。

（2）规范 P2P 网络融资平台的经营模式。第一，要严格审核 P2P 网络融资平台的经营资质；第二，规范经营模式的相关要件；第三，明确规定 P2P 网络融资平台必须承担和掌控的核心业务内容和环节。

（3）建立融合网络信息资源的共同认可的征信体系。既通过一种行业基本规范的形式来实现，也可以建立经过许可或授权的专门的认证服务机构，要达到可控和通用的效果，并能够得到金融监管机构的认可。

（4）完善网络融资的风险控制措施。第一，严格审核平台的风险控制能力；第二，严格落实第三方资金托管机制；第三，建立第三方保险体系。

（5）建立行业自律组织。通过行业自律组织做到：第一，在行业内部制定明确的 P2P 网络融资平台标准，形成行业认可的准入与退出标准；第二，在行业内形成一定程度的客户信息交流机制，防范恶意客户的重复借贷和过度借贷等欺诈行为;第三,由专门的委员会对 P2P 网络融资平台进行行业认证,制定统一的认证标识,保护合法、合规经营的 P2P 网络融资平台的正当利益,也为客户提供导向;第四,增加各个平台之间的透明度,披露真实利率水平,定期发布行业发展报告,预防系统性风险;第五,调节 P2P 网络融资平台与政府和客户之间在法律、政策或监管上可能存在的问题,作为一个缓冲区加以研究、提供完善的建议,增强同有关方面的协调作用;第六,从经营层面为业内的 P2P 网络融资平台提供专业化的帮助。

2. 向大型电商企业开放银行牌照

向大型电商企业开放银行牌照应当使用综合监管手段。整合"三流"信息的有效监管措施非常必要。在操作中要注意:第一,信息流的流动主要涉及众多信息处理的相关环节,如信息的发布、搜集、存储、索引、检索、分析等,信息处理内容包括企业信息化过程、信息化管理、信息源的属性、信息储存与检索、信息验证与挖掘、信息系统与程序化等,而信息主要关乎客户、同行、产品、资金、运输、售后等,可能出现交易安全、隐私保护、信息服务、信用评价等方面的信息技术风险,因此应注意这些方面的监控。第二,电商平台的资金流管理主要涉及资金流的构成与结构、资金管理体系、管理程序、管理与财务软件等,因此应注意监控这些方面要达到相应规模企业所应具备的管理要求。第三,物流管理主要涉及订单融资、仓单融资、供应链融资、众筹项目融资、企业生产需要的物流运营等,同时还会涉及第三方物流企业运营、企业自营物流、企业物流运作方式与方法、企业物流管理理念等。因此,应注意对物流的监控。

3. 大力发展股权型网络融资机构

大力发展股权型网络融资机构非常必要。股权融资是企业股东通过出让部分企业所有权,并通过引进新股东来实现企业增资的融资方式,股权融资包括发行股票、配股、债转股等。

## 五、加快传统银行向网络延伸

1. 做大银行电商平台联合体模式

构建银行强大的大数据处理能力的最佳路径就是实现银行与电商平台的有机融合,做大银行电商平台联合体。第一,进行大数据挖掘;第二,创新中小企业网络融资信用评价体系和信贷模式;第三,大力发展互联网产业链金融。

2. 大力发展网络直销银行

直销银行作为互联网普及和信息技术快速发展的金融产物,已成为各国金融市场的重要组成部分,发展直销银行将成为互联网金融发展的重要趋势之一。鼓励国内商业银行大力发展网络直销银行:第一,鼓励股份制银行和区域性中小银行优先发展直销银行;第二,鼓励商业银行采取与电子商务平台、第三方支付机构合作的直销银行服务模式;第三,鼓励集团化银行机构引入直销银行模式。

3. 鼓励银行开办新兴网络融资机构

从我国P2P发展的实际来看,应积极鼓励银行开办P2P、众筹等新兴网络融资机构,充分发挥银行风险管控的优势。第一,创新政策实现制度突破;第二,建立P2P网络平台的第三方资金托管机制。

# 第三篇
# 2013年中国中小企业融资专题调研报告

# 第十五章　武汉市中小企业融资现状的调研报告

## 第一节　武汉市中小企业融资现状

课题组通过860家武汉市中小企业问卷调查结果及座谈会资料,发现武汉市中小企业的经营状况,无论是与其他城市同类企业相比还是与本市的大型企业相比,都存在很大的差距。融资难、用人难、负担重和政策落地难成为武汉市中小企业发展中的四大突出问题,其中融资难问题是武汉市中小企业发展障碍的重中之重。

### 一、中小企业融资难的聚类分析

1. 融资难主体分析

调查问卷的结果显示,融资和选人、留人问题成为中小企业发展中难度最大的问题(见图15-1),而对于过去和现在的融资状况,大部分受访企业反应平淡,只有112家(13.63%)企业认为去年借款容易,同时仅有107家(13.02%)企业对目前的融资状况比较满意或特别满意。由此可见,融资难问题是大部分武汉市中小企业面临的障碍,但是也有部分中小企业表示企业不存在资金缺口。从图15-2中可以看到,有119家(14.47%)中小企业明确不存在融资需求,而融资需求在1000万元以上的企业达到205家(24.94%),占比最高,融资需求分布较为分散。同时在座谈会中,我们也发现不同行业对融资难问题的关注程度存在差异,如融资难问题在商业和民营企业座谈会中被频繁提到,而制造业和建筑业则更关注人才问题。

基于此,我们认为虽然融资难问题往往作为中小企业的普遍问题被提出,但事实上,我们缺乏对存在融资难问题的典型中小企业的区别认识与分类分析。由于不同中小企业面临的融资难成因不尽相同,我们认为有必要依据不同的划分标准突出最可能存在融资难问题的典型企业,进而重新确定中小企业融资难的核心主体。这一方面有助于我们深入理解当下中小企业融资难问题,另一方面也有助于为纾解融资难形成有效的思路。

2. 按企业制度聚类

在转轨经济背景下,我国中小企业形成了复杂的所有制结构(见表15-1)。按融资难易程度划分,国有企业子公司、国有控股公司、大型外资(合资)企业子公

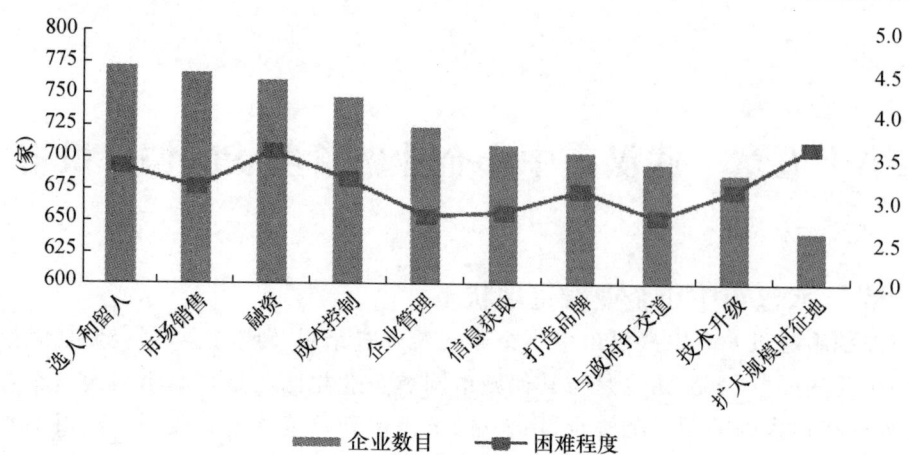

**图 15-1　武汉市中小企业发展困难及程度**

资料来源：各网络融资平台网站。

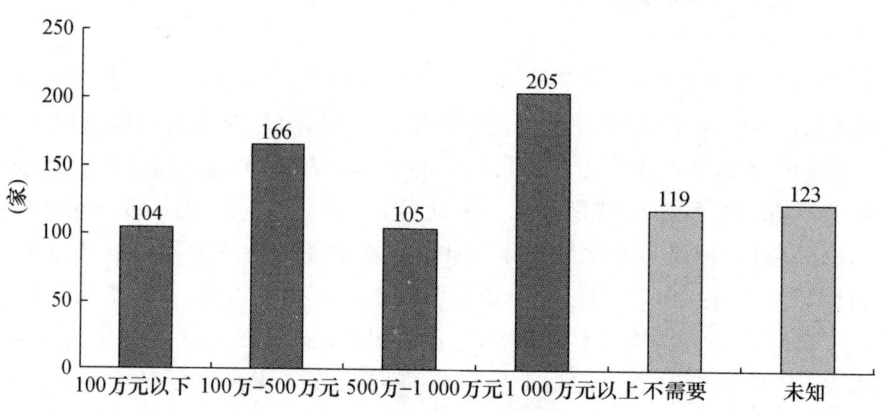

**图 15-2　融资需求分布**

资料来源：各网络融资平台网站。

司、民营集团子公司融资障碍最小,国有(集体)企业改制外资(合资)企业、国有(集体)企业改制内资民营企业次之,而集体(乡镇)企业、外资(合资)自主创业企业、内资自主创业企业融资最为困难(见表15-2)。

**表 15-1　按资本类型划分的中小企业**

| | |
|---|---|
| | 国有企业子公司 |
| 国有(集体)中小企业 | 国有控股公司 |
| | 集体(乡镇)企业 |

（续表）

| | |
|---|---|
| 外资（合资）中小企业 | 国有（集体）企业改制外资（合资）企业 |
| | 大型外资（合资）企业子公司 |
| | 外资（合资）自主创业企业 |
| 内资民营中小企业 | 国有（集体）企业改制内资民营企业 |
| | 内资自主创业企业 |
| | 民营集团子公司 |

表 15-2  融资难易程度分类

| 融资难易程度 | 企业类型 |
|---|---|
| 容易 | 国有企业子公司、国有控股公司、大型外资（合资）企业子公司、民营集团子公司 |
| 中等 | 国有（集体）企业改制外资（合资）企业、国有（集体）企业改制内资民营企业 |
| 困难 | 集体（乡镇）企业、外资（合资）自主创业企业、内资自主创业企业 |

资料来源：各网络融资平台网站。

**集团子公司：树大好乘凉**。无论属于何种资本类型，各种集团子公司在现行划分标准下都可能被纳入中小企业并享受相应的扶持政策，但与其他中小企业相比，这类中小企业往往处于集团公司的总体财务管控之下，以集团公司的财力作为经营和发展的保障，出现融资难问题的可能性普遍较小。

**改制企业：冰火两重天**。改制企业的状况比较复杂，部分改制企业由于继承了原国有企业的技术、资金和客户资源，成立之初就具有其他中小企业无法比拟的核心竞争力，保障了企业的经营绩效；在共享资源这方面，这种改制企业与集团子公司性质相似。而另一部分改制中小企业因化解历史遗留负担需占用大量现金流，从而处于规模限制、经营效率低下和资金匮乏的境地。

**"不差钱"的改制企业——武汉海创电子有限公司**。海创电子是由原武汉市无线电元件厂于2002年改制成立的，主要生产石英晶体频率元器件（晶体谐振器、晶体滤波器、晶体振荡器）、热敏电阻器（NTC、PTC）及温度传感器、压电陶瓷。公司是中国航天工业供销总公司航天产品电子元器件定点生产供应单位，为我国神州载人航天工程、嫦娥探月工程、星火工程、北斗工程成功配套，曾获国家二等功。该厂改制初期，年营业额就达到了1900万元，2012年年营业额到达了1.25亿元，人员精简到360人，加之企业生产的产品属于军工产品，享受退税优惠，所以该企业负责人认为"从目前情况来看，这个厂还是比较殷实的"。的确，相对于其他挣扎在生存边缘的中小企业来说,海创电子确实称得上"不差钱"。

**落寞的老字号企业。**武汉老字号,特别是餐饮业的一些优秀品牌如老通城、大中华、德华楼等,曾在计划经济时期叱咤中南,但随着市场经济时代的到来纷纷淡出市场。五芳斋董事长张永利指出,武汉市目前存活的老字号仅占10%,其他90%都已淡出市场。原因主要在于改制以后,产权不够清晰,老字号背负着沉重的包袱。一方面,老字号的规模小,人员素质低,改制期间,政府要求改制企业要稳定一方,保证改制后企业人员不下岗;另一方面,国有企业的员工年龄偏大、文化素质较低,加之设备陈旧以及按查账征税,致使与同类企业相比,包袱过于沉重。

**集体和民营企业:融资重灾区。**除部分改制企业外,融资难问题还普遍存在于集体中小企业和民营创业型中小企业之中。集体企业的资金基本靠自身积累,融资方式较为单一,企业可抵押资产较少和信用能力弱往往阻碍企业谋求外源融资。问卷调查结果显示资金短缺(52.8%受访者反映)和人才匮乏(46.7%受访者反映)是创业企业的主要障碍;此外,民营创业型中小企业很大程度上受制于宏观经济环境和政策变化,经营的风险较大,获取资源的能力较弱。

3. 按生命周期聚类

图 15-3 描述了中小企业的整个成长过程,无论是在初创、发展、成熟阶段,还是濒危阶段都离不开资金的支持,然而处于不同生命发展周期的企业面临的资金问题也有所差异。

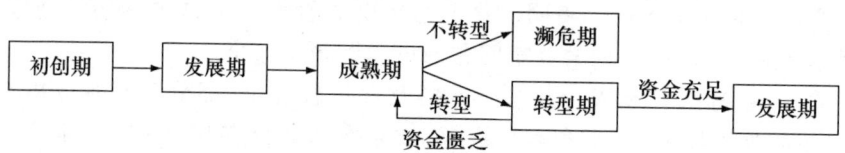

图 15-3 中小企业生命发展周期

资料来源:各网络融资平台网站。

处于初创期的企业,企业融资事实上主要是为维持生存、突破先天不足,因此资金需求一般规模不大,并以内源为主。从全国中小企业存活率数据的统计来看,70%的中小企业的存活期不到5年,为降低风险,银行对3年内的中小企业一般不予贷款[①],这也是初创期企业选择内源融资方式的主要原因。

处于发展期的企业,往往有做大做强的愿景,倾向于扩大再生产,但基于对其资产负债率的考虑,银行通常将其拒之门外。此外,企业基于成本考虑难以利用

---

① http://www.whrd.gov.cn/dcbg/4768.shtml。

其他融资方式,进而遭遇融资难题。

以下是企业发展缺少资金的一个例子。武汉市某科技型医疗行业中小企业是高度依赖许可类资质的企业,近年来企业申请2项专利并积极实现产品化与市场化。企业在产品研发和产品上市的过程中投入了大量的资金,且市场一直趋于向好,企业已具备丰富的行业经验且面临极好的发展机会。资金问题却使企业负责人一筹莫展。该企业虽然曾以无形资产向银行质押获得520万元贷款,但银行基于对风险的严格管控,无法满足其进一步发展的需求,企业以研发和固定资产投资为目的的贷款无法获得银行的审批。事实上,负责人表示该企业并不缺乏股权投资的意向,但企业就如同己出,虽然不卖阵痛难耐,但卖掉是一辈子的痛。

处于成熟期的企业,经营状况相对稳定,目标顾客基本锁定,其资金需求取决于企业整体战略规划。部分规模、技术有限的中小企业往往会选择安于现状、稳妥经营;而对于那些受政策、技术变化影响较大的企业,成熟期将会面临转型升级的问题,这就决定了这类企业对资金需求较大且资金回笼期较长,银行的短期借款很难满足此阶段企业战略发展的需要。

以下是企业转型升级缺乏长期贷款的一个实例。武汉市某企业属于装备制造行业,设备需求量大,需要固定资产投入。近年来,由于工厂车间出现招工难问题,企业考虑进行融资升级,引入数控设备。企业负责人表示,此次引入数控设备需要近1.5亿元,但当前只能获得银行2 500万元的一年期贷款,这对于企业来说可谓杯水车薪。银行中小企业贷款往往都是一年期并严格要求期满回款,无法直接展期,这就限制了企业的转型升级发展。据该企业负责人估计,产业升级后,该企业能从全国行业前三十名上升至全国前十名,年营业额可从当前的8 000万元上升至5亿元,但是融资不畅导致企业的转型升级计划暂时搁置。最后是企业濒危期,及时的资金补充可能帮助企业周转以渡过难关,但是往往融资情况不太乐观。据2013年8月29日《武汉晚报》报道,武汉市每天约有342家企业濒临破产,其中绝大多数是中小企业。资金难以解困的问题,是导致企业破产的重要原因之一。

4. 按行业聚类

企业发展受到国家宏观经济的影响和本行业技术经济特征的制约,不同行业的中小企业呈现出不同的融资困境。对于高科技中小企业而言,研发是其主要资金投入,长期、可靠的资金才能支撑其战略发展;原材料、劳动力成本的上涨提高了劳动密集型产业的融资需求,特别是服装、餐饮行业还面临着相关部门乱收费、乱罚款的问题,间接提高了企业的经营成本;汇率波动和国际贸易摩擦对贸易型中小企业的生存与发展造成重要影响,企业的资金需求处于动态变化之中。

餐饮行业遭遇歧视政策。在访谈中,部分餐饮业主表示相关执法部门存在乱收费和乱罚款的现象,为其经营带来极大困扰。某餐饮企业表示,某执法部门检查时发现该企业违规加工销售三菇鱼翅参当即决定罚款5 000元,因该企业未能及时前去缴纳罚款,两天后该执法部门工作人员来电告知罚款变为20 000元。除罚款外,费用涨幅过大也极大影响了中小企业的发展。据某餐饮企业反映,2008年按新标准实施后,商家要交的垃圾费上升了10—20倍,协商后有所下调,而2012年这一问题再次出现,像工贸家电的几个单位,汉阳的卖场2011年垃圾费600元,2012年2 000元;徐东2011年350元,2012年2 000元。

汉派服装进商场难。某服装企业提出,本土服装和商场之间存在定位差异化的问题,并且成本越来越高,从最开始占销售额的18%,到现在的30%以上。此外,汉派服装在武汉大多数商场里基本都处于偏厅、转角、走道位置,很难确立企业形象。

### 二、中小企业融资结构分析

为分析中小企业资金需求的异质性特征,我们通过对有效样本的资金情况进行聚类分析,发现不同类型中小企业资金需求具有不同特点。

1. 资金来源特点不同

首先,按行业划分,除银行贷款外,第一产业中小企业土地经营权抵押融资、水面养殖经营权抵押贷款占比居高;第二产业中小企业民间融资相对突出,土地经营权抵押融资也成为融资方式之一;第三产业中小企业民间融资较为突出,无形资产融资相对较少(见图15-4)。

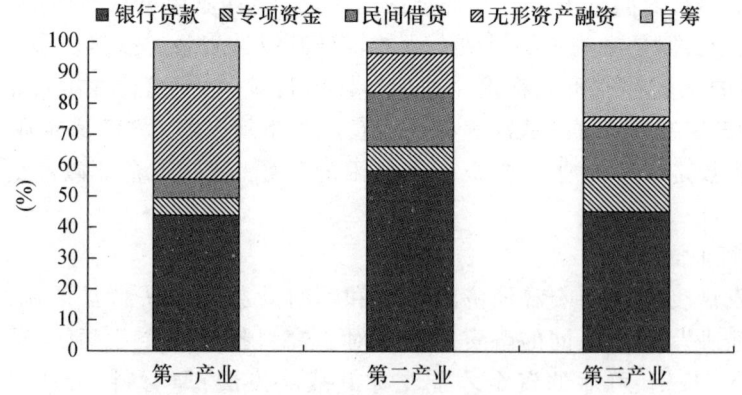

图15-4 各产业资金来源分布

资料来源:各网络融资平台网站。

其次，按要素密集类型划分，除银行贷款外，资本密集型中小企业通过民间融资获得的资金比例较大；而对于技术密集型企业来说，其获得的专项资金支持显然较多，也不乏无形资产融资；但对于劳动密集型企业而言，其来源于银行的资金比例最高，同时也开始尝试民间融资和无形资产融资（见图15-5）。

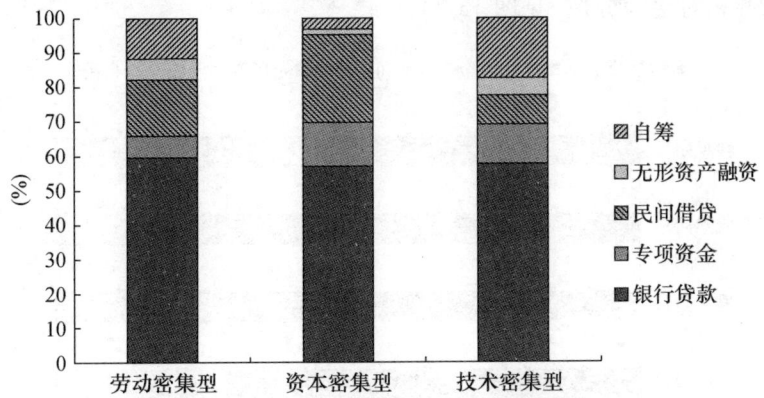

图15-5　不同要素密集类型企业资金来源分布

资料来源：各网络融资平台网站。

再次，按经营类型划分，生产型中小企业的银行来源资金横向比较最多，且其无形资产融资也最多；服务型中小企业获得了最多的专项资金支持，也有与生产型企业相当的无形资产融资比例；而贸易型中小企业的民间借贷资金横向比较最多，几乎没有无形资产融资，专项资金支持与生产型中小企业相当（见图15-6）。

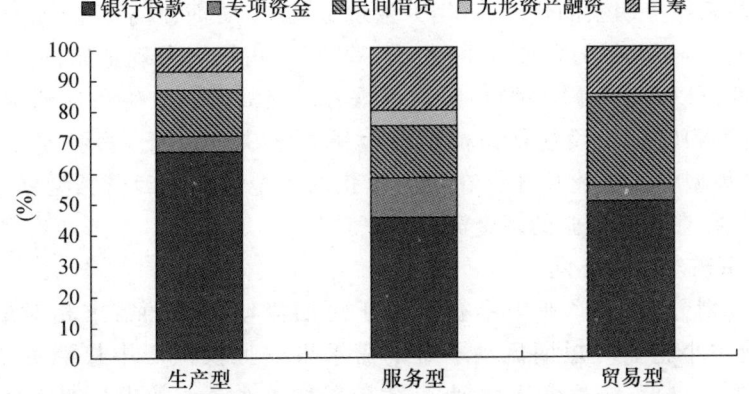

图15-6　不同经营类型企业资金来源分布

资料来源：各网络融资平台网站。

最后,按生命周期划分,初创阶段的民间融资、自筹比例横向比较最高,且无形资产融资比例横向比较也较大,同时还获得了不少专项资金的支持;发展阶段和成熟阶段的企业,其银行融资比例相对提高且趋于稳定,民间借贷比例在逐步减少;转型阶段的企业往往面临复杂的境况,由调查结果可以发现,转型阶段企业的资金来源相对更为分散(见图15-7)。

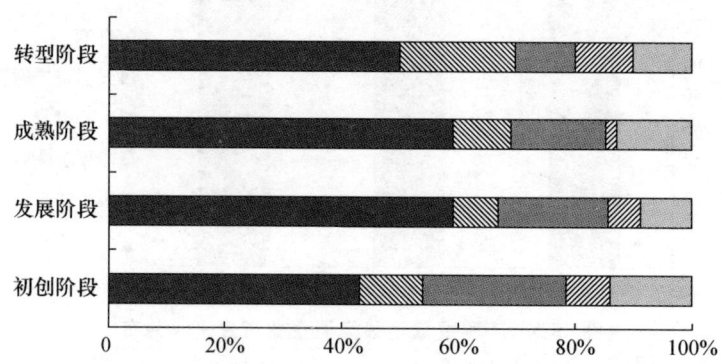

图15-7 生命周期资金来源分布

资料来源:各网络融资平台网站。

**2. 流动资金特点不同**

从行业分类来看,不同行业的现金流占用特点并不相同:第一产业中小企业情况略微偏好;第二产业中小企业由于固定资产占用资金较多,加之可能存在的交易现金回款慢等因素的作用,占用大量现金流,流动资金偏紧张;而对于第三产业中小企业而言,大额的管理费用(租金、薪酬等)占用大量现金流,流动资金也偏紧张。因此可以看出,企业对短、中期借款有潜在需求。按生命周期聚类结果分析,初创阶段和转型阶段往往是流动资金最为紧缺的时期。按要素密集类型划分,劳动密集型中小企业往往存在更为紧张的现金流。按经营类型划分,贸易型中小企业往往存在更紧张的现金流。

**3. 融资需求特点不同**

按产业划分,第一产业中小企业对于短期流动资金的需求相对最小,而第二、三产业中小企业对短期流动资金的需求事实上仅次于中长期资金,需求也较大(见图15-8)。按生命周期划分,发展阶段中小企业的中长期资金需求相对最高。

按要素密集类型划分,资本密集型中小企业的中长期资金需求相当高,以用于支付可能存在的固定资产投资;劳动密集型中小企业的资金需求与其要素特点

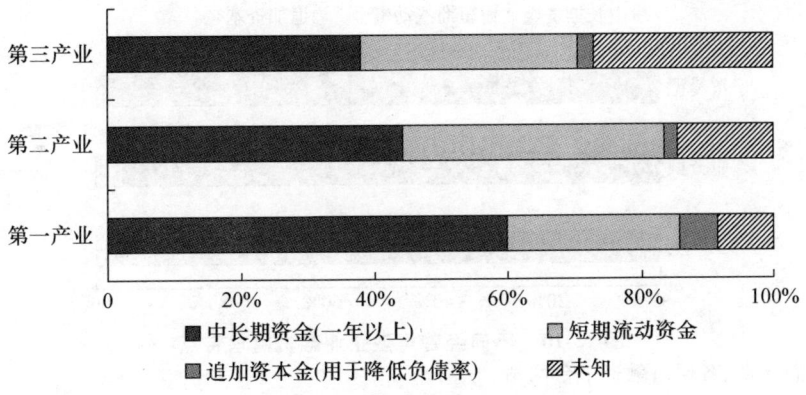

**图 15-8　各产业融资需求分布**

资料来源：各网络融资平台网站。

相符,由于资金流动迅速,因此,对短期流动资金的需求最高;技术密集型中小企业的短期资金需求与中长期资金需求较为平均(见图15-9)。

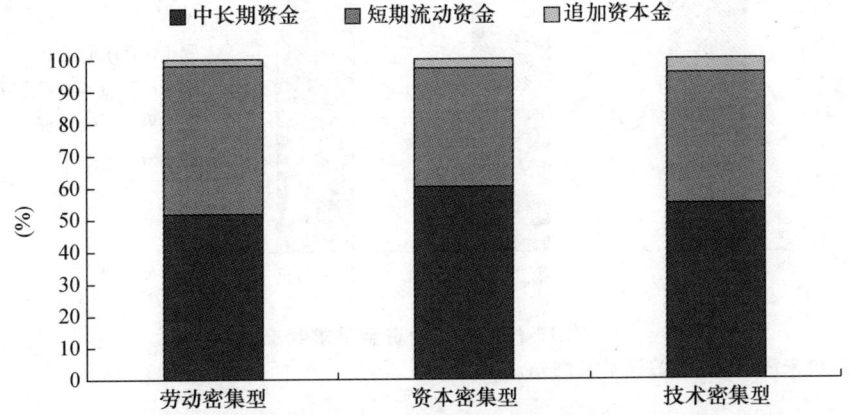

**图 15-9　不同要素密集类型企业流动资金状况**

资料来源：各网络融资平台网站。

最后,按经营类型划分,贸易型中小企业因其基于实物交易、资金流动相对迅速的经营特点,在资金需求中也显现出一般不存在追加资本金以降低负债率的情况;而服务型中小企业则明显存在相应需求(见图15-10)。

4. 资金需求总量不同

从产业聚类分析结果来看,第二产业中小企业资金需求最大,融资额在1 000万元以上的达到近40%,第三产业中小企业次之。武汉市作为老工业基地,第二产业以建筑业、制造业为主,固定资产投入较大,融资需求显著。第三产业以服装

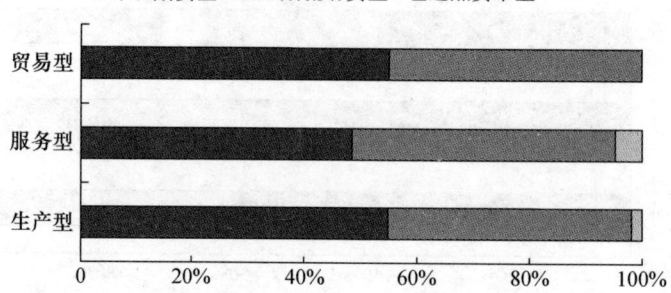

图15-10 不同经营类型企业融资需求特点
资料来源:各网络融资平台网站。

业、物流业、餐饮业居多,同属劳动密集型行业,人力成本占比较大(见图15-11)。

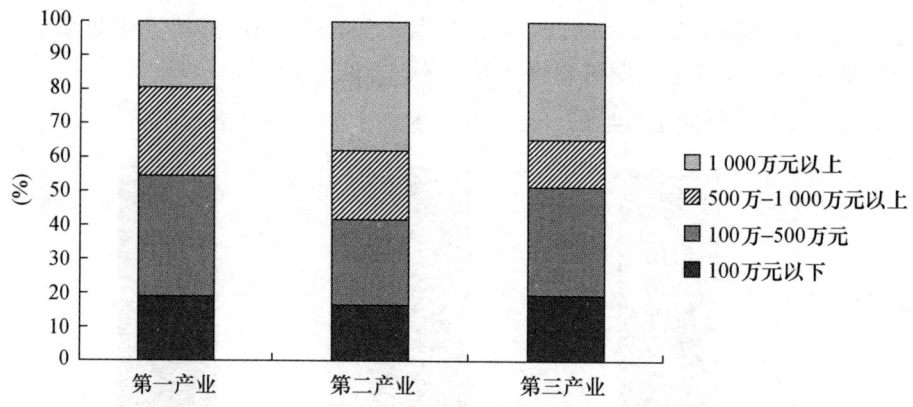

图15-11 各产业资金需求状况
资料来源:各网络融资平台网站。

生命周期阶段聚类分析结果显示,初创阶段由于企业规模、技术、市场的限制,资金需求最小,70%的企业资金需求在500万元以下;发展期资金需求较大,企业为谋求更大的市场份额,对原材料、设备的采购增加,人力成本也随之上升,这些都需要资金的支持;转型期资金需求最大,融资额达到1 000万元以上企业超过40%,银行授信额度和企业实际需求匹配与否成为企业转型升级的关键。

按要素密集类型划分,技术密集型企业和劳动密集型企业资金需求状况相似,分布较为分散,资本密集型企业资金需求最大,50%以上的企业资金需求超过1 000万元。按经营类型分类,生产型企业资金需求最大,资金需求在500万元以上企业占比近60%,贸易型企业由于上下游关系较为稳定,资金流动性强,小额资金需求量横向占比最高(见图15-12)。

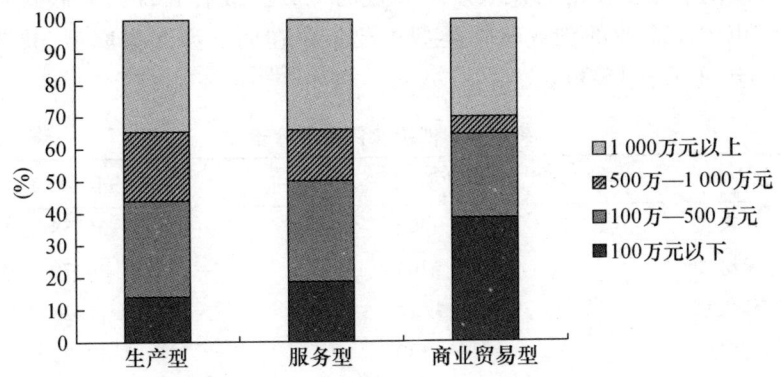

**图 15-12　不同经营类型企业资金需求状况**

资料来源：各网络融资平台网站。

## 第二节　武汉市中小企业融资存在的主要问题

### 一、中小企业自身缺陷形成风险隐患

**1. 规模缺陷**

规模缺陷主要表现为抗风险能力差。中小企业规模一般十分有限，通常处于进入壁垒低、竞争性强的行业，凭经验和有限的信息很难在市场中获得一席之地，辗转反复甚至破产重来都是中小企业创业者较为频繁的经历。据 2011 年民建中央专题调研报告《后危机时代中小企业转型与创新的调查与建议》显示，中国中小企业目前平均寿命仅 3.7 年，其中八成以上是家族企业。又据《中国中小企业人力资源管理白皮书》2012 年调查显示，我国中小企业平均寿命仅 2.5 年。这说明虽然金融危机已进一步平复，但我国中小企业的平均寿命在较小的水平上仍在降低，中小企业整体发展前景堪忧。此外，不乏在逆境中生存并发展起来的优秀企业，如武汉某食品有限公司，在农产品市场剧变、老百姓对食品安全问题质疑、每天面临三四十万元亏损等逆境中坚持调整并最终得以优化发展。

**2. 管理缺陷**

管理缺陷首先表现为企业财务管理水平低。一方面，部分中小企业管理不规范甚至不会进行会计建账，这一点在武汉市餐饮行业的小企业中表现得较为明显；另一方面，已建账企业存在的财务制度不健全、账目混乱的情况也必然导致与信贷机构对接不力，无形中增加了自身的名义风险。其次表现为经营目标短期化。据调查，武汉市中小企业创始人任总经理情况居多（占 51.4%），极少聘任职业经理人，创业者多是专业人士且有一定的专业能力和经验。但他们也有一些固有的问题，一是缺乏决策经验，难以战略和动态的眼光看待企业的发展；二是创业目的复杂,致使部分企业沦为谋取短期利益的工具。最后表现为家族式管理。据调查,武汉市中小企业的创业伙伴类型主要集中在朋友型和家庭型,共计超过样本企业的65%(见表15-3)。

表15-3 创始伙伴类型分布

| 创业伙伴 | 企业数目(家) | 占比(%) |
| --- | --- | --- |
| 朋友型 | 306 | 35.58 |
| 家庭型 | 264 | 30.70 |
| 师生型 | 11 | 1.28 |
| 其他 | 149 | 17.32 |
| 未知 | 130 | 15.12 |
| 合计 | 860 | 100.00 |

资料来源:各网络融资平台网站。

3. 信用缺陷

信用缺陷首先表现为无信用记录。这一点在很大程度上受制于中小企业较低的财务管理水平。但对于信贷机构而言,信用差和信用为零的风险几乎相同。事实上,据资料显示,50%以上的中小企业信用评级都在3B或3B以下。其次表现为存在失信风险。中小企业的高破产率和短存活期本身就使其信用状况建立在较弱的基础上,加之财务管理不善造成资金周转不灵而被迫失信的情况时有发生,或擅自变更贷款用途,中小企业的固有失信风险会被信贷结构进一步放大。再次表现为缺少担保。为中小企业提供担保往往建立在其信用评价基础之上,中小企业信用资源明显不足使得能为其提供担保的机构十分有限,即使政府出面担保,在无法获得企业信用评价的情况下也无法进行。最后,担保机构规模限制也是导致中小企业信用缺陷的关键因素之一。调查显示,武汉市担保公司共262家,其中46家从事个人担保业务,216家从事企业担保业务,由财政出资或参股的担保公司12家,政策性担保机构是武汉中小企业信用担保体系的主要支柱。而武汉市该类政策性担保机构规模偏小,担保能力有限。据统计,12家公司注册资金共4.1亿元,平均每家3 500万元,数额最大的是7 300万元(武汉中小企业信用担保公司),按单笔担保额不能超过担保公司注册资金10%规定,没有一家的单笔担保金额能达到800万元。①

4. 技术缺陷

技术缺陷主要表现为多数企业技术落后。支持中小企业技术创新可以说是

---

① http://www.whrd.gov.cn/dcbg/4768.shtml。

我国中小企业扶持体系中的重要一笔,其力度也在不断增强。就武汉市而言,各种扶持铺天盖地,但实际被扶持的企业相当有限。因为基于产业分布和技术水平的差异,事实上仅有少数企业成为所谓的"技术创新的主体",大部分中小企业由于人才和资金的匮乏,属于技术落后的群体。据调查,武汉市中小企业中,高学历科研人员匮乏,大专以上占比仅为20%,只有极少数企业技术水平在国内具有绝对或相对优势,持有专利的企业占比不到30%,持有政府认定的科技成果的企业占比不到20%,拥有政府认定的科技计划项目的企业占比不到10%。而据统计,全市中小民营科技企业共8 000家,仅占中小民营企业的5.4%。

综上所述,中小企业普遍而言存在较高的风险隐患。然而值得注意的是,中小企业发展中的两极分化是十分明显的,确实存在有潜力的优秀企业,从这个意义上来说,要充分发挥市场优胜劣汰的作用;此外,也需要对中小企业的群体特征、结构差异形成准确的判断,正确把握其实际风险。

## 二、相关方信息不对称掣肘融资判断

1. 缺乏与企业互动,政企信息不对称,各种扶持难以深入

一方面,武汉市政府在一定的基本条件和评选机制筛选下对部分企业予以各种扶持,尤其是财政直接对中小企业的扶持,事实上,这种扶持的效果并没有得到反馈。后续信息的不对称不利于对政策实施的评定和改进。据调查,武汉市中小企业对融资服务的首要三大建议是融资专项基金设立、贷款贴息、征信体系建设。另一方面,中小企业对贷款的需求有其特殊性,对资金的需求金额不大、期限不长,而且需要贷款的频率高、资金到账急。此外,处于不同生命周期、不同行业、不同经营模式下的中小企业对资金的需求存在巨大差异。同时,现有统计体系的空白和界定标准的"重量轻质"制约了决策机构对中小企业(包括微型企业)真实状况的有效了解,事实上,我们认为,中型企业与小型企业的合并统计在一定程度上已经弱化甚至掩盖了小企业发展中的突出问题,而微型企业的问题还具备更强的特殊性。

2. 缺乏与市场联动,银企信息不对称,资金匹配难以到位

中小企业与银行之间存在的信息不对称在一定程度上表现为市场失灵,因此,政府应予以适当地干预。首先,政府制衡垄断的功能发挥受固有垄断格局的限制,难以为中小企业创造公平的竞争环境。据调查,武汉市中小企业业主认为遭遇不公平竞争的前三大原因即是市场垄断、规模歧视和资源垄断。其次,政府媒介作用的系统实践受各种资源的限制。据统计,截至2013年3月末,武汉金融超市共受理各类融资783笔,融资成功91笔,融资成功率15.88%。另外,政府为银行和其他金融机构提供中小企业信用资源的实践还可能受到法律法规的限制,但不可否认,这既能帮助规范中小企业财务管理,又能引导和匹配银企业务对接。

再次,政府的创新功能受金融技术的限制。最后,财政资金杠杆作用的发挥受制于市场中的甄别、放大和分担机制的成熟度。

3. 金融支持实体经济受阻,中小企业"融资偏"

武汉市某实业有限公司负责人提出的"融资偏"概念值得关注。他认为,市场中真正流入实业型中小企业的资金极少,而更多的是投入高回报的并可能形成泡沫的项目,例如房地产项目投资居高不下,同时大量资产闲置和低效,而实体经济不受重视,尤其是中小企业难获支持。以近年来地方政府大举引进外资和央企为例,低土地成本,优惠政策倾斜,结果是税收贡献小,吸纳就业少,并有可能形成过剩产能。事实上,政府对地方中小企业的项目配置,政府采购对中小企业的有效倾斜,是解决"融资偏"的重要方式。

### 三、市场关系扭曲加重中小企业融资难

1. 上游"打压"

一是劳动力成本上涨。据调查,2012年武汉市中小企业劳动力需求呈增长态势。形成劳动力需求增长的主要因素是订单增加,但由于劳动力成本的上升,造成部分企业被动地减少对劳动力的需求。二是生产性原材料价格上涨。据调查,2012年武汉市中小企业的整体营业收入呈增长态势,形成业务量增长的主要因素是市场需求的增长,而造成营业收入下滑的主要因素是成本费用提高,原材料价格上涨是其中的重要原因之一,且同时挤压了企业的利润空间。三是供应商条件上涨。供应商对部分中小企业有硬性资质要求,另外,有些供应商在为中小企业提供物资时有最小批量或最小包装量的要求,造成中小企业需要付出额外的成本。

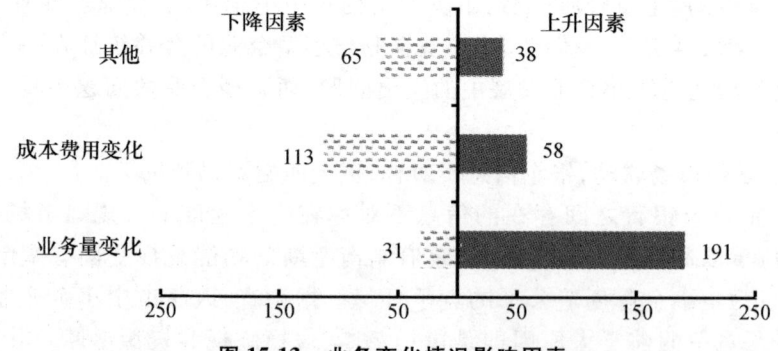

图 15-13　业务变化情况影响因素

资料来源:各网络融资平台网站。

2. 下游"打劫"

一是下游大企业强制定价。大企业凭借其市场地位,强迫与其存在协作配套

关系的中小企业接受不公正的条件。据调查,武汉市部分中小企业在与大企业进行配套合作时,大企业存在价格压制、质量要求苛刻的做法。另外,大型零售连锁企业对中小供应商的打压,以及部分主机企业对中小零部件制造商的歧视也是佐证。中小企业利益博弈的弱势地位,导致了部分大型企业的畸形盈利与关联中小企业大幅亏损的冲突。二是客户强行占款。据调查,目前商业交易客户付款期限一般都是1个月以上,强势的大客户付款期限可能会达到6个月甚至更长,严重占用中小企业的资金,对于资金本来就不宽裕的中小企业来说无疑是雪上加霜。据《中国中小企业金融制度调查报告》资料显示,在受访中小企业中,支付一笔采购货款的平均时间为37天,而收回一笔销售货款的平均时间却为55天,多出近20天。三是产品或服务市场恶化。由于部分行业市场管理不规范,企业之间价格恶性竞争、假冒伪劣产品横行等状况致使市场恶化,部分中小企业的生存空间受到挤压。

3. 部门"歧视"

一是仍然存在的"玻璃门"、"弹簧门"。中小企业发展在许多方面发展受到高门槛的限制,部分行业不能进入或者进入困难、贷款门槛高、进出口门槛高等阻碍了中小企业的自由发展。二是有待优化的税收结构。从税收项目上看,我国中小企业税负所涉及的税种包括企业所得税、增值税、营业税、土地使用税、房产税、城建税等,据调查,武汉市有八成中小企业认为其税费偏重。三是依旧偏高的费用。除税收外,中小企业还承担着高额的行政费用。据调查,武汉市中小企业普遍认为费用支出上升是成本上升的主要原因,其中不乏政府强制征收的各项行政费用。

**四、现有银行体系难以适应中小企业融资需求**

无论是从贷款规模还是从金融服务种类上看,银行等金融机构目前并且在未来相当长的时间内仍是中小企业金融服务的主流渠道。据武汉市银监会资料显示,银行作为中小企业的主要融资渠道,其信贷的大企业贷款覆盖率为100%,中型企业为90%,小企业仅为20%,几乎没有微型企业,且中小企业的实际贷款利率也在10%—15%。从调查统计数据来看,武汉市各银行机构在中小企业服务方面均做出了不同程度的努力。例如,交通银行湖北省分行连续三年将60%以上的贷款资源用于支持中小企业,现中小企业客户数已占全行客户数量的90%以上,中小企业贷款占全行贷款的比例超过70%;招商银行武汉分行在资源投入上,明确新增贷款的85%必须投向中小微型企业,并制定了3年内将小企业贷款占比提升到50%的中期目标;截至2012年年末,武汉农村商业银行中小企业贷款余额达到510.9亿元,占全行各项贷款余额的81.7%。然而,现有银行体系依然不能发挥成为中小企业融资主渠道的作用。据调查,武汉市中小企业获得银行贷款的壁垒和成本仍然偏高（见图15-14）。

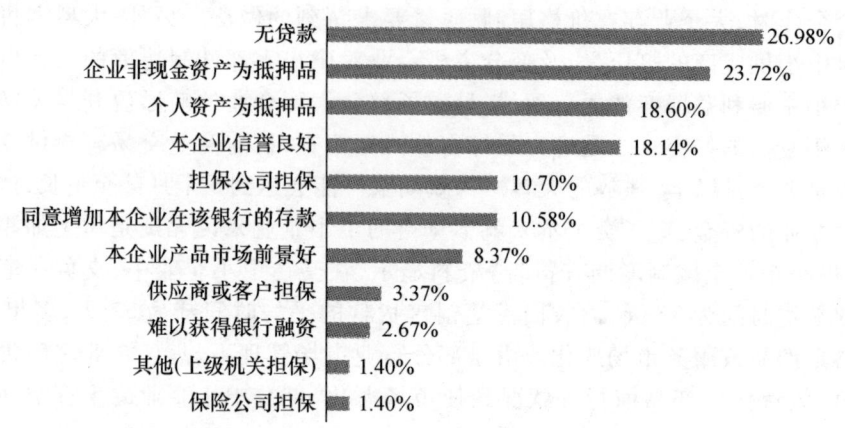

**图15-14　武汉市中小企业成功获得银行贷款的原因调查结果**
资料来源：根据调研资料整理。

1. 银行授信严格，风险控制谨慎

中小企业自身发展不均衡，从产品技术、管理水平、创新能力、信用状况、实物资源、隐形资源等方面来看，总存在不完善的地方。目前银行在受理中小企业贷款时往往会全盘考虑企业的状况，且以自身风险控制的评级体系衡量企业，重点关注企业的劣势以防范风险，加之银行相对强势的地位，使得部分中小企业尤其是创业初期的中小企业难以获得融资机会。

2. 企业融资抵押担保登记制度将大部分中小企业拒之门外

中小企业由于其规模相对弱小，一般普遍缺乏切实有效的抵押物，而且中小企业资产总量有限，加上资产抵押率的折扣，企业通过抵押取得的融资数额有限，严重地制约了中小企业的融资能力。而且，中小企业寻找担保机构为其提供担保也是困难重重。据调查，以武汉市某区数据为例，2012年元月至2012年6月，担保放大倍数按照国家政策许可应该达到5—10倍，但2010年实际放大倍数为1.04倍，2011年为2.26倍，2012年元月至6月为0.86倍，实际担保放大倍数明显偏低。目前我国融资抵押担保制度涉及多个行政部门，中小企业需要耗费大量的时间成本和费用成本（担保费、评估费、咨询费等）来获取担保，这无疑给本来就处于弱势的中小企业带来更多财务负担。

抵押壁垒将大量中小企业挤出银行融资渠道。武汉市某安装工程有限公司成立了一家小额贷款公司，其深深感受到民营中小企业对资金的渴望。小贷公司一成立，1.7亿元三天之内全部贷出，尽管其利率4倍于银行，但资金需求还在不断增加。该公司负责人认为，主要是由于其不需要抵押。事实上，企业虽然不能提供相应的抵押,但这些企业往往拥有较好的产品和市场前景,拥有资质、合同等无形资产,在一定程度上具备还款的信用。但这些无形资产很难被商业银行接受。

3. 中小企业融资审批程序复杂,条件繁多

目前,我国中小企业的融资程序和大型企业、外资企业一样,甚至比大型国有企业、外资企业的融资程序还复杂,标准更高,对中小企业的主体资格、财务管理、资本、经营场所、结算、还款能力、担保等方面都有严格的要求。部分银行在为中小企业提供融资服务时往往还需要比大型企业签订更为复杂的保护性附加协议。繁琐的融资申请流程和需要提交种类繁多的申请材料使得部分中小企业选择通过快捷的民间金融甚至非法金融渠道进行融资。在对武汉市中小企业的调查中,有企业统计,其贷款取得时间近30%以上在30至90个工作日之间,10%左右取得时间在90个工作日以上,有的贷款从申请到批准甚至耗费了8个多月。

中小企业的信用往往与企业家个人信用关联。武汉市某包装技术有限公司负责人在向银行申请贷款时要求以其自身及配偶的私人财产做无限抵押,并办理复杂的抵押手续,其中包括房产抵押、公正等,其配偶一般至少需要2天时间用以办理相关手续,导致企业向银行贷款的积极性降低。那家拥有小额贷款公司的某安装工程有限公司负责人认为,民营企业的信用在某种程度上普遍高于国有企业。与国有企业相比,民营企业往往没有退路,企业负责人一旦以其个人财产作为贷款抵押,就反映了民营企业家在很大程度上会竭力经营企业且维持这份信用,国有企业却并没有相关连带机制。

4. 银行上浮贷款利率导致中小企业融资成本增加

中小企业融资单位资金交易成本较高,因此,往往需要支付更高的融资成本。由于为中小企业提供融资服务与为大型企业提供融资服务所做的工作相差不大,中小企业每笔所融资金相对较小,致使单位资金的交易成本较高,为中小企业提供融资服务所获得的利润要低于大型企业。因此,银行在办理中小企业贷款时,不仅执行的贷款利率上浮水平较高,而且一般都采取"捆绑"式销售以提高银行的"综合收益"水平。中小企业在融资时除了要支付利息费用,可能还需要支付账户管理费、融资顾问费、承诺费、信息咨询费、业务手续费等其中一项或几项费用,最后企业实际支付的全部融资费用,即银行所得到的"综合收益",至少相当于当期基准利率上浮30%的水平,有时甚至可达到央行规定基准贷款利率上浮70%的上限。然而,也有资料显示,小企业贷款频率是大企业的5倍,而户均贷款数量仅仅是大企业的0.5%,银行对小企业的贷款成本和管理成本是大企业的5—8倍,即使利率上浮30%—40%,也无法全部覆盖对小企业的综合成本。

贴息贷款变高利贷。某票据印刷公司曾获得政府给予的200万元贴息贷款,

但是银行表示必须要贷400万元才能获得贴息,此外个人以房产抵押作为反担保还不够,银行要求企业存350万元半年定期存款,然后银行再帮其担保300万元,担保公司帮其担保100万元,共400万元贷款。这样一来,相当于企业实际获得流动资金仅有50万元。

### 五、中长期放款紧缺制约企业战略性发展

在对武汉市中小企业的调查中,不少企业提到目前即使能从银行获得贷款,也只是一年内的短期借款,而企业受制于偿还资金的压力,基本在下半年就开始回收和冻结相应资金,以保证按期偿还。企业实际能够使用资金的周期几乎可以半年期计算。然而,武汉市中小企业尤其是第二、第三产业的企业主要需求中长期资金(一年以上),显然,中小企业贷款的需求在贷款周期的层面上再次遭遇银行的融资缺口。

## 第三节 对策与建议

### 一、厘清中小企业异质性资金需求,优化资金供给结构

我国现有中小企业金融服务体系中具有大中型银行占据绝对主导地位的特点。尽管小型金融机构和准金融机构的数量在不断增加,但是机构不全导致的融资功能缺陷在很大程度上制约了中小企业融资的渠道。从金融供求全覆盖的角度看,我国金融市场仍未达到最佳均衡状态,仍存在因资金交易供给方、中间媒介的缺失及与需求方的信息不对称引起的大量资金闲置和错配问题。应优化融资体系以进一步匹配资金的供需关系。其中,一是就建设以政策性金融为基石的多层次信贷市场结构形成顶层设计的基础,即纵向对不同划分标准下的融资机构实现供给功能评价,横向对主要机构和辅助机构的配套、信贷市场和资本市场的互补进行机制性的建设;二是关注企业融资需求的异质性,并对企业融资需求加以评价,对不同划分标准下的各类企业典型融资需求进行区分;三是结合供给功能和融资需求评价的结果,对不同融资平台进行再定位。

### 二、深化传统金融作用,鼓励中小企业融资模式创新

基于传统融资模式在我国的主导地位和中小企业融资难的先天原因,各种创新融资模式的催生极大地丰富了中小企业的金融渠道。一方面,应对传统金融的地位和作用形成深入的认识,优化传统金融在中小企业融资中的作用;另一方面,在信贷、资本、保险三大市场的框架下,评估各类新型金融机构和融资模式(如小额贷款公司、信托公司、金融租赁、产业集群融资、无形资产融资、民间基金会等;中小企业集合债券,创业板、新三板上市等;信用保险融资等)的现有实践,研发和提升相关技术,创造新型金融发展的必要条件,构建我国中小企业融资渠道的多样化,以形成解决中小企业融资难的新思路。

具体来说，一是在担保、信用、评估等方面建立并完善中小微企业融资指标体系，简化贷款程序，降低中小企业融资成本。二是积极推动融资产品创新。要进一步拓宽中小企业融资新渠道，加快组织推动发行中小企业集合贷款、集合票据等；要联合人民银行等机构，继续推进小企业信用评级试点工作，引导中小企业提升信用意识，逐步提高企业信用融资比例；要支持企业通过租赁、上市、吸纳风险投资、发行集合债券等多种渠道多种方式融资发展，减少中小企业融资对银行贷款的过分依赖。三是加大对中小企业信用担保机构的支持力度。要综合运用资本注入、风险补偿和奖励补助等方式，提高中小企业信用担保机构的融资担保能力，要探索建立行业内和企业集群内担保机制。四是继续推动完善中小企业融资服务绿色通道，全力打造具有影响力的中小企业融资服务网络平台。进一步清理纠正金融服务不合理收费及不合理附加条件，切实降低中小企业融资的实际成本。

### 三、进一步整合财政资源，充分发挥财政资金引导作用

整合财政资源，创新财政投入机制，最大限度地发挥财政扶持资金的放大效应：一是进一步加大地方政府统筹整合财政专项资金的力度，在编制年度预算时，统筹整合分散在各个专项中的扶持中小企业发展资金。二是进一步创新财政投入机制和资金使用方式，把财政投入方式转变为财政贴息、融资风险补偿、向银行配置财政性资金存款以及考核奖励银行等间接投入方式。由财政部门负责统筹融资支持资金的安排，复核贷款贴息资金、贷款风险补偿金的使用情况，会同相关部门对贷款贴息资金的划拨进行审核，拨付贷款风险补偿金和贷款贴息资金，配置财政性资金存款，并对融资支持资金的使用情况进行监督检查和绩效评价。三是建立和完善扶持中小企业项目管理信息库，对入库企业，建立竞争性立项和跟踪动态考核机制。四是加强市区联动，形成支持企业发展的合力，把各区应支持企业发展的资金作为配套资金统筹用于支持企业发展，加强财源建设。

### 四、加快建立中小企业公共信息系统和平台，并与人民银行征信系统对接

地方政府要统一协调经信委、公安、工商、税务、统计等职能部门，采取有效举措，在丰富各自系统内中小企业信息的基础上，探索整合、管理和利用公共信息资源的办法。要加快中小企业公共信息系统和平台的建设步伐，尽快收集涵盖工商、税务、统计、海关、法院、供电、自来水、通信、房产、银行、保险、担保、协会、媒体、公告、市场反馈以及企业自身的诸如财务和管理体系评估等各类信息，并将这些信息作为公众信息，充分对银行业开放。

政府和相关职能部门要探索中小企业公共信息平台与人民银行征信系统相对接的办法，充分发挥征信系统在缓解中小企业融资困难、帮助金融机构防范信用风险、扩大信贷范围等方面的积极作用。积极探索扩大企业信用信息基础数据

库的服务范围,为金融监管、宏观调控服务,为相关政府部门履行监管职责、改善金融环境服务。

另外,地方政府及相关职能部门要充分发挥中小企业服务平台的作用,引导、鼓励和帮助中小企业建立规范的财务制度,增强财务信息透明度,促进企业融资环境改善。

# 第十六章 个体工商户融资现状的调研报告

我们在调查研究中发现个体工商户是我国经济转型中以市场自觉、生产自救和进退自由为基本特征的从业人数众多、社会贡献巨大和社会地位低下的群体。根据党的十八届三中全会关于发挥市场在配置资源中的决定性作用,以及公有制经济和非公有制经济都是社会主义市场经济重要组成部分的文件精神,需要对这一群体的演进规律、经营状况和扶持政策进行深入分析。

## 第一节 个体工商户的发展现状

### 一、个体工商户的基本数据

个体工商户数量庞大,从业人员众多,所从事的行业大多和人民群众的日常生活息息相关,因此在经济社会中的作用不容忽视。2009—2012 年中国个体工商户的数量、从业人数和资金情况如图 16-1 所示。

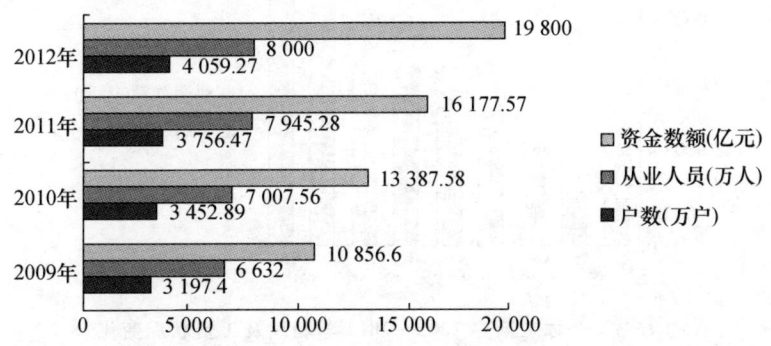

图 16-1 中国个体工商户 2009—2012 年状况

注:2012 年从业人数为约数;资金数额为在工商部门取得营业执照时登记的资金投入数额。

资料来源:国家工商总局。

从图 16-1 可以看出,2009—2012 年,中国个体工商户从业人员从 6 632 万人上升至 8 000 万人,约占全国人口 13.54 亿人的 5.9%,是一个庞大的群体。按中国就业网的统计数据,2011年年末,全国就业人数为76 420万人①,个体工商户的就业人员的比例为10.47%。

个体工商户的营业收入变动状况,除在2005—2007年有所回落以外,其他年份基本上呈增长状态,如图16-2所示。

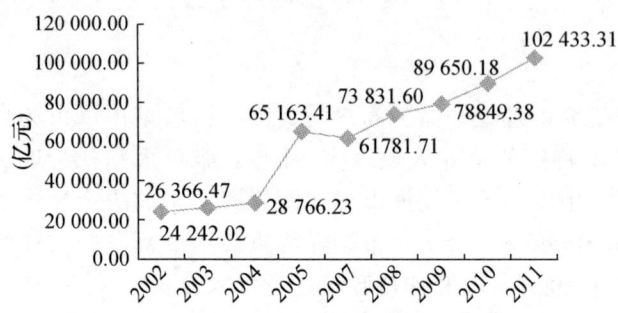

图16-2 个体工商户2002—2011年营业收入变化

资料来源:EPS全球统计数据/分析平台,http://www.epsnet.com.cn(中国农业部)。

中国个体工商户创造的利润及向从业人员支付的劳动报酬如图16-3所示。

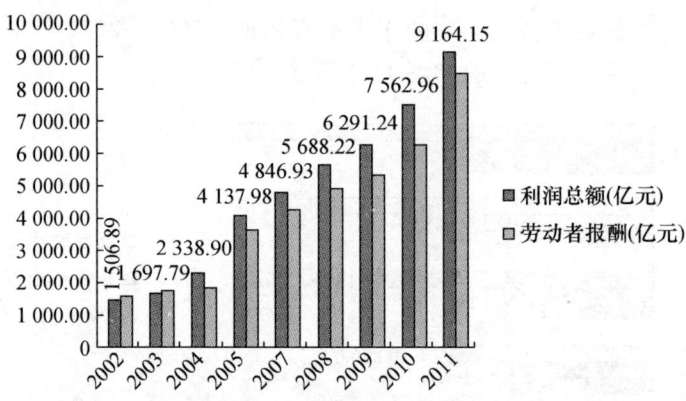

图16-3 个体工商户2002—2011年利润及工资状况变化

资料来源:EPS全球统计数据/分析平台,http://www.epsnet.com.cn(中国农业部)。

## 二、个体工商户对社会经济发展的贡献

个体工商户对中国社会经济的贡献至少可以归纳为以下三点:

1. 创造就业岗位,节省国家支出

个体工商户自主创业并雇用从业人员,解决了8 000万人的就业问题,除了不

---

① 中国就业网,http://www.chinajob.gov.cn。

需要政府的资本投入之外,还为国家节约了大量失业保险金的发放。根据政府规定,失业保险金的发放不得低于当地公布的居民最低生活保障标准。据统计,2012年部分城市公布的居民最低生活保障标准如表16-1所示。

表16-1 2012年部分城市居民月最低生活保障标准

| 城市 | 合肥 | 青岛 | 武汉 | 天津 | 呼和浩特 | 沈阳 | 广州 | 平均 |
| --- | --- | --- | --- | --- | --- | --- | --- | --- |
| 标准(元) | 360 | 350 | 450 | 520 | 430 | 440 | 515.83 | 438 |

资料来源:各网络融资平台网站。

如按此标准计算,2012年全国个体工商户自主创业为国家节省的失业保险金为8000万×438元/月=350.40亿元/月,即每年4204.80亿元。有人会质疑这个结果未剥离个体工商户中的农业剩余劳动力,但既然这类群体主要在城镇创业和工作,加之国家对农业剩余劳动力城镇就业也应提供某种社会保障,这一数据对衡量个体工商户的社会贡献依然有重大参考价值。

2. 提供低价产品,缓解社会矛盾

个体工商户的行为直接受市场机制的调节,通常根据市场需要决定生产什么、为谁生产和如何生产。经济转型使中国在面对贫富悬殊问题的同时,也出现了大量中低收入人群,这些人群是商品和服务消费的价格敏感者。个体工商户通常能够通过对各类交易费用的节约,以及有效控制生产经营成本,直接用可以接受的价格和服务响应这类需求。这不仅在一定程度上缓解了物价上涨对中低收入人群的冲击,而且也倒逼个体工商户提高经营水平和改善管理方式。根据我们对武汉个体理发店的调查,作为个体工商户,他们的定价与连锁美发公司的定价差距悬殊,如表16-2所示。

表16-2 某美发连锁公司与美发个体户收费价格对比  单位:元

| | 普通理发 | 洗头 | 造型 | 短发焗油 | 长发焗油 | 离子烫发 | 儿童理发 | 老人理发 | 学生理发 |
| --- | --- | --- | --- | --- | --- | --- | --- | --- | --- |
| 美发连锁公司 | 58 | 20 | 50 | 500 | 800 | 900 | — | — | — |
| 个体工商户 | 15 | 6 | 10 | 60 | 100 | 120 | 8 | 10 | 10 |

资料来源:各网络融资平台网站。

3. 上交大量税收,新增国有资产

长期以来,理论界就存在一种错觉,似乎国有资产是国有经济主体创造和贡献的。且不说我国国有经济因国家职能和管理体制的原因,出现了让社会诟病的无偿或低价占有稀缺资源、垄断取得高回报以及税收和利润贡献与其廉价取得的资源严重背离的问题。即使在计划经济时期,国家就因工农业产品价格的剪刀差,形成了因农村、农业和农民贡献形成的国有资产存量。严格意义上讲,国有资产就是要在市场经济条件下承担非国有经济主体不能干、不愿干和不敢干,而社会和经济发展又不得不干的事情。如果以为国有经济组织就是以盈利为目的的经济组织,那么国家势必与民争利。所以,我们认为国有资产的形成更多地需要公平税负予以实现。我国个体工商户在几乎没有任何国家投资的条件下,为国家贡献了数量可观的税收,如2011年中国税收总收入为9.57万亿元[①],个体工商户贡献的税收为4052亿元,占比为4.23%,人均贡献税收5099.88元。这一数据至少表明个体工商户贡献了增量国有资产,作为纳税人,他们理应得到相应的权利。

## 第二节 影响个体工商户融资的主要原因分析

### 一、影响个体工商户融资的主要因素

（一）政府政策

1. 法律身份有待理顺

1981年7月,国务院发布《关于城镇非农业个体经济若干政策性规定》,对个体经营户的经营范围、经营方式、从业人员、税收减免等内容进行了规范,首次在政府官方文件中明确了个体经营户的地位。2011年3月,国务院发布《个体工商户条例》,新条例进一步扩大了个体工商户的经营范围,指出:只要不属于法律、行政法规禁止进入的行业的,登记机关应当依法予以登记。但个体工商户的法律身份问题仍未解决。

《民法通则》第26条规定:"公民在法律允许的范围内,依法经核准登记,从事工商业经营的,为个体工商户。"李友根(2010)指出,作为我国法律体系中的个体工商户制度,其性质和法律地位的确认,无论是实体法还是程序法,无论是理论研究还是司法实践,都存在争议、混乱甚至矛盾。[②] 个体工商户虽然属于经济组织,却被排除在"企业"的体制之外,无论是法律称谓还是统计口径,均未把个体工商户纳入"企业"的范围。

1999年《个人独资企业法》界定个人独资企业是依照该法在中国境内设立,由一个自然人投资,财产为投资人个人所有,投资人以其个人财产对企业债务承担无限责任的经营实体。由此,个体工商户与私营企业、个人独资企业更加难以区分。个人独资企业与个体工商户的差异可能是:凡属两个自然人以上投资,或虽由一个自然人投资却没有构成经营实体的,都属于个体工商户,其余的为个人

---

① 中国税务网:全国税收收入分税种分企业类型情况表。此数据和《中国税务报》9.96万亿元及财政部网站公布的8.97万亿元有所出入。

② 李友根:《论个体工商户制度的存与废》,《西北政法大学学报(法律科学)》2010年第4期。

独资企业。以家庭为单位经营的,为家庭合伙。由此可以发现,个体工商户的实际内涵不仅指个体工商户,还包括个人独资企业、个人合伙企业。

个体工商户是否属于微型企业的范畴,一直以来有诸多争议。从2011年中小微企业划分标准来看,个体工商户理应属于微型企业范畴。个体工商户的身份困境导致国家关于促进中小企业发展的相关政策并未将该类市场主体纳入其中,作为一个对国家经济发展有重大贡献的群体,并未得到与其贡献匹配的政策支持。同时,经济转型期以网店、家教、家政服务等为代表的地下经济的参与者则因不需登记和纳税,对从事类似业务的个体工商户形成不公平竞争。

2. 税费减免尚未到位

个体工商户多数采用核定征收方式,应纳税额主要与其销售收入有关。虽然我国对个体工商户的税收进行了多次调整,但是仍超过发展中国家平均水平。从缴纳税种来看,主要有增值税、营业税、个人所得税、城市维护建设税、教育费附加、地方教育附加、房产税和土地使用税(利用自有房地产经营的)等。

2008年9月1日开始有关减免个体工商户的税费文件不断出台,个体工商户发展进入了新的阶段,个体工商户税费负担逐步降低。2011年11月1日,财政部和国家税务总局公布进一步降低个体工商户的营业税和增值税起征点。财税〔2013〕52号规定,自2013年8月1日起,对增值税小规模纳税人中月销售额不超过2万元的企业或非企业性单位,暂免征收增值税;对营业税纳税人中月营业额不超过2万元的企业或非企业性单位,暂免征收营业税。其中的企业性单位即包括个体工商户。2011—2013年个体工商户已取消的税费汇总如表16-3所示。

表16-3 2011—2013年个体工商户已取消的税费汇总表

| 序号 | 内容 | 性质 | 征收单位 | 征收比例或金额 | 备注 |
| --- | --- | --- | --- | --- | --- |
| 1 | 税务登记证工本费 | 费 | 国、地税 | 财政部、国家发改委关于取消部分涉企行政事业性收费的通知 | 2011年取消 |
| 2 | 卫生质量检验费 | 费 | 卫生部门 | 财政部、国家发改委关于取消部分涉企行政事业性收费的通知 | 2011年取消 |
| 3 | 卫生许可证工本费 | 费 | 卫生部门 | 国务院取消149项行政事业性收费 | 2009年取消 |
| 4 | 食品检验费 | 费 | 卫生部门 | 适用餐饮业,一般600元左右 | 2009年取消 |
| 5 | 民办非企业单位登记费 | 费 | 民政部门 | 国务院取消149项行政事业性收费 | 2009年取消 |
| 6 | 劳动合同鉴定费 | 费 | 劳动保障 | 国务院取消149项行政事业性收费 | 2009年取消 |

（续表）

| 序号 | 内容 | 性质 | 征收单位 | 征收比例或金额 | 备注 |
|---|---|---|---|---|---|
| 7 | 职业资格证书费 | 费 | 劳动保障 | 国务院取消149项行政事业性收费 | 2009年取消 |
| 8 | 个体户工商管理费 | 费 | 工商部门 |  | 2008年取消 |
| 9 | 集贸市场管理费 | 费 | 工商部门 |  | 2008年取消 |
| 10 | 经济合同示范文本工本费 | 费 | 工商部门 | 国务院取消149项行政事业性收费 | 2009年取消 |
| 11 | 人民教育基金 | 费 | 地税 |  | 2011年停止 |
| 12 | 注册登记费 | 费 | 工商部门 | 财政部、国家发改委关于取消部分涉企行政事业性收费的通知 | 2011年取消 |
| 13 | 工商年检费 | 费 | 工商部门 | 财政部、国家发改委关于取消部分涉企行政事业性收费的通知 | 2011年取消 |
| 14 | 防洪保安基金 | 费 | 地税 |  | 2011年取消 |
| 15 | 暂住证费 | 费 | 派出所 | 国务院取消149项行政事业性收费 | 2009年取消 |
| 16 | 运输管理费 | 费 | 交通部门 | 按吨收费,2009年并入燃油费 | 2009年取消 |
| 17 | 群众性卫生救护培训费 | 费 | 红十字会 |  | 2008年取消 |
| 18 | 预防性体检费 | 费 | 卫生部门 | 食品、消毒、化妆品生产、公共场所人员,80元/人 | 2012年取消 |
| 19 | 卫生许可证年审费 | 费 | 卫生部门 | 50—300元 | 2012年取消 |
| 20 | 空气质量检测费 | 费 | 卫生部门 | 适用餐饮业,一般600元左右 | 2012年取消 |
| 21 | 行政执法卫生监测费 | 费 | 城管部门 | 200—400元不等,一年两次（门前垃圾清扫费） | 2012年取消 |
| 22 | 用地管理费 | 费 | 国土部门 | 每平方米6—9元 | 2012年取消 |
| 23 | 组织机构代码证及年审费 | 费 | 技术监督 | 150元左右 | 2012年取消 |
| 24 | 治安费 | 费 | 联防队 | 每年200元 | 2013年取消 |
| 25 | 档案代管费 | 费 | 社保部门 | 每人每年120元,和社保绑定 | 2013年取消 |
| 26 | 营业税、增值税 | 税 | 财政部 | 月销售额不超过2万元的企业或非企业性单位 | 2013年停止 |

资料来源:根据有关政府部门发文、网络资料、调查资料整理。

经不完全统计,除已取消的税费外,个体工商户尚须承担的税费汇总如表16-4所示。

表 16-4　个体工商户税费负担汇总表

| 序号 | 内容 | 性质 | 征收单位 | 征收比例或金额 | 备注 |
|---|---|---|---|---|---|
| 1 | 增值税 | 税 | 国税 | 起征点为月销售收入 2 万元以上，比例 3% | 地方按高低自定 |
| 2 | 营业税 | 税 | 地税 | 起征点为月销售收入 2 万元以上，比例 3%、5%、20% 不等 | |
| 3 | 城建税 | 税 | 地税 | 增值税、营业税、消费税的 3% | |
| 4 | 教育费附加 | 税 | 地税 | 增值税、营业税、消费税的 7% | |
| 5 | 地方教育费附加 | 税 | 地税 | 增值税、营业税、消费税的 1%—2% | 个别省市减免 |
| 6 | 堤围费 | 费 | 地税 | 增值税、营业税的 0.7‰ | |
| 7 | 个人所得税 | 税 | 地税 | 营业收入的 1%—2% | |
| 8 | 房产税 | 税 | 地税 | 租金的 12% | |
| 9 | 车船税 | 税 | 地税 | 按排量计征，360—5 400 元 | |
| 10 | 印花税 | 税 | 地税 | 营业执照 5 元，合同为合同额的 0.3‰—0.5‰ | |
| 11 | 土地使用税 | 税 | 地税 | 按土地等级计算 | |
| 12 | 基本养老保险 | 税 | 地税 | 工资的 8% | |
| 13 | 水利建设基金 | 税 | 地税 | 营业收入的 0.06% | 个别省市减免 |
| 14 | 培训费 | 费 | 卫生部门 | 食品生产、公共场所、化妆品生产、供水、管水、涉水，30—200 元 | |
| 15 | 餐具检测费 | 费 | 卫生部门 | 适用餐饮业，一般 600 元左右 | 各地方不同 |
| 16 | 占道费 | 费 | 城管部门 | 计费方式按地段不等 | 从地方规定 |
| 17 | 防空费 | 费 | 地税 | 按地面建筑面积 400—600 元/平方米 | 从地方规定 |
| 18 | 个体协会会费 | 费 | 个体协会 | 按人收费 24—60 元/人/年，个别省份按每单位 1 200 元/年收费 | 从地方规定 |
| 19 | 质监技术有偿服务费 | 费 | 技术监督 | 500—1 000 元 | |
| 20 | 扫雪费 | 费 | 环卫部门 | 北方地区收取，300—500 元 | |
| 21 | 粮食风险基金 | 费 | 地方指定 | 按注册资本的 1% 收取 | 粮食主产区逐步取消 |
| 22 | 价格调节基金 | 费 | 地税 | 按营业额的 1‰ 收取 | |
| 23 | 民防建设"四项费用" | 费 | 民防部门 | 每户每年 30 元 | |

资料来源：根据有关政府部门发文、网络资料、调查资料整理。

国家对个体工商户的税收优惠政策还体现在有针对性的税收减免上。例如，对下岗职工、残疾人员、孤老人员、烈属、复员军人、普通高校毕业生减免相关税收。国家密集出台的一系列取消行政事业性收费的文件，为个体工商户减轻了负担，在一定程度上缓解了个体工商户的现金流问题。

**3. 社会保障有待完善**

2005 年，我国首次将城镇企业职工基本养老保险的覆盖面扩大到个体工商户和灵活就业人员。2012 年 9 月《社会保险登记管理办法（征求意见稿）》规定，无雇工的个体工商户进行社保登记采取自愿原则，并非强制。根据人力资源和社会保障部的数据，2013 年全国社保覆盖率为 80% 左右，有近 2 亿人没有参保，流动人口和个体工商户占比较大。

个体工商户社保问题突出，即使其愿意为雇工购买社保，往往遭到雇工的反对。一方面，由于个体工商户的雇工多为农民工，流动性较大，而现行社保不能自由全国流转，社会统筹部分将全部留给工作城市，福利不能随个人转移；另一方面，农民大多参加新农合作医疗保险，再次购买则构成重复且也不可统筹。实现社会保险全国统筹路途遥远，以至于数以千万计的劳动者弃缴社保，2013 年全国弃缴社会保险的人数达 3 800 万人。①

由于个体工商户同其他企业的员工一样，也面临退休养老、失业、就医、工伤等问题。如果社会保险覆盖率低，个体工商户没有参保，当经营陷入困境使得其失去生活来源之时，就会产生新的社会问题。

综上所述，个体工商户的政府政策体系在曲折中进步，经营负担逐步完善，较好地鼓励了弱势群体的创业活动，但由于其身份困境导致其经营融资存在诸多障碍，如社保问题等。因此，必须明确个体工商户的身份地位，通过法律制度保障其健康发展。

**（二）市场环境**

**1. 要素市场**

个体工商户小本经营，主要为社区提供基本服务，属于完全竞争市场，产品价格弹性相对较大，对料、工、费成本很敏感。因此，为了保证市场竞争力，个体工商户需要精细化控制成本，要素成本的上升短期内会使其因价格不变而致利润下降，进而可能产生短期融资需求。

从个体工商户的不同经营阶段可以发现其融资需求规律，以批发、零售为例，资金投入可分为四阶段：第一阶段是筹建阶段，主要投入有房租、转让费（或有）、装修费、店内家具或用具等；第二阶段为进货阶段，包括首次进货及日常进货，主

---

① 新华网，http://news.xinhuanet.com，2013 年 11 月 29 日。

要投入为购货费用,这一阶段可能使用先赊销后结算的产业链融资模式;第三阶段为日常费用支付阶段,主要是后续的房屋租金、水电费、人工工资(有雇工的)、各种税费、贷款利息(有贷款的)等,这些费用都必须用自有现金流定期支付;第四阶段是扩张阶段,如果需要增加门店,则需要追加投资,从而可能产生融资需求。

综上所述,个体工商户的要素市场主要是房租及门面转让费、水电费、原材料购置费等,在不同的经营阶段其要素成本结构有所差异,融资的需求也存在差异。

2. 市场活动特征

由于经营规模的小型微型化、服务人群的相对固定化以及社会分层的相对弱势化,我国的个体工商户在生产经营中形成了以自雇用、自组织和自适应为主要特征的运行模式。

(1)创业活动实现自雇用。个体工商户一般属自主创业,多以夫妻或家庭为单位进行生产经营,具有高度的稳定性,并体现为三个特征,即不会出现工作倦怠问题、节省外部用工成本以及容易沟通协调。当经营规模扩大后,雇用外部员工也会倾向于选择有血缘关系的人群。这样做的原因除了和员工之间容易建立信任关系之外,还因为其行之有效的矛盾缓冲和协调机制。对于社会冲突进入多发期的中国,促进个体工商户发展甚至可以被认为是缓解社会矛盾的理性选择。

(2)资源配置依赖自组织。尽管个体工商户是业主自主创业的结果,但他们通常都具有小规模、网络化向大规模人群提供最终产品的特征。比如,在中国成千上万的各类社区分布的不计其数的由个体工商户经营的早餐店、理发店、洗衣店和小卖部等。由于其具备实现销售和回收现金的能力,这些彼此实现了客户锁定的个体工商户有可能对上游产品的供应商形成集体谈判能力,如武汉热干面行业的面条和辅料的供应商不得不对热干面门店实行赊销政策。另外,在各类专业市场经营批发零售业务的个体工商户,也会因地缘、血缘和业缘关系构建某种要素配置协同机制。广东中山市古镇灯饰市场的"圈子融资"就值得关注,由于古镇的个体工商户有相当部分为该镇居民,他们因长期交往、彼此熟悉,进而形成了互帮互助的圈子。他们之间的借贷活动具有克服信息不对称的比较优势,并形成了"自发、自卫、自救"的系统特征。同时,我们也发现,同乡会、细分行业协会在这类市场中为解决个体工商户的融资问题正在发挥着越来越重要的作用。其实,个体工商户密集的地区不仅需要而且可能出现个体工商户的合作组织,以解决在差异化经营中影响整个群体发展的问题。

关于个体工商户融资问题,我们通过典型问卷调查得到三点结论:第一,个体工商户对血缘关系依赖较强,创业主要依赖内源融资,资金不是制约个体工商户发展的关键因素;第二,政府税费减免政策对促进个体工商户的整体发展已初见成效,但对处于初创期和衰退期的个体工商户却难有作为;第三,个体工商户长期经营形成的客户关系和特殊技能正在成为该类市场主体信用基础的重要组成部分。

(3)应对市场变化形成自适应。首先,个体工商户对社会转型和技术进步引发的市场变化高度敏感,能够对有支付能力的需求进行快速和持续的响应。典型代表就是福彩销售业,近年来该行业在一定程度上就是由个体工商户响应和推动的。与此同时,越来越多的个体工商户正在利用互联网释放出的机会,由线下经营改为线上经营,或者同时开展线上和线下经营。其次,个体工商户会用停业、转行或者多元经营的方式应付各种市场风险。我们对武汉市洪山区茶商圈部分个体工商户的生存状况进行了实地调研(见表16-5),在被调查的30家个体工商户中,过去一年有15家仍在正常营业,有7家因经营不善退出市场,有5家因利润较薄等原因转让,有3家反映生意清淡,正考虑退出或转让。但这种调整并未引发大规模社会冲突。究其原因,无外乎个体工商户已习惯没有他救、只有自救的生存方式。最后,个体工商户的市场应急机制与我国改革开放后形成的一家多地和一家多制的家庭成员结构有关,许多个体工商户都可以借助家庭成员的支持完成转行或转型。

表16-5　个体工商户生存状况调查表

| 序号 | 个体户名称 | 生存状态 |
| --- | --- | --- |
| 1 | VO-KTV | 消失 |
| 2 | ZF化妆品店 | 消失 |
| 3 | SS舞蹈培训 | 生意清淡 |
| 4 | JW茶餐厅 | 转让 |
| 5 | SD健身会所 | 消失 |
| 6 | XY手机配件店 | 营业中 |
| 7 | XZ租车店 | 消失 |
| 8 | JX大药房 | 消失 |
| 9 | DEY女子美体 | 营业中 |
| 10 | BZ中医门诊 | 营业中 |
| 11 | TJ菜馆 | 消失 |
| 12 | LC火锅 | 营业中 |
| 13 | XF-KTV | 营业中 |
| 14 | JN牛肉面馆 | 营业中 |
| 15 | KT休闲吧 | 转让 |
| 16 | XH台球吧 | 生意清淡 |

(续表)

| 序号 | 个体户名称 | 生存状态 |
| --- | --- | --- |
| 17 | XQ 土菜馆 | 营业中 |
| 18 | CF 美食店 | 营业中 |
| 19 | BA 烤肉店 | 消失 |
| 20 | AY 琴行 | 转让 |
| 21 | XG 餐厅 | 营业中 |
| 22 | YY 箱包店 | 生意清淡 |
| 23 | DG 蛋糕店 | 营业中 |
| 24 | HGS 水果店 | 营业中 |
| 25 | LL 桌游店 | 营业中 |
| 26 | JZ 理发店 | 营业中 |
| 27 | NX 眼镜店 | 营业中 |
| 28 | NY 内衣店 | 转让 |
| 29 | XYI 招待所 | 营业中 |
| 30 | HH-KTV | 转让 |

资料来源：根据调研资料整理，跟踪调查时间为 2012 年 9 月至 2013 年 9 月。

（4）个体工商户面临不公平竞争。经营实体店的个体工商户面临着另一强有力的竞争，即网络销售。网销的低成本、便捷性引导了年轻一代新的购物热潮。在网店的卖家中，有两种身份，一种是本来就办理了工商营业执照，如公司、个体户等，在网上开辟了一种新的销售渠道；另一种是没有办理营业执照的个人，以网上销售为职业或工作之余打理网站赚取利润。对实体经营店而言，网上销售不需要实体店铺，因而可以省去一大笔租金，如果再省去上文所总结的各种税收、管理费等，成本自然可以降下来，所销售的物品物美价廉，又可以送货上门，无疑比实体店有更多优势。因此，个体工商户面临更具竞争力、更少监管、更少税费的网络销售或民间家教、家政等灰色经济的市场挤压。

综上所述，个体工商户的经营具有自雇用、自组织、自适应的特点，形成进入和退出较自由的机制。个体工商户的市场竞争和服务半径密切相关，竞争有限，但面临网络销售的新形式的竞争，成本上处于劣势。

（三）产业特征

1. 个体工商户的产业布局

根据国家工商局的统计数据，截至 2012 年，全国个体工商户从事第一产业的有 76.25 万户，占总户数的 1.88%；从事第二产业的有 317.75 万户，占总户数的

7.83%;从事第三产业的有 3 665.27 万户,占总户数的 90.29%。① 个体工商户按所在的行业划分,可以分为批发与零售业、居民服务和其他服务业、住宿和餐饮业、制造业、交通运输、仓储和邮政业、租赁和商务服务业、农林牧渔业、文化体育娱乐业、建筑业等。其中,从事批发和零售业的占比约 60.87%,从事居民服务和其他服务业的占比约 10.09%,从事住宿和餐饮业占比约 8.65%,从事交通运输、仓储和邮政业占比约 5.53%,前五个行业占总户数的 93.99%②,详情如图 16-4 所示。

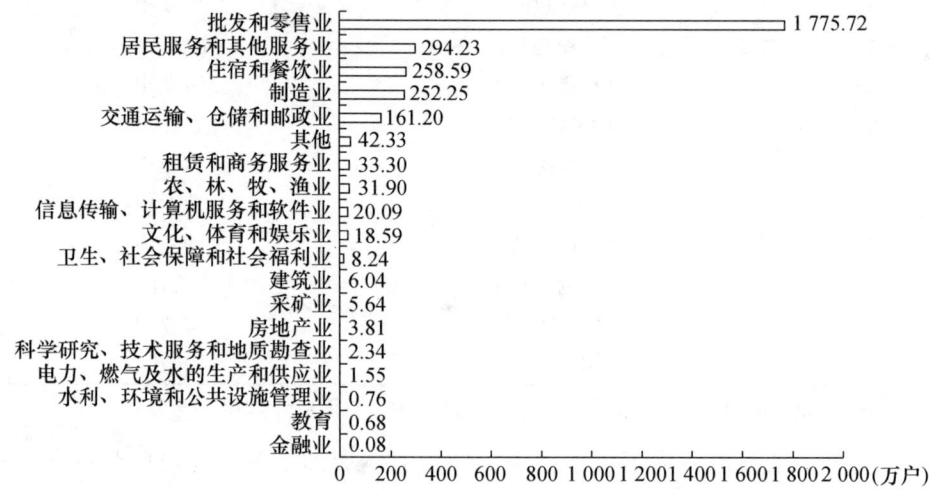

图 16-4　2008 年全国个体工商户实有户数行业分布
资料来源:根据调研资料整理。

因此,个体工商户从事的行业大多属于常规性和传统性行业,与人们的日常生活关系紧密。个体工商户通过对市场的考察及向已处于营业状态的其他个体工商户学习,利用自己的成本优势以较低的价格获取低端市场,这也在很大程度上满足了城市中低收入人群的服务需求。

2. 不同行业的融资差异

细分领域的个体工商户资金需求存在较大差异。从事批发和零售业的,占用资金最大的部分是进货费用;从事服务业和咨询业的,其人工成本、房租占比较大;从事制造业的,对固定资产的要求较高,厂房、设备融资需求大。

(1) 佛山顺德家具市场个体工商户融资。2013 年 7 月至 11 月,对广东佛山家具产业个体工商户进行了两次调研,以了解其生产经营及融资状况。以佛山市顺德区乐从镇和龙江镇为例,这里的 300 多家家具物流个体工商户平均雇用规模

---

① 资料来自国家工商总局网站。
② 中国网,http://www.china.com.cn(2009.09.27)。

不超过 10 人,平均营业规模不超过 3 000 万元,平均年利润规模低于 300 万元,行业利润率低于 10%。大部分家具物流个体工商户经营 1—2 条物流专线,拥有 3—5 台大型运输车,在家具物流专业市场租用 1—2 个门面,做着小富即安的物流运输生意。家具物流企业面临较高风险,主要原因是出口增速下滑、房地产市场波动、物流运输成本高(如过路费、家具运输损毁退赔率高)、配套家具财产保险供给不足(保险公司承保意愿不足)等诸多因素也进一步压缩了家具物流个体工商户的生存空间。

融资难成为制约其发展壮大的关键症结。"物流企业是没有政府支持的,我们没有实体,只有线路,银行看不到资源,根本不可能贷款给我们。"[①]这也显示了个体工商户在融资过程中遇到的尴尬。

(2)广州通讯器材批发个体工商户融资。个体工商户李某,41 岁,广州市人,2005 年和丈夫成立 A 通信器材经营部,经营范围以批发、零售手机及其配件为主,同时与电信、移动、联通合作入网代理及充值代理。2010 年又成立 1 间分店,夫妇二人各负责一间店面的经营。2 间店年收入在 700 万元左右。由于 2012 年发展势头较好,二人计划在 2013 年在广州市再设立一家分店,店面装修已经完成,拟于近期开业。因租赁、装修店面已支付大量资金,故其备货资金不足,资金缺口 20 万元,需向 B 小额贷款公司借款,用于向广州市 C 通信设备公司购买手机,并计划以 3 间店面的经营收入作为主要还款来源。

由于缺乏可抵押不动产,B 小额贷款公司对该商户进行了详细调查:① 现场查看其店面日常营业历史记录;② 查看商户主要银行账户近 6 个月流水明细、近 3 个月员工工资单;③ 通过上游供货商对其商业信用状况、近 6 个月进货情况进行核实;④ 与借款人夫妇会面,通过面谈调查核实经营数据、从业经历、资金计划等;⑤ 要求提供个人不动产、汽车、近 6 个月个人银行账户流水及其他资产的权属证明;⑥ 调查借款人信用记录、负债及涉诉情况,调查借款人夫妇的人民银行征信报告,核实信用记录及负债情况,并通过法院网站等司法行政系统核查涉诉、不良纳税记录等。

在调查可行基础上,B 小额贷款公司为其设计了如下贷款方案:

其一,由梁某、B 小额贷款公司、C 通信设备公司签署《质押担保三方协议》,以梁某拟向 C 通信设备公司购买的 30 万元产品作为质押物,储存于 C 公司的监管仓库,由 C 公司作为监管人,C 公司承诺如借款人不归还贷款,则 C 公司按照不低于处置时市场价格的 80% 回购质押物。

---

① 龙江镇调研访谈录音整理稿,2013 年 11 月 18 日。

其二，借款人如需销售质押物则需向B小额贷款公司分次申请，销售后需将相应的货款归还B小额贷款公司，每次提货后的质押物市值不得低于贷款余额。

其三，B小额贷款公司贷款采用委托支付方式直接打入C公司账户。

通过该案例的调查分析发现，个体工商户为取得贷款需经历如此复杂与谨慎的调查核实程序，这也侧面反映了单笔贷款的融资成本很高。因此，成立专门针对小微企业规模小、数量多特征的融资机构十分重要。

综上所述，个体工商户处于不同的行业，对融资的需求不同，但其所需资金一般规模小、次数多，多以内源性融资为主，在确实需要外源融资时也主要以中小村镇银行、小贷公司等金融机构为主。

(四) 信用能力

个体工商户的信用能力可以从信用基础与信用履行两个方面进行分析。

1. 个体工商户的信用基础

个体工商户的信用资产。个体工商户购入、自建的实物投资和融资租赁的资产，包括固定资产、无形资产、递延资产等。固定资产是指其在生产经营中使用的、期限超过1年且单位价值在1 000元以上的房屋、建筑物、机器、设备、运输工具及其他与生产经营有关的设备、工器具等。无形资产指在生产经营过程中长期使用但没有实物形态的资产，包括专利权、非专利技术、商标权、著作权、场地使用权、客户关系等。递延资产是申请执照之日起至开始生产经营之日止所发生的符合税法规定的费用，除为取得固定资产和无形资产的支出及汇兑损益、利息支出之外，如开办费等。流动资产指可以在1年内或超过1年的一个营业周期内变现或者运用的资产，包括现金、应付及预付款项和存货。存货即在生产经营中为销售或者耗用而储备的物资，包括各种原材料、辅助材料、燃料、低值易耗品、包装物、在产品、外购商品、自制半成品、产成品等。[①] 但个体工商户的资产与个人或家庭资产边界模糊、难以区分，这与其法律身份困境有关。

需要重点强调的是个体工商户的无形资产价值。随着中国市场经济的不断完善，经营良好的个体工商户可以通过特许加盟等商业运作实现转型，如食品领域的周黑鸭、精武鸭脖、蔡林记热干面等，已通过技术秘密、商标权等无形资产运营成功实现了企业转型和价值增值。

利用客户关系向上游赊销融资。武汉热干面个体工商户通过向供货商赊欠热干面和咸菜，实现了短期融资。这是上游供货商从构建长期合作、稳定的供应关系出发进行的让利促销行为，也是热干面个体工商户以其稳定的下游客户关系

---

① 全国注册税务师执业资格考试命题研究组：《税法Ⅱ》，清华大学出版社，2005。

产生的稳定现金流作为担保向上游原料供应商进行的融资。

因此,我们必须承认部分个体工商户是具有优质无形资产的,且这些无形资产可以使其实现低投入、高回报的投资效益。

2. 个体工商户的信用履行

其一,违约成本较高。个体工商户的服务半径比较小,以社区服务个体工商户为例,其服务半径多位社区内居民,专业市场个体工商户多服务于城市某辖区范围内客户,这些客户之间的信息沟通成本相对较低,可以迅速传播违约行为,导致其经营陷入困境。因此,个体工商户与客户之间的信息相对透明导致了其违约成本较高,为了长期可持续发展,其会努力培养客户的忠诚度,形成店铺的良好信誉。

其二,违约记录有备案。个体工商户的信用更多地体现为个人的信用,而中国人民银行有个人的征信系统,银行、税务部门、房管部门、司法部门等有个人的详细资产状况和交易记录,这些都增加了个体工商户的违约损失。

其三,融资有担保。首先,个体工商户在融资时一般能以家庭房产或不动产作担保抵押,并参考个人信用记录。其次,当依靠个人资产难以获得融资时,还可以借助社会关系进行担保融资,如圈子融资等,来自不同的区域形成的传帮带圈子,如"温州帮"、"湖北帮"等提供融资,呈现"自发、自卫、自救"特征。

综上所述,由于有个人信用和资产做保障,个体工商户的信用能力相对较好。其融资需求更多的是通过圈子融资或民间融资。未来在对个体工商户的扶持发展中,应该重视对其无形资产的运营挖掘。由于其提供的商品服务需求面广量大,若能使用先进的运营理念,结合其独有的配方技术和稳定的客户关系,最终可以实现低投入高回报的投资效果。

## 二、影响个体工商户融资因素的强度效用分析

结合聚类分析模型的指标体系我们设计了调查问卷,发放 50 份,成功收回 40 份。由于经营的多样性,我们无法穷尽每个行业的个体工商户,但希望寻找典型对象发放调查问卷,以使数据尽可能具有代表性。经过对数据处理,形成了如下判断:

1. 个体工商户融资难属于"政府—市场引发型"

运用"四维分析模型"对问卷调查进行分析,表明影响个体工商户融资因素的强度分别是:市场环境 0.363,政府政策 0.291,信用能力 0.237,产业生态 0.109。影响因素的强度效用指数分别为:政府政策 -0.348,市场环境 -0.323,产业生态

-0.067，信用能力 -0.199，综合强度效用指数为 -0.937。① 由此可以判断，个体工商户存在一定程度的融资难问题，属"政府—市场引发型"。

2. 个体工商户融资难成因具体解析

根据个体工商户的融资强度效用指数细化指标体系②，可以发现导致个体工商户融资难的主要成因，具体情况如表16-6所示。

**表16-6 影响个体工商户融资的三级指标强度效用指数**

| 一级指标 | 二级指标 | 三级指数 | 强度 | 效用 | 强度效用指数 |
|---|---|---|---|---|---|
| 政府政策 | 财政税收 | 税费制度 | 0.05 | -2.01 | -0.109 |
| | | 政府补贴 | 0.04 | -1.88 | -0.079 |
| | | 政府采购 | 0.02 | -1.12 | -0.027 |
| | 金融政策 | 金融体系 | 0.01 | -0.30 | -0.003 |
| | | 利率政策 | 0.07 | -0.41 | -0.030 |
| | | 风险分担 | 0.01 | -0.40 | -0.003 |
| | 特别政策 | 政府基金 | 0.02 | -0.71 | -0.030 |
| | | 创新保护 | 0.02 | -1.26 | -0.020 |
| | | 基础服务 | 0.04 | -1.39 | -0.060 |
| 市场环境 | 要素市场 | 原材料 | 0.01 | -1.29 | -0.014 |
| | | 劳动力 | 0.02 | -1.96 | -0.039 |
| | | 技术 | 0.10 | -0.75 | -0.077 |
| | | 资金 | 0.01 | -0.90 | -0.013 |
| | 产品市场 | 市场容量 | 0.05 | -0.56 | -0.027 |
| | | 市场增长 | 0.10 | -0.84 | -0.085 |
| | | 市场结构 | 0.07 | -1.03 | -0.069 |
| 产业生态 | 产业属性 | 产业要素特征 | 0.01 | -1.79 | -0.009 |
| | | 产业功能定位 | 0.02 | 0.60 | 0.009 |
| | | 产业生命周期 | 0.01 | -2.62 | -0.026 |
| | 行业生态 | 上下游生态 | 0.04 | -0.26 | -0.011 |
| | | 同行竞争态势 | 0.01 | -0.75 | -0.010 |
| | | 行业进出门槛 | 0.03 | -0.78 | -0.020 |

---

① 在[-5,5]的区间内，-5为极其难，5为不难，经营评价加权得分为 -0.24，说明个体工商户稍难，但不是太难。

② 我们根据个体工商户调查问卷反馈的资料分别从四个维度进行打分，因个体工商户所处的产业不同，融资需求可能不同，此处以社区服务业为例进行说明。

（续表）

| 一级指标 | 二级指标 | 三级指数 | 强度 | 效用 | 强度效用指数 |
| --- | --- | --- | --- | --- | --- |
| 信用能力 | 信用基础 | 资源禀赋 | 0.06 | -0.26 | -0.016 |
| | | 经营能力 | 0.03 | -0.83 | -0.025 |
| | | 治理结构 | 0.02 | -0.32 | -0.007 |
| | | 存续时间 | 0.04 | -0.44 | -0.019 |
| | 信用履行 | 业主个人信用 | 0.03 | -1.57 | -0.041 |
| | | 企业组织信用 | 0.05 | -1.71 | -0.091 |

资料来源：根据调研资料整理。

通过对表 16-6 进行分析发现：

其一，导致个体工商户融资难的政策因素对融资的影响强度效用指数从负到正依次是：税费制度为 -0.109、政府补贴为 -0.079、基础服务为 -0.060、政府基金为 -0.030、政府采购为 -0.027、创新保护为 -0.020、利率政策为 -0.030、风险分担为 -0.003、金融体系为 0.003，说明目前个体工商户融资难主要是由于税费较重、缺少政府政策倾斜，其融资生存更多依靠自组织、自约束、自适应。

其二，导致个体工商户融资难的市场因素对融资的影响强度效用指数从负到正依次是：市场增长率低为 -0.085、技术获取不利为 -0.077、市场结构为 -0.069、劳动力成本上升为 -0.039、市场容量有限为 -0.027、原材料上涨为 -0.014、资金不足为 -0.013。说明在接近完全竞争的市场中，个体工商户由于技术不足、劳动力成本上升、竞争激烈，其不能满足新市场的需求变化，竞争能力变弱，市场量速都在下降，融资难加剧。

其三，导致个体工商户融资难的产业因素对融资的影响强度效用指数从负到正依次是：产业生命周期为 -0.026、行业进出门槛为 -0.02、上下游生态为 -0.011、同行竞争态势为 -0.010、产业要素特征为 -0.009、产业功能定位为 0.009，说明个体工商户所处的服务业在整个产业中功能定位很重要，未来将得到较大发展扶持，但上下游生态尚不健康，同业间低水平竞争恶化了其生存环境。

其四，导致个体工商户融资难的信用能力因素对融资的影响强度效用指数从负到正依次是：企业组织信用为 -0.091、业主个人信用为 -0.041、经营能力为 -0.025、存续时间为 -0.019、资源禀赋为 -0.016、治理结构为 -0.007。由于个体工商户经营活动具有特殊性，缺少规范的财务报表，信用状态难以确认，加之其规模较小，因此一般依靠内源性融资。

## 第三节 对策与建议

### 一、为个体工商户正名

建议修改《中小企业促进法》,明确将个体工商户纳入小微企业的范围,以享受政府关于促进中小企业发展的相关政策,同时也体现个体工商户与其他经济主体平等的法律地位。2013年12月28日修改后的《公司法》取消了注册资金的限制,预计将使一部分个体工商户登记为企业。由于企业必须按《公司法》建立会计账簿,按会计法规登记做账,既要增加管理费用,又要披露信息、接受政府相关部门监管,所有这些都可能使个体工商户在中国长期存在。由于个体工商户具有人数众多、极其分散但对社会稳定至关重要的特征,应在人大和政协中有一定数量的个体工商户代表,使这一群体的利益在立法层面得到实现。另外,政府在制定有关个体工商户的政策时,应该邀请和组织个体工商户代表听证。

### 二、为个体工商户减负

根据我们的整理,2008—2013年,政府连续出台了一系列关于减免行政事业性收费的文件,其中就包括和个体工商户有关的系列税费减免。根据不完全统计,减免的费用已达25项。但是,现阶段仍在征收的税费依然有23项之多。2012年政府将个体工商户增值税和营业税的起征点调整为月销售额2万元。该政策为超过600万户的个体工商户带来了实惠,预计年减税规模近300亿元[①]。但这不能抵消因市场环境变化而对个体工商户带来的诸如成本上升和市场萎缩形成的负面影响。当前,对个体工商户反映较为严重的政府相关部门不当收费或权力寻租的问题要尤为关注。

### 三、为个体工商户护航

由于个体工商户对国民经济和社会发展具有的特殊功能,政府应借鉴发达国家和地区的做法,对这类社会弱势群体予以必要扶植和救助。首先,要增加公共服务的投入和提高这类服务的质量,如对餐饮业个体工商户的从业人员实行定期的免费体检,对涉及食品安全的各行业中个体工商户提供的产品和服务进行检测和评价,并加大免费培训的投入,提高培训的质量。其次,要鼓励对个体工商户融资模式的创新,银行系统以低成本吸取的个体工商户的大量存款理应有一部分回流到该群体,更何况大量处于发展阶段的个体工商户通常都具备稳定的客户和专业经营诀窍,融资无非是实现产品和服务的升级换代。政府完全可以借鉴美国中小企业局的模式,成立专门机构为这类个体工商户的融资提供银行贷款担保,从而使政府的资金借助市场发挥甄别和乘数效用。最后,政府应关注对因市场变化和政策调整而面临破产清算的个体户的救助。

---

① 《人民日报》,2013年7月31日。

# 第十七章　出口导向型中小企业融资现状的调研报告

出口导向型中小企业,是指生产过程基本立足于国内,商品交换活动面向国际市场,参与国际分工和国际竞争,以出口为导向的中小企业。我国出口型中小企业的产业覆盖面广泛,企业数量众多,不仅向大型企业提供质优价廉的零部件和劳务,又利用自己的产品成本优势直接出口,为我国出口贸易做出了重大贡献。

## 第一节　出口导向型中小企业的发展现状

### 一、出口导向型中小企业特征分析

我国出口贸易值对中小企业的依赖度极高,其对进出口额的贡献率一度超过70%[①],是我国出口外向型经济增长的生力军。出口导向型中小企业的分布存在明显的区域性特征。据统计,2010年我国规模以上工业企业出口交货值为89 910.1亿元,其中中小企业为49 194.9亿元,占比54.7%。年出口交货值达到千亿元的地区主要有广东(13 450.8亿元)、江苏(8 927.1亿元)、浙江(8 629.7亿元)、山东(3 940.6亿元)、福建(3 285.9亿元)、上海(3 274.4亿元)、辽宁(1 358.6亿元)和天津(1 130.3亿元)。以上沿海地区中小企业2010年出口交货值占我国规模以上工业企业出口交货值的48.9%。

此外,发展劳动密集型产业是我国出口导向型中小企业的又一特征。我国的人口红利为中小企业出口提供了比较优势,极大地促进了劳动密集型产业的发展,在国际市场中赢得了越来越大的份额。2013年第1—3季度,私营、集体和个体工商户的进出口额达10 190.5亿美元,同比增长23.3%,占我国外贸总值的33.3%。2013年1—11月,中国机电产品出口额11 478.9亿美元,增长了7.9%,占同期中国出口总值的57.3%;高新技术产品出口额5 992.7亿美元,同比增长11.1%。同期,中国出口纺织品、服装、箱包、鞋类、玩具、家具、塑料制品七大类劳动密集型产品出口4 181.7亿美元,增长11.1%,高出同期我国出口总体增速2.8个百分点。11月,七大类劳动密集型产品出口增长21.6%。[②]

---

① 数据来源于国家工商行政管理总局网站(www.saic.gov.cn)。
② 数据来源于国研网(http://edu.drcnet.com.cn,2013-12-23)。

## 二、出口导向型中小企业融资难分析

自2008年美国次贷危机爆发以来,国内企业遭遇了改革开放以来最严峻的挑战。面对资金紧缺、资金链断裂、市场不景气、原材料价格大涨等难题,大企业已举步维艰,中小企业的境遇更加艰难,依靠出口业务的中小企业更是雪上加霜。

目前,中国的出口导向型中小企业处境艰难,不仅上游涨价下游压价,同时也面临来自外部环境的众多威胁:一是来自一些新兴国家的竞争,如韩国、泰国、印度、东盟、巴西等国家或地区的出口同样具有劳动密集的特点,这在一定程度上降低了中国中小出口企业的竞争优势;二是国际贸易保护主义强化,如欧盟对华光伏产业实施的反倾销措施,美国国际贸易委员会对中国等六国水产养殖业实施的反倾销举措等;三是人民币对美元的持续升值,直接损害了出口导向型中小企业已经形成订单的收益,同时削弱了企业获取新订单时的价格比较优势。

以外贸第一大省广东为例,2013年广东省中小企业数量80多万家,位居全国第二,2011—2013年曾经向银行申请过贷款的中小企业约占60%,而一大批小微企业则是长期处于贷款无门的境地。① 超过7成的中小企业存在资金缺口,平均每月资金缺口额达67.55万元。② 当前中小企业"吃老本"现象严重,多在消耗前两年的积累艰难维持。绝大多数开工率较低的小企业都以瘦身为主,一些小企业已经调整了原材料备货、接单策略。为预防人民币升值及国内原材料价格波动,部分小企业将大订单拆分成小订单,以缩短生产周期,并将主要精力集中在结算周期较短的订单上,以把控成本。

## 第二节　影响出口导向型中小企业融资的主要原因分析

### 一、影响出口导向型中小企业融资的主要因素

#### (一)政府政策

出口导向型中小企业的政策除适用中小企业的政策外,根据生产经营的特点,还受诸多政策的影响,主要有国家的加工贸易政策、出口退税政策、汇率政策、资金支持政策、国际贸易保护政策等。其中,加工贸易政策正逐步放宽,出口退税政策也在不断调整。在人民币升值、担保缺失和国外更加强力的贸易保护面前,我国汇率政策、资金支持政策和国际贸易保护政策亟待加强。

1. 汇率政策持续冲击

在汇率政策方面,自人民币汇率改革以来,汇率水平开始反映市场供求水平,

---

① 《珠三角小微企业生存困难》上海证券报,http://finance.southcn.com/f/2013-07/31/content_75142878.htm,2013年7月31日。
② 中小企业外贸综合服务平台(http://www.onetouch.cn)。

波动幅度明显增强,基本实现了双向波动。国际金融危机导致人民币的汇率风险增加,主要体现为人民币的升值,自 2005 年中国启动汇率改革以后,人民币对美元持续升值。这无疑会对出口型中小企业造成一定的冲击,尤其是从事机电、纺织服装出口的中小企业,其产品结构单一,市场竞争激烈,利润率非常低。

汇率波动、人民币升值使中国的外贸环境恶化。2013 年以来,人民币升值成为影响外贸出口的重要因素之一,一项对包括在广州、深圳、东莞、佛山、中山的珠三角地区 1 000 余家出口型中小企业的调查显示,20.09% 的企业存在因汇率波动而推掉订单的现象,每家企业平均推掉订单 57.80 万美元。近 80% 的外贸企业订单额未出现增长,近三成企业订单下降。33.22% 的企业因支付方式不能达成一致而丢失订单,平均丢失订单比例为 11.52%。①

2. 资金支持缺口较大

政府政策对出口导向型中小企业生产经营的影响有利有弊。加工贸易政策使中小企业可以拓展更广阔的领域,出口退税政策提高了部分产品的退税率,有利于中小企业的发展。但是,汇率政策受制于国际货币兑换价格的浮动,近年来对出口型中小企业造成了巨大的冲击,出口退税率提高后的补贴差额不足以抵挡美元贬值的冲击,利益缺口依然存在。综合考虑各类政策的合力作用,结果不容乐观。

(二) 市场环境

出口导向型中小企业的市场环境可以分为要素市场和产品市场进行论述。

1. 要素市场

近年来生产要素市场价格的大幅上升使中小企业面临较大的成本压力。

一是原材料价格上涨导致的生产成本加大,现金流吃紧。受经济大环境的影响,物价大幅度上升,产品销售却因激烈的市场竞争无法同比例加价而导致利润减少,现金流紧张。由于融资困难,较多的中小企业不得不向地下金融融资,导致财务费用增加,融资成本大幅度上升。图 17-1 为 2003—2012 年国内原料、燃料、动力价格指数的走势图,同时也反映了企业承受成本上涨的压力趋势。

从图 17-1 可以看出,以 2003 年为基数,除 2009 年受 2008 年开始的经济危机的滞后影响外,价格在其余年份基本上都是上涨的。

在中小企业集聚的东南沿海地区用工矛盾尤其突出,新劳动合同法实施后,"民工荒"似乎成为常态。例如,根据温州市发改委的测算,2008 年企业年人均工资费用上升了 5 816 元。② 由于激烈的市场竞争,这些提升的成本并无法加在产品

---

① 中小企业外贸综合服务平台(http://www.onetouch.cn)。
② 中国经济信息网(http://www.cei.gov.cn)。

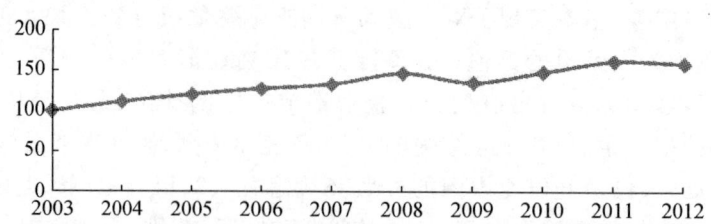

图 17-1　2003—2012 年原料、燃料、动力价格指数变动

资料来源：根据中经专网搜集整理。

的售价中转嫁至下游客户。2013 年,贵州、北京、浙江、河南、陕西、广东等地最低工资标准分别提高 10.8%、11.1%、12.2%、14.8%、15% 和 19.2%。东南沿海地区中小企业返岗率仅为 60%。中小企业重复着"招工难—不敢接单—经营困难—订单不稳"的循环。① 从图 17-2 所示的 2002—2008 年的工资曲线图我们可以看出工资逐年上涨的程度。

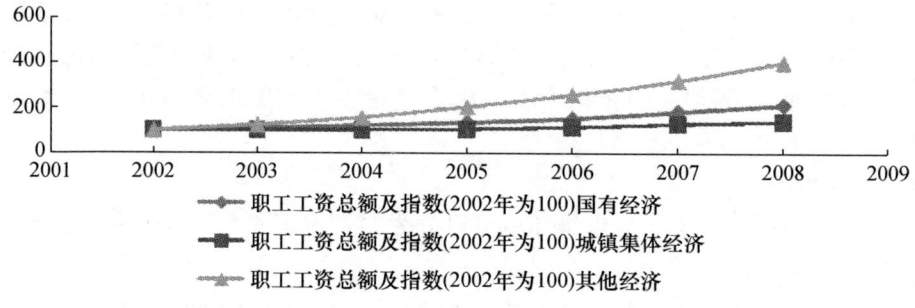

图 17-2　2002—2008 年人工工资变动情况

资料来源：根据中经专网搜集整理。

从图 17-2 可以看出,以 2002 年为基数,人工工资每年都在上涨且涨幅很大,使劳动密集型企业的用工成本大幅度提升。

2. 产品市场

出口导向型中小企业和国有大型出口企业相比,对国际市场的反应更为迅速,机动性更强。在错综复杂的经济形式下,从贴牌代工到自主研发,推动了自主品牌的发展;抱团取暖、集群发展,提高了中国中小企业在国际市场上的竞争力。如浙江的义乌被誉为"小商品之都",温州被誉为"皮鞋之都",宁波被誉为"打火机之都",海宁被誉为"皮革之都";广东的东莞被誉为"代工之都",佛山被誉为"陶瓷之都",中山市古镇被誉为"灯饰之都";江苏苏州被誉为"婚纱之都";福建

---

① 《下半年中小企业走势谨慎乐观》,《经济日报》,2013 年 7 月 19 日。

晋江被誉为"拉链之都";江西景德镇被誉为"瓷都";河北白沟被誉为"箱包之都"。中国的中小企业集群把中国的品牌推向了国际市场。

出口导向型中小企业的弱点是受国际经济环境的影响较大,每一次金融危机的爆发都会导致一批出口导向型中小企业消失。1997年亚洲金融危机爆发后,全球经济遇到了很大困难,发达国家经济也不同程度地出现衰退或增长迟缓。2007年下半年美国次信贷危机爆发,全球经济受到极大打击,中国出口下滑。国务院发展研究中心的报告指出,自2007年9月,中国出口月度实际增长率从上半年的20%左右降至10%以下。2008年第一季度,出口增长率下降至3%,接近1998年亚洲金融危机全面爆发时的情形。① 根据世界银行、IMF等机构的报告,2009年发达经济体出现不同程度的负增长。由于中国对发达经济体出口的产品主要为价格较低廉的生活必需品、部分高新技术产品和机电产品,发达经济体的持续衰退影响了我国高新技术产品的出口,以纺织、服装为代表的弹性较小的生活必需品出口在经历了半年的持续下降后出现了恢复性增长。

中国出口导向型中小企业面临着激烈的市场竞争。欧美政府为了增强本地区中小企业的出口竞争力,实行全面的贸易救济措施,支持中小企业出口。美国政府为促进本国中小企业自由进入国际市场,向非洲、中东、中亚、东亚、俄罗斯、拉丁美洲等地区派出知识产权专员,以保护本国企业的知识产权。2012年,奥巴马政府实施"金钥匙"计划,推动4 000家中小企业进入中国市场。据华南美国商会的报告显示,越来越多的美国中小企业进入中国,可能形成一轮"鲶鱼效应"②。

从国际贸易环境分析,中国中小企业的出口面临着国际上各种形式贸易规则的约束。金融危机导致世界主要经济体普遍衰退,失业人口增加,抑制了进口国企业投资和社会就业水平。基于此,这些国家会出台新的贸易政策或更加严格地运用原有贸易规则以保护国内产业发展,稳定就业。贸易保护政策的形式主要包括反倾销、反补贴、技术、环境等贸易壁垒的限制。这些贸易保护政策导致中国的中小企业成本大幅上升。例如,近年来美国及欧盟国家对中国的制鞋、轮胎橡胶、光伏产业、钢铁制品和厨房用具等行业进行的贸易限制和惩罚性措施,造成中国涉及此类行业的出口导向型中小企业步履维艰,经营十分困难。至2011年12月,欧盟对中国公司征收的反倾销税税率从48.3%升至71.9%。③ 2012年8月,美国国际贸委会裁定继续对中国文具纸征收反倾销税。中国光伏产业在产能过剩、利润下降的情况下,遭遇来自欧美的"双重夹击",面临严峻的行业危机。④ 据中国皮

---

① 褚婼:《出口型中小企业发展对策研究》,北京交通大学硕士学位论文,2009。
② 中证网 http://www.cs.com.cn. 张茉楠:2013.09.16
③ 《中国商报》,2013年8月22日。
④ 中国新闻网,http://finance.chinanews.com,2012年10月17日。

革协会的统计数据,反倾销税导致中国皮鞋向欧洲的出口降低了20%,约4 000万双鞋,造成约中国2万名工人失业。①

结合国内和国际市场,从要素市场和产品市场的环境分析,出口导向型中小企业呈现出一种内外交困的状态。生产要素如原料、工资、动力、租金主要在国内,价格的连年上涨加大了中小企业的生产成本;商品市场主要在国外,国际商品价格跌多涨少,客户流失到东南亚等成本和价格占比较优势的国家。这些综合因素导致出口导向型中小企业亏空扩大,竞争能力下降。例如,对国内的服装和纺织行业而言,国内棉花价格上涨,国外棉花的进口又受到限制,政府管制造成价格扭曲,导致某些利润空间本来就不大的中小企业要么亏损,要么关门。

以武汉市出口数据为例,截至2013年8月,全市出口贸易摩擦应诉案件21起,涉案产品21个大类,涉案企业32家,涉案金额1 518万美元,重点是钢铁、化工、变压器、汽车及零部件等行业。同时,人民币持续快速升值,造成出口企业利润空间收窄,经营信心不足。调查问卷显示,受人民币升值的影响,83.7%的企业反映出口利润下降,50.7%的企业订单减少,38.1%的企业只敢接短单,不敢接长单。②

综上所述,无论是从要素市场还是从产品市场分析,出口导向型中小企业近年来面临的形势都是非常严峻的。在要素市场上,料、工、费的连年上涨加大了生产成本,使其竞争能力下降;在产品市场上,美国、欧盟等的贸易保护政策及对中国部分出口产品开展的"双反"调查给企业出口造成了极大的压力。

(三)产业特征

1. 劳动密集型

中国民营企业的出口主要集中于纺织服装、鞋类、塑料制品等劳动密集型产业。2008年1—7月,中国民营企业出口的前10大类产品中,传统劳动密集型产品如服装及衣着附件、纺织纱线织物及制品、鞋类、家具及其零件、箱包、塑料制品、灯具占据了其中的7席,出口674.8亿美元,占同期中国民营企业出口总值的32.5%。其中,服装及衣着附件规模最大,出口281.5亿美元。③ 民营出口企业由于自主品牌缺乏,主要靠价格优势占领国际市场,受外部环境波动的冲击较大。2007年以来,国家为降低贸易摩擦风险,把劳动密集型商品的出口退税作为宏观调控重点,民营企业的主要出口商品大部分均在其中。2008年以来,原材料成本不断上扬,人民币升值加快,民营企业的出口利润受到挤压,大量企业破产。2011

---

① 人民日报海外版中国鞋网,http://www.shoes.net.cn,2011年11月1日。
② 《全市外贸出口情况的调研报告》,《武汉人大调研》,2013年第15期。
③ 中国海关总署网,http://www.customs.gov.cn,2008年9月22日。

年以来,中国的商品出口整体来看略有改观,2011 年到 2013 年 1—10 月部分出口数据如表 17-1 所示。

表 17-1  2011—2013 年部分出口商品量值表　　　　　单位:亿美元

| 序号 | 商品名称 | 2011 年 | 2012 年 | 2013 年 1—10 月 | 同比增加(%) |
|---|---|---|---|---|---|
| 1 | 玻璃制品 | 56.01 | 73.36 | 64.94 | 7.7 |
| 2 | 不锈钢厨具、餐具类 | 18.92 | 18.20 | 15.65 | 5.0 |
| 3 | 冰箱 | 43.65 | 47.76 | 42.19 | 4.2 |
| 4 | 洗衣机 | 28.02 | 33.23 | 28.54 | 3.1 |
| 5 | 轴承 | 32.93 | 31.96 | 27.83 | 5.0 |
| 6 | 电动机及发电机 | 87.90 | 92.25 | 80.81 | 4.8 |
| 7 | 风力发电机组 | 0.00 | 4.67 | 3.67 | -15.5 |
| 8 | 电视机 | 136.71 | 121.10 | 89.03 | -10.2 |
| 9 | 录放音(像)机类 | 32.09 | 27.00 | 16.35 | -27.2 |
| 10 | 集成电路 | 325.66 | 534.35 | 760.05 | 91.6 |
| 11 | 船舶 | 418.05 | 361.20 | 222.97 | -27.8 |
| 12 | 灯具、照明类 | 126.46 | 195.38 | 192.71 | 20.3 |
| 13 | 箱包及类似容器 | 239.43 | 253.11 | 225.95 | 11.3 |
| 14 | 体育用品及设备 | 86.86 | 94.08 | 79.82 | 3.0 |
| 15 | 服装及衣着附件 | 1 532.20 | 1 591.45 | 1 458.01 | 11.5 |
| 16 | 鞋类 | 417.23 | 468.12 | 412.60 | 7.9 |
| 17 | 塑料制品 | 234.68 | 315.70 | 282.96 | 9.1 |
| 18 | 玩具 | 108.26 | 114.51 | 105.17 | 7.5 |
| 19 | 机电产品 | 10 855.89 | 11 794.21 | 10 293.04 | 7.6 |
| 20 | 高新技术产品 | 5 487.88 | 6 011.96 | 5 353.74 | 11.8 |

资料来源:根据海关总署公布的数据加工整理。

2. 集群化发展

出口导向型中小企业呈现出集群化发展的特征。在经济发达的东部沿海地区集群化发展更为明显,江浙一带和珠三角地区的出口型中小企业集群占绝对优势。如浙江省,有绍兴的纺织品、义乌小商品、温州的皮鞋等,"一乡一品"、"一县一业"成为浙江区域经济发展的一大特色①;珠三角地区的产业集群则以建制镇为

---

① 孟雷:《温州中小企业国际化市场进入模式研究》,对外经济贸易大学硕士学位论文,2007。

集群特征,每个集群、专业镇都有自己的特色产业,如佛山的瓷砖、古镇的灯具、潮州的卫生洁具、东莞的玩具等。

出口导向型中小企业所在的产业对融资需求的影响是多方面的。例如,中国的资源禀赋决定的出口商品结构,从资源密集型、劳动密集型到资本及技术密集型的转化影响着融资需求。近年来由于中国的用工成本大幅度上升,人口红利逐渐消失,劳动密集型中小企业受到较大的利润挤压,现金流吃紧,融资需求加大;而资本密集型与技术密集型中小企业和发达国家相比劣势明显,国内资本容易受到国际资本的冲击,技术研发无法跟上发达国家的步伐,跟随和模仿特征明显,这也造成此类中小企业的融资需求浮动较大。国际产业结构的调整也对中国出口导向型中小企业的融资需求产生较大的影响。

(四)企业信用能力

1. 信用基础

出口导向型中小企业必须按照国际标准组织生产。世界各国都对进口商品采取了严格的质量检验制度,进口商与出口企业也会按国际上的通行做法签订贸易合约并组织验收。这些强制性措施使出口企业的生产标准普遍高于国内企业。如果交货时验收不合格,就会承担较高的交易成本或面临严厉的惩罚条款。出口导向型中小企业取得的国际质量能力认证(如 ISO 等)、出口许可资质、出口信用证外商合约订单等,都成为其优质的可抵押资产,并构成了其较高等级的信用基础。

2. 企业信用履行

出口企业组织信用较高。出口导向型中小企业对客户的信用呈现出显著的强制性与自约束特征。在国际贸易结算方式中,无论是采用汇付、托收还是信用证支付,风险均在出口商一方,即使是采用预收方式供货,也只能预收部分货款。因此,信用风险主要集中在进口方。出口方的信用风险主要是产品质量风险,如果出口企业的产品质量不合格,无法通过验收,不但得不到对方的支付,还要承担所有的制造成本和违约损失。由违约行为造成的国际诉讼或仲裁也会产生巨额的费用,使企业陷入困境。在国际贸易中的信誉丧失无疑是自掘坟墓。因此,通常情况下,国际贸易型企业的产品质量和契约履行要明显高于国内贸易型企业。

综上,从信用基础来看,出口导向型中小企业有形资产较少且大多为低端代工,其长期经营形成的无形资产也未得到充分的挖掘,经营能力和组织结构相对简单,信用基础相对薄弱。在信用履行方面,出口导向型中小企业与国外企业在长期合作的背景下,依据国际惯例交易,法律制度和制衡机制健全,组织的信用履行能力较强。

## 二、影响出口导向型中小企业融资因素的强度效用分析

结合聚类分析模型的指标体系设计了调查问卷,向出口导向性中小企业集中的浙江和广东地区的相关企业和有关部门发放50份问卷,成功收回41份有效问卷。经过对数据进行处理,得出其4个维度28个影响因素的重要性指数和融资难指数,并形成如下判断:

### 1. 出口导向型中小企业融资难属于"政府引致型"

运用"四维分析模型"的问卷调查表明出口导向型中小企业融资影响因素强度分别是:政府政策0.485、市场环境0.193、信用能力0.182、产业生态0.14。影响因素的强度效用指数分别是:政府政策-0.783、产业生态-0.172、信用能力-0.164、市场环境-0.157,综合强度效用指数为-1.275。由此可以判断,出口导向型中小企业融资环境正在恶化,融资难属于"政府引致型"。

### 2. 出口导向型中小企业融资难成因具体解析

根据出口导向型中小企业的融资难指数细化指标体系,可以发现导致出口导向型中小企业融资难的主要成因,具体情况如表17-2所示。

表17-2 影响出口导向型中小企业融资的三级指标强度效用指数

| 一级指标 | 二级指标 | 三级指数 | 强度 | 效用 | 强度效用指数 |
| --- | --- | --- | --- | --- | --- |
| 政府政策 | 财政税收 | 税费制度 | 0.090 | -2.812 | -0.253 |
| | | 政府补贴 | 0.070 | -2.077 | -0.145 |
| | | 政府采购 | 0.040 | -1.351 | -0.054 |
| | 金融政策 | 金融体系 | 0.015 | 0.009 | 0.001 |
| | | 利率汇率政策 | 0.120 | -1.299 | -0.156 |
| | | 风险分担 | 0.014 | -0.387 | -0.005 |
| | 特别政策 | 政府基金 | 0.033 | -0.879 | -0.029 |
| | | 创新保护 | 0.032 | -1.244 | -0.040 |
| | | 基础服务 | 0.071 | -1.415 | -0.100 |
| 市场环境 | 要素市场 | 原材料 | 0.006 | -2.122 | -0.013 |
| | | 劳动力 | 0.011 | -1.448 | -0.016 |
| | | 技术 | 0.054 | -1.129 | -0.061 |
| | | 资金 | 0.007 | -1.652 | -0.012 |
| | 产品市场 | 市场容量 | 0.026 | -0.601 | -0.016 |
| | | 市场增长 | 0.054 | -0.152 | -0.008 |
| | | 市场结构 | 0.035 | -0.904 | -0.032 |

（续表）

| 一级指标 | 二级指标 | 三级指数 | 强度 | 效用 | 强度效用指数 |
|---|---|---|---|---|---|
| 产业生态 | 产业属性 | 产业要素特征 | 0.006 | -2.480 | -0.015 |
| | | 产业功能定位 | 0.020 | -0.290 | -0.006 |
| | | 产业生命周期 | 0.012 | -3.007 | -0.036 |
| | 行业生态 | 上下游生态 | 0.052 | -0.974 | -0.051 |
| | | 同行竞争态势 | 0.017 | -1.460 | -0.025 |
| | | 行业进出门槛 | 0.033 | -1.190 | -0.039 |
| 信用能力 | 信用基础 | 资源禀赋 | 0.052 | -0.076 | -0.004 |
| | | 经营能力 | 0.016 | -0.871 | -0.014 |
| | | 治理结构 | 0.011 | -0.330 | -0.004 |
| | | 存续时间 | 0.037 | -0.466 | -0.017 |
| | 信用履行 | 业主个人信用 | 0.022 | -1.132 | -0.025 |
| | | 企业组织信用 | 0.044 | -2.288 | -0.101 |

资料来源：根据调研资料整理。

根据调研的数据，从以下四个方面进行分析：

其一，导致出口导向型中小企业融资难的政策因素对融资的影响强度效用指数从负到正依次是：税费制度为-0.253、利率汇率政策为-0.156、基础服务为-0.100、政府补贴为-0.145、政府采购为-0.054、创新保护为-0.040、政府基金为-0.029、风险分担为-0.005、金融体系为0.001。可以发现，出口导向型中小企业的税费较重，汇率变动的负面影响较大，政府政策补贴未能对冲汇率与税费的负面影响。

其二，导致出口导向型中小企业融资难的市场因素对融资的影响强度效用指数从负到正依次是：技术获取为-0.061、市场结构为-0.032、市场容量有限为-0.016、劳动力成本上升为-0.016、原材料为-0.013、资金不足为-0.012、市场增长率为-0.008。说明出口导向型中小企业由于技术不足、外部市场突变下降和劳动力等要素市场成本上升，其市场量速齐降，资金流压力不断增加，融资难加剧。我国出口导向型中小企业仍以劳动密集型的代工为主，但人口红利逐步消失且缺少核心技术，受国际经济形势影响波动较大。

其三，导致出口导向型中小企业融资难的产业因素对融资的影响强度效用指数从负到正依次是：上下游生态为-0.051、行业进出门槛为-0.039、产业生命周期为-0.036、同行竞争态势为-0.025、产业要素特征为-0.015、产业功能定位为-0.006，说明出口导向型中小企业的出口贸易领域仍属于国家重点扶持领域，但由于其所在产业的上下游生态和同态势竞争态势恶劣，经营融资难度增大。

其四,导致出口导向型中小企业融资难的信用因素对融资的影响强度效用指数从负到正依次是:企业组织信用为-0.101、业主个人信用为-0.025、存续时间为-0.017、经营能力为-0.014、治理结构为-0.004、资源禀赋为-0.004。出口导向型中小企业所拥有的国际认证、信用证等资源禀赋支撑了其较好的信用基础,但由于受外部影响,金融危机以来业主与企业综合信用水平下降较大。

## 第三节 对策与建议

### 一、优化政府财政与金融支持政策

政府应优化财政与金融方面的支持政策,如增加对中小企业的政府采购、推动金融机构对中小企业实行低息贷款、减免税收等,从而使中小企业更方便、低成本地取得急需的发展资金,解决融资难问题。根据调研的结果,中国的大部分出口导向型中小企业仍然面临融资难问题,特别是劳动密集型中小企业、加工型中小企业,由于人民币对外不断升值,国内料工费的持续上涨,融资难问题日渐严重。中央和地方政府应加大对中小企业的财政支持,大幅增加中小企业的专项扶持基金,促进中小企业产业结构升级,努力开拓国际市场。需要大力发展和完善政策性担保机构,发挥为中小企业服务的能力,解决中小企业的融资困难。对科技含量高和附加值高的产品,应该继续提高出口退税率。可采取注资的方式加大向中小银行的投入,减免相关金融机构的税费,或对提供低息贷款的金融机构给予补贴,鼓励面向出口导向型中小企业的金融服务。应充分发挥出口信用保险机构的作用,对出口导向型中小企业提供足够的信用担保。对办理中小企业出口信贷业务的金融机构,可以考虑由财政拨款。

政府应当加快人民币国际化的进程,与更多的国家和地区签署双边本币互换协议,在中国金融服务发达的城市开展跨境贸易人民币结算试点,降低出口导向型中小企业面临的汇率风险,降低出口贸易的交易成本。在汇率方面,人民币汇率的上升会刺激本国的进口需求,但在对外贸易保持顺差时整体是不利的,对出口企业造成较大的汇率损失值得重视。

### 二、提升政府和企业市场应变能力

在国内市场环境方面,我们认为,促进出口导向型中小企业的发展不是直接对哪一类中小企业进行扶持,而是应通过制度建设为中小企业创建一个公平竞争的市场环境,从而实现资源的自由流动和优化配置。有必要进一步改善中国与世界相联系的交通运输、通信设施、外交进入的软硬环境,健全与国际接轨的市场规划和政府管理体制。为提高中小企业的活动效率和发展水平,政府应当组织并规范金融、技术、咨询等社会服务体系。

在国际贸易环境方面,出口导向型中小企业面临着国际上各种形式贸易规则的约束。进口国为保护本国的投资和就业,会严格运用贸易规则甚至出台新的贸易政策保护本国的产业发展。近年来,进口国对中国的反倾销、反补贴、技术、环境等贸易壁垒的限制不断,导致中国中小企业成本大幅上升。这些贸易限制和惩罚性措施,造成涉及此类行业的中小企业步履维艰,经营困难。这种针对中国出口企业的限制仅靠企业自身的能力是无法解决的,必须依靠政府的力量。

政府应促进中小企业在出口中进行联合。中小企业在扩大出口、进入国际市场时面临的困难要比大型企业复杂。可以借鉴国际经验,加强中小企业与大企业的专业协作及横向联合,加强与专门外贸机构之间的合作,扩大中小企业间接出口。可以建立出口市场信息服务体系,组织国际高新技术成果交易会,鼓励外商参与中小企业的合作及合资经营,扩大中小企业规模。发展中小企业出口基地和出口集团的建设,减少盲目竞争,提升中小企业的整体竞争能力。

政府应当积极推动自由贸易区的战略实施,在已签订11个自由贸易区的基础上,加快与其他国家和地区建立自由贸易区的谈判进程。在中国本土有步骤地放开和推行自由贸易区的建设,除已批准的上海自贸区外,逐步开放天津自贸区、舟山自贸区、厦门自贸区等。自由贸易区的建设可以使中小企业出口享受优惠的关税及扩大国际市场份额,减少海外贸易摩擦,避免贸易保护主义对出口的不利影响。

## 三、鼓励中小企业的合作技术创新

政府还应该鼓励中小企业的合作技术创新。由于中小企业规模相对较小,技术创新的制约因素多,资金、人才缺乏,抵抗风险的能力弱,而国家投资和银行贷款向大型企业和国家重点项目倾斜,无法顾及点多面广的中小企业。这些因素造成中小企业在自主创新和模仿创新方面都投入不足,而合作技术创新则为中小企业提供了一种可行的创新途径。合作创新主要是通过企业与企业间的合作、企业与高校及科研机构间的合作而实现。合作创新可以充分发挥各方优势,弥补创新资源和能力的不足。在政府的鼓励和支持下,出口型中小企业可结合自身情况,与产业内关联度高的中小企业联盟,联合高校、科研机构开展横向技术研发,合作创新。

提高科技水平,实现向高新技术企业的转型可以使中小企业享受国家的优惠政策。政府针对高新技术中小企业的资金支持由于不具有普惠性质,传统的出口型中小企业无法享受该优惠政策。中国的出口导向型中小企业大部分以出口退税作为利润来源的特点导致其在国际上的竞争力低下,一旦面临经济危机的冲击,就会出现大面积破产的现象。因此,要想提高生存能力,必须提高技术水平,努力增加出口商品的技术附加值。政府的作用是倡导中小企业自主创新并促进技术合作,增强中小企业的核心竞争力。

# 第十八章　科技型中小企业融资现状的调研报告

## 第一节　科技型中小企业的发展现状

### 一、科技型中小企业在国民经济中的地位

1. 科技型中小企业是技术创新的重要力量

在信息科学技术蓬勃发展和人们对高科技产品的需求越来越大的时代,科技型中小企业在开发新产品、新技术和新服务方面具有其他企业难以企及的比较优势。从美国的一项统计来看,小企业的创新效果甚至好于大企业,科技型中小企业每得到 1 美元联邦政府提供的 R&D 资金所产生的创新成果平均是大企业的 10 倍。[①] 数据显示,仅占全国中小企业总量 5.7% 的科技型中小企业,为我国提供了 66% 的专利、74% 以上的技术创新以及 82% 以上的新产品开发;在所有国家级高新技术开发区中,中小型民营科技企业占到 80% 以上。在 2012 年度国家科技进步奖项目中有 62.4% 的项目由民营企业参与完成,在国家科技进步奖通用获奖项目中,中小企业参与完成的项目占 66%,上述数据足以证明中小企业已成为我国先进生产力的代表。

2. 科技型中小企业是产业升级的强大推手

我国实施的创新体系是以企业为中心的,在这一体系实施中,有些地区实行大力发展科技型中小企业的发展战略并以此为该企业的创新突破口。特别是在近年来,我国大量的科技型中小企业向高新技术产业进军,创造出了许多让人惊叹的奇迹。一些民营小企业通过自身的创新发展跃身成为世界级大公司的例子举不胜举。事实证明,像联想、阿里巴巴、中星微电子、正泰太阳能科技、启明星辰、金风科技等从事新一代信息技术、高端装备制造、新能源产业的大中型企业,无一不是从小企业脚踏实地成长起来的,现已成为发展战略性新兴产业的典型代表。在已上市的 356 家创业板企业中,有 77 家属于信息技术行业、45 家属于电子行业、24 家属于生物医药行业,此外还有近 30 家企业分布在科研服务、节能环保和文化传播等新兴产业中,上述科技型企业占比已超过 50%。此外,目前已有新浪、百度、中星微电子等 50 余家科技型企业在美国纳斯达克上市,这些优秀中小

---

[①] 柳承路,金占明:《我国小型高技术企业的地位和作用》,《科技导报》,2008 年第 9 期。

企业在战略性新兴行业的成功布局不仅为企业自身带来了丰厚的利润,也极大提升了我国在战略性新兴行业的国际影响力。

科技型中小企业不仅可以实现科技成果的产业化,对新产品的孕育与研发起着至关重要的作用,而且在这一转化过程中,经济结构和企业结构都在潜移默化中得到优化。为了在激烈的市场竞争中图存求变、做强做大,为数众多的中小企业有着不竭动力和内在冲动去追求技术进步。它们在促进科技进步方面的种种努力,对于加快转变经济发展方式、尽早建成创新型国家具有积少成多、由量变到质变的奠基性的重要意义。

**二、科技型中小企业资质认定的尴尬**

科技型中小企业迄今为止依然是一个较为模糊的概念,一般是指以科技人员为主体,由科技人员创办,主要从事高新技术产品的科学研究、研制、生产、销售,以科技成果商品化以及技术开发、技术服务、技术咨询为主要内容,以市场为导向,实行"自筹资金、自愿组合、自主经营、自负盈亏、自我发展、自我约束"的知识密集型经济实体。

1. 认定标准难以落地

1999年,科技部和财政部联合发布了《科技型中小企业技术创新基金的暂行规定》,首次对我国科技型中小企业的标准进行了界定,其主要指标包括:(1)企业中具有大专以上学历的人员占职工总数的比例不低于30%;(2)企业每年用于高新技术产品研究开发的经费不低于销售额的3%;(3)直接从事研究开发的科技人员应占职工总数的10%以上。但由于我国符合该标准(主要是科技人员比例和研发经费比重)的中小企业数量占中小企业总量的比重很小,且已认定为高新技术企业的研发占比长期低于2%(见图18-1),加之其对于科技型中小企业的认定条件仅为原则性要求,导致在具体实施过程中,各地方政府认定机构的裁量权较大,国家标准难以严格实施。

2. 认定体系交叉反复

目前我国有民营科技企业和高新技术企业两套科技企业认定体系,这两套体系蕴含着不同的认定标准。从国家层面看,两套认定体系包含着三种科技企业认定标准,分别是民营科技企业认定标准、国家高新技术产业开发区内高新技术企业(以下简称园区内企业)认定标准和国家高新技术产业开发区外高新技术企业(以下简称园区外企业)认定标准。按照繁简程度,这些标准可以被分为三类:(1)处于高科技产业领域;(2)处于高科技产业领域,研发资金投入、研发人员或科技人员强度、技术性收入和高新技术产品销售份额等达到一定水平;(3)处于高科技产业领域,研发资金投入、研发人员或科技人员强度、技术性收入和高新技术产品销售份额等达到一定水平,在一定规模以上或经营效率、盈利水平达到一

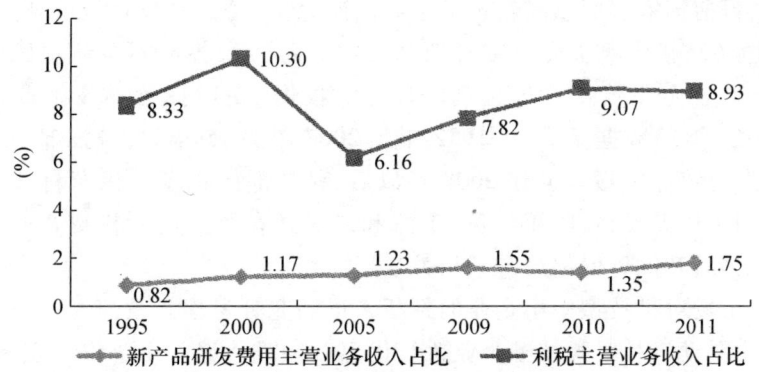

图 18-1　1995—2011 年高科技产业新产品研发与利税占比情况
资料来源:1995—2011 年中国高新技术产业年鉴数据整理所得。

定标准。

从地方层面看,基于国家的上述标准,地方各自制定了民营科技企业和高新技术企业认定办法。各地制定的认定标准存在一定差异,主要表现为:(1)在研发投入比例、研发人员或科技人员比例等数量标准方面,对于高新技术企业,各地基本遵循了国家的相关标准;对于民营科技企业,有的地方规定了研发投入比例、研发人员或科技人员比例数量标准,有的地方则没有做出要求。(2)无论对高新技术企业,还是对民营科技企业,各地在国家标准之上附加的条件各不相同,例如,有的地方增加了对企业规模、生产效率、利税水平等方面的要求,有些地方则没有此类要求。

3. 认定环节市场缺位

第一,我国的科技企业基本集中于政府科技主管部门认定。目前,科技企业的存续方式大致有三种:一是通过地方政府科技主管部门认定并授予科技企业证书的企业;二是运用自主知识开发或买入专利进行新产品生产的科技企业,其中一部分没有申请或没有得到科技企业证书;三是运用高科技产品、设备等加工产品的企业,它们通常没有资格申请科技企业。总体来看,政府认定大致经历了三个阶段,依次为民营科技企业认定、高新技术企业认定和"双高"认证[①]。"双高"认证在实行不久后即被取消,现行的科技企业认定主要是由地方县级以上科技部门进行的民营科技企业认定和由省级以上科技部门进行的高新技术企业认定。民营科技企业的概念强调企业经营的非国家性和技术性收入的重要性,而高新技术企业的概念则强调企业产品的尖端性和企业的研发能力。

---

① 指同时通过科技部和中国科学院高新技术企业认定。

第二，目前国家层面以高新技术企业认证为主，民营科技企业认证逐步退出。2008年国家《高新技术企业认定管理办法》出台之后，各地不再认定民营科技企业，对民营科技企业数据统计也基本停止。根据《中国民营科技企业发展报告（2006—2010年）》数据显示，从1992年到2007年的15年间，科技部一直对民营科技企业发布统计年报。但在2008年以后，科技部停止了对民营科技企业进行数据统计的工作。现在，除了江苏、上海和武汉还在统计民营科技企业的相关指标和数据之外，其他省份都没有了相关数据。

第三，市场对科技型中小企业的判断未得到充分考虑。政府对科技型企业进行认定的主要动机是对科技型企业执行优惠政策或待遇。由于出发点不同，政府认定的科技企业与资本市场的要求之间存在较大差距。2000年与发行上市相联系的"双高"认证被取消基本上说明了这一点。近年来，创业板屡屡出现的"伪高新企业"案例层出不穷，《经济参考报》记者通过统计发现，2012年1月1日至3月21日发布高新认证的148家创业板上市公司，加上1家首次获得国家火炬计划重点高新技术企业的公司，有27家公司不符合高新技术企业认定条件。[①] 北京志诚泰和公司2009年被认定为高新技术企业，享受15%所得税优惠税率，后其主动承认不符合认证指标，还补交了税收优惠。[②]

综上所述，政府对科技企业进行认定，其特征集中表现为两个方面，一是认定标准多元化，二是认定制度行政化。这表明由政府认定科技企业的模式需要变革，以适应科学技术进步和市场经济深化的要求。

**三、科技型中小企业的发展特点**

1. 企业数量保持平稳增长

由于科技型中小企业的数据尚无权威统计，本报告以民营科技企业为统计口径，参阅《中国民营科技企业发展报告》(2006—2010)中的相关数据，研究发现：中国科技型企业数量和从业人员数量逐年增加，总收入和净利润等指标持续增加，如表18-1所示。同时也以高新技术企业为统计口径，对《高新技术产业年鉴》和《中国统计年鉴》中的相关数据进行整理后发现，高新区内规模以下高新技术企业的数量整体呈现稳中有升的趋势，从2005年的2.5万家增长到2011年的3.5万家。[③]

---

[①] 张彬：《指标不合格照样当"高新"，"伪高新"企业云集创业板——27家企业享税收优惠2.61亿元》，《经济参考报》，2012年3月30日。

[②] 高凌云：《"伪高新"阴云笼罩创业板 嫌疑上市公司超一成，监管阀门收紧》，《南方都市报》，2012年4月25日。

[③] 《高新技术产业年鉴（2012）》中的高新区企业总数对应减去《中国统计年鉴（2012）》中高新技术产业规模以上科技型企业数量所得。

表 18-1　2001—2010 年中国高科技民营企业概况

| 年份 | 企业数量（家） | 从业人员（万人） | 总收入（亿元） | 净利润（亿元） |
|---|---|---|---|---|
| 2001 | 100 950 | 644 | 18 471 | 1 094 |
| 2002 | 109 384 | 783 | 25 959 | 1 763 |
| 2003 | 124 896 | 961 | 37 105 | 2 295 |
| 2004 | 141 353 | 1 130 | 48 083 | 2 825 |
| 2005 | 143 991 | 1 212 | 61 218 | 3 192 |
| 2006 | 150 595 | 1 389 | 76 267 | 4 040 |
| 2007 | 162 337 | 1 588 | 98 642 | 5 843 |
| 2008 | 173 000 | 1 770 | 118 000 | 7 000 |
| 2009 | 184 000 | 1 930 | 132 000 | 7 800 |
| 2010 | 198 000 | 2 170 | 156 000 | 9 600 |

资料来源：2001—2007 年数据来源于科技部统计数据，2008—2010 年数据为《中国民营科技企业发展报告》（2006—2010）的估计数据。

2. 技术产品缺乏竞争优势

中国的高新技术产业的产品附加值较低，处于两头在外的格局。2011 年中国出口的高新技术产品主要是进料加工贸易为主，占整个出口总额的 70% 左右，来料加工装配占 7% 左右，如图 18-2 所示，由此可以发现中国的高新技术产品主要是以加工代工为主。目前，我国缺乏核心技术的科技型中小企业占到全部科技型中小企业的 85% 以上。[1] 中国的高端医疗设备、半导体及集成电路制造设备和光纤制造设备，约 99% 从国外进口；中国石化设备的 80%，轿车制造装备、数控机床、先进纺织机械、胶印设备的 70% 依赖进口；中国是彩电、手机生产大国，但这两项产品的关键技术基本都掌握在跨国公司手里，甚至连鼠标生产都要交专利费。由此可见，中国从专利申请量和授权量上看是大国，可是中国依然属于技术净进口国、受让国，所以中国是实实在在的"创新小国"。[2]

3. 市场份额遭遇外商挤压

以中国高技术产业产品出口为例，外商独资的出口份额占比最高且呈上升趋势，中外合资企业出口份额排第二，外资背景的高科技企业产品市场占有率超过 80%，且呈上升趋势；国有企业高技术产品出口份额逐年下降，排名最低；民营企业（主要在"其他"条目内）份额逐年上升，十年翻一倍，但规模仍太小。具体如图 18-3 所示。

---

[1] 民营科技企业发展报告研究课题组：《中国民营科技企业发展报告（2006—2010 年）》中国经济出版社，2011。

[2] 济北南：《"专利大国"之忧》，《北京青年报》，2013 年 12 月 11 日，http://epaper.ynet.com/html/2013-12/11/content_29662.htm？div＝-1。

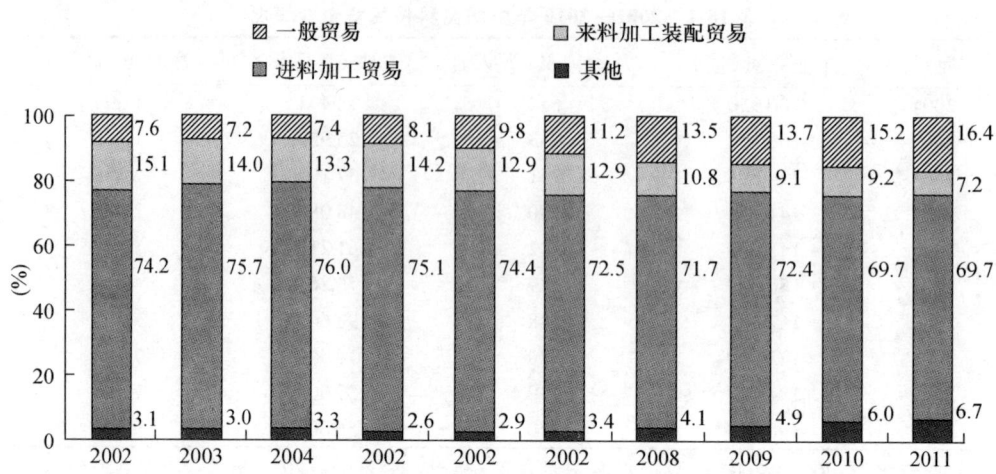

**图 18-2　高技术产品出口按贸易方式分布（2002—2011 年）**

资料来源：《高技术产业年鉴 2012》。

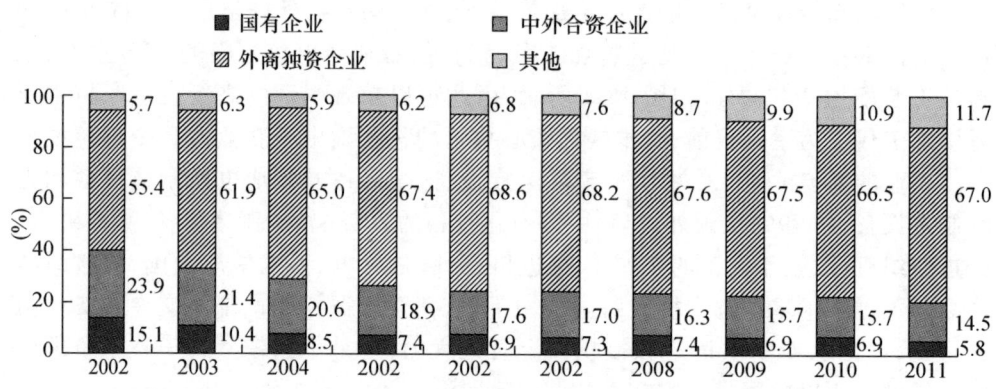

**图 18-3　高技术产品出口按企业类型分布（2002—2011 年）**

资料来源：《高技术产业年鉴 2012》。

**4. 研发强度远低于发达国家水平**

虽然近年来我国的研发经费总额逐渐提升，2010 年的研发支出是 2006 年的 2.77 倍，长期保持两位数以上增长，但中国制造业和高技术产业的 R&D 的强度依然远远低于发达国家和地区，比如美国 2007 年各行业的研发程度与中国 2010 年的数据相比（见表 18-2），制造业是中国的 3 倍，高技术产业是中国的 10 倍，医药制造业是中国的 14.7 倍；而中国的研发投入经费直至 2009 年才是美国的 20% 左右（见表 18-3）。

表 18-2 部分国家制造业和高技术产业的 R&D 强度

|  | 中国 2010 | 美国 2007 | 日本 2008 | 德国 2007 | 法国 2006 | 英国 2006 | 意大利 2007 | 韩国 2006 |
|---|---|---|---|---|---|---|---|---|
| 制造业 | 1.1 | 3.4 | 3.4 | 2.3 | 2.5 | 2.4 | 0.7 | 1.9 |
| 高技术产业 | 1.6 | 16.9 | 10.5 | 6.9 | 7.7 | 11.1 | 3.8 | 5.9 |
| 医药制造业 | 1.8 | 26.6 | 16.4 | 8.3 | 8.7 | 24.9 | 1.8 | 2.5 |
| 航空航天器制造业 | 6.2 | 9.9 | 2.9 | 8.6 | 5.2 | 10.7 | 13.4 | 9.0 |
| 电子及通信设备制造业 | 1.9 | 15.7 | 8.9 | 6.3 | 12.2 | 7.6 | 4.5 | 6.7 |
| 电子计算机及办公设备制造业 | 0.6 | 10.7 | 7.6 | 4.5 | 7.9 | 0.4 | 1.2 | 3.9 |
| 医疗设备及仪器仪表制造业 | 2.1 | 18.3 | 17.0 | 6.3 | 7.1 | 3.6 | 2.6 | 2.2 |

注：R&D 强度按 R&D 经费占工业总产值的百分比计算。
资料来源：中国数据来自国家统计局等编的《中国高技术产业统计年鉴 2011》；其他国家数据来自 OECD 的《结构分析数据库 2011》。

表 18-3 部分国家 R&D 经费的数量情况

|  | 研究与发展经费（亿美元） | | | | | 变动 |
|---|---|---|---|---|---|---|
|  | 2006 | 2007 | 2008 | 2009 | 2010 | 2010/2006 |
| 中国 | 376.66 | 487.68 | 664.27 | 849.38 | 1 043.22 | 2.77 |
| 法国 | 475.5 | 537.93 | 601.55 | 592.98 | 577.89 | 1.22 |
| 德国 | 737.37 | 841.48 | 974.57 | 930.97 | 924.58 | 1.25 |
| 意大利 | 211.15 | 249.53 | 278.21 | 266.85 | 258.78 | 1.23 |
| 日本 | 1 485.26 | 1 507.91 | 1 681.25 | 1 690.47 | 1 693.20 | 1.14 |
| 韩国 | 286.41 | 336.84 | 313.04 | 297.03 | 379.35 | 1.32 |
| 英国 | 426.93 | 500.16 | 471.38 | 402.91 | 398.58 | 0.93 |
| 美国 | 3 509.23 | 3 775.94 | 4 036.68 | 4 015.76 | 4 000.52 | 1.14 |
| 俄罗斯 | 106.21 | 145.06 | 173.45 | 153.06 | 172.35 | 1.62 |

资料来源：OECD，《主要科学技术指标》，2011。

5. 科研人才长期短缺

一是中国企业研发人员的数量和密度与发达国家差距明显，每万人中研发人员仅为 53 人，约是邻国日本的 39%。若以世界银行的数据做对比，2009 年中国每百万人中的 R&D 密度为 1 200 人左右，仅为其他国家平均水平的 1/10；若参照 2011 年《中国科技统计年鉴》数据，该指标也仅达到日本 2010 年数据的 40% 左右。二是中国顶尖科技人才外流严重，流失的顶尖人才数量居世界首位，其中科学和工程领域国外滞留率平均达 87%。从 1985 年至今，清华大学、北京大学的高科技专业的毕业生将近80%选择去美国谋求发展甚至留在美国。长期以来,体制的缺陷和待遇的差距,使得大学生毕业后选择民营科技企业就业的数量极少,而国有企业大学以上学历人员的流失率也高达64%,大多数流向外资、合资企业[①],高端人才的流失成为影响我国科技进步的主要瓶颈之一。

表18-4 部分国家科技研究人员的密度对比　　单位:人/百万劳动力

| | 中国 | 美国 | 日本 | 英国 | 法国 | 德国 |
|---|---|---|---|---|---|---|
| 年份 | 2011 | 2007 | 2010 | 2010 | 2009 | 2010 |
| 从事R&D活动人员 | 5 300 | — | 13 300 | 10 200 | 13 800 | 13 200 |
| 研究人员 | 2 500 | 9 100 | 10 000 | 7 500 | 8 300 | 7 800 |

资料来源:《中国科技统计年鉴2012》。

## 第二节　影响科技型中小企业融资的主要原因分析

### 一、影响科技型中小企业融资的主要因素

（一）政府政策

科技型中小企业在我国缺乏知识产权有效保护的大环境下难以获得因技术知识外溢而损失掉的全部报酬,导致企业会减少风险投资或不愿意进行技术创新,此时就需要政府进行知识产权保护和战略干预,对那些高技术企业进行资金补贴,以维持和激发企业创新的动力。此外,高新技术产业具有明显的外部经济特征,对关联产业形成了强大的技术支撑,带动了社会平均生产效率的提升。基于以上因素,政府对科技型中小企业的扶持具有重要意义。长期以来,各级政府部门出台了一系列产业扶持政策,投入了巨额研究开发经费,以期推动科技型企业不断创新及壮大,但收效并不明显,其中的原因值得认真反思。

1. 法律法规冗杂滞后

经初步统计,由各级政府部门颁布的支持科技型中小企业发展的相关法规和政策涵盖了资金支持、知识产权保护、技术创新服务体系、产业发展和市场保障等诸多领域,所有法律法规和政策文件合起来近5 000多项[②],其中明确针对科技型企业扶持的法律法规就超过34项,扶持政策不可谓不多,但也存在以下问题:

第一,专业化法律体系薄弱,缺乏实施细则。《中小企业促进法》只是从整体框架上提出促进科技型中小企业发展的原则性、指导性的政策思路,在具体实践中缺乏明确的实施标准,也没有与之配套的实施细则,造成法律在实践中缺乏约

---

[①] 史诗:《任秋实:用价值考量留住人才》,科技部网站,2012年6月14日。
[②] 宋瑶:《中国科技创新政策体系的现状与建设的方向》,中国科技网,2013年10月27日。

束力,法律条文的规定难以得到有效落实。

第二,规章制度标准不一,执行约束力不足。各部委颁布的各项规章制度对《中小企业促进法》《专利法》和《技术成果转化法》等法律进行了细化和整合,但由于法律层级较低,约束力不足,政策落实存在问题。各项政策对科技型企业的界定标准难以统一,缺乏权威性和稳定性,如高新技术企业认定标准的不断调整就严重影响了企业预期。

第三,科技型中小企业风险投资体系立法滞后。科技型中小企业的高风险与高收益特征使其难以通过银行等传统渠道获得融资,相反更适合于 VC 或 PE 等新型融资模式。但现行的有关法规都难以满足风险投资和私募基金的发展需求,而针对高科技风险投资的专门性立法缺失,使其处于无法可依的状态,严重制约了风险投资体系的发展,这在一定程度上加剧了科技型中小企业的融资困境。

2. 税收优惠难见实效

科技型中小企业税收优惠方式包括税收减免、优惠税率、提高起征点、加速折旧、加计费用扣除、盈亏相抵等,主要以直接减免税收和给予优惠税率方式为主。①但在实践中,企业要享受到这些优惠政策却又要面对门槛高、成本高和手续多等问题。

第一,政策的持续性不足。由于我国大多数税种的征收办法都是以行政法规的形式实施,而非通过人大立法规定,税收条例变动频繁,稳定性和透明度不足,与此同时,税收减免大多采用实施细则、临时通知等非法定形式,导致企业难以形成稳定的政策预期,削弱了优惠政策的实施效果。

第二,政策的灵活性不够。我国税收优惠多采用直接优惠措施,比如优惠税率、税收减免和再投资退税等,缺乏方便实用的加速折旧、提取准备金、税收抵免等间接优惠措施,且企业在申请设备加速折旧或缩短折旧年限时,现行程序繁杂,限制条件较多,导致企业难以自主选择优惠形式。

第三,政策的覆盖面不全。《高新技术企业认定管理办法》对高新技术企业的认定标准将大批中小型民营科技企业拒之门外,2008 年国家税务局关于技术创新的税收优惠政策又将民营科技企业整体排除在外,国家政策开始向高新技术企业倾斜,导致对民营科技企业的前期优惠政策逐步被取代或不再执行。优惠政策覆盖面的缩减使得大批极具潜质的科技型中小企业(主要是民营企业)胎死腹中,税收优惠的作用仅能"锦上添花",却无法"雪中送炭"。

---

① 《财政部、国家税务总局关于小型微利企业所得税优惠政策有关问题的通知》(财税〔2011〕第 117 号)。

### 3. 扶持资金效率不足

1999—2013年,中央财政累计安排科技型中小企业技术创新基金268.26亿元,共资助项目44 656项,补贴形式以无偿资助比例最高,占比超过九成,其中技术创新项目扶持比例最高,超过83.8%。但扶持资金在实际配置中却存在机制不健全、结构不合理、时机不适宜等问题。表18-5列示了2011年度立项项目的基本情况。

表18-5 2011年度立项项目情况(技术领域和项目类别)

| 项目类型 | 技术领域 | 立项数 | 计划支持金额(万元) | 资金所占比例(%) |
| --- | --- | --- | --- | --- |
| 技术创新项目 | 电子信息 | 1 573 | 100 638 | 21.69 |
|  | 生物医药 | 492 | 32 475 | 7.00 |
|  | 新材料 | 874 | 61 060 | 13.16 |
|  | 光机电一体化 | 1 744 | 119 610 | 25.78 |
|  | 资源与环境 | 585 | 39 925 | 8.60 |
|  | 新能源与高效节能 | 515 | 32 931 | 7.10 |
|  | 高技术服务业 | 53 | 3 270 | 0.70 |
|  | 小计 | 5 836 | 389 909 | 84.03 |
| 公共技术服务机构补助资金项目 |  | 517 | 34 090 | 7.35 |
| 创业投资引导基金项目 |  | 192 | 40 000 | 8.62 |
| 合计 |  | 6 545 | 463 999 | 100.00 |

资料来源:《中国科技统计报告2012》,第242页。

(1) 机制不健全。从国家科技创新基金的配置情况来看,以政府行政配置资金为主,缺乏对市场放大机制的引导作用,政府部门直接将资金无偿资助给企业,市场引导性基金占比极低。郭剑花、杜兴强(2011)研究发现,政府补助金给相关利益者以盈利的假象,助长了相关利益者的不努力行为,对运营能力有消极影响(吕小娅,2011)。上市公司在遇到上市危机时,会主动寻求政府的支援以实现摘星、摘帽,这实际削弱了企业的研发创新能力,未能带来企业市场价值的提高,政府资源的配置严重失效(逯东等,2012)。此外,由于基金扶持的考核机制不健全,目前利用低效、无效的伪技术获得科技企业认证,骗取国家创新基金的现象屡见不鲜。例如,浙江一家化工企业以一个并没有转化为生产的高科技项目申报国家科技创新基金的无偿资助,申报成功后又以虚假的数据通过了验收,顺利骗取了国家科技创新基金无偿资助65万元,地方匹配资助资金28万元。[①]

---

[①] 余东明、谢台选:《科技创新岂能弄虚作假》,人民网,2004年2月24日。

(2) 结构不合理。由于获得科技创新基金的门槛较高,政府更青睐拥有高新技术资质的企业,可能造成未获得高新认证的科技型小微企业享受基金扶持的比例大幅下降。中小板2009年273家上市企业中有82家曾获得过创新基金的早期支持;创业板首批28家上市企业中11家曾得到科技型中小企业技术创新基金的资助,受资助金额达1240万元。① 2007—2010年,创业板上市公司获得政府补助的企业占比分别是72.49%、86.77%、96.83%、98.41%。② 但能够在资本市场上市的企业数量毕竟是少数,大量小微科技企业依然无法享受资本市场发展的红利。此外,2011年开始,国家鼓励外企在境内申请创新基金③,外资企业在享受国家补贴的同时也占用了本土科技型中小企业的成长空间。根据深圳市科技和信息局统计,在2008年被认定为高新技术企业的3 000多家企业中,外资企业(含港澳台、中外合资)占比29.30%,而这些外资企业大多数从事制造业。

(3) 时机不科学。高松等(2011)调查发现创新基金对种子期和创业期企业的资助效应最好,原因在于科技型中小企业在种子期和初创期资金缺口较小,此时的资金扶持能够"花小钱办大事",而在成长期和成熟期企业资金缺口巨大,此时的小额创新基金投入只是杯水车薪,扶持效果难以发挥。而政府投入的实际情况却与之相反,高达70%左右的政府投入处于企业的成长期和成熟期。④

(4) 开发园区遍地开花。截至2011年,国家高新区总数达到了88家,覆盖西藏之外所有省份,共有工商注册企业38万家,高新区内高新技术产业企业57 033家,其中上市企业996家。园区GDP占国内生产总值的8.8%,工业增加值占全国第二产业增加值的12.3%,出口创汇占全国外贸出口(18 986亿美元)的16.8%,成为当地经济的重要部分。国家高新区占用了大量城市稀缺土地存量,目前绝大多数国家高新区原有的批准土地面积都已用完,开始出现土地告急。深圳国家高新区从11.5平方公里起家,已经发展到14园、180平方公里。此外,各地目前还有国家级开发区共341个(截至2012年),土地总面积3 546.47平方公里,约占全国建设用地面积的百分之一,也存在用地不足、产业用地比例低、土地开发效率低等问题。⑤

国家高新区依靠土地、区位资源和优惠条件,大规模招商引资,其初衷是引入更多世界500强等优秀的高端企业,从而带动地区经济水平和科技水平的共同发

---

① 王海蕴:《11家上市企业曾获资助》,《中国高新技术产业导报》,2009年10月31日。
② 汪海粟、黄溪:《中国创业板无形资产蓝皮书(2011—2012)》,中国财经经济出版社,2012。
③ 中国日报:国家鼓励外企在境内创新外企可申请创新基金,2011年4月27日,http://www.chinadaily.com.cn/micro-reading/mfeed/hotwords/20110426645_1.html。
④ 沈文京:《中国风险投资发展现状》,科技部科研条件司,2010。
⑤ 国土资源部土地利用管理司:《国家级开发区土地集约利用评价情况(2012年度)》,2013年1月7日,http://www.mlr.gov.cn/zwgk/zytz/201301/t20130107_1173335.htm。

展,但最终的效果却南辕北辙。遍地开花的高新区(开发区)建设不仅耗费了大量稀缺资源,而且引发了各地政府招商引资的恶性竞争,"特惠"政策被逐步泛滥为"普惠"政策,部分低端产业的进驻不仅难以实现政府期待中的收益目标,而且还进一步助长了低水平重复投资的产能过剩之风。例如,湖北武汉在武汉东湖高新区,通过省市联合投资107亿元,建设中芯国际工业园,收获的却是持续不断的亏损。"代工"带来的产业低端化,未能有效激活武汉密集的科教资源。[1]

(5)资金配置结构失衡。当前我国政府对高校科研的投入持续快速增长,但绩效却难令人满意,产学研结合水平较低,难以为企业技术创新提供有效支撑,究其原因在于高校科研是以科研成果(或职称评定)为导向,而企业追求的则是将技术转化为收益的市场空间,二者目标存在明显差异,导致真正实现经济效益的科研合作极少。根据对天津211家科技型中小企业的调查,2006—2008年,37.1%的企业进行过产学研合作,但是长期进行产学研合作的企业只占8.1%。[2] 与此同时,中国高等教育部门的科研人员占比与其他国家差距较大,该比例仅为15.7%,远低于英国的47.9%;而R&D经费占比仅为7.9%,远远低于英国的27.2%、美国的13.5%和日本的12.9%。相反的是,中国R&D经费来自企业的占比高达73.9%,远高于美国的61.6%和英国的45.1%,而来自政府的比例仅为21.7%,远低于美国的31.3%。上述数据充分说明,政府部门对高校科研的高额投入并未达到预期的目标,而对创造大量实用科技产品的高科技企业的经费支持却长期不足,国家科研经费配置出现明显的结构失衡。

尽管国家近年来以创业基金或者对企业发放无息贷款等方式来解决科技型中小企业的经费资金匮乏问题,但此类资金的用途分散,存在一系列不合理的问题。我国建立了科技贷款以配合国家科技创新计划,但是我国科技贷款中的80%都是流向了国有科技企业,中小民营科技企业获得的贷款金额不足20%。从税收和财政支持角度来看,近年来我国为支持科技型中小企业的创新给予它们在税收或者财政支持方面的优惠政策也不少,但是这些政策扶持的对象要求比较严格,除专利外,还对企业的注册年限、核心知识产权范围等有严格的限制,很多一般的科技型中小企业被拒于千里之外。

(二)市场环境

1. 技术交易市场长期功能缺位

(1)知识产权保护不力,难以形成有效市场。中国科技领域的"山寨文化"反

---

[1] 《国家高新区转型当口仍面临政府和市场纠缠阵痛》,人民网,2011年10月20日,http://politics.people.com.cn/GB/70731/15958220.html。

[2] 王元、张晓原、赵明鹏:《中国创业风险投资发展报告(2011)》,经济管理出版社,2011。

映了知识产权法律保护体系的不足。法律规定的赔偿额较低,难以起到威慑作用;禁令、临时措施实际可操作性难以保证;《专利法》规定的专利审批期限过长,专利费用过高,导致企业往往因害怕在专利申请中投入过多的时间和精力而浅尝辄止。例如,《专利法》规定,国务院专利行政部门收到发明专利申请后,经初步审查认为符合本法要求的,自申请日起满18个月后才予以公布。中国知识产权管理体制的落后和知识产权保护意识的缺乏使得技术交易市场的健康发展环境迟迟难以形成。

(2) 企业技术创新不足,难以培育交易主体。一份来自国家知识产权局的统计显示,中国拥有自主知识产权核心技术的企业仅占大约万分之三,99%的企业没有申请专利,一些企业甚至单靠仿造和假冒生存。虽然企业专利申请量已占世界最大份额,但却长期缺乏核心自主知识产权,主要原因有三:一是远离了实用性;二是专利审批程序并不严格,专利审批耗时耗力,专利改名就成新专利;三是申请专利已经成为某些企业套现科研经费、获取科技基金的手段,目的是追逐奖金和经费,而非真正为了发明创造。①

(3) 配套措施相对缺乏,难以激发市场活力。一项调查显示,96%的受访企业表示从未进行技术产权交易市场融资,仅4%的企业进行过技术产权交易融资,其原因是多样化的,较为突出的两点原因是目前我国技术产权交易市场不规范,企业有所顾虑无法达到准入要求。不少企业也表示,技术产权评估定价困难、融资过程复杂、融资费用较高、企业担心技术外泄也是导致中小企业放弃技术产权交易市场融资的重要因素。还有少数企业认为,技术产权交易市场融资的成交率低,可能导致控制权分散,因此也未选择该融资方式。②

2. 风险投资市场制约因素明显

对科技型中小企业来说,风险投资就是它的孵化器,不仅可以为科技型企业提供大量所需要的发展资金,而且从企业治理结构和管理水平方面来说也有很大的改善,促使企业走上规范发展的道路。我国的风险投资业自国务院于1985年正式批准成立至今(当时称为"中国新技术创业投资公司"),无论在机构总数、筹集的风险资本金总额、项目总量方面,还是在该类公司机构的从业人员方面等,都有大幅度的增加。截至2012年年底,根据道炯咨询统计资料,我国的有限合伙人机构(简称LP)共4 583家,可投资金的规模共计达到7.428亿美元,这些资金主

---

① 济北南:《"专利大国"之忧》,北京青年报,2013年12月11日,http://epaper.ynet.com/html/2013—12/11/content_29662.htm? div = -1。

② 刘秦舟、王玮:《东湖高新科技型中小企业融资现状的实证调查报告》,《中南财经政法大学研究生学报(社会实践专刊)》,2013年第1期。

要来源于机构投资者(资金规模占比超过90%),包括养老基金、保险和投资公司、捐赠基金等。尽管如此,对于科技型中小企业来说,风险投资的支持力度是远远不够的。由于我国缺乏完整的政策支持体系与法律保护体系,风险资本退出机制不健全,企业创业投资体制亟须完善,股权融资成了中小企业融资的一大障碍。这些因素严重制约了我国风险投资业的发展,使它们不仅资金来源渠道单一,而且规模偏小。同时,引入成本过高、企业财务能力有限、担心专有技术外泄和避免控制权转移也是导致中小企业未获得专业股权投资机构投资的内部原因。

3. 证券交易市场融资功能受限

对我国大多数饱受融资困难摧残的科技型中小企业来说,通过上市直接融资来解决融资难的问题仍然是步履维艰。以筹备十年于2009年正式上市的创业板为例,当证监会公布了企业在创业板上市所需要的条件以后,创业板的高门槛足以让很多中小企业望而兴叹。仅"最近两年连续盈利,最近两年净利润持续增长且累计不少于1 000万元"就已经将一大部分中小企业拒之门外。除了上市门槛过高和审批程序复杂之外,企业自身产权、财务管理等方面的问题也影响了科技型中小企业的上市抉择。当然不可否认的是,作为企业融资方面的"助推器",创业板的推出为企业的融资发挥了很大的功效,但是科技型中小企业不可以将融资问题的解决完全寄托于创业板。

在此背景下,全国中小企业股份转让系统(即新三板)逐渐成为科技型中小企业融资的新平台。2013年12月30日,全国股转系统公布了14项相关配套措施,制定了股转系统扩容至全国的相关细则。2014年1月24日,全国股转系统在北京举行新三板全国扩容后首批企业集体挂牌仪式,共有285家企业参加,至此,全国股份转让系统挂牌企业家数达到621家。新三板不仅可进行股权融资、债权融资,还可帮助上市,寻找并购发展机会,带来广告效应,且从改制到挂牌的周期很短,成本较低。这对于"求钱若渴"的科技型中小企业来说无疑是利好消息。

(三) 产业特征

1. 密集第二产业

"高新技术产业园区"和"高新技术企业"两个划分框架逐步淡化了"民营科技企业"的痕迹。因此,中国的科技型中小企业应包括高新技术中小企业和非高新技术企业(或中低端技术企业)两大类,其产业广泛分布于一、二、三产业。例如,创业板农业板块的荃银高科(300087)2012年被评为国家火炬计划重点高新技术企业;神农大丰(300189)属于农业种植业,也是国家火炬计划重点高新技术企业。但从整体来看,中国的科技型中小企业主要分布于第二产业,以高新技术产业所在领域为主。以创业板上市公司为例,在已上市的356家企业中,制造业企业数量多达228家,占比超过60%,主要分布于电子、生物医药、机械设备制造和石油化工等技术含量较高的二级行业之中。

2. 产业集群效应明显

以广西仲恺高新区电子信息产业生态圈为例,龙头企业为三星电子一家,但为其做配套的上下游企业却多达140余家,包括设计、开发、代工、营销、物流等各个领域,构建了完整的上下游供应链系统,增强了龙头企业对仲恺高新区的黏性。又如中山市古镇的灯饰产业集群,灯饰灯具产业与古镇并没有历史渊源,但当地政府大力推动举办国际灯饰博览会,将古镇推向世界,加速古镇灯饰产业对资金、信息、人才和物流的进一步聚集,进而使得各地灯饰企业每年以几百家的数量向古镇转移,仅江浙迁往古镇的灯饰企业就达300家,成就了古镇"中国灯饰之都"的称号。

(四)企业信用能力

科技型中小企业的信用基础主要在于其无形资产的价值。所谓无形资产,应是不具有实物形态却能为企业长期带来收益的法律或契约所赋予的特殊权利、超收益能力的资本化价值以及有关特殊经济资源的集合。

在知识经济条件下,无形资产大致可分为以下几类:一是体现市场竞争力的资产。它是一个企业拥有的与市场相关联并给企业带来潜在利益的要素总和,包括公司名称、企业品牌、服务品牌、顾客、长期客户、业务伙伴、特许经营权协定、专利使用权协定、长期信誉等。二是体现智力劳动的资产,即专利权、商标权、版权、商业秘密、技术秘密、专有技术等。三是体现企业内在发展动力的资产,如企业经营管理方法、企业文化和管理信息系统、网络工作系统等。四是体现人力资源的资产,包括整个员工的教育状况、知识能力、工作技巧、创新能力、合作能力等要素。

对于科技型中小企业而言,无形资产作为以智力资本形式存在的重要经济资源,在该类企业发展过程中的重要性不言而喻。但由于现行会计制度的制约及无形资产管理实践的匮乏,科技型中小企业对其无形资产存续现状的认识尚处于起步阶段,对无形资产的科学管理和运营更是无从谈起。在此背景下,帮助企业认知无形资产的特征,挖掘无形资产的价值,利用无形资产的价值纾解融资困境已成为当务之急。

## 二、影响科技型中小企业融资因素的强度效用分析

我们结合聚类分析模型的指标体系设计了调查问卷,对科技型企业较为集中的武汉东湖高新区和惠州仲恺高新区的相关企业和政府部门发放50份问卷,成功收回45份。经过对数据进行处理,得出其4个维度28个影响因素的融资强度效用指数,并形成如下判断:

1. 科技型中小企业融资难属于"市场失效型"

运用"四维分析模型"的问卷调查表明科技型中小企业融资影响因素的强度分别是：市场环境 0.52、政府政策 0.27、企业信用能力 0.082、产业生态 0.128。影响的强度效用指数分别是：政府政策 0.066、市场环境 -0.567、产业生态 0.027、信用能力 -0.044、综合强度效用指数为 -0.518。由此可以推断，科技型中小企业融资环境已进入整体偏难的状态，融资难属于"市场失效型"。

2. 科技型中小企业融资难成因具体解析

根据科技型中小企业的融资难指数细化指标体系，可以发现导致科技型中小企业融资难的主要成因，具体情况如表 18-6 所示。

表 18-6 影响科技型中小企业融资的三级指标强度效用指数

| 一级指标 | 二级指标 | 三级指标 | 强度 | 效用 | 强度效用指数 |
| --- | --- | --- | --- | --- | --- |
| 政府政策 | 财政税收 | 税费制度 | 0.042 | -2.057 | -0.085 |
| | | 政府补贴 | 0.051 | 0.202 | 0.010 |
| | | 政府采购 | 0.020 | 0.310 | 0.006 |
| | 金融政策 | 金融体系 | 0.091 | 0.957 | 0.087 |
| | | 利率政策 | 0.016 | 0.792 | 0.013 |
| | | 风险分担 | 0.008 | 0.438 | 0.004 |
| | 特别政策 | 政府基金 | 0.009 | 0.844 | 0.007 |
| | | 创新保护 | 0.029 | 0.680 | 0.020 |
| | | 基础服务 | 0.005 | 1.037 | 0.005 |
| 市场环境 | 要素市场 | 原材料 | 0.059 | -1.510 | -0.089 |
| | | 劳动力 | 0.184 | -1.662 | -0.306 |
| | | 技术 | 0.084 | -0.374 | -0.031 |
| | | 资金 | 0.041 | -0.986 | -0.041 |
| | 产品市场 | 市场容量 | 0.103 | -0.566 | -0.058 |
| | | 市场增长 | 0.032 | -0.811 | -0.026 |
| | | 市场结构 | 0.017 | -0.927 | -0.016 |
| 产业生态 | 产业属性 | 产业要素特征 | 0.003 | -0.663 | -0.002 |
| | | 产业功能定位 | 0.054 | 1.021 | 0.055 |
| | | 产业生命周期 | 0.033 | 0.232 | 0.008 |
| | 行业生态 | 上下游生态 | 0.006 | -1.328 | -0.008 |
| | | 同行竞争态势 | 0.011 | -1.228 | -0.014 |
| | | 行业行政门槛 | 0.020 | -0.537 | -0.011 |

（续表）

| 一级指标 | 二级指标 | 三级指标 | 强度 | 效用 | 强度效用指数 |
|---|---|---|---|---|---|
| 信用能力 | 信用基础 | 资源禀赋 | 0.016 | -0.349 | -0.006 |
| | | 经营能力 | 0.016 | -0.592 | -0.010 |
| | | 治理结构 | 0.009 | -0.669 | -0.006 |
| | | 存续时间 | 0.028 | -0.511 | -0.014 |
| | 信用履行 | 业主个人信用 | 0.004 | -0.722 | -0.003 |
| | | 企业组织信用 | 0.008 | -0.623 | -0.005 |

资料来源：根据调研资料整理。

根据调研的数据，从以下四个方面进行分析：

其一，导致科技型中小企业融资难的政策因素对融资的影响强度效用指数从负到正依次是：税费制度为-0.085、风险分担为0.004、基础服务为0.005、政府采购为0.006、政府基金为0.007、政府补贴为0.010、利率政策为0.013、创新保护为0.020、金融体系为0.087。总地看来，政府优惠政策对科技型企业的融资难问题还是发挥了一定的作用。但需要指出的是，由于科技型中小企业的认定标准的限制，大量科技型企业未必能享受该类政策。

其二，导致科技型中小企业融资难的市场因素对融资的影响强度效用指数从负到正依次是：劳动力成本上升为-0.306、原材料为-0.089、市场容量有限为-0.058、资金不足为-0.041、技术研发薄弱为-0.031、市场增长率为-0.026、市场结构为-0.016，说明科技型中小企业劳动力成本上升影响最大，技术和资金也成为发展的掣肘。

其三，导致科技型中小企业融资难的产业因素对融资的影响强度效用指数从负到正依次是：同行竞争态势为-0.014、行业行政门槛为-0.011、上下游生态为-0.008、产业生命周期为0.008、产业功能定位为0.055，说明科技型中小企业所在领域属于国家重点扶持领域，处于生命周期的早期，具有较大的不确定性。

其四，导致科技型中小企业融资难的信用能力因素对融资的影响强度效用指数从负到正依次是：存续时间为-0.014、经营能力为-0.010、治理结构与资源禀赋都为-0.006、企业组织信用为-0.005、业主个人信用为-0.003，说明科技型中小企业信用能力在整个中小企业中具有以无形资产为代表的比较优势。

## 第三节 对策与建议

### 一、确保扶持资金投入的法定性

立法确保资金投入力度，逐步扩充经费来源。目前资助额度的提升还远不能满足我国科技型中小企业的发展需要,创新基金的平均资金满足率仅为17.62%[1],从财政科技拨款中增加创新基金投入,仍有很大的潜力与空间。除了扩大基金的资金规模,确保其有效投入也至关重要。通过立法明确规定政府基金来源于哪些部门、具体提供方式、比例数量以及负责实施方等,可以增强政府基金来源的可持续性和刚性。我国同样也可通过立法来合理保障基金经费的来源,逐步改变目前单一由财政拨款来支持基金运行的现状。

活用国有资本存量扩充扶持资金来源。以国家高新区为例,过去20年,国家高新区在"从无到有""从小到大"的历练中,用万分之一的国土面积创造了百分之一的总产值,2012年国家级开发区共341个,土地总面积3 546.47平方公里,约占全国建设用地面积的百分之一。国家高新区拥有大量的土地使用权、房屋租赁权、政府扶持资金等国有资本存量,可以通过国有资本运营实现其国有资本投资公司向国有资本运营公司的转变,参考新加坡淡马锡资产管理公司的运营模式,演变为纯粹控股性质的资本公司、股权投资公司、产权运营公司,彻底实现由集团公司向国有资本运营公司的转变。

## 二、增强风险投资市场的匹配性

在对科技型中小企业科技资格认定、人才认定、创新技术认定方面都存在强政府认定弱市场参与问题,导致科技认定已成为企业争取政府补贴的工具,而非科技研发的动力。同时,政府管理存在的"九龙治水"会导致资源低效配置,形成政府部门利益导向,而非科技发展成果最大化导向。因此,科技型中小企业的认定和考核应做如下调整:一是考核认定的系统性,指在认定过程中,不仅要考核企业技术水平,还应考核其市场能力,可以引入市场力量共同完成,从市场转化角度出发,系统考核企业的技术研发能力、市场运营能力、企业管理能力等因素;二是明确淘汰功能定位,将认定行为的作用定位于从"真假难辨"的科技企业群体中"过滤"掉那些"劣质"企业,而不是对企业是否具有进入资本市场的资格做出判断;三是基金扶持中应引入市场参与,在基金扶持的过程中让市场与政府一起投资科技项目,政府基金起到引导和担保的作用,市场资金起到甄别和放大的作用。

鼓励发展风险投资市场。创业期的科技型中小企业刚刚成立,没有良好的经营业绩,尚未建立信用记录,也没有足够的抵押物进行贷款抵押,这一类企业很难从银行获得贷款。因此,在大力改善银行间接融资方式的同时,应该培育发展风

---

[1] 刘莹:《强化创新基金管理 促进科技型中小企业发展》,http://www.mof.gov.cn/preview/czzz/zhongguocaizhengzazhishe_daohanglanmu/zhongguocaizhengzazhishe_kanwudaodu/zhongguocaizhengzazhishe_caiwuyukuaiji/333/4444/46/200907/t20090703_175564.html。

险投资基金、创业投资公司、私人股权基金等多种市场主体,满足高科技企业的资金需求。另外,发达的风险投资市场对科技型企业创新可以起到积极促进作用,高风险和高回报能够强化风险投资的科技产品甄别功能,为政府科技扶持起到筛选作用。

### 三、强化财政补贴机制的科学性

科技型中小企业税费政策需要进行结构优化。其一,政府税务部门应加大对原材料和设备采购的进项税费抵扣,通过灵活多样的方式补贴科技型中小企业原材料成本。其二,政府应加大对科技型中小企业人工成本的税费抵扣。政府通过多种多样的形式保障了员工的利益和福利,却变相加大了企业的社会负担,税务部门可以通过员工工资抵税办法,来抵消企业因承担更重的社会责任带来的成本。其三,考虑科技型中小企业的区域发展不均衡,对欠发达地区的科技型中小企业应降低税收优惠标准,扩大受惠企业数量。

政府补贴和政府采购的实施效果并不明显,应从企业员工招聘补贴、技术创新研发补贴、信用担保补贴、中小企业采购等方面加大力度。在财政补贴具体措施上,一是要对科技型中小企业技术创新进行补贴,如设备购买、技术引进、研发活动、人才引进和培养等;二是要加大对科技型中小企业产品的采购,扩大采购范围和比重,降低政府采购的准入条件,如降低单笔采购合同金额等;三是要对科技型中小企业产学研进行补贴,并加强对产学研的质量监控,以市场为导向检验产学研的成果,而非简单的技术考核,如发明专利的数量等;四是扩大科技型中小基金的规模和种类,引入"风险补偿基金",对研发失败的企业给予补偿,同时要重点发挥引导性功能,减少财政资金的直接投入,吸引风险投资参与,保障效率和效果;五是加大对种子期、初创期企业的扶持力度,逐步实现分阶段的跟踪支持,创新基金对研发阶段的项目支持率仅为25.1%,明显少于中试阶段的55.3%。进一步强化对种子期、初创期中小企业的支持,降低资助门槛、适当减少资助额,体现以激励为主的资助政策,实施"微拨款"。

### 四、完善科技孵化工作的创新性

首先,应建立非营利性中小企业知识产权服务机构。欧盟委员会有关知识产权和创新的指标显示,中小企业对待专利的态度远没有大型企业积极。它们不愿意进行专利申请的原因主要是:申请专利需要成本、中小企业缺少对侵权的抵抗能力以及在意识上认为专利并不能给它们带来特别的优势。对它们来说,能够将自己的专有知识严格保密以保持领先优势,比进行专利申请更重要。因此,还需要加强对中小企业知识产权维权的保护和扶持,让中小企业安心做研究,才能形成良性循环。

  其次，政府应构建完善的科技金融体系，为科技金融提供多层次、多角度以及多元化的科技金融服务体系，涉及政府的引导机制、协作机制、激励机制以及责任机制。扩大知识产权质押贷款、股权质押贷款、企业债券等方式，拓宽科技型中小企业融资产品选择，并提供配套的服务予以支持。

# 第十九章 建筑业中小企业融资现状的调研报告

## 第一节 建筑业中小企业的发展现状

### 一、建筑业是国民经济发展的支柱产业

2012年中国建筑业企业(指具有资质等级的总承包和专业承包建筑企业,不含劳务分包建筑企业)完成建筑业总产值135 303亿元[①],总产值增速延续了2011年的放缓态势,增长16.2%,增速连续两年放缓;完成竣工产值75 504亿元,增长14.4%,其中民营建筑业企业[②]占比为78.89%。2012年全社会建筑业实现增加值35 459亿元,占国内生产总值比重为6.83%,比上年增加0.08个百分点,其对GDP增长的贡献率为8.03%,拉动GDP增长0.6个百分点。2012年各行业增加值占国内生产总值的比重情况如表19-1所示。

表19-1 2012年各行业增加值占国内生产总值的比重情况

| 产业 | 行业 | 增加值(亿元) | 占国内生产总值比重(%) | 排序 |
| --- | --- | --- | --- | --- |
| 第一产业 | 农、林、牧、渔业 | 52 377.0 | 10.1 | 3 |
| 第二产业 | 工业 | 199 859.6 | 38.5 | 1 |
| | 建筑业 | 35 459.0 | 6.8 | 5 |
| 第三产业 | 交通运输、仓储和邮政业 | 24 959.8 | 4.8 | 8 |
| | 批发和零售业 | 50 246.4 | 9.7 | 4 |
| | 住宿和餐饮业 | 10 434.2 | 2.0 | 9 |
| | 金融业 | 28 600.5 | 5.5 | 7 |
| | 房地产业 | 29 005.5 | 5.6 | 6 |
| 其他 | | 88 380.2 | 17.0 | 2 |
| 总计 | | 519 322.2 | 100.0 | |

资料来源:《2012年全国建筑业统计分析》。

### 二、吸纳弱势农民工就业,促进社会稳定

由于建筑施工中小企业数据难以获得,以建筑业数据作为代替说明其贡献。

---

① 住房和城乡建设部计划财务与外事司:《2012年全国建筑业统计分析》,《建筑》,2013年12期。
② 民营建筑业企业绝大多数为中小企业。

1989—2001年,全国建筑业的从业人数从2 407万人增加到3 669万人,年均增长速度为3.6%,高于全国从业人员总数的同期增长速度(2.3%);其中来自农村的从业人数从1 502万人增加到2 797万人,年均增长速度为5.3%;全国建筑业从业人数占全社会从业人数的比重从4%提高到5%,北京、河北、江苏、山东等省份达到7%以上。[①] 截至2012年年底,全国有施工活动的建筑业企业74 042个,增长2.4%,其中民营建筑业企业占比86.8%;从业人员4 180.8万人,增长8.5%,占全社会从业人员的5.45%,其中民营建筑业企业吸纳就业人数占比为83.66%。[②] 农民工已成为建筑业从业人员的主力军,2011年武汉建筑业企业使用的农民工,约占从业人员的70%—80%,即35万—40万人,使用的农民工70%是成建制,从劳务公司而来,30%是临时招用的零散工。[③]

体制外建筑业中小活动单位大量存在。根据中国第二次经济普查数据可以发现,2008年当年所有建筑活动单位和个体户有45.5万个,而有资质的企业仅有7.79万个。大量建筑活动单位和个体户置于相关规制约束之外活动,既无依法活动的约束,也享受不到国家的任何政策(住房和城乡建设部政策研究中心课题组,2011)。因此,建筑业中小企业或经营单位通过大规模吸纳低学历或农民工就业缓解了社会弱势群体的就业压力,为其提供基本的生活保障,促进社会稳定的同时,也存在游离于规制监管、形成质量和安全隐患的问题。

### 三、培养产业技工,履行人才教化功能

建筑业中小企业通过"干中学"使得弱势群体获得了基本的劳动技能,为产业发展提供了优秀的专业技工队伍。通过劳动统计年鉴可以发现,建筑行业员工受教育水平较低,初中及以下占比高达78.7%(未包含大量体制外的中小活动单位农民工数据),且大多为60、70后。建筑业劳动者的平均熟练程度、各项新技术的应用推广以及生产过程的组织管理水平等正得到改善与提高。[④] 2012年,按建筑业总产值计算的劳动生产率稳步提高,达到267 860元/人(计算劳动生产率的平均人数为5 051.3万人),比上年增长14.9%。2011年中国建筑行业人员学历与年龄构成如表19-2所示。

---

[①] 《建筑业在国民经济中的地位明显提高》,《中国建设报》,2002年11月22日,http://www.chinajsb.cn/gb/content/2002-11/26/content_19031.htm。
[②] 根据中国统计年鉴建筑业数据2013整理所得。
[③] 武汉市建筑业协会:《武汉建筑业企业使用农民工情况的调查报告》,http://www.zgjzy.org/NewsShow.aspx?id=1707。
[④] 住房和城乡建设部计划财务与外事司:《2012年全国建筑业统计分析》,《建筑》,2013年12期。

表 19-2　2011 年中国建筑行业人员学历与年龄构成

| 学历 | 比例(%) | 年龄阶段(岁) | 比例(%) |
| --- | --- | --- | --- |
| 未上过学 | 0.6 | 16—24 | 13.95 |
| 小学 | 17.2 | 25—34 | 16.14 |
| 初中 | 60.9 | 35—44 | 21.63 |
| 高中 | 14.7 | 45—54 | 23.51 |
| 大学专科 | 4.3 | 55—64 | 19.44 |
| 本科及以上 | 2.4 | 65+ | 5.33 |

资料来源:《中国劳动统计年鉴 2012》。

### 四、建筑施工中小企业融资难突出

建筑行业中的施工中小企业是产业链的末端,其承担了实际的建筑活动,是涉及农民工就业密度最高和社会矛盾冲突最多的企业群体,处于劳动高度密集型的加工环节,技术装备率低,难以形成自身核心竞争力,对经济周期波动和综合成本上升十分敏感。目前来看,建筑施工中小企业的经营现状十分严峻,遭遇上中下游三方的多重挤压。一是遭遇来自上游的"持续涨价",即人工、物料、安全环保责任等成本持续不断上升。二是遭遇来自下游的"持续降价",即替人动手被定价、揽活之初要垫资、工程结束被占款、工资难发被破产。三是政府政策不利,贫富差距越拉越大——行业门槛逐步提升但企业成长缺少培训;税费补贴扶大弃小——增值税改革重视物料抵税但无视员工工资上涨要求抵扣的需求;社会责任只增不补——社保最低工资持续上涨但就业补贴不见踪影;拖欠工资治标不治本——拖欠工资已属犯法但行业垫资占款仍混乱。这些都导致了建筑施工中小企业的经营现金流严重不足,而建筑施工中小企业可抵押资产少、经营管理不规范等原因导致其难以从银行融资,融资难已成为制约其发展的关键问题。

因此,考虑建筑业中小企业对建筑产业可持续发展、农民工就业、保障居住安全等方面的重要作用,亟须政府对其给予关注,本研究将建筑施工中小企业作为分析对象,探讨其融资的现状、问题及成因。

## 第二节　影响建筑业中小企业融资的主要因素分析

### 一、影响建筑业中小企业融资的主要因素

(一) 政府政策

1. 最低工资政策大幅提高工资成本

自 2004 年《最低工资规定》实施以来,全国各地最低工资标准逐年上调。2007 年《关于进一步健全最低工资制度的通知》(劳社部函〔2007〕20 号)要求用人单位保证劳动者在法定工作时间内提供正常劳动的前提下应得工资不低于最

低工资标准。2012 年,全国共有 25 个省份调整了最低工资标准,平均增幅达 20.2%,23 个省份发布了 2012 年工资指导线,基准线提高幅度多在 14% 以上。[①] 以北京、上海为例,2005—2012 年的八年间,北京最低月工资标准由 580 元提高至 1 260 元,上海最低月工资标准由 690 元提高至 1 450 元。最低工资水平的提高直接导致建筑业人员整体工资水平提高,带来建筑业总成本的上升。

2. 社会保障门槛已成企业负担

为解决"三农"问题,全面建设小康社会,与农民工事故、医疗和养老保险等方面相关的法律法规正逐步完善。国务院《关于解决农民工问题的若干意见》(国发〔2006〕5 号)、《中华人民共和国劳动法》都规定所有用人单位必须及时为农民工办理社会保险,已参加城镇职工基本养老保险的农民工,用人单位要继续为其缴费。截至 2011 年,我国农民工数量达 2.5 亿人,其中外出农民工约 1.6 亿人,而农民工参加养老、医疗保险的人数均为 4 000 多万人,参保率约为 16%。根据调查,某市 9 家建筑企业在 2011 年 12 月共有员工人数 13 187 人,其中农民工约 12 791 人,占比达 97%,调查中"五险"均未参加的农民工有 12 390 人,参保率仅为 3.14%。[②]

建筑行业的上游企业为规避法律风险,促成了大量劳务分包,将农民工置于行业产业链末端的建筑业中小企业。目前企业缴纳的基本养老、医疗和失业三项保险费平均为工资总额的 28%,个人缴费为 11%,企业和农民工个人普遍感到负担太重,这种保险制度设计本身不适合农民工的特点。根据抽样调查,某市 2011 年建筑企业缴纳的社会保险费占其人工成本的 17.4%,而人工成本总额相当于成本费用总额的 12.9%,即企业参加社会保险将增加其总成本约 2.24 个百分点。[③] 由于费率过高,形成了高门槛,影响了用工企业单位参保的积极性。

3. "营改增"难解成本上涨困境

财政部、国家税务总局《关于印发〈营业税改征增值税试点方案〉的通知》(财税〔2011〕110 号)明确规定:建筑业适用增值税一般计税方法,发生应税交易取得的全部收入按 11% 的税率征收增值税。按旧的增值税认定标准,小部分专业承包企业由于资质等级低或其他原因业务量很低,可认定为小规模纳税人,适用 3% 的简易征收办法,但新的试点办法中明确规定建筑业适用 11% 的增值税税率,并无对小规模的优惠,实际增加了中小企业的税收负担。"活劳动不得抵扣"的规定增加了税负。我国建筑业中小企业多为劳动密集型企业,人工成本往往占成本总额

---

[①] 新华社:《国家统计局人口司负责人解读 2012 年平均工资数据》,2013 年 5 月 17 日,http://www.gov.cn/jrzg/2013-05/17/content_2405396.htm。

[②] 许丕藤:《建筑行业农民工社会保障现状及对策研究》,2012 年 12 月 20 日,http://www.audit.gov.cn/n1992130/n1992150/n1992576/3200073.html。

[③] 同上。

较大比重,约占总成本的35%左右①,而按现行规定人工费不能抵扣进项税额,则20%—30%的人工费无法抵扣,致使企业税负上升2.2%—3.3%。

建设单位验工计价并不是立即支付工程款给建筑企业,而是往往滞后一段时间,有的时间还比较长。同时,验工计价单中还要直接扣除5%—20%的预留质量保证金等,而应缴增值税当期必须要缴,但预留质量保证金等要到工程项目竣工验收后才能支付,这样必将导致建筑施工企业经营性活动现金净流量增加,使其资金紧张程度进一步加大(戴国华,2013)。

4. 行政收费增加企业经营负担

建筑施工企业交的各项费金达30多项,额度较大的有15项。开工前交纳的有:投标保证金,按工程总造价5%;履约保证金,按工程总造价10%—15%;意外伤害保险,按工程总造价1.2‰;排污费,按工程总造价1.4‰;文明施工管理费,按工程总造价1.34%;河道管理费,按工程总造价1‰。施工中交检测试验费1元/平方米,竣工后交竣工资料档案费0.5元/平方米。企业资质年检,各类人员证书年检及培训等,也是不小的开支,主要来源于流动资金,很大一部分是银行贷款。以微利为特征的建筑施工中小企业,流动资金本来就少,这些行政收费显然挤占了企业的流动资金。

(二)市场环境

1. 要素市场环境不断恶化

城镇化发展拉动建筑需求量不断增加,导致建筑行业劳动力需求不断上升,而建筑行业人员需求量大且往往是农民工聚集领域,但由于风险较高,工作环境恶劣、收入不高以及劳动时间长、国家农业贴补增大等原因导致部分农民工选择留家务农,造成建筑业从业人员流失。② 因此大部分地区的建筑行业出现了"用工荒"现象,2011年比2010年从业人员减少307.9万人,减幅7.4%。③ 这也导致建筑业用工成本增幅在20%以上,如模板工人,工资从2012年的350元/天增加至2013年的450元/天,增长近三成。④

建筑业企业技术型人才也急缺。目前在建筑业中小企业工人队伍中,绝大部分是农民工,技术工人所占的比例偏低,技术工人的年纪偏高,技能水平低的工人比例偏高。由于工人整体素质偏低,工程建设工业化水平难以提高,建设基本以手

---

① 根据《中国上市公司业绩评价报告2011》中有关建筑行业上市公司价值分析来看,2010年在建筑业工程结算成本中,原材料约占55%,人工成本约占35%,其他费用占比不超过10%。
② 戴国华:《中央建筑企业人工成本过快增长的成因分析及解决对策》,《财务与会计》,2013年第7期。
③ 《中国统计年鉴(2011—2012)》。
④ 《企业用工成本上升和招工难并存》,杭州统计信息网,2013年10月24日,http://www.hzstats.gov.cn/web/ShowNews.aspx?id=uUz4WdxdyA8=。

工为主,在运用新技术、新产品方面成效较低①,阻碍了建筑业中小企业的转型升级。

#### 2. 产品市场低利润高占款

建筑施工领域的进入壁垒低,竞争激烈,导致毛利率明显低于市场平均水平,净利率水平不足3%(见图19-1),甚至低于行业的管理费用。经营性现金流差,从投标保函开始,一直到工程验收结算后的质保金,工程施工企业就不断垫资,现金收入比例很低(见图19-2),导致造血能力不足,而扩大规模又需要不断融资,最终导致建筑施工中小企业陷入"低报价高保金拿项目、少收入高占款结项目、难发展难融资难转型"的尴尬境地。

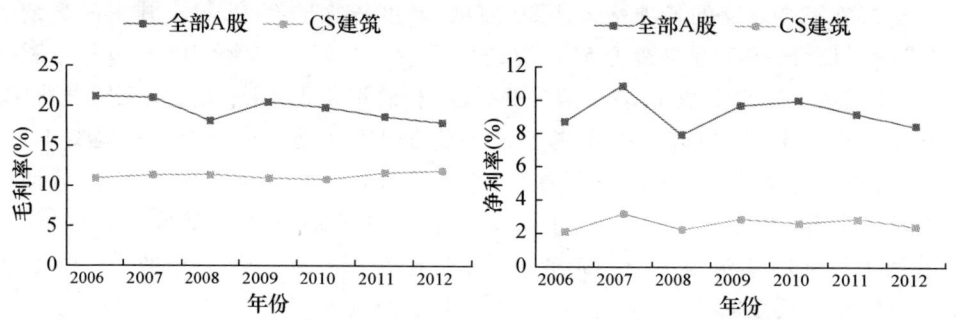

图19-1　建筑行业毛利率和净利率与全市场比较

资料来源:根据调研资料整理。

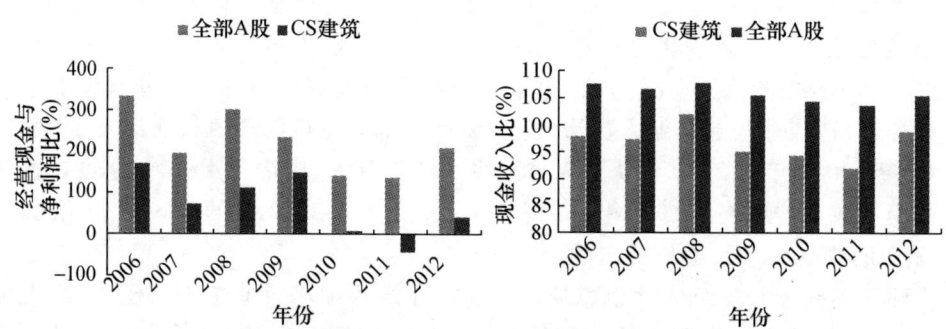

图19-2　建筑行业经营现金与净利润比和现金收入比与全市场比较

资料来源:根据调研资料整理。

#### (三) 产业生态

#### 1. 建筑产业面临发展转型

2005—2013年,中国建筑产业规模得到了巨大的发展,持续保持20%左右的

---

① 冯艳萍:《探讨建筑工程企业人力资源管理现状与改革措施》,《大观周刊》,2012年第37期。

年增长速度。从 2005 年的 17 581.42 亿元增长到 2013 年的 92 902.66 亿元。截至 2013 年 9 月,全国建筑业企业的总数量为 74 432 家。[①]

政府的房地产调控思路正在发生重要转变,即从行政手段向市场化手段转变。市场化手段在短期的效果较慢,但从长期来看,将有利于房地产市场向基本的供需关系回归,高速发展的阶段已经过去,建筑业步入质量提升的阶段。宏观流动性趋紧,地方债务审计、银行表外资产监管趋严等使得工程项目订单落地更谨慎,"垫资"模式、应收款回收都面临新的挑战。建筑产业增速度逐步下降,总收入增速从 2007 年最高的 26.71% 下降到 2013 年的 19.21%;利润总额增速从 2006 年最高峰的 46% 左右下降到 2013 年的 21%。中国建筑产业总收入及增长速度指标变动情况如图 19-3 和图 19-4 所示。

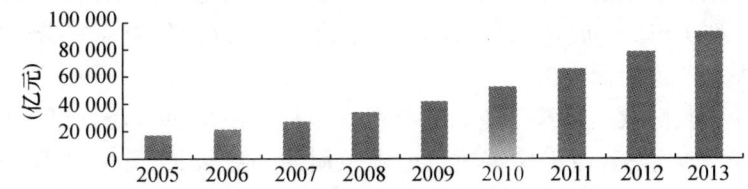

**图 19-3　中国建筑产业总收入变动情况**

资料来源:根据调研资料整理。

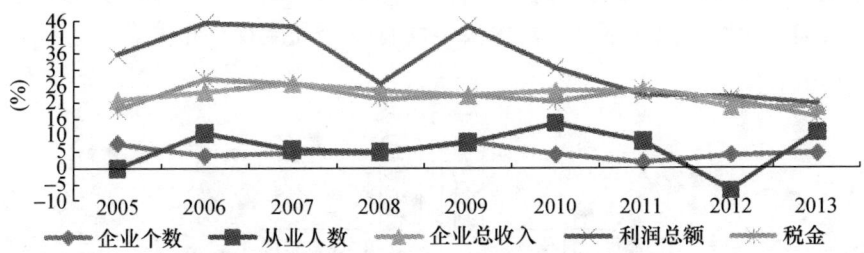

**图 19-4　中国建筑产业增长速度指标变动情况**

资料来源:根据调研资料整理。

2. 建筑业生态亟须净化

建筑业实行资质等级管制,导致总产值在亿元以上的工程大多数被具有顶级资质的央企承揽(见图 19-5),其凭借品牌优势和市场竞争力承揽工程后,经过多次转包导致中小建筑企业承担最后一棒。在全社会城乡建设中,大量的中小型工程项目都是由中小建筑企业独立完成或合作完成,所以该类企业已成为建筑施工的主力军。

但在建筑施工领域,垫资工程越来越多并且普遍拖欠工程款,已经进入了恶

---

[①] 《建筑业企业基本情况》,中财网,数据对比参照以 9 月 30 日为基准,http://data.cfi.cn/data。

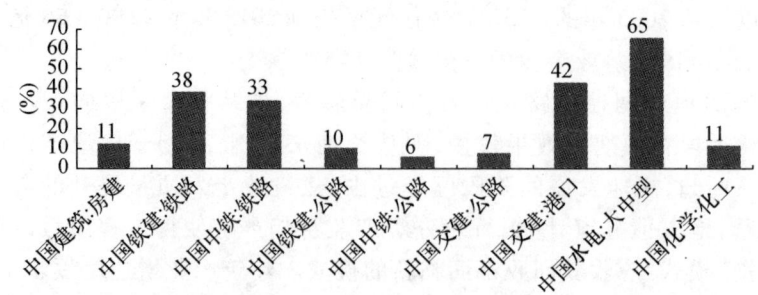

图 19-5 大型建筑央企在主营业务领域的市场份额
资料来源:根据调研资料整理。

性循环,"压级压价、索要回扣、垫资接工程"被业内人士称作"架在建筑施工企业脖子上的三把尖刀"。业主、施工单位、分包商、材料设备供应商和劳务队伍之间形成了越来越严重的债务链。

产量、毛利、回款是建筑行业的核心观察指标(见图 19-6)。产量和毛利是最重要的两个观察指标,由于建筑项目的施工周期一般较长,且多采用按进度付款的方式,回款也成为影响建筑企业运营的重要环节。由于没有产能和库存的扰动,需求通过订单和订单转化率决定产量;"原材料×(1+合理毛利率)"的定价方式使得建筑企业能够将原材料成本进行转移,需求决定的议价能力是影响合理毛利率的最重要因素,回款条件与需求决定的行业景气度息息相关。

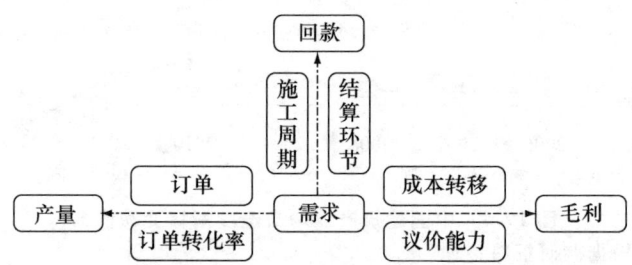

图 19-6 以需求为核心出发点的产量、毛利、回款分析框架
资料来源:根据调研资料整理。

建筑行业内大企业凭借其垄断地位,以中小企业垫资为前提获得建设合同,拖欠工程款实现自身财务收益,使得中小企业不断压缩毛利维持生存。例如某中型建筑施工企业 A 承担了一项造价 1 000 万元的工程项目,投标保证金 15 万元,履约保证金 100 万元,工程质量保证金 5 万元,这三项达 120 万元,占工程总造价的 12%。A 企业每年要承包十几项工程,累计占用资金数额很大,而保证金快则半年,慢则三四年才能返还,造成其现金流严重不足。

同时，建筑施工中小企业流动资产几乎等于流动负债，90%的资产是靠负债支撑的，目前许多中小建筑企业不得不大量举新债补充被拖欠的旧债，呈现出巨大财务风险。由于企业诚信度不高，支付不及时，甚至恶意拖欠，导致整个行业内形成"以时间换空间、以流量换存量"的融资生态。这对处于优势地位的大企业有利，而对中小企业十分不利，只能通过拖欠底层弱势农民工工资或降低安全保障投入来获得运转资金，形成产业发展隐患。

综上所述，目前建筑施工行业的生态使得处于竞争弱势地位的中小企业利润率越来越薄，被占款后负债经营情况越来越严重，最终将导致建筑施工中小企业无法实现转型升级，进而使整个建筑产业创新和竞争能力下降。

**（四）企业信用能力**

**1. 建筑施工中小企业信用基础**

建筑施工中小企业的机械装备较少，其资产主要是流动资产，周转能力较强，但流动负债很重，企业资产负债率较高。但就存续时间较长，并能在细分市场中有所作为的建筑施工中小企业而言，通常都积淀了一些有价值的无形资产，成为其取得项目和资金的基础。这些无形资产可以分为资质类、人力资本类、技术类、客户类和商誉类五种[①]，具体如图19-7所示。

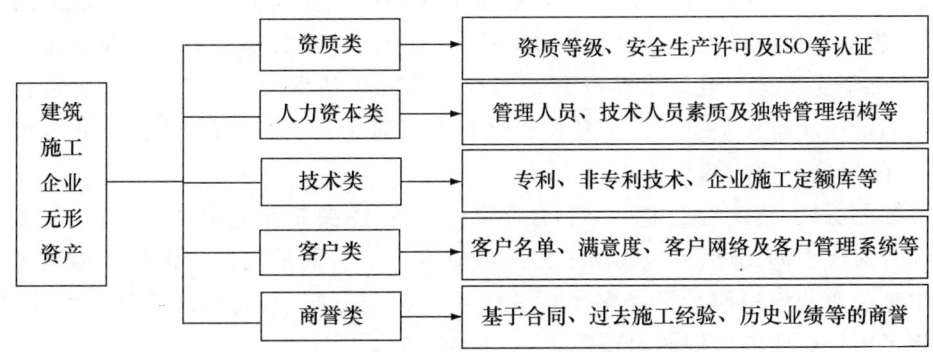

**图 19-7 建筑施工中小企业无形资产分类**

资料来源：根据调研资料整理。

上述无形资产之间有因果关系及互补性（见图19-8）。通过对企业无形资产整合运营，可以形成企业的人力资本优势、技术优势、市场优势等，共同构建企业核心竞争力。同时，中小企业利用其经营灵活性与技术实战操作丰富的优势，可向专业领域发展，增强与大企业的议价能力，也可实施专利战略，向技术服务领域发展，实现转型。

---

① 暂不研究建筑施工企业的土地使用权——边缘无形资产。

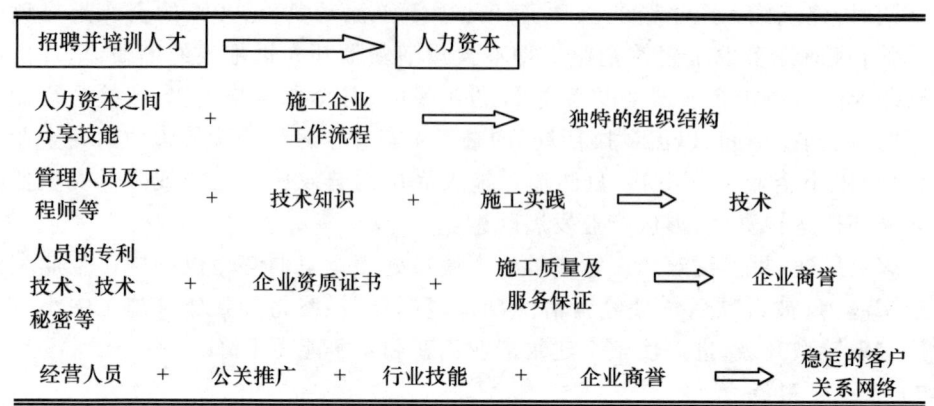

图 19-8 建筑施工企业无形资产互补性
资料来源:根据调研资料整理。

2. 建筑施工中小企业的信用履行

建筑施工中小企业的信用履行受到上下游的共同制约。由于建筑施工行业的"透支经营"特征,上中下游之间互相透支,业主通过分阶段付款或拖延付款的方式透支下游企业经营现金流,总承包单位通过担保金等手段透支施工单位的现金流,施工单位通过拖欠原材料货款和拖欠员工工资等实现对上下游现金流的透支,施工企业员工通过透支家庭存款实现基本的生活保障。综上所述,建筑施工企业的信用履行受到整个经济形势和行业生态的巨大影响,而且缺少高效的第三方担保,导致其信用履行能力较差。

综上所述,建筑施工中小企业有形资产较少,主要是流动资产和以资质、集合劳动力为代表的无形资产,尚不能为其融资提供有利的信用基础保障。而建筑施工中小企业的信用履行又受整个行业的不良生态影响,履行风险较高。因此,建筑施工中小企业的信用能力较差。

## 二、影响建筑业中小企业融资因素的强度效用分析

结合分析模型的指标体系,我们设计了建筑施工中小企业融资难的调查问卷,针对武汉建筑中小企业、有关政府部门、建筑设计院的专业人士发放了 50 份,成功收回 42 份。经过对数据的整理归纳,得出了由 4 个维度 28 个影响因素组成的反映建筑业中小企业融资难的强度效用指数,并形成如下判断:

1. 建筑施工中小企业融资难属于"产业关系恶化型"

运用"四维分析模型"的问卷调查表明建筑业中小企业融资影响因素的强度分别是:产业生态 0.564、政府政策 0.263、企业信用能力 0.093、市场环境 0.079。影响的强度效用指数分别是:产业生态为 -1.011、市场环境为 -0.104、政府政策为

−0.425、企业信用为 −0.073、总体强度效用指数为 −1.613。由此可以推断,该板块的中小企业在四个板块中面临的融资难问题最为突出,属"产业关系恶化型"。

2. 建筑施工中小企业融资难成因具体解析

根据建筑施工中小企业的融资难指数细化指标体系,可以发现导致建筑施工中小企业融资难的主要成因,具体情况如表 19-3 所示。

表 19-3　影响建筑施工中小企业融资的三级指标强度效用指数

| 一级指标 | 二级指标 | 三级指标 | 强度 | 效用 | 强度效用指数 |
| --- | --- | --- | --- | --- | --- |
| 政府政策 | 财政税收 | 税费制度 | 0.044 | −2.808 | −0.124 |
| | | 政府补贴 | 0.063 | −2.479 | −0.156 |
| | | 政府采购 | 0.026 | −1.770 | −0.046 |
| | 金融政策 | 金融体系 | 0.081 | −0.625 | −0.051 |
| | | 利率政策 | 0.019 | −0.958 | −0.018 |
| | | 风险分担 | 0.012 | −0.527 | −0.007 |
| | 特别政策 | 政府基金 | 0.009 | −0.856 | −0.008 |
| | | 创新保护 | 0.005 | −1.517 | −0.007 |
| | | 基础服务 | 0.004 | −1.967 | −0.009 |
| 市场环境 | 要素市场 | 原材料 | 0.019 | −1.694 | −0.033 |
| | | 劳动力 | 0.027 | −1.213 | −0.033 |
| | | 技术 | 0.009 | −0.954 | −0.009 |
| | | 资金 | 0.014 | −1.894 | −0.026 |
| | 产品市场 | 市场容量 | 0.003 | −0.494 | −0.001 |
| | | 市场增长 | 0.006 | −0.193 | −0.001 |
| | | 市场结构 | 0.002 | −0.781 | −0.001 |
| 产业生态 | 产业属性 | 产业要素特征 | 0.014 | −2.380 | −0.070 |
| | | 产业功能定位 | 0.048 | −2.085 | −0.028 |
| | | 产业生命周期 | 0.025 | −2.838 | −0.034 |
| | 行业生态 | 上下游生态 | 0.077 | −0.368 | −0.100 |
| | | 同行竞争态势 | 0.259 | −1.949 | −0.504 |
| | | 行业行政门槛 | 0.141 | −1.951 | −0.276 |
| 信用能力 | 信用基础 | 资源禀赋 | 0.030 | −0.292 | −0.009 |
| | | 经营能力 | 0.035 | −0.715 | −0.025 |
| | | 治理结构 | 0.004 | −0.174 | −0.001 |
| | | 存续时间 | 0.007 | −0.785 | −0.005 |
| | 信用履行 | 业主个人信用 | 0.004 | −1.415 | −0.005 |
| | | 企业组织信用 | 0.014 | −1.973 | −0.029 |

资料来源:根据调研资料整理。

根据调研的数据，从四个方面进行分析：

其一，导致建筑施工中小企业融资难的政策因素对融资的影响强度效用指数从负到正依次是：政府补贴为 -0.156、税费制度为 -0.124、金融体系为 -0.051、政府采购为 -0.046、利率政策为 -0.018、基础服务为 -0.009、政府基金为 -0.008、创新保护为 -0.007、风险分担为 -0.007。可以发现，中小建筑企业的税费负担较重，政策补贴和金融刺激严重不足，政府采购也缺少，影响了该类企业的融资。

其二，导致建筑施工中小企业融资难的市场因素对融资的影响强度效用指数从负到正依次是：劳动力为 -0.033、原材料为 -0.033、资金为 -0.026、技术为 -0.009、市场增长为 -0.001、市场容量为 -0.001、市场结构为 -0.001。说明建筑施工中小企业劳动力和原材料成本上升、技术水平落后等对融资的不利影响较大，对产品市场的影响较小，与中国城镇化固定资产投资市场"量大速降"相吻合。

其三，导致建筑施工中小企业融资难的产业因素对融资的影响强度效用指数从负到正依次是：同业竞争为 -0.504、行业行政门槛为 -0.276、上下游生态为 -0.100、产业要素特征为 -0.070、产业生命周期为 -0.034、产业功能定位为 -0.028。说明建筑产业在中国产业中的定位优势（城镇化拉动产业）和生命周期有利于其发展，但其所在产业的上下游生态和同业竞争态势恶劣，对其融资难影响突出。

其四，导致建筑施工中小企业融资难的信用能力因素对融资的影响强度效用指数从负到正依次是：企业组织信用为 -0.029、经营能力为 -0.025、资源禀赋为 -0.009、存续时间为 -0.005、业主个人信用为 -0.005、治理结构为 -0.001。说明建筑施工中小企业经营能力弱、存续时间短、信用履行担保不足等信用能力因素对融资影响的强度效用指数为负。

## 第三节 对策与建议

### 一、优化建筑业市场准入制度

建筑企业资质等级管理是建筑业最主要的法规政策壁垒，限制了新企业进入市场及中小企业承揽大型和复杂工程项目。未来应鼓励市场自发形成的进入门槛，减少行政设限，通过市场供需双方的力量自然匹配，经过市场公平竞争建立准入门槛。鼓励有资本和技术实力的组织进入市场，通过兼并和重组各类建筑企业，促进建筑业结构优化，向高附加值创新领域发展，进一步提高行业进入门槛。

对新进入企业，可以采取申请暂定资质，允许其根据市场情况组织建设活动，在一定时期内，通过市场业绩评估，重新核定资质等级。对于企业资质升级，可采取灵活的方式，通过考察市场活动的业绩决定是否升级，若出现违规行为或质量安全事故,则按规定严格执行惩处,增加其违约成本,降低其资质等级。

构建不同资质等级企业的市场分工制度,为不同能力的企业设立区别性竞争市场,避免高资质等级企业与中小企业恶性竞争。可借鉴国际成功经验,通过设定不同资质等级企业的合同金额上下限范围,引导各等级资质企业明确市场定位,实现其在各自对应的市场上有序竞争,以保证市场的公平与效率。

**二、转变管理体制强化政策执行效率**

一要化分散管理为集中专业指导。建筑市场由多个部门分别管理的局面尚未得到根本性转变,针对建筑市场的政策体系往往不够科学合理。应在较高的政府层面组织力量专门针对建筑业发展进行政策研究,从产业结构优化调整、国际竞争力提升、支持中小建筑企业发展等方面进行转向研究和规划,从税收支持、企业减负、融资担保等方面制定全面细化的政策管理体系。

二要落实政府中小企业采购规定。完善政府工程采购扶持中小企业的有关制度。应当在政府建设工程采购政策中充实鼓励中小型建筑业企业发展的内容,政府投资工程在签订合同过程中,应当要求施工总承包单位采用专业化分包方式,将建设工程一定比例的任务分包给专业的中小企业完成。在法规允许的范围内,中小型企业能够承担的工程可直接委托中小企业完成。

三要增加优质企业税收管理灵活性。对信誉较好,多年纳税守法,资金暂遇到困难的建筑企业,可缓交部分地税。如当年交三分之二,次年再补齐上年的三分之一。对建筑企业实行统一的查账征收,并加大税收扶持力度。现在企业所得税税率是按25%征收,按照国家关于对中小企业实施税收优惠政策的精神,建议对建筑企业按20%的税率征所得税。对产值高的建筑企业,可以适当降低税率,以促使企业创新发展,做大做强。

四要应对建筑施工企业因承担社会功能的支出实施税收优惠。建筑施工中小企业处于行业劳动最密集的环节,工作环境艰苦且危险性高,且属于农民工就业高密度的稳定就业领域,政府应该给予其相应的税负减免和政策性补贴。

五要清理建筑施工中小企业不当费金。其一对国家明确取消的定额测定费、工程质量监督费等收费项目,要坚决执行,不能以任何理由、任何方式变相继续收费。其二建议用信用担保取代投标保证金、农民工工资保证金和工程质量维修保证金。例如江苏省已明文规定,凡是被评为省级以上信用企业的,可免交上述三金。河南省郑州市也出台政策,规定连续两年被评为市级信用企业的,可免存农民工工资保证金。建议政府推广江苏省、郑州市的做法。明确规定凡是在业内连续两年被评为信用企业的,可免交上述三项保证金。其三建议将企业证书的检验改为三年一检,并且要降低收费标准。若三年一检,每年可节省企业几万至十几万元资金。

### 三、调整建筑施工中小企业用工制度

政府应为建筑施工中小企业提供职前培训。建筑业中小企业的企业主与员工的教育水平不高,政府要重视从业者和经营者的培训工作。第一,政府要加强对经营者的培训工作。开阔经营者的眼界,使其了解行业发展趋势,完善财务管理、市场营销、人力资源管理等方面的知识,提升企业管理能力。第二,政府应承担从业者岗前培训责任。随着《劳动合同法》、最低工资标准、社保制度的完善,就业人员的权益保护越来越健全,导致中小企业用工成本不断上升。政府应利用现有教育资源,大力发展初级技能培训,缓解弱势群体就业难,同时也为中小企业提供合格的技能工人,降低人工成本。

政府应根据建筑业的用工特点调整相关用工规定。建筑施工中小企业具有生产组织灵活、用工规模弹性大的特点,员工主要是农民工群体,若严格按照一般的劳动法规体系,则对用工双方都不利,如农民工已经有农村医保和社保,再征收社保则增加其成本,因此需要按照建筑业特征调整用工规定。管理部门可通过固定、无固定期限或分段支付等多种劳动合同形式,做到可以按年、月、日或按小时发放工资,结合农民工双重身份,优化"五险一金"和最低工资等规定。

### 四、加大对体制外中小经营单位的扶持

体制外建筑业中小单位大规模存在的根源在于政策环境,通过政策环境的改善促进其自愿转为企业,获得国家的扶持而不是对国家税费的侵蚀。可通过以下几方面进行:其一,鼓励申请注册企业经营,以获得相应的法律保障,避免带来额外的经营成本;其二,考虑就业稳定贡献实施适当税收豁免,体制外的建筑施工团体大多是个人招募成员,为大型企业或组织提供劳务服务,其利润率较低,且工作环境恶劣,若变为企业则增加其经营负担;其三,提供基本的公共服务,如国家法规政策咨询、融资服务、市场服务信息提供、培训及技能鉴定服务、职业技能信息化服务等;其四,解决建筑业农民工身份问题。对于建筑行业具有一定工龄,并在城市稳定就业的农民工,要使其能在城市取得基本的婚育、教育、医疗、失业、养老、住房等社会保障,获得与和其贡献相当的其他市民相同的权利。

# 第二十章　OECD成员国中小企业融资计分板与启示的调研报告

此部分根据OECD关于中小企业融资研究的文献,归纳了2008年美国次贷危机引发的新一轮全球性中小企业融资难的基本情况,并对外国政府应对这一问题的模式进行了总结。并以韩国、英国、美国、俄罗斯和中国台湾地区为例,详细展示了典型国家和地区中小企业融资的现状、问题和经验,以期为我国中小企业融资难问题的解决提供借鉴。

## 第一节　中小企业融资评价体系:OECD计分板

中小企业融资OECD计分板是由以OECD成员国、非成员国家和国际性组织的中小企业领域专家共同组成的非正式中小企业融资问题领导项目组共同努力的结果。OECD计分板提供了长期全面监测评价中小企业融资问题的框架体系,从各国获取包括负债、所有权和融资结构等核心指标数据,形成全球范围内可对比的数据库系统,从而为各国政府和其他所有权人提供了解中小企业融资需求特征的途径,进而为评估现状、制定政策提供有效依据。第一版的中小企业融资评价OECD计分板系统包括18个国家的信息:加拿大、智利、丹麦、芬兰、法国、匈牙利、意大利、韩国、荷兰、新西兰、葡萄牙、斯洛伐克共和国、斯洛文尼亚、瑞士、瑞典、泰国、英国和美国。

### 一、中小企业融资核心评价指标

中小企业融资趋势是通过13个核心指标来进行监测的,这些指标体现了与融资渠道有关的具体问题(见表20-1)。例如,中小企业贷款占全部企业贷款比重的变化,反映了信贷资源配置在国家层面的演变,以及与大企业相比,中小企业在获得融资服务方面的表现。同样地,中小企业贷款中短期贷款比重的变化,显示了中小企业债务结构的变化,以反映贷款的用途。有关信用状况的指标,如贷款授权,被分为贷款申请、利率差和抵押担保品,以体现信贷市场的紧张程度。延迟支付和破产这两个指标能全面反映现金流约束和影响中小企业生存的因素。在股权方面,风险资本和成长基金能够体现企业获取外部股权融资以判断在创业、成长与扩张等阶段顺利运营的能力。

指标的选取基于五个标准。第一,有用性,即指标必须是能够衡量中小企业融资渠道难易的适宜工具,以此为政策制定者制定和修改政策和规划提供有效信息;第二,可得性,指为了不给政府和企业增加新的负担,用于构建指标的数据应当是容易获取的;第三,可行性,即构建指标所用的信息应是不可公开获取的,是需要适当的成本才能切实可行地得到的,或者是通过常规数据调查收集的;第四,时效性,指数据的收集必须采取具有时效性的方式,以使得中小企业融资方面的信息是在监控范围之内的,这意味着需要收集年度和季度的资料;第五,可比性,即指标的选取必须能做到各国通用。

表 20-1　OECD 计分板当中的中小企业家融资核心评价指标

| 核心指标 | 所体现的情况 |
| --- | --- |
| 中小企业贷款占全部企业贷款的比重 | 与大企业相比,中小企业获得融资的情况 |
| 中小企业贷款中短期贷款的比重 | 中小企业的债务结构;用于运营的比例和用于规模扩张的比例 |
| 中小企业贷款担保 | 中小企业融资受政府支持的程度 |
| 中小企业贷款保证金 | 中小企业融资受政府支持的程度 |
| 中小企业获得的政府直接贷款 | 中小企业融资受政府支持的程度 |
| 中小企业贷款授权额度 | 信贷市场的紧张程度和银行的放贷意愿;对指标的约束越小,信贷条件越宽松 |
| 中小企业不良贷款率 | 通过与所有商业贷款的不良贷款率比较,探究中小企业与大企业相比是否缺乏信誉 |
| 中小企业贷款利率 | 信贷市场的紧张程度和计入中小企业账目的风险报酬 |
| 中小企业和大企业的利率差 | 信贷市场的紧张程度;表明利率高低与企业规模大小之间的关系密切程度 |
| 中小企业贷款需要抵押或担保的比例(以其在调查前的最后一次银行贷款为准) | 信贷市场的紧张程度 |
| 风险资本和成长基金 | 企业家获取外部股权融资以实现企业正式启动、早期发展与全面扩张等阶段顺利运营的能力 |
| 延迟支付 | 衡量现金流的指标,表示企业支付或偿还方面的困难 |
| 破产 | 衡量企业应对危机的生存能力 |

资料来源:OECD 中小企业融资报告。

## 二、评价体系数据采集和评价方法

(一)数据来源和采集方法

《中小企业和企业家融资报告 2012——基于 OECD 计分板》中的数据都采集

自2007—2010年,这一时期包括经济危机发展的三个不同阶段:危机前(2007年)、危机中萧条期(2008—2009年)和复苏期(2010年)。其中,2007年被作为一个基准年,来衡量2008—2010年中小企业融资方面的变化。

报告中大部分国家的数据采集均以中小企业员工数量为核心指标以获取对应数据,即数据来源中的企业均满足"除所有者或经理人之外至少有一个雇员"。

另外,报告中大多数指标的数据都来自金融机构和其他政府机构。组织方还通过对中小企业的调查,获得量化的需求方数据,从而填补了图表的空缺,完善了这一评价体系的解释力。

由于不同被调查者对调查问卷中问题的理解偏差和不同国家间对各个指标的定义、范围等方面的差异,数据的收集在国际比较方面存在一定程度的限制。按照核心指标的选取标准,报告组织方在数据采集过程中非常注重不同国家之间的可比性。由于各个国家经济、社会和政治方面的政策重点不同,要获得数据间整体的协调是相当困难的。此外,国家官方统计的定义往往不同于银行和其他金融机构在中小企业融资这一问题上进行数据收集所采用的定义。最常用的办法是,在作为数据来源的各个国家中统一推行欧盟国家使用的13个核心指标的定义(尽管这些定义在2012年被重新审议)。

(二)数据评价方法

按照各个指标所衡量的情况,对所收集的对应于不同指标的数据,有着不同的采纳标准和评价方法,下面列举几个重要数据的评价方法。

1. 中小企业贷款数据

报告中收集的各个国家的商业贷款数据均包括透支、信贷额度、短期贷款和长期贷款四个方面。不考虑这些贷款是否为不良贷款,旨在排除个人信用卡债务和个人住房按揭贷款。在一些情况下,商业贷款数据中包含了租赁、保付代理和贸易信贷。

很多银行和国家组织对中小企业贷款定义的不同,构成了国际比较上的一大重要障碍。其中,13个国家的数据收集采用欧盟的标准,即按照企业规模的大小对中小企业贷款进行定义,而另外5个国家则是按照贷款规模的大小对这一指标进行界定的。在采用按规模大小界定是否为中小企业贷款的过程中,主要面临三重挑战:一是银行不是按照企业规模来整理信息的;二是分析企业规模大小来界定其是否会为中小企业花费较多的成本;三是将贷款按企业大小来分类可能会危及企业的商业机密。

OECD计分板的相关经验表明,从金融系统中获取按企业大小分类的贷款数据信息是可行但不精准的,除非银行按照相关规定的强制要求能主动提供有关信息。另外,经验表明上述的三重挑战是可以通过一些简单的办法有效解决的。例如,通过召开企业非高层简短会议可以在一定程度上达到保密性要求;国家监管部门可通过做出强制性要求来使银行不主动提供企业规模大小信息这一问题得以解决。

2. 政府贷款保证金数据

各国之间政府贷款保证金的覆盖范围存在一定差异,主要包括贷款担保基金的价值和贷款数量保证的价值之间范围的不同。在不同层级、不同地方的政府组织都提供担保的情况下,企业可获取的保证金信息趋于集中,贷款保证金的覆盖范围也会随之扩大。因此,首要的措施应当是明确鼓励放贷机构直接提供其对中小企业贷款数额当中保证金的数量和收到的政府支持的金额。

3. 风险资本数据

在风险资本和成长基金相关数据的收集过程中,会遇到诸如各国概念定义不同和来源渠道不一致等特殊问题,在某些情况下各个国家的内部也会出现这些问题。此外,报告中各国的数据在时间、覆盖范围、风险投资协会成员调查的样本大小、数据资料的主要来源上也存在差别。因此,有必要建立一个更好的风险资本数据报告标准,使得对投资阶段的定义和收集数据的方法体系有据可依。现在股权融资方面选取的指标包括了风险资本和成长基金,也就是说,这一指标包括了发展后期的资金和扩张资本,但不包含并购基金、周转资金和重置投资。

4. 需求方数据

需求方的数据主要是通过公共机构或私人机构开展的调查获取的。因此,在及时性、样本数量、样本选择方式、访谈方式、问题设计等方面还未建立标准。为解决这一问题,政府已采取措施鼓励建立公共调查机构和私人调查机构之间的合作机制,以提高调查的覆盖范围和针对同一现象的不同调查结果之间的可比性。欧盟委员会和欧洲中央银行开展的关于中小企业融资渠道的调查给我们提供了标准定义和通用方法体系借鉴,加拿大的经验说明了定量调查能通过科学设定范围和有效的针对性问题,保证数据搜集的高效性。

## 第二节 OECD 计分板在 OECD 成员国的实践

### 一、韩国

(一) 韩国中小企业概况

基于韩国政府对中小企业的框架法案,韩国银行和韩国金融监管机构对韩国中小企业有如下定义:中小型企业是指正式员工小于 300 人或实收资本小于或等于 80 亿韩元(约 800 万美元)的机构。表 20-2 为韩国不同行业类型中小企业的划分标准。

表 20-2　韩国中小企业划分标准　　　　　　　　　　　　　单位:韩元

| 行业 | 中小企业划分 | |
| --- | --- | --- |
|  | 员工人数 | 资金规模 |
| 制造业 | 小于 300 人 | 小于等于 80 亿 |
| 采矿、建筑和交通运输 | 小于 300 人 | 小于等于 30 亿 |
| 一般大型零售商店、酒店、休闲公寓、通信、信息处理等计算机相关行业、工程服务、医院和广播 | 小于 300 人 | 小于等于 30 亿 |
| 种子和苗木生产、钓鱼、电力、煤气和自来水厂、医疗和骨科产品、批发、燃料和相关的产品批发、邮购销售、直销、旅行社、仓库和交通运输业服务专业、科学和技术服务、业务支持服务、电影、娱乐和主题公园 | 小于 200 人 | 小于等于 20 亿 |
| 批发产品中介、工业用途的机械设备租赁、自然科学研发、公开演出、动植物园和自然公园、污水治理、废物处理和相关的清洁服务部门 | 小于 100 人 | 小于等于 10 亿 |
| 其他部门 | 小于 50 人 | 小于等于 5 亿 |

资料来源:OECD 中小企业融资报告。

韩国中小企业占比为 98.9%,吸纳 71% 的就业。而企业规模超过 200 人的大企业总数为 1280 家,只占 1.1%。韩国企业规模分布情况如表 20-3 所示。

表 20-3　韩国企业规模分布

| 企业规模(按职工人数) | 数量(家) | 占比(%) |
| --- | --- | --- |
| 企业总数 | 119 798 | 100.0 |
| 中小企业(5—199) | 118 518 | 98.9 |
| 微型企业(5—9) | 59 223 | 49.4 |
| 小型企业(10—49) | 51 674 | 43.1 |
| 中型企业(50—199) | 7 621 | 6.4 |
| 大型企业(≥200) | 1 280 | 1.1 |

注:无雇主的经营单位不包含在内。

资料来源:OECD 中小企业融资报告。

(二) OECD 计分板

在韩国的企业贷款中,中小企业取得的融资在 2007 年达到最大比例 86.8%,之后在 2007—2010 年逐年下降,2010 年的比例是 81.5%。企业短期贷款主要作为企业经营资本,2007—2010 年,中小企业短期贷款总规模稳步上升,而占比维持在 69% 左右。同时,韩国中小企业取得政府担保贷款的总额稳步上升,2010 年是 56 万亿韩元,占全国所有中小企业贷款的 12.7%。这种现象产生的原因在于韩国政府在经济危机期间采取的扶持计划。近几年韩国中小企业贷款利率逐年下降,与大型企业间的利率差也在逐渐缩小,这大大减小了中小企业融资的难度。

受到全球金融危机的波及,韩国中小企业取得风险投资及成长基金的总额由2007年的7 420亿韩元,下降到2009年的5 070亿韩元,2010年回升到6 090亿韩元,但仍未达到2007年的水平。同时,在2008年金融危机时,韩国中小企业申请破产的数量达到峰值,2008年申请破产企业总和达到2 735家,后减少到2010年的1 570家。根据OECD中小企业融资报告制定的核心计分板,统计韩国中小企业融资状况如表20-4所示:

表20-4 韩国中小企业融资核心指标计分板

| 指标 | 单位 | 2007 | 2008 | 2009 | 2010 |
| --- | --- | --- | --- | --- | --- |
| 中小企业贷款额度 | 百万韩元 | 368 865 630 | 422 438 638 | 443 474 111 | 441 024 211 |
| 中小企业贷款占比 | % | 86.8 | 87.1 | 87.3 | 81.5 |
| 中小企业短期贷款 | 万亿韩元 | 253 | 287 | 304 | — |
| 中小企业贷款担保额度 | 百万韩元 | 39 729 666 | 42 961 344 | 56 381 030 | 56 207 100 |
| 中小企业担保贷款占总贷款比重 | % | 10.8 | 10.2 | 12.7 | 12.7 |
| 中小企业直接政府贷款 | 百万韩元 | 2 480 319 | 2 634 900 | 4 811 597 | 56 207 100 |
| 中小企业授权贷款/申请贷款比 | % | 58.5 | 52.8 | 59.3 | 51.3 |
| 中小企业不良贷款率 | % | 0.93 | 1.83 | 2.51 | — |
| 平均贷款利率 | % | 6.72 | 7.31 | 5.65 | 5.68 |
| 中小企业与大企业的利率差 | % | 0.74 | 0.73 | 0.61 | 0.55 |
| 中小企业贷款需抵押物的比率 | % | — | — | — | — |
| 风险资本和成长基金 | 十亿韩元 | 742 | 545 | 507 | 609 |
| 延迟支付 | 天/年 | 11.0 | 12.1 | 9.9 | 12.1 |
| 破产 | 家 | 2 294 | 2 735 | 1 998 | 1 570 |

资料来源:OECD中小企业融资报告。

(三)核心指标分析

1. 中小企业贷款

韩国中小企业贷款在2007—2009年有所增加,但在2010年下降了0.6%,原因是垃圾债券的重组和银行谨慎放贷。中小企业商业贷款的份额从2007年的86.8%下降至2010年的81.5%,主要下降发生2007年和2008年,其间大公司贷款正在经历快速增长。在中小企业全部贷款中,短期贷款份额增加较多,主要由于运作资本需求优先于投资需求。尽管中小企业不良贷款率增长迅速:2007—2008年为197%,2008—2009年为137%,但中小企业仍能获得信贷,不良贷款的数据包括了国内和国外的现金贷款。

## 2. 中小企业信用条件

韩国银行向中小企业收取的平均贷款利率在2007—2008年有所上升,并均低于2009年和2010年。韩国大企业和小企业之间的利率差在2009年下降到几乎为零,但在2010年有所增加。相比于大型企业,韩国银行似乎放宽了对小企业的信用条件且愿意承担中小企业信贷风险,实际是由于政府建议银行主动延缓中小企业贷款,且延迟付款比率达到90%。政府采取这种措施的理由是其认为在危机期间银行不能对中小企业的生存能力做出准确的评估,即出现"市场失灵"。此外,尽管中小企业自身难以满足监管标准,但政府的担保计划极大地促成了银行对中小企业的放贷行为。截至2010年年底,韩国国内银行的中小企业贷款额较2008年增加了5%,即4430亿韩元。1997年韩国货币危机之后,韩国大型企业倾向于采取发行企业债券和股票融资的方式,加之银行业加大了对有政府担保中小企业的支持,所以15年来韩国中小企业的贷款规模有了巨大增加,如图20-1所示。

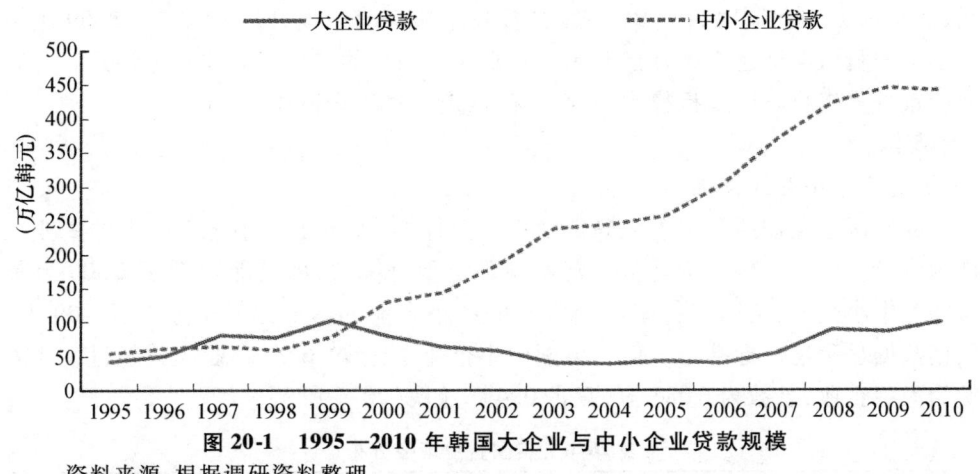

图20-1 1995—2010年韩国大企业与中小企业贷款规模

资料来源:根据调研资料整理。

## 3. 股权融资

韩国中小企业风险资本和成长基金在2007—2009年下降较快,2010年有一定反弹,但未能达到2007年的水平,如表20-5所示。

表20-5 2007—2010年韩国风险资本与成长基金情况　　　　单位:十亿韩元

| 阶段 | 2007 | 2008 | 2009 | 2010 |
| --- | --- | --- | --- | --- |
| 成长期 | 365.0 | 290.8 | 247.6 | 319.2 |
| 扩张期 | 377.4 | 255.3 | 260.1 | 290.4 |
| 合计 | 742.4 | 546.1 | 507.7 | 609.6 |

资料来源:根据调研资料整理。

#### 4. 延迟支付及破产

韩国中小企业逾期贷款及破产情况在2009年有所下降,但金融监管院(FSS)发布的数据却显示经济中的不良贷款急剧增加。这是因为缺乏资金的企业并没有宣布破产,同时,政府救助计划也阻止中小企业倒闭。在全球金融危机爆发后,韩国很多中小企业资金吃紧陷入财务困境,但由于政府的财政支持,在2009年和2010年韩国破产企业不增反减。

#### 5. 政府担保贷款及直接贷款

在经济危机期间,韩国中央和地方政府进一步放宽了信贷政策,贷款担保的金额大幅度增加。担保覆盖率短时间内由原来的85%上升至95%,出口信贷担保甚至达到100%。由中央政府提供的贷款担保在2007—2008年增加8%,并在2009年创造了31%的记录,2010年仍保持在这一水平。而中小企业振兴公团(SBC)在2007—2008年直接借贷额增加6.2%,在2009年出现一个戏剧性的跳跃,达83%。与此同时,在SBC贷款的授权率从58.5%上升到59.3%。2009年第一季度的贷款申请达5.3万亿韩元,而2008年一年的申请仅有6万亿韩元。复苏期的银行直接贷款以及授权率小幅下降,政府援助逐渐减少。

## 二、英国

### (一) 英国中小企业概况

欧盟国家是按照员工人数确定中小企业标准,即员工数小于250人的企业统称为中小企业。金融机构是基于营业额确定划分标准,即营业额低于2 500万英镑的为中小企业;英国银行家协会定义的中小企业的营业额是低于英镑100万,但据数据显示这一标准会太低。英国中小企业占比99.6%,企业人数超过250人的为大型企业,总数为6 083家,只占0.4%,如表20-6所示。

表20-6 英国企业规模分布

| 企业规模(按职工人数) | 数量(家) | 占比(%) |
| --- | --- | --- |
| 企业总数 | 1 670 572 | 100.0 |
| 中小企业(1—249) | 1 664 489 | 99.6 |
| 微型企业(1—9) | 1 585 607 | 94.9 |
| 小型企业(10—49) | 51 449 | 3.1 |
| 中型企业(50—249) | 27 433 | 1.6 |
| 大型企业(≥250) | 6 083 | 0.4 |

注:统计的为非金融企业,仅包括注册了的企业。据估计英国注册和未注册的中小企业共计450万家。

资料来源:OECD中小企业融资报告。

## (二) OECD 计分板

在英国,中小企业融资占比从 2007 年的 10.5% 增加到 2010 年的 11.6%。英国中小企业政府担保贷款额度,由 2007 年的 2.07 亿英镑增加到 2009 年的 7.595 亿英镑,2010 年有所下降,为 5.886 亿英镑,约 90% 的企业申请通过了审批。近几年英国中小企业贷款利率逐年下降,但与大型企业间的利率差却逐渐增大,这反映了中小企业融资的难度。受到全球金融危机影响,英国中小企业取得风险投资及成长基金的总额由 2008 年的 24.09 亿英镑下降到 2009 年的 15.09 亿英镑,2010 年有所回升,但仍未达到 2008 年的水平。英国中小企业取得贷款需抵押物的比率在 2009 年达到 77%,较 2008 年多出 12 个百分点,2010 年此比率有所下降,但仍高出 2008 年 10 个百分点。同时,英国中小企业申请破产的数量在 2009 年达到峰值,4 个季度申请破产企业总和达到 19 077 家,2010 年有所减少,但仍高于危机前水平。OECD 中小企业融资核心计分板统计的英国中小企业融资状况如表 20-7 所示:

表 20-7　英国中小企业融资核心指标计分板

| 指标 | 单位 | 2007 | 2008 | 2009 | 2010 |
| --- | --- | --- | --- | --- | --- |
| 中小企业贷款额度 | 百万英镑 | 50 460 | 54 600 | 55 360 | 51 960 |
| 中小企业贷款占比 | % | 10.5 | 11.2 | 11.6 | 11.6 |
| 中小企业短期贷款 | 百万英镑 | — | — | — | — |
| 中小企业政府担保贷款额度 | 百万英镑 | 207.0 | 178.0 | 759.5 | 588.6 |
| 中小企业政府担保贷款获批率 | % | — | — | 83.0 | 90.0 |
| 中小企业直接政府贷款 | 百万英镑 | — | — | — | — |
| 中小企业授权贷款/申请贷款比 | % | — | — | — | — |
| 中小企业不良贷款率 | % | — | — | — | — |
| 中小企业贷款利率 | % | 5.50 | 4.54 | 3.46 | 3.57 |
| 中小企业与大企业的利率差 | % | — | 0.83 | 1.22 | 1.44 |
| 中小企业贷款需抵押物的比率 | % | 55 | 65 | 77 | 75 |
| 风险资本和成长基金 | 百万英镑 | — | 2 409 | 1 509 | 1 964 |
| 延迟支付 | 天/年 | — | — | 22.80 | 22.58 |
| 破产 | 家 | 12 507 | 15 535 | 19 077 | 16 045 |

资料来源:OECD 中小企业融资报告。

## (三) 核心指标分析

### 1. 中小企业贷款占比

英国中小企业贷款额度在 2009 年达到峰值后开始下降,大企业贷款额度在 2008 年达到峰值,2009 年开始降低且降速快于同期的中小企业。贷款存量的下降是供需双方共同作用的结果,如中小企业的去杠杆化和清偿已有银行债务等行为。英国年营业额低于100万英镑的中小企业贷款在全部商业贷款中的占比非常小,2009年为11.6%,远低于OECD计分板上别国的水平,可能是不包含100万—2 500万英镑的中小企业贷款存量。根据英国银行数据,所有中小企业(即营业额低于2 500万英镑)的贷款存量约占全部商业贷款存量的25%,与其他国家基本持平。[1]

### 2. 中小企业贷款授权率

英国商业创新部门(BIS)的定期调查发现,英国中小企业家寻求融资的比例由2007—2008年的23%上升至2010年的26%,尽管有研究发现银行融资需求在下降。中小企业融资目的中获取运营资金占28%,获取投资资金占21%。2010年批准率100%的中小企业占比68%,部分批准的占比6%,在2007—2008年度中批准率100%的占比89%,部分批准的占比2%。2010年银行未批准的中小企业占比21%,这是2007—2008年度(8%)的近3倍,但绝大多数被拒绝的企业家不知道为何银行拒贷。

### 3. 中小企业融资利率

整体来看英国中小企业的融资总成本有所降低。尽管这期间其贷款保证金增加,但英国央行利率逐渐下降,从2007年的5.50%,到2008年的4.54%,再到2010年的3.57%。中小企业与大企业的贷款利率差也在增加,但银行抵押贷款的比例呈下降趋势。

### 4. 中小企业股权融资

尽管只有少数英国中小企业可以获得外部股权融资,但其仍是高成长、高潜力创新企业的重要融资途径。2008年以来,英国中小企业风险投资及成长基金都大幅减少,2010年略有回升。

表20-8  2008—2010年英国风险投资与成长基金概况    单位:百万英镑

| 阶段 | 2008 | 2009 | 2010 |
| --- | --- | --- | --- |
| 种子期 | 12 | 14 | 10 |
| 起步期 | 160 | 125 | 46 |
| 发展初期 | 187 | 164 | 168 |
| 扩展期 | 2 050 | 1 055 | 1 651 |
| 合计 | 2 409 | 1 509 | 1 964 |

资料来源:英国风险投资协会。

---

[1] Bank of England(2011), *Trends in Lending*, April 2011, www.bankofengland.co.uk/publications/other/monetary/TrendsApril11.pdf。

### 5. 中小企业延迟支付及破产

英国中小企业清算(破产)高峰出现在2009年,2010年下降了16%。2011年的清算率处于历史较低水平。2011年6月的前12个月中,0.7%的注册公司进入清算,远低于高峰期1993年的2.6%和25年期平均水平1.3%。企业延迟支付平均为22天。调查显示现金流不足成为仅次于经济环境的第二大发展障碍。

### 6. 政府政策

受金融危机的影响,英国政府2009年1月出台了企业融资担保计划(EFG)①,取代了原有的小企业贷款担保计划。EFG计划支持反周期贷款,并为因经济危机导致的本可融资而融资受阻的企业提供援助,为更多缺少抵押物和信用记录的企业提供解决方案。相较于之前英国政府实行的SFLG计划25万英镑的贷款上限,EFG提供的贷款上限更高,达100万英镑,且能为所有年营业额低于2500万英镑的企业提供服务,高于SFLG的最高年营业额不超过560万英镑。同时,EFG计划可实现透支款转换成贷款,因此2009年的担保贷款供给总量是前两年SFLG计划的3倍,且使用效率较高,83%—90%的担保贷款供给额被使用。总体而言,自2009年推出以来,EFG为15 769家中小企业提供了贷款,总额15.9亿英镑。

## 三、美国

### (一) 美国中小企业概况

美国小企业管理局(SBA)对中小企业的界定是:雇员小于或等于500人的公司,其总数超过500万,占企业总数的99%,雇佣了约50%的私营部门员工,支付约44%的私营部门工资,提供约65%的私营部门净新增就业岗位,创造超过50%的私营国内生产总值(扣除农业部分)。美国企业规模分布情况如表20-9所示。

表20-9 美国企业规模分布表

| 企业规模(按职工人数) | 数量(家) | 占比(%) |
| --- | --- | --- |
| 企业总数 | 5 088 144 | 100.0 |
| 中小企业(1—499) | 5 067 879 | 99.6 |
| 微型企业(1—9) | 3 851 578 | 75.7 |
| 小型企业(10—99) | 1 130 064 | 22.2 |
| 中型企业(100—499) | 86 237 | 1.7 |
| 大型企业(≥500) | 20 235 | 0.4 |

资料来源:OECD中小企业融资报告。

---

① 英国政府在2009年1月发起了一项企业融资担保计划(EFG),为那些没有足够抵押品获得商业贷款的中小企业提供融资担保,符合条件的中小企业为年营业额在2500万英镑以上,申请贷款额度为10英镑至100万英镑。EFG与主要银行合作,这些主要银行的业务范围覆盖了97%的中小企业。

## （二）OECD 计分板

美国企业贷款总规模变化较小，2008—2010 年基本保持在 250 万美元，但其中，中小企业取得的贷款比率较大型企业少，2007 年，中小企业取得的贷款占贷款总额的 30.1%，即大型企业取得的贷款占贷款总额的 68.9%；2009 年以后这一比例持续下降，两年的数据分别是 27.6% 和 29.0%。在企业贷款中，用作经营资金的短期贷款所占比例较小，年均维持在 30% 左右。受到金融危机波及，中小企业不良贷款及破产总量在 2009 年达到峰值，随后的 2010 年均有所下降，但仍高于平均水平。同时，中小企业取得的风险投资及成长基金在 2009 年均处于多年最低值。美国的贷款制度按照贷款额度实行梯度化利息，同时根据贷款额度确定所需抵押物比例，即贷款额度越高，贷款利息越低，所需抵押物越少。根据 OECD 中小企业融资报告制定的核心指标计分板，统计美国中小企业融资状况如表 20-10 所示。

表 20-10 美国中小企业融资核心指标计分板

| 指标 | 单位 | 2007 | 2008 | 2009 | 2010 |
| --- | --- | --- | --- | --- | --- |
| 中小企业贷款额度 | 百万美元 | 686 760 | 711 453 | 695 277 | 652 259 |
| 中小企业贷款占比 | % | 30.1 | 27.7 | 27.6 | 29.0 |
| 中小企业短期贷款率 | % | 31.1 | 21.6 | 26.7 | 23.5 |
| 中小企业政府担保贷款额 | 十亿美元 | 20.6 | 16.1 | 15.4 | 22.5 |
| 政府担保贷款总额 | 十亿美元 | 28.5 | 53.4 | 56.4 | 57.7 |
| 中小企业授权贷款/申请贷款比 | % | 71.8 | 66.6 | — | — |
| 中小企业不良贷款率 | % | 1.22 | 1.89 | 3.90 | 3.47 |
| 中小企业贷款利率 | | | | | |
| （贷款<10 万） | % | 7.7 | 5.8 | 5.3 | 5.4 |
| （贷款<50 万） | % | 7.1 | 5.2 | 4.5 | 4.7 |
| （贷款<100 万） | % | 7.8 | 4.3 | 3.8 | 4.2 |
| 中小企业与大企业的利率差 | % | — | | | |
| 中小企业贷款抵押率 | | | | | |
| （抵押贷款<10 万） | % | 84.2 | 84.7 | 89.2 | — |
| （抵押贷款<100 万） | % | 76.4 | 70.9 | 77.6 | — |
| （抵押贷款<1 亿） | % | 46.7 | 42 | 48.5 | — |
| 风险资本和成长基金 | 十亿美元 | 30 | 28 | 18 | 22 |
| 延迟支付 | 天/年 | — | — | | |
| 破产 | 家 | 28 322 | 43 546 | 60 837 | 56 282 |

资料来源：OECD 中小企业融资报告。

## (三) 核心指标分析

根据规定,企业贷款分为商品房抵押贷款和工业贷款两类,且中小企业的贷款需向美国联邦存款保险公司报告,美国中小企业贷款上限设为100万美元,细分为三个梯度,如表20-11所示。

表20-11 美国2007—2010年中小企业未偿贷款存量 单位:十亿美元

| 贷款类型 | 2007 | 2008 | 2009 | 2010 |
|---|---|---|---|---|
| 商品房抵押贷款 | | | | |
| 10万以下 | 28.4 | 28.5 | 26.4 | 22.1 |
| 10—25万 | 68.8 | 68.6 | 67.1 | 59.6 |
| 25—100万 | 262.8 | 277.9 | 278.4 | 260.5 |
| 小计 | 360.0 | 375.0 | 371.9 | 342.2 |
| 工业贷款 | | | | |
| 10万以下 | 131.2 | 141.7 | 134.5 | 137.2 |
| 10—25万 | 57.5 | 57.3 | 55.1 | 21.2 |
| 25—100万 | 138.0 | 137.4 | 133.6 | 121.6 |
| 小计 | 326.7 | 336.4 | 323.2 | 280.0 |
| 合计 | 686.7 | 711.4 | 695.1 | 622.2 |

资料来源:根据调研资料整理

数据显示,2008—2010年美国中小企业商品房抵押贷款、工业贷款总量均有所降低,这与信贷紧缩政策有关。

1. 信贷紧缩

美联储数据显示,为中小企业提供贷款占比约64%的美国存款机构的中小企业贷款收缩程度比大企业更明显。2011年第二季度存款机构的小额贷款降为6 070亿美元,较2008年的7 110亿美元峰值下降15%。

2. 政府政策调整

美国小企业管理局(SBA)与5 000家银行和信用社、250家社区企业、170多个非营利性金融中介及社区发展金融机构、约300名小企业投资公司合作,为中小企业提供融资服务。美国小企业管理局资本融入计划包括若干大的子项目,为满足不同生命周期的中小企业不同特征的担保和融资需求。其中最大的一个是"7a贷款计划",为小企业提供不超过500万美元的运营资金贷款担保,第二大子项目是"认证504贷款计划",为中小企业购置固定资产提供不超过500万美元的担保和合作基金贷款。

2008—2009年的金融和经济危机对美国小企业管理局的融资计划有显著影

响。这两个最大的贷款担保计划总量从 2005—2007 年的月均 17 亿美元下降到月均 6.87 亿美元,约减少 60%。在联邦政府的强力干预下,这两项的平均资金流量反弹到月均 14 亿美元(见表 20-12)。

表 20-12  2000—2010 年美国小企业管理局 7a 和 504 担保贷款情况

| 年份 | 企业数 | 年增减(%) | 金额(100 万美元) | 年增减(%) |
| --- | --- | --- | --- | --- |
| 2000 | 47 369 | -4 | 11 903 | -4 |
| 2001 | 49 551 | 5 | 12 670 | 6 |
| 2002 | 60 844 | 23 | 14 573 | 15 |
| 2003 | 79 369 | 30 | 15 380 | 6 |
| 2004 | 9 469 | 19 | 18 147 | 18 |
| 2005 | 103 370 | 10 | 20 534 | 13 |
| 2006 | 109 941 | 6 | 20 236 | -1 |
| 2007 | 107 567 | -2 | 20 611 | 2 |
| 2008 | 65 519 | -39 | 1 664 | -22 |
| 2009 | 5 720 | -13 | 15 366 | -4 |
| 2010 | 6 659 | 16 | 22 536 | 47 |

资料来源:美国小企业管理局。

为了实现总量的反弹,美国小企业管理局首先制定额外政策刺激金融机构,然后支持二级市场吸收小企业管理局的贷款。小企业管理局阶段性地从国会批准的额外基金中为其每笔担保贷款再增加 75%—90% 的担保。美国小企业管理局也暂时减少和取消参与其对中小企业担保融资项目的金融机构手续费用,并且增加贷款范围。小企业管理局面临的第二个问题是,由于银行信心指数的骤降,小企业管理局 7a 担保贷款项目在二级市场上的关注度也骤降,只有约 40% 的 7a 担保贷款在二级市场被出售。小企业管理局担保贷款在二级市场上的资金流量从 2008 年下半年的月均 3.28 亿美元骤减至 2009 年第一个月的 1 亿美元。其后,在 2009 年 3 月 16 日,美国总统宣布作为金融稳定计划的一部分,财政部将从二级市场购买 150 亿美元的小企业管理局担保贷款,并承诺将为小企业管理局新增担保贷款兜底。

## 第三节 对策与建议

### 一、完善中小企业融资担保体系

中小企业融资担保体系发挥有效作用,对于解决中小企业融资困境具有重要作用。目前超过 85% 的 OECD 成员国拥有一个以上的中小企业融资担保机构,部分国家如美国有两个及以上。完善中国中小企业融资担保体系应从以下几方面入手:一是健全融资担保的法律法规,实现对担保市场的合理控制,同时根据外部环境变化及时进行修订和补充,如美国通过了《小企业贷款基金法案》旨在降低小企业贷款门槛和利率,《信贷担保法案》和《小企业股权投资促进法案》帮助了小企业通过政府担保或股权融资取得资金。二是发挥政府作用,确保资金来源。稳定的资金来源是融资担保机构发挥作用的基本条件。根据OECD成员国的成功经验,政府应以注入资金填补融资担保机构的资金缺口,从而保证其稳定运作。如美国直接通过政府预算填补美国小企业管理局(SBA)各项小企业贷款担保计划的资金缺口,从而保证各小企业融资计划实现。三是厘清行业属性,区别担保标准。担保融资的借款企业需提供相关抵押物才能取得担保融资,但行业的差别使得企业所能提供的抵押物差别较大。根据不同行业的差异,构建适用于不同行业特性的抵押物标准,能够更好地帮助中小企业实现融资。四是构建监管机制,减少经营风险。美国小企业管理局直接接受国会监督,每年出具财务报告。中国也应该从政府层面建立专门的单位对中小企业融资担保机构的运作进行监管以规避其经营风险。

**二、构建融资信用数据库**

以政府为主导,借助银行及担保机构的力量构建中小企业融资数据库十分必要。基于中小企业融资现状(包括申请融资次数、资金取得金额、企业经营状况、抵押物多寡、按期还款情况等),对各企业进行信用等级划分,高等级中小企业在后期融资时给予适当宽松的政策,反之限制其融资。这样能够规避因中小企业整体经营风险高而导致那些经营状况良好、发展前景广阔的中小企业无法融资的状况。据悉,目前比利时、加拿大等发达国家已经通过建立规范化的信用信息系统、支付系统和安全交易系统,实现了融资信用登记。

**三、发挥社会组织融资作用**

鼓励行业协会等社会组织发挥融资的桥梁作用。英、美等发达国家的政府充分发挥了行业协会的桥梁作用,在最大程度上减少了非对称信息的影响。政府应鼓励行业协会利用行业信息筛选优势甄别并推荐中小企业给金融机构,支持行业协会主动承担银行等金融机构的信贷审核和追索业务,以节省金融机构和中小企业的时间、资源和人力。社会组织对于企业融资的促进还可以通过加强中小企业人才培养来实现,如德国的技术创新中心、贸易促进会等会为中小企业的员工提供专业化的金融知识培训等。

**四、鼓励风险投资基金投资**

风险投资是目前中小企业融资的重要来源。从各国经验来看,风险投资和创业投资在中小企业融资和发展过程中具有重要推动作用。其中,对高新技术型中小企业的影响尤为显著。在发达国家,针对中小企业的民间风险投资基金和民间创业投资公司发展十分迅速,为那些不能满足银行担保需求而又急需资金支持的中小企业提供贷款,为中小企业技术升级项目提供了及时且有力的支持。创投和风投基金可运用参股、控股等模式获取利益回流,实现社会效益与经济效益的统一。政府还可发挥自身优势,成立多种风险投资基金,以政府财政收入为主要资金来源,用以补充和引导民间的风险投资。

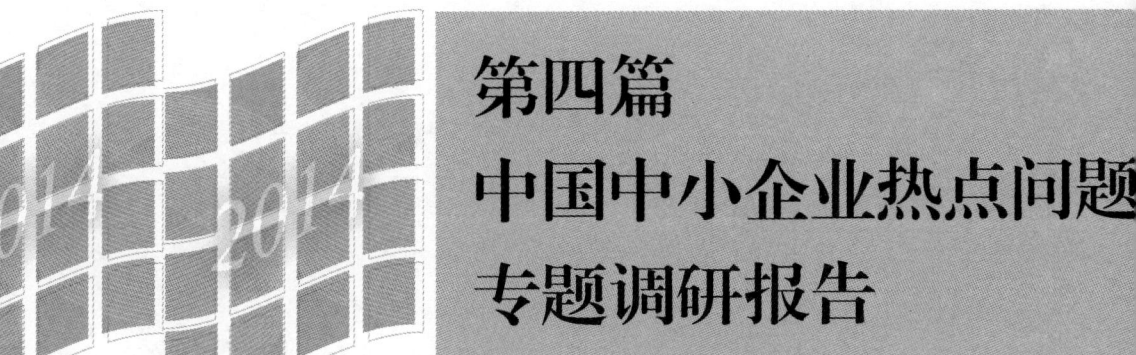

# 第四篇
# 中国中小企业热点问题专题调研报告

# 第二十一章 构建转贷引导基金破解中小企业连环倒闭难题的调研报告

资金链断裂问题是造成中小企业濒临连环倒闭的直接原因,其直接根源是现有金融制度的缺陷。因此,各地区、各部门都在探讨解困路径,以解决制度缺陷造成的中小企业连环倒闭问题。杭州新模式——中小企业转贷引导基金最独具特色,风险最小,深受广大中小企业欢迎。杭州市中小企业转贷引导基金成立近一年来,政府首期出资2 000万元,吸纳社会资金6 000万元,基金运转近50次,帮助中小企业转贷25亿元,为企业节省支出3 000万元。转贷基金不仅弥补了现行金融制度下流动资金"先还后续"给中小企业带来的困境,为中小企业排忧解难,有效破解了因此造成的中小企业连环倒闭现象,而且,实现了政府扶持资金"四两拨千斤"的作用。本报告调研了杭州市中小企业转贷引导基金的运行模式、发展优势及实施效果,为解决中小企业融资难、融资贵提供了新思路、新方案与经验,对扶持浙江省中小企业发展,鼓励、引导和规范民间资本进入金融服务领域,具有重要的借鉴意义与启示。

## 第一节 中小企业连环倒闭产生的原因

中小企业贷款分为流动资金贷款与固定资产贷款,流动资金贷款需求是量大面广,而固定资产贷款则是根据扩大再生产需要。对于中小企业来说,由于缺乏固定抵押物,不管是流动资金贷款还是固定资产贷款都需要担保,因此,往往形成了贷款担保链,一旦一家企业出现银行抽贷、贷款周转有问题,就会波及几十家甚至上百家企业贷款被抽贷,中小企业的正常经营立即被打乱,从而出现连环倒闭现象。

现行金融制度下,企业流动资金贷款以12个月为期限,到期以后,必须先归还贷款入账,银行才能审核续贷。这样就出现两个问题:一是中小企业流动资金是在生产流通中周转,无法筹集现金归还银行贷款;二是从归还到续贷款到账会出现一个资金断档期,若临时资金紧缺,这个"断层"如何弥补?多数中小企业选择从投资咨询公司、担保公司、寄售行获取高利贷,而企业的正常经营往往因筹资还贷而打乱。与此同时,不少银行采取了压贷、抽贷、延贷的手段以保证银行的资金安全,给现金流已经出现断裂迹象的企业雪上加霜,更使企业背负起高额的民间高利贷。不少企业的资金链就是由此断裂,中小企业徘徊于倒闭边缘,只要一家企业资金链断裂,就会引起骨牌效应,产生中小企业连环倒闭现象。

我们调查发现,资金链断裂首先受打击的是当事企业,由于资金链断裂,企业无法正常运转、生产停滞、工人失业。同时,由于中小企业的担保链存在,通过贷款担保的传递作用,引发大批企业同时倒闭,给社会经济的正常运行和发展带来巨大的障碍,甚至会导致整个经济体系瘫痪,从而引发经济危机。2011年,温州大批中小企业因为资金链断裂纷纷倒闭,引发中小企业老板"跑路潮"就是一个典型例子。又例如,杭州天煜建设于2011年12月20日被法院查封,2012年1月起,受天煜建设影响,为其互保、联保的多家企业开始遭遇银行收贷。之后,这场始于天煜建设的借贷危机因错综复杂的互保、联保关系不断传染、蔓延、辐射,引发了50多家企业的资金链危机。

## 第二节 中小企业连环倒闭的原因分析
——应急措施治标不治本

我们跟踪调查发现,为了解决中小企业融资难问题,全国各地陆续推出相关补救政策措施,以保障中小企业持续健康发展,有效防范和化解企业因资金周转困难发生资金链断裂的风险,维护企业有序经营和社会稳定。浙江省政府出台了一揽子配套扶持政策,其中包括省财政出资10亿元专门建立中小企业再担保基金,为全省融资性担保机构开展中小企业担保业务提供再担保;温州市政府也推出一揽子救市措施,要求银行不抽资、不压贷,并协助银行了解贷款企业的情况,按照"属地管理、一企一策"的原则切实为中小企业解决问题,强化对小额贷款、民间借贷等方面的规范、监管和服务,全力保障温州金融稳定和发展,防止中小企业出现资金链断裂;同时,多地相继成立"企业转贷互助基金"、"企业互助担保基金"、"社会转贷基金"、"政府应急转贷基金"、"资金池"、"共同基金"等,给面临资金链断裂的中小企业紧急输血,控制中小企业资金链断裂现象蔓延的趋势,缓解经济下滑的压力。然而这些措施往往只针对当地重点企业,惠及面较窄,属于事后挽救措施,无法事先预防中小企业资金链断裂的发生。另外,此类政策措施具有阶段性,只有当地区大量中小企业遭遇资金链断裂的时候才会实行,具有很大局限性。

## 第三节 杭州市中小企业转贷引导基金的模式创新与运行效果

鉴于现行金融制度与中小企业融资状况,本着"为中小企业排忧解难,营造和谐金融环境,服务实体经济发展"的功能定位和运作思路,从切实解决中小企业转贷困难,有效保障工业企业资金链安全和基金规范运作、严控风险出发,通过与国内其他社会转贷基金和政府应急转贷基金的反复比对、分析和研究,为更好地发挥中小企业转贷引导基金的功能作用,惠及更多的中小企业,杭州市经济和信息化委员会发起设立杭州市中小企业转贷引导基金,由市财政局共同管理。按照"服务企业、微利经营、规范运作、严控风险"的原则,基金支持中小企业发展,鼓励、引导和规范民间资本进入金融服务领域,实现政府扶持资金四两拨千斤的作用,帮助中小企业解决贷款过程中的融资难、还贷难等问题,保障杭州市中小企业正常有序运转,有效防止中小企业因续贷、转贷而引发资金链断裂以及企业连环倒闭等现象发生。此举符合杭州地方实情,具有独特作用和优势,有效地改善了杭州中小企业的融资环境,实施效果明显,也获得了社会各界和企业的一致好评。

## 一、运行模式与优势

杭州市中小企业转贷引导基金融合了政府应急转贷基金与民间资本转贷基金,将政府引导推动与市场机制相结合,以此实现用有限的政府资源撬动潜力无限的社会资源。同时,该基金面向纳税所在杭州市范围内、符合产业导向、企业运行正常、自身转贷困难、符合银行续贷条件的中小企业,具有普惠特征。

对于企业而言,准公共转贷降低了企业融资风险,转贷更为有保障。杭州新模式进一步提高了基金使用效率,为中小企业提供了更为专业、便捷的融资咨询、融资指导和申请转贷等全方位、一站式服务,使中小企业将主要精力、时间投入企业经营中去。企业申请使用本基金不用政府审批,程序简单、快捷。银行承诺在一定期限内为企业续贷的前提下,由转贷引导基金垫资为企业偿还贷款。在银行向企业发放全部贷款后,这笔贷款应直接转账至转贷引导基金指定的银行账户。在整个流程中,企业只支付了服务费(转贷收取利息、服务费和风险准备金三项费用,合计每天不超过0.1%,一般2—3个工作日即可完成)。对于转贷基金而言,资金直接在银行和担保方之间流动,避免了企业拿到还贷资金却不还贷的风险。

杭州市中小企业转贷引导基金独具先进性及优势。第一,该基金由政府主导,由市经信委与银行联手合作,帮助企业顺利完成转贷,不影响企业信用记录,解决了企业的后顾之忧。

第二,为民间金融实现规范化、阳光化开辟了通道。一般而言,民间资金更多地像一股"暗流"在地下涌动,如何通过金融创新让其涌到地上来,转化为实体经济投资,亟须进行积极的探索和突破。转贷引导基金为民间资金的投融资搭建了新的平台和载体,引导规范了民间资金进入金融服务领域,重点支持了中小企业发展,实现了用有限的政府资源撬动潜力无限的社会资源。

第三,转贷引导基金作为政府引导基金,通过发挥政府资金的杠杆作用,吸引各类社会资本、民间资本和境外资本,放大了政府对地区产业转型升级投资机构的导向效应和对企业发展的支持效应,具有准公共性和低盈利性。

## 二、运行效果

截至 2013 年年底,杭州市中小企业转贷引导基金经中国人民银行杭州中心支行同意,分别在杭州联合银行、杭州银行和建设银行开设了转贷资金专用账户,账户由合作银行作为第三方监管行。基金已对杭州华一塑胶有限公司、杭州钱塘塑料制品厂等 46 家单位,共 48 笔业务进行转贷支持,累计发放贷款 32 511 万元,平均每笔业务 2 天内完成,累计为企业节省转贷成本 396.01 万元。

据我们对使用转贷基金企业的调查,企业人员规模基本在 15—300 人,涉及塑料化工、制造加工、食品加工、印刷等多个行业,注册资本为 30 万—100 万元,属于小微企业。以往企业转贷,有 17% 的企业是通过人脉关系相互借贷,有 78% 的企业主要依赖于民间高利贷资金,因民间借贷资金的不确定性,故单笔转贷还需通过多个途径解决。拆借资金的周转成本平均为 3‰/天,一般需要 5—10 天,企业每年转贷成本平均占其财务成本 25%(财务成本 = 借贷利息 + 转贷成本),通过杭州市中小企业转贷引导基金大大降低了其财务成本,还可减少企业在人力、物力上的投入。此外,杭州市中小企业转贷引导基金,不仅提供转贷引导资金,而且提供经营管理咨询、融资策略咨询等服务。不仅让中小企业受益,而且启动引导民间借贷行为,净化了金融市场,减少了民间贷款纠纷,保障中小企业正常生产经营。同时,也进一步规范了银行、信贷员的续贷审批程序。到 2013 年年底,政府专项资金增加到 3 000 万元,加上吸纳的社会资金,转贷基金总额达 1.2 亿元,合作银行达 7 家,可帮中小企业实现转贷 25 亿元,预计可以为企业节省支出 3 000 万元。

## 第四节 对策与建议

### 一、加大支持力度,壮大资金规模

扶持和培育中小企业发展,鼓励、引导和规范民间资金支持中小企业,这已引起各级政府的高度重视。转贷引导基金来自政府专项资金,由引导社会(机构)资本注入方式组建而成。杭州市经信委发起并筹建转贷引导基金,利用政府专项资金为种子,总规模 2.5 亿元,预期五年内到位,按照政府资金和社会资金 1∶3 比例放大,注入杭州市中小企业服务中心(事业)全资的杭州中小企业服务有限公司,设立转贷基金。但对于庞大的中小企业群体的需求来说,转贷基金的规模还需进一步扩大。

### 二、复制成功经验,推广杭州新模式

杭州市中小企业转贷引导基金的推广使用,可以有效缓解中小企业在转贷过程中骤增的资金链压力,避免因转贷导致资金链断裂而出现连环倒闭,确保企业

正常生产经营活动不受影响,这不仅大大提高了财政扶持资金的效率,降低了中小企业融资成本,而且净化了民间融资市场,降低了因民间高利贷而引起的金融纠纷,减少了社会不安定因素和风险事件。同时,转贷引导基金可以通过吸引社会资金实现放大,再通过规范化的操作流程帮助企业顺利转贷,其"四两拨千斤"以及对中小企业的普惠作用无疑是明显的。

杭州转贷引导基金成功设立与运行为中小企业融资创造了新模式,这一模式可以在中小企业发达的地市县复制,构建多层次中小企业转贷引导基金,切实解决中小企业融资难、融资贵问题。各级政府应该切实加强投入,扶持转贷引导基金建设与发展。

### 三、加强品牌宣传,提升自身能力

目前,中小企业转贷引导基金尚处于起步发展阶段,基金规模十分有限,服务企业数量有限,社会认知度不足,因此,应该加强转贷引导基金的宣传,进一步规范基金管理制度,开展基金理论研究,开展论坛研究,促进转贷引导基金在更大范围内形成,进一步提高知晓度,扩大惠企面。同时,加强基金管理人员的专业知识培训,不断扩充专业人才队伍,引入服务企业理念。根据转贷业务的运行情况,进一步细化、完善业务流程,确保转贷业务逐步有序、稳妥细致的推进。努力提升服务能力,扩大合作银行的范围。目前,除了杭州银行、杭州联合银行和建设银行已经开展转贷业务,浦发银行、民生银行也将加入转贷合作的队伍,与银行的合作提升到管理层次。

### 四、加强政策与法律指导,完善风险管控机制

中小企业转贷引导基金的发展离不开政策法律的支持,地方政府部门应根据《中小企业促进法》充分结合地区的实际情况制定相关的法律地位与政策保障,确保中小企业转贷引导基金运行有法可依。中小企业转贷引导基金建立在信用基础之上,因此,政府应加强中小企业信用体系建设,提高对中小企业的监管力度,建立和完善中小企业信用评级制度。同时,应加强对民间金融阳光化和民间金融规范化的法律支持,建立一个规范民间融资活动的秩序框架,在加强监管、不断完善对其管理的同时,为民间借贷构筑一个合法的活动平台,以规范、约束和保护正常的民间借贷行为。

风险控制是基金项目长远发展的重中之重,要完善转贷引导基金的风险管理体系,研究转贷引导基金信用评价体系,开展转贷引导基金评价,建立基金信用档案,严格控制中小企业申请者的信用记录,从源头把关基金风险管控。

# 第二十二章　劳动密集型中小企业融资的调研报告

## 第一节　劳动密集型行业中小企业融资面临的主要问题

改革开放以来,我国逐渐建立起按照比较优势参与国际分工的发展战略,即依靠我国劳动力相对丰富、资本相对稀缺的要素禀赋比较优势,以及产业配套较为齐全、基础设施较为完整的产业体系比较优势,发展劳动密集型产业,以劳动密集为重点的大规模工业化推动经济快速增长。在技术和资本门槛相对较低的劳动密集型制造业,聚集了数量众多的中小企业,成为促进国民经济平稳较快发展的基础,在繁荣城乡经济、增加财政收入、扩大人员就业、促进科技创新、优化经济结构等方面发挥着不可替代的作用。

但是,由于中小企业自身的特点,在融资活动中信息不对称和交易成本高的问题突出,加之计划经济时期适应"赶超"战略而形成的高度集中的金融结构"先天"地不适应中小企业的融资要求,使我国中小企业融资难、融资贵的问题尤为严重。当前,我国正处于经济转型和产业升级的关键时期,不仅要重视新兴产业的培育和发展,更要重视传统产业的改造和升级。在这一发展阶段,劳动密集型行业中小企业融资面临新的特征和问题,呈现新老问题伴生、交织的局面。因此,经济转型和产业升级背景下缓解我国中小企业融资难、融资贵的思路和对策,既要重视制度性、结构性问题,又要考虑周期性、阶段性问题。

1. "融资难"反映的是"经营难"

近年来,我国实体经济经营环境不理想,加之企业自身经营的问题,虚拟经济的投资收益远远高于实体经济,从而引致要素和企业纷纷逃离实业。在经营环境方面,从短期看,生产要素价格快速上涨,人民币升值与外贸出口下降,宏观调控实行紧缩的货币政策收缩了信贷规模,融资难、融资贵问题激化,加剧了中小企业的财务负担,而在经济处于下行周期时,社会信用体系建设滞后、缺乏契约精神又进一步放大了企业间的债务问题,引发相互拖欠货款的债务连锁反应,中小企业总是处于债务链条的底端。从中长期看,实体产业中小企业负担过重、产能过剩的问题长期存在,国家倡导放开民间资本投资领域的政策并没有得到有效落实,限制民间投资的"玻璃门"、"弹簧门"不能消除,而市场秩序的混乱造成产业间利益严重扭曲,引致生产要素流出实体经济,实体经济空心化逐步形成。除外部环境不佳外,中小企业自身发展也存在问题。同质化低成本低端市场竞争现象突出,很多中小企业难以适应经营环境的变化,经营不善、投资不当、扩张过快、过分依赖民间借贷的问题突出。此外,我国与出口贸易相关的制造业集中了大量的劳动密集型中小企业,普遍面临国际市场需求萎缩、订单减少的困难。中小企业经营困难,资金链和现金流的维持难度加大,中小企业融资难的问题日益突出。

2. 转型升级伴生新的融资特点

我国劳动密集型行业基本上都是市场竞争激烈的行业,为适应环境变化和新发展阶段的要求,中小企业在生存与发展的压力下,或主动或被动地加快了转型和升级的步伐,其融资需求也更加多元化、增量化。即现实经济运行中,劳动密集型中小企业常态生存所遭遇的一般性、常规性融资难、融资贵不能得到缓解,又面临转型升级所需的特殊性、阶段性投入,资金需求的叠加进一步加剧了融资难、融资贵的程度。换句话说,我国中小企业的融资问题主要表现为制度性、结构性矛盾,同时又不可避免地涉及周期性、阶段性的因素。因此,当前中小企业融资面临新老问题交织的局面。中小企业融资的方式较为单一,银行对中小企业贷款的积极性不高,针对中小企业的融资服务建设缺乏系统性等老问题没有得到有效解决,而满足中小企业转型升级新生需求的金融业务与金融服务体系几乎还是空白。

按照行业的不同性质,劳动密集型企业通常采用如下方式进行转型或升级:产品升级、工艺装备升级、建立自主品牌和营销渠道、向产业链上下游延伸、市场转移、产业转移。相比中小企业常态生存融资需求具有"短、小、频、急"的典型特点,劳动密集型行业中小企业转型与升级的融资需求具有"长、大、稳、综"的新特征。第一,部分劳动密集型行业中小企业向资本密集型和技术密集型行业探索,或者向上下游产业链延伸,或者向劳动力、土地成本更低的地区转移,需要大额资金的长期投资。第二,近年来劳动力成本快速上涨迫使中小企业进行生产工艺与设备的升级和改造以提高劳动生产率,需要大量固定资产投资。第三,新产品的研发投入和产业化面临着较多的不确定性,投资回收慢,需要中小企业有稳定的长期投入以提高期望收益。第四,劳动密集型中小企业建立自主品牌、开拓营销渠道、探索新的商业模型具有长期性,资金投入同样是个综合融资过程。

当前我国中小企业融资服务体系建立滞后,缺乏针对中小企业转型的融资创新,在常态中小企业融资难困境未能得到有效缓解的同时,又叠加了转型升级的融资需求,使融资难问题更为复杂、强化。首先,抵押方式创新不足。中小企业融资面临的"无抵押、无贷款"的问题仍未得到有效解决,中小企业的转型与升级并不能为其提供更多的实物抵押物,存货、订单、知识产权等新型抵押物在融资实践中的功效较小,中小企业融资难的传统问题在较大程度上延续至转型与升级阶段。其次,多层次的融资渠道建设滞后。劳动密集型行业中小企业转型与升级面临着较大的风险,包括技术风险、产业风险、市场风险和政策风险,但其缺乏 VC、PE 等专业面向风险投资的融资渠道;政府提供的企业技术改造资金主要流向大企业,面向中小企业技术改造的政策资金申请手续繁杂、规模小、覆盖面窄。民间融资(如小额贷款公司)由于自身的特征限制(身份认定、资本金来源、进入门槛、税收负担等),主要提供短期性、小规模的融资服务,而且成本较高,为中小企业转型与升级提供融资服务的能力有限。最后,转型融资方式创新不足。劳动密集型行业中小企业通常采取产业集群的组织形态,大量中小企业为核心企业提供产业配套,供应链融资或者基于产业集群的中小企业融资能够有效克服信息、成本限制等问题,但是相关研究和推广滞后。基于信息技术的互联网金融和金融互联网服务可能为中小企业融资开辟新的途径,但是围绕法律合规、风险控制、行业规范、金融监管、盈利方式等还有大量理论和实践问题需要解决。

## 第二节 劳动密集型行业中小企业融资难的原因分析

目前,我国劳动密集型中小企业融资难的主要原因在于:

(1) 受国际金融危机影响,劳动密集型中小企业的发展前景仍不容乐观。据《南方都市报》最近在广东东莞抽样调查显示,110 家受访企业中,约 45.45% 的企业表示订单在 2013 年有增长,只有 29.1% 的企业订单利润在增长,50% 以上的企业订单利润在下滑,20.9% 的企业亏损经营。有超过 9 成的企业用工成本在增长,49% 的企业用工成本增加了 10%—20%。

(2) 民间金融改革滞后。尽管国家发起了多项金融改革,民间金融政策也在放开,但有 60.9% 的企业表示融资还是跟过去一样难。中小企业无法建立信用系统,贷款难的情况依然没有得到真正有效的缓解。

(3) 转型难。由于各类成本上涨,很多劳动密集型中小企业正在缩减规模——这也是在大环境不好的时候,一种很好的自我保护方式,可以分散并降低管理成本。这样增加了劳动密集型中小企业转型升级的难度。

(4) 产品附加值低,企业风险大。由于经营者的素质、经历等原因,许多劳动密集型中小企业产业结构不合理,产品附加值低,成本相对较高,盈利水平低,抗风险能力弱,企业技术装备落后,创新能力不强,员工素质普遍低下,自有资金严重不足,负债率偏高。因此,新陈代谢快、稳定性差是我国中小企业的一大特点,这就造成了银行贷款在行业选择上将中小企业列入不支持或限制之列。

## 第三节 对策与建议

### 一、矫正投资收益结构,从根本上改善传统制造业企业的融资环境

我国劳动密集型行业中小企业融资难问题既具有国内外一般中小企业和我

国非劳动密集型行业中小企业融资难的一般性,即金融机构与中小企业金融需求的不匹配,以及一般性中小企业金融理论所讨论的金融机构与中小企业间的信息不对称,也具有自身的特殊性,突出表现为,房地产等投资品行业投资收益过快增长,劳动密集型行业相对投资收益率快速下降,进一步恶化了原来就没有得到有效缓解的中小企业融资难困境。

近期在珠三角及中部地区的调研表明,传统纺织服装企业的毛利率低于3%,甚至不足1%,这不仅导致银行等金融机构惜贷,而且造成小额贷款公司等中小金融机构的行为扭曲(如通过组合典当等业务变现投资房地产),以及中小企业自身投融资行为的扭曲和短期化(缺乏长期投资和转型发展的信心)。因此,缓解当前我国中小企业融资难不仅要推进金融体系改革和金融产品创新,更要着眼于从完善和优化实体经济发展环境、矫正投资收益结构,从协调发展实体经济和虚拟经济的大战略上寻求突破。其中重点是优化宏观经济总量调控措施,优化重点行业的结构性产业政策,同时还要重视维护市场秩序,遏制短期化的非理性投机行为,恢复实业企业家对市场的信心和预期。

二、构建多样化的中小企业服务通道,促进金融服务和金融需求的对接

不同于大中型企业,中小企业的金融服务需求具有两方面特征:一是大多数中小企业并不掌握金融产品和融资渠道的充分信息;二是中小企业的融资需求通常与技术需求、市场信息需求、法律需求等结合在一起。这两方面的特点决定了如何将金融供给与中小企业的金融需求在提供多样化综合性服务的过程中予以无缝对接,成为缓解中小企业融资难、提高金融服务效率的重要环节。

就我国传统劳动密集型行业而言,一个尤为突出的现象是,沿海地区一些以产业集群形态存在的中小企业,之所以融资难问题解决得相对较好,不仅是因为这些地区具有更加发达的金融服务体系,更是因为这些地区具有更加完善的政府服务和社会服务体系,能够有效解决中小企业发展过程中包括融资在内的信息不对称问题。例如,一些组织灵活的地方协会和商会对于促进银企对接甚至融资模式创新起到了重要的推动作用。因此,建议在省、市两级建立综合性的中小企业服务机构,在区、县建立主要依托协会或商会的专门性(行业性)的中小企业服务机构,省市服务机构以引导金融服务资源的集中为核心,区县服务机构以组织落实金融和企业对接为工作重心,通过互联网或实体的"金融超市"等形式,提升各类金融机构和金融资源对中小企业金融需求的服务和转化能力。

三、针对转型与升级融资的特征配置金融资源,设计金融产品

劳动密集型行业中小企业的转型与升级融资并不是一个孤立的行为,而是与企业的转型升级战略或具体项目紧密联系的综合性行为。因此,应当着力帮助中小企业确立转型升级的战略和路径,以及实施具体的企业转型升级项目,同时以

这些战略和项目为重要依据,帮助企业融资。这种帮助,应当鼓励银行金融机构和直接投资机构依托中小企业服务体系来予以实施。尤其是引导和鼓励私募股权投资基金、风险投资基金等以直接投资方式帮助这类中小企业实现转型升级项目。通过在这一过程中的经验积累和创新探索,发展针对中小企业转型升级"长、大、稳、综"融资需求特征的量身定制的金融产品和服务,使金融资源真正能够支持中小企业的转型升级。

## 四、鼓励大型银行提高服务效率,加强中小企业金融服务机构的监管

在目前及未来相当长时期内,大型银行仍将是中小企业贷款的主要来源。目前我国大型银行服务中小企业的主要问题是贷款门槛高、审批周期长。在这种情况下,一方面要继续鼓励大型银行促进金融产品创新,另一方面要督促大型银行优化中小企业贷款的审批流程,提高大型银行的服务效率。

"放开"和"监管"双管齐下地发展中小金融机构。一方面,进一步降低区域性银行、村镇银行和小额贷款公司的企业进入门槛和注册门槛,鼓励各类资本进入中小企业金融服务市场;另一方面,针对已经发展起来的小额贷款公司和村镇银行在实际运行中存在的不规范问题,加强引导和规范,真正引导资金流向实体经济和中小企业,切实降低中小企业的融资成本。

## 五、加快建立中小企业信用体系,完善中小企业金融基础设施

建议国务院尽快设立相应的监督管理机构,促进、协调相关政府管理部门、银行、公共基础设施企业、电子商务企业等各类机构,加快建立全国性中小企业信用征集体系,并向社会提供信息共享平台。一是通过构建统一的企业家个人信息、企业家信用卡信息、企业贷款信息、缴税缴费信息,以及电子商务交易、水电费等信息,建立和完善中小企业信用记录数据库;二是鼓励、支持各类资本投资经营各类征信机构,通过市场化竞争的方式提供信用咨询、代理方面的服务;三是加快制定《社会信用信息法》,为商业化的社会征信机构在开展企业和个人信用信息的搜集、保存、评级、服务等业务提供基本的法律依据,改变目前社会信用体系缺乏法律保障的状态。

# 第二十三章　浙江省民营企业境外投资审批制度改革的调研报告

## 第一节　境外投资审批新政传递出"审批便利化"的强烈信号

十八届三中全会通过的《中共中央关于全面深化改革若干重大问题的决定》（简称《决定》）明确要求："深化投资体制改革，确立企业投资主体地位。企业投资项目，除关系国家安全和生态安全、涉及全国重大生产力布局、战略性资源开发和重大公共利益等项目外，一律由企业依法依规自主决策，政府不再审批。"《国务院机构改革和职能转变方案》也明确要求最大限度地减少和下放投资审批事项，切实落实企业投资自主权。《政府核准的投资项目目录（2013年本）》是在贯彻落实上述精神的背景下出台的。

深入研究国务院正式颁布的《政府核准的投资项目目录（2013年本）》（以下简称"2013年目录"）关于境外投资项目的核准规定，并与此前颁布的《政府核准的投资项目目录（2004年本）》（以下简称"2004年目录"）相比较，以下两个变化非常值得关注：

第一，境外投资项目的核准及备案范围均大幅度缩小。2004年目录规定，3000万美元及以上资源类境外投资和1000万美元及以上的非资源类境外投资均需国家发改委核准，其他非央企投资的项目由地方政府核准。而2013年目录指出，中方投资10亿美元及以上项目、涉及敏感国家和地区、敏感行业的项目，由国家发改委核准，央企和地方企业投资3亿美元及以上项目报国家发改委备案。而3亿美元以下的地方企业投资项目是否需要备案，2013年目录并未作出明确规定。根据十八届三中全会《决定》和《国务院机构改革和职能转变方案》精神，从最大限度地减少和下放投资审批事项、切实落实企业投资自主权的角度，我们有理由推断，3亿美元以下的地方企业投资项目不需要再备案。

第二，进一步下放了审批的权限和转变境外投资审批管理方式。比较发现，此次投资目录的修改进一步下放了审批权限，从项目核准的角度，从2004年目录规定的1000万美元的发改委核准权限提升到10亿美元；从对外投资企业审批的角度，将2004年目录规定的国内企业对外投资开办企业一律由商务部核准改为除涉及敏感国家和地区、敏感行业由商务部核准外，央企报商务部备案，地方企业报省级政府备案。此外,比较发现,2013年目录修改在境外投资审批管理方式上也呈现出明显的转变。除境外项目审批由一律实行核准制改为区别不同情况实行核准制或备案制,境外企业的审批由一律实行核准制改为非敏感地区及行业全部实行备案制外,2013年目录将管理界限从原来的"资源类非资源类对外投资"转变为"是否涉及敏感国家和地区、敏感行业",这也从另一方面体现出审批把关范围已缩小到"国家安全和生态安全"的底线,以及由此传递出的"最大限度地减少和下放投资审批事项,切实落实企业投资自主权"的信号。

## 第二节 浙江民企境外投资审批体制的改革空间和改革红利

国家境外投资审批体制改革力度空前,这为民营经济占主导地位、民企"走出去"位居全国前列的浙江改革和发展又带来新的战略机遇,同时也对政府职能转变提出更高要求。境外投资审批体制改革,有利于进一步调动企业投资的自主权和积极性,激发经济发展的内生动力,进一步释放改革红利,具体如下:

第一,浙江的境外直接投资是民营企业主导的,浙江民营境外直接投资的企业数量和投资金额均为全国前列,浙江民企"走出去"对于浙江经济发展和产业转型升级具有重要作用。根据中国对外直接投资统计公报,浙江对外直接投资流量增速迅猛,数量与规模领军全国。浙江2012年与2003年相比,ODI流量增加58倍,大大超过全国水平。截至2012年年底,浙江经审批核准的境外企业和机构已有5 827家,中方累计投资额149亿美元,覆盖141个国家和地区,数量规模均位居全国省市前列。其中,浙江民营企业则成为浙江企业"走出去"的主力军,占68%,其中有近10%的民营企业已经实现上市。民企"走出去"有利于企业提升自主创新能力、实施品牌战略、拓展销售渠道,延伸了浙江省企业的产业链,加速了浙江企业在全球整合资源和提高竞争力,从而在产业层面推动了浙江经济转型升级。

第二,现行的审批体制由于多头审批,手续复杂,期限过长,导致民企错失投资良机甚至以非正规渠道对外投资,使得政府难以全面掌握企业境外投资的实际情况,不利于引导、指导和规范管理。现行的审批体制中既有项目核准,又有企业核准,民营企业境外投资必须要经过发改委、商务部的分别审批,而且还有市级、省级、国家级的逐级上报层次,多元(多层次、多部门)审批增加了企业负担,审批时间长,难以满足企业并购过程的时效要求,审批中的随意性增加了企业实施投资的不确定性,许多企业的对外投资因此而错失良机,导致了企业的畏难情绪和非正规渠道的对外投资,这不仅增加了企业对外投资的风险,也使得政府难以全面掌握企业境外投资的实际情况,从而在对企业的引导、指导和规范管理中陷入被动。

第三,进一步放宽对民企境外投资的审批对于经济发展可能产生的负面影响很小,反而会因为审批的弱化进一步释放改革红利。考虑到国际收支双顺差的格局在短期内很难改变、资本项目开放进度不断加快等因素,进一步放宽对民企跨国并购的审批对于经济发展可能产生的负面影响很小,同时民企的境外投资行为本身是自担风险、自负盈亏,美国、日本等发达国家对企业实施境外并购的管制也是非常宽松,部分行业甚至不需要获得政府批准,国际经验也表明放宽民企的对外直接投资的政策和经济风险很小。放宽对民企"走出去"的审批制度,可以进一步有效促进浙江省外贸发展方式转变、推动产业结构调整和技术升级,缓解省内资源不足、资产过剩、就业压力等问题。

## 第三节 对策与建议

境外审批制度改革红利巨大,这为民营经济占主导地位的浙江改革和发展又带来新的战略机遇。建议浙江省政府进一步解放思想,先行先试,简化境外投资的审批手续,进一步改善企业境外投资服务。

第一,改变目前境外投资多头审批的框架,建议对民企境外投资实施单部门备案制,即地方对外投资企业报省级政府备案即可,对外投资项目不再进行备案。

根据 2013 年目录规定,地方企业投资 3 亿美元及以上项目需报国家发改委核准或备案,而对于 3 亿美元以下的地方企业投资项目是否需要备案,目录并未作出明确规定。如果对 3 亿美元以下的投资项目仍需实行省级发改委备案,在现行的制度框架内,不改变前置备案的政策流程,即使核准制改为备案制后的文件材料有所减少,前置备案的流程和期限也不会减少,企业在境外投资的多头审批格局并未真正落实,审批便利化和企业投资自主权并未得到真正落实。建议浙江省政府解放思想,先行先试,对民企境外投资实施单部门备案制,即地方对外投资企业报省级政府商务部门备案即可,省级商务部门通过公开平台发布备案信息,而对外投资项目不再进行备案,以切实实现民营企业境外投资的便利化。

第二,重新定位政府职能,变审批为服务,变前置备案为全程服务,协助企业系统谋划统筹利用全球创新要素资源,促进浙江产业升级和经济发展。

当前民营企业在"走出去"过程中仍面临不少问题和困难,有些问题并非企业一己之力可以解决,需要政府和企业齐心协力攻克难关,系统谋划统筹利用国际国内两个市场、两种资源。一是要加强对外投资保护,保障海外利益。积极利用我国政府与其他国家(地区)政府之间的多边高层交往和对话磋商机制,为民营企业的境外投资创造有利的经济、法律和政治环境,从法律制度上要充分保障海外利益。二是要改善企业对外投资服务,加强对外投资信息、法律、融资、保险(放心保)等服务。为民营企业提供境外投资东道国(地区)的经济、政治和法律等相关信息服务，在民营企业境外投资过程中的行业和地区选择上给予必要的政策指导和支持，必要时在投资集中的区域支持民间机构建立专业的中介服务机构。三是进一步为企业的海外部门（子公司）与国内部门（子公司）之间物流、人流、信息流、资金流等提供制度支持，以利于企业在全球整合资源，提升竞争力。

第三，要以对外投资审批制度改革为切入点，充分调动民营企业对外投资积极性和自主性，以民营企业走出去为抓手，从制度层面制定和实施培育本土跨国公司的扶持政策，打造世界水平的跨国公司。

重视民营企业在对外投资中所扮演的作用，政府部门要以对外投资审批制度改革为切入点，充分调动民企对外投资积极性和自主性，根据民营企业发展优势，顶层设计民营企业对外投资战略定位和长期规划，系统制定本土跨国企业培育的扶持政策，充分盘活民营企业的存量资源，结合通过"走出去"所获得的外部资源进一步提高民营企业在生产经营方面的互补优势，充分利用东道国企业在全球营销网络、产品市场上的品牌优势和市场号召力，整合全球战略性要素资源，拓展民营企业的海外市场空间，全面参与到全球生产体系和市场竞争中，进而实现民营企业的国际化发展策略，打造世界级民营跨国企业。

# 第二十四章 浙江海宁综合要素改革经验与借鉴的调研报告

2013年9月以来,浙江省在海宁率先实施要素市场化配置综合配套改革,实践中引入亩均效益综合评价体系,实现产出、税收、能耗、排放一揽子综合评价,为工业要素市场化改革提供了思路。本文在对海宁试点深入调研后,提出了推进工业要素市场化改革倒逼中小企业转型升级的建议。

## 第一节 我国工业要素流转与使用情况的现状与问题

现阶段,我国工业要素流转和使用情况可以概要地归纳为以下两点:

第一,受制于体制与市场双重约束,工业要素难以市场化流转,导致配置效率低下。以工业用地为核心的要素供应历来是地方招商引资的重要筹码,行政干扰允斥整个要素流转过程,致使市场机制无从发挥配置效率。行政干扰下的工业要素配置以GDP和经济规模为导向。2005年我国正式将节能减排单位指标列为约束性指标,2007年之后各地陆续增加亩产指标。但效率指标在要素进入市场的初次配置过程中依然处于从属地位,而且管理较为分散,效率评价体系不明确,配置导向性不强。另外,由于工业要素交易市场体系还很不健全,存在着交易渠道不畅、交易信息不对称、效率配置导向不明等诸多问题。市场机制较难通过完全的自由市场交易实现对初次配置的纠偏。发展前景看好的优秀企业往往受制于要素供应难以扩大投资再生产,另外部分落后产能却又无法顺利变现退出,造成土地、资金等宝贵的要素资源的无效沉淀。

第二,工业要素使用"三高一低"问题突出,要素流转失灵削弱转型升级活力。一方面,企业生产过程中"三高一低"(高投入、高消耗、高污染、低效率)问题普遍较为严重,致使地方经济发展陷入"资源撑不住、环境容不下、社会受不起、发展难持续"的战略困境。据联合国报告,我国原材料消耗量约占全球的1/3,是美国的4倍,全国近17%的土地受重金属污染,约三成的主要河流和六成的地下水遭到污染,全国325个城市中仅40.9%空气质量达标。"三高一低"问题的症结在于"一低",即我国工业要素效率过低,我国单位GDP能耗是世界平均水平的2.03倍、美国的2.37倍、德国的4.18倍、日本的4.39倍;单位GDP碳排放是世界平均水平的 3.39 倍,美国的 5.5 倍,德国和日本的 7.3 倍。另一方面,要素流转困难提高了部分落后产能的退出门槛,抑制了中小企业主动转型升级的意愿,也削弱了市场倒逼的激励机制,甚至滋生出一批占据要素资源却无法正常营运的僵尸企业。部分中小企业既无动力也无压力推进转型升级,导致粗放型增长方式难以转变成为地方经济的顽疾。据调研,春节过后 75% 的企业 2014 年无意投资,仍以稳定生产为主,67% 的企业近期暂无转型升级意愿。

## 第二节 海宁要素市场化配置综合配套改革的基本情况

2013 年 9 月开始,浙江省在海宁实施要素市场化配置综合配套改革试点,为要素市场化改革和增进要素效率提供了新思路。早在 2011 年,海宁就曾尝试倒逼转型升级,增进要素效率,但受限于体制制约,主要依靠行政手段,成效一般。此次综合配套改革伊始,便以深化体制改革为切入点,省、市、县三级联动取消、下放一批审批权限,使原 338 项许可事项精简为 164 项,非许可事项也从 84 项削减为 20 项,使海宁成为浙江省行政审批事项最少的县(市)。同时,再造审批流程、先照后证、加强事中事后服务和监管、部门职能重设与内设机构调整、取消所有涉企及涉农类行政事业性收费。"零审批"、"先证后照"等创新机制的引入,使一个工业项目上马"涉及部门节点只有 2 个,再加上公示的 7 天,一共只需要 10 天时间,若按照以往的审批,企业起码要经过 20 多个部门,上百个环节,审批时间需 100 多天"。上述改革措施不仅营造了良好的改革氛围,还使政府职能转变为事后监管,减少了行政力量对要素流转的干扰,监管力量下沉至乡镇,为增进要素效率提供了基本保障。

海宁改革试点明确提出要以要素效率评价为导向,采用亩产税收(50%)、亩产销售收入(12%)、亩产工业增加值(10%)、单位能耗增加值(10%)、排放每吨 COD 工业增加值(10%)和全员劳动生产率(8%)等按权重构建亩产效益指标。第一轮改革中,将占地三亩以上的 1 659 家工业企业按亩产效益综合评价排名分为 A 类(细分为 A1 类 109 家和 A2 类 1098 家)、B 类 327 家、C 类 84 家,暂未分类 41 家。评价结果每年动态更新并社会公示,并告知企业后续差别化要素配置政策。"以前是一个班级,不考试,仅少数班主任喜欢的学霸拿奖学金;现在则是全面考核,主课和素质科目都考,凭成绩说话",亩产效益评价机制为企业确立了清晰的效率导向的要素配置标准。

围绕亩产效益评价机制,海宁采用差别化手段改进要素市场化配置效率,对 A1 类企业保障用地需要,对 A2 类企业鼓励"零增地"技改,对 B 类企业限制低效产能扩张,对 C 类企业不予核准和审批新投资项目,不准其参与土地招拍挂,禁止 C 类与 C 类企业、C 类与 B 类企业间转让工业用地。除了用地供应外,海宁还根据亩产效益评价结果,在拍卖地价、城镇土地使用税、新增土地使用年限、排污权、污水处理费、电价、信贷评级、信贷投放等方面全方位采用差别化市场供应,充分利用倒逼机制迫使B类和C类企业转型升级或资产重组。截至2013年年底,首批84家C类企业中,19家企业实施关停,13家企业计划关停,17家企业完成兼并重组或正在实施兼并重组,10家企业计划兼并重组,完成"退低"项目70个;退出落后产能33.6亿元,腾退低效用地2 647亩。板子"打"在仅占5%的C类企业上,但"疼"在所有企业身上。"再不想办法提升工艺,转型升级,企业就没有明天。"

## 第三节 对策与建议

按照打通大数据建立综合要素效率档案、加速构建多层次专业要素市场体系、及时跟进全局性要素价格改革、深化改革、综合配套、多措并举等配套措施,深化要素市场化改革,具体对策与建议如下:

第一,明确改革的实施主体、优先序与路线图。(1)顶层设计、简政放权、县市主体。工业要素流转地域性强,与地方产业发展紧密相连,应尊重基层首创,建议以县级政府为主体展开试点改革。中央和省级政府应统筹做好顶层设计,明确改革导向,制定改革的负面清单,划红线、守底线,简政放权,制定权力清单和改革时间表,帮助县级试点实现自我革命。(2)先东后西、先硬后软、配套跟进。建议在要素制约更为严重的东部沿海地区加速试点,逐步完善后推广至中西部地区。同时,率先针对工业用地、排污权、用能等"硬"要素围绕亩产效益评价展开区域性市场化改革,然后配套展开金融、科技、人才等涉及全局性体制机制改革的"软"要素改革。以深化体制改革为主线,围绕综合要素效率评价制订一揽子改革计划,及时跟进其他综合性改革配套。(3)试点一批、系统总结、对标推广。重视试点县市的个性化改革方案,鼓励地方措施与全国政策合理搭配,系统总结可标准化的地方经验,试点县市对标国际经验,跟进地区对标试点县市,逐步形成全国性、系统化的政策措施。

第二,以审批制度改革和体制机制创新为先手。工业要素供应主要掌握在地方政府手中,新增要素流转的审批环节多、行政干扰多、利益牵扯多,严重影响市场力量发挥应有的配置作用。之前,各地也曾提倡"亩产论英雄",借助倒逼机制转型升级。然而,多年来上述举措成效一般。其中,根本要害还在于地方政府闲不住不该动的手。行政审批制度对工业要素流转的制约集中体现在"事前审批多、流程环节繁、事后监管弱、公共服务少"。应以简政放权为契机,省、市、县三级联动大力度取消、下放审批权限,以承诺制、备案制代替事前审批,引入"零审批"等创新机制,推动政府职能向事后监管转变,力量配置前移至乡镇。同时,再造审批流程,先照后证,加强事中事后公共服务,进行部门职能重设与内设机构调整,取消所有涉企及涉农类行政事业性收费。2013年,浙江在海宁试点的要素市场化配置综合配套改革就以深化体制改革为先手,营造了改革氛围,切实减少了行政干扰,使"无形之手"、"有心之手"无从下手,为增进要素效率提供了保障。

第三,以亩产效益一揽子评价为牛鼻。招商式的要素配置往往以GDP为导向,标准含糊、主观性强,工业要素配置存在导向偏差。近年,各地纷纷提倡加入"亩产税收"、"投资强度"等附加指标加以纠正,但依然脱不开"重规模、轻效率"的窠臼。要素效率指标监管呈现"零散化、碎片化、边缘化",经信、发改、环保等部门各提各的效率指标,部门间画地为牢,政策措施相互牵制,单位排放指标在地方实际监管中往往被忽略甚至省略。新一轮的工业要素市场化改革应当明确以增进要素效率为导向。海宁以亩产税收、亩产销售收入、亩产工业增加值、单位能耗增加值、排放每吨COD工业增加值和全员劳动生产率等分项指标综合构建"亩产效益"这一综合要素效率指标,评价结果每年动态更新并社会公示,并按评价结果采取差别化要素配置政策,值得借鉴推广。

第四,以差别化市场规则制定为手段。实现市场化配置最有效的武器是价格机制。但在目前行政主导意识尚未弱化,市场规则尚不完善,流转体系尚未完备的情况下,价格机制容易受人为因素干扰,容易遇到市场失灵。另外,完全依赖市场价格机制有可能会导致要素价格飙升,凸显负面效应,增加改革阻力。建议按亩产效益评价排序,分产业将企业评定为四个效率等级——扶强、保优、促良、汰劣,制定涵盖用地保障、拍卖地价、城镇土地使用税、新增土地使用年限、排污权、污水处理费、电价、信贷评级、信贷投放等在内的一揽子差别化定价规则和供应规则,排序最前的强企享受优惠待遇、保障需求,优企享受正常待遇,鼓励良企转型升级、限制扩张,帮助劣企资产重组、有序退出。合理设置强、优、良、劣的比例十分关键,海宁按20%、55%、20%、5%的大致比例,实践效果较好。淘汰倒逼类企业比例不宜设置过高,一则是考虑到减少改革阻力,二则汰劣更多是手段,最终是要建立动态倒逼机制,实现整体促强。

# 第二十五章　黔南地区中小企业电子商务发展的调研报告

## 第一节　黔南地区电子商务发展现状

据中国电子商务研究中心数据显示,截至2012年12月,全国电子商务交易总额已达6万亿元,网民数量为5.38亿人,网络购物用户达到2.47亿人,2012年"双11"仅淘宝网一天销售总额就达191亿元,同年淘宝交易总额达到1万亿元,占全国社会消费品零售总额的5%。我国团购网站总数达35 159家,电子商务服务企业直接从业人员超过180万人,间接带动的就业人数已超过1 350万人。2012年8月,贵州省省委省政府、淘宝网、家家乐购三方打造的网上"贵州特产特色馆"在淘宝网正式开馆,仅开馆当日,贵州馆的交易额接近3 000万元。由此可见,电子商务对减少流通环节、降低交易成本、提升经济效率具有不可替代的作用,电子商务已成为释放消费能力、扩大内需、拉动消费、促进就业、引领经济增长的最主要原动力。然而,在经济欠发达地区因为受到多方面因素制约,电子商务发展非常滞后。截至2013年6月,黔南地区注册有各类市场主体86 323户,从业人员248 011人,仅有246户企业建设有网站(网页),且主要从事企业形象和产品宣传,从事电子商务的仅有4户,具备经营电信增值业务的只有2户,从事电子商务行业的人员不足百人,年交易额不足千万元,成长空间亟待扩大。

## 第二节　黔南地区电子商务发展存在的问题

### 一、发展观念守旧滞后

目前黔南地区大多数企业的营销模式仍沿袭传统的方式,对电子商务便捷、高效的特性认识不足,使得从事电子商务的主体数量稀少,特别是多数企业简单地认为电子商务仅是广告的发布机,而非利润的放大器,因而发展成效很不乐观。据统计,黔南地区已经上网的企业不到企业总数的千分之一,大部分中小企业特别是民营企业仍把竞争焦点禁锢于传统市场,抢占网络新兴市场仍未得到高度重视。

### 二、发展行动迟缓脱节

观念的守旧必然带来行动滞后、脱节,特别是在信息时代的背景下,电子商务几乎成为打破市场壁垒、抢占市场份额的高效利器。在此情形下,反观黔南地区对电子商务的运用状况:截至2013年6月,全州注册的86 323户各类市场主体中仅有246家企业建设有网站(网页),其中4家实现网上销售,且不成规模,网站闲置现象严重。通过调查还发现,这些企业中,既深谙计算机技术、网络维护、网页制作,又掌握一定金融、商务知识的电子商务复合人才少之又少,一些企业甚至几年未更新信息,通过电子商务拓展品牌的商业行为仍处于只发广告而少有商品营销的脱节状态。

### 三、发展环境缺职低效

一是服务失职。大多数人认为电子商务仅属单纯的市场行为,政府部门没有必要进行宏观调控和服务指导。但在调研过程中发现,多数有意发展电子商务的企业因得不到及时有效的指导,遇到问题找不到相应的部门帮助解决,走了不少弯路。二是政策缺位。发展电子商务是一项系统工程,涉及网络建设、物流布局、企业推广等,需要政府和企业的积极参与和推动。早在2005年国务院就下发了《关于加快电子商务发展的若干意见》(国办发〔2005〕2号),经济发达的浙江、福建等地也相继出台了扶持电子商务发展的政策,其经验值得学习借鉴。三是职能资源分散。按照部门分工,工信部门、邮政部门、金融部门等对电子商务负有监管与服务责任的职责部门,由于缺乏沟通协调机制,仍处各自为政的状态,职能资源合力难以形成。

## 第三节 对策与建议

纵观贵州省黔南地区电子商务发展状况,可见经济欠发达地区电子商务发展的局限性极大,而从未来经济发展的态势来看,企业的发展必然走向实体经济与电子商务相结合的模式,加快扶持电子商务发展势在必行。2013年5月30日,国务院办公厅关于印发《深化流通体制改革加快流通产业发展重点工作部门分工方案》的通知中明确提出:"加快发展电子商务,普及和深化电子商务应用,完善认证、支付等支撑体系,鼓励流通企业建立或依托第三方电子商务平台开展网上交易。"为此,对经济欠发达地区发展电子商务提出如下建议:

第一,加大宣传培训力度,改变认识误区,引导企业积极主动开展电子商务。广泛利用各种媒体、多种形式对企业电子商务知识进行宣传培训,提高企业对电子商务的认识,帮助企业制订引入电子商务系统的计划和策略,转变观念,强化网络贸易的意识。同时,可借助部分优秀的电商企业的示范来引导企业把发展电子商务转变为现实的行动,切实加快经济欠发达地区企业电子商务发展。

第二,大力培养电子商务的专门人才。电子商务是一项全新的、具有划时代意义的重大技术进步。建议经济欠发达地区行政部门加速电子商务人才体系的建立,在大力引进电子商务专门人才的同时,积极整合地方高等职业教育以及相应社会教育资源,培养和打造一批既懂电子商务技术,又有金融、商贸知识的跨领域专门人才。

第三,抓实环境的优化。一是政府应尽快出台在园区建设、财政支持、税收优惠、人才奖励等方面的系列扶持政策,着力助推电子商务行业的快速发展。特别是在园区建设上,可考虑单独设立功能齐全、设施配套、服务专业的电子商务园区。二是企业以信息化和金融电子化为契机,完善内部的支撑条件,开展与银行间的电子商务活动(如现在建设银行先行试点的网上商城),创造良好的电子商务支撑环境。三是政府职能部门之间应加强信息沟通交流,定期召开工作联席会议,发挥"有形的手"对"无形市场"的调控作用,为企业发展电子商务提供优质高效的服务支撑。

第四,抓好典型、以点带面。经济欠发达地区相关部门应有目的地确定一批有意、热心开展电子商务的企业,作为重点扶持对象,重点指导帮助其加快发展电子商务进程,使其形成典型,用典型引路,以点带面,推动经济欠发达地区电子商务行业快速健康发展。

# 第二十六章　建立中小企业经营安全互助基金的调研报告

## 第一节　建立中小企业经营安全互助基金势在必行

近年来,由于主要出口国家市场疲软、国内劳动力成本上升以及央行紧缩银根等多种原因的叠加,从珠三角的广东到长三角的江苏和浙江等,再到中西部地区的内蒙古鄂尔多斯等,集中在特定时期、特定区域及特定行业,由于资金链断裂,出现了部分中小企业老板跑路和企业连锁倒闭的危机。其中特别需要引起关注的是,由于不同利益主体之间形成的复杂的联保互保借贷关系,近几年来我国一些地方中小企业的倒闭问题已经不再是孤立事件,而是通过联保互保网络的扩散和放大,对地方经济的稳定健康发展产生了较为严重的负面影响。

分析其原因,一是受国际市场不振和国内经济下行趋势影响较大;二是由于中小企业内生增长质量问题;三是与我国中小企业政策体系不完善有关。特别是在政策机制方面,作为确保中小企业经营安全的对策之一,我们认为有必要以浙江温州金融综合改革试点为契机,积极开展金融创新,建立由政府资金投入为主导,中小企业以会员制方式加入的中小企业连锁倒闭防止基金制度。当中小企业出现资金链断裂并可能通过联保互保网络链扩散时,通过对联保互保网络链上的核心会员企业的资金支持,中小企业连锁倒闭防止基金可以阻断联保互保网络链上由于个别企业资金链断裂引发的风险传播,从而可以减少中小企业连锁倒闭现象的发生。

## 第二节　建立中小企业经营安全互助基金制度的有效性

作为防止中小企业倒闭的长效机制,西方发达国家很早就基于国家层面构建了本国中小企业融资体系,并明确制定了符合本国国情的扶持政策。根据政府扶持方式的不同,目前大致可分为美国和日欧两大模式。作为典型案例,日本长期实施的防止中小企业连锁倒闭共济政策,通过实践充分证明了其有效性。

**一、美国模式:政府出面提供信贷支持,贷款项目配合信用担保计划共同实施**

美国金融市场发达,有着有利于融资竞争的良好环境,因而在解决中小企业资金短缺问题上主要强调市场主导,政府不向中小企业直接注资,鼓励、督促金融机构向中小企业投资。在信贷支持上,联邦政府和各级政府分别成立了信用担保机构,建立了全国中小企业信用担保网络。政府对在市场融资中处于弱势地位的中小企业主要通过反垄断和反不正当竞争等法律法规的形式给予扶持。

美国对中小企业的资金支持系统,一是依据其《小企业法》(1953)通过小企业管理局(SBA)代理联邦政府直接负责向中小企业提供直接贷款(SBA提供全额贷款)、协调贷款(SBA会同有关银行共贷)、保证贷款(由有关银行给予贷款,SBA给予90%的担保)。其所提供的贷款项目往往是与信用担保计划配合共同进行。二是政府鼓励中小企业参与政府采购,通过制定一些标准鼓励中小企业在资本市场上市获取资金。三是政府支持一些非营利组织和机构直接向中小企业投资。四是发挥风险投资和天使基金的作用,为众多具有发展潜力但又无法取得银行贷款的中小企业提供融资。

当然联邦政府也设立了面向中小企业的财政专项基金,主要是通过出资专项科技成果的研究与开发基金、产品采购基金、中小企业的创业基金、失业人口就业基金等鼓励中小企业产品创新和吸纳就业;通过出资风险补偿基金、特殊行业的再保险基金等帮助中小企业降低市场风险,但有严格的管理要求。美国这种多层次的资金支持体系,较好地满足了美国小企业的资金需求。一项统计显示,在美国近45年历史中,小企业投资公司(隶属于SBA)通过14万个投资项目向大约9万家小企业提供了400亿美元的资金,创造了大约100万个新的工作岗位。

## 二、日欧模式:政府出资组建或帮助民间组建专门为中小企业融资的金融机构

日本是典型的政府主导型国家,其每建立一个中小企业机构就有一部法律与之相配套,通过世界上最完备的中小企业法律体系为中小企业提供全方位政策护航。为保障中小企业融资,日本除了动用国家财政直接为中小企业提供符合产业政策的政策性贷款外,政府还100%出资建立了中小企业金融公库、国民金融金库、商工组合金融公库、环境卫生金融公库、冲绳振兴开发金融公库等中小企业政策性金融机构(2008年以后整合组建了日本政策金融公库),向中小企业提供低于市场2—3个百分点的较长期的优惠贷款。同时,政府还以立法的形式设立了全国信用保证协会和中小企业信用公库,向中小企业从民间银行所借信贷提供担保。此外日本政府金融机构还向新兴高技术型中小企业提供风险投资,目前其风险投资企业达2万多家。日本有关防止中小企业倒闭的经营安全共济制度非常有特色,也颇有效果,稍后专节说明。

欧盟主要国家在政府政策层面与日本有较多类似之处。英国在《麦克米伦报告》(1931)出台之后,政府立即着手建立中小企业融资支持体系,其中重要的举措是向小企业提供各种财政资助。1945年,英国工商业金融公司成立,主要为中小企业提供长期资本。自1981年起,英国政府开始实施"小企业信贷担保计划",由

政府向30多家金融机构对7.5万英镑以下的中期贷款提供贷款额80%的担保，旨在扶持那些有可行的商业计划，却因缺乏抵押或信用而得不到贷款的小企业。德国由于本国证券市场发展相对滞后，不具备美、英、日那样发达的资本市场，其国家复兴银行、担保银行等对中小企业的融资有很强的支配力。专门面向中小企业的政策性银行主要有合作银行、储蓄银行和国民银行等，年营业额在1亿马克以下的企业，可得到总投资60%的低息贷款，年利率7%，还款期长达10年。法国成立了中小企业发展银行（主要职能是为中小企业提供商业银行的贷款担保，小部分直接向中小企业贷款）和中小企业设备贷款银行（主要为中小企业购买设备、技术革新和自动化建设提供专项贷款）。意大利政府成立的中小企业政策性金融机构主要是手工业金融金库（以向本国手工业企业发放信贷和利息补贴为主要业务）和中小工业企业中长期信贷中央金库（专门为中小工业企业的创建、扩建和设备更新等提供资金支持）。

### 三、典型案例：日本防止中小企业倒闭的三大政策措施

日本现有中小企业约420万家，占企业总数的99.7%，从业人数约2 830万人，约占总从业人数的70%。根据日本东京商工调查统计，引起日本中小企业倒闭（负债总额1 000万日元以上）的主要原因包括市场销售不振、散漫经营、连锁倒闭、管理不善及累计赤字、资本过少、信用低下、库存恶化等其他原因，如表26-1所示。针对不同原因引起的企业倒闭，日本政府相应采用了以下三大对策加以防止。

表26-1 日本中小企业倒闭的原因构成　　　　　　　　　　　　　　单位：%

| 倒闭原因 | 1995 | 1996 | 1997 | 1998 | 1999 | 2006 | 2007 | 2008 | 2009 | 2010 | 2011 | 2012/6 |
|---|---|---|---|---|---|---|---|---|---|---|---|---|
| 销售不振 | 52.1 | 47.4 | 46.9 | 47.5 | 50.5 | 8.2 | 64.9 | 65.2 | 69.4 | 74.8 | 73.5 | 71.6 |
| 散漫经营 | 19.0 | 17.4 | 17.3 | 15.6 | 13.7 | 6.0 | 6.6 | 6.3 | 5.3 | 3.9 | 4.1 | 4.6 |
| 连锁倒闭 | 7.7 | 7.5 | 7.9 | 9.8 | 9.9 | 7.1 | 7.1 | 7.7 | 6.5 | 5.8 | 5.6 | 6.1 |
| 管理不善 | 13.7 | 19.6 | 17.3 | 16.0 | 13.9 | 77.7 | 20.3 | 19.9 | 17.9 | 14.5 | 15.2 | 15.7 |
| 其他 | 7.5 | 8.1 | 10.6 | 11.1 | 12.0 | 1.1 | 0.9 | 0.9 | 1.0 | 1.6 | 2.0 | 2.0 |

资料来源：根据东京商工调查数据计算整理。

**1. 推进防止倒闭的经营安定特别咨询事业**

近几年日本因"销售不振"原因倒闭的中小企业上升到60%左右。这与整个经济景气相关，日本政府的对策是基于其完备的中小企业法律体系，改善中小企业发展环境，努力恢复经济景气。因"散漫经营"和"管理不善"引起的企业倒闭近年来总体占到近30%。对此日本政府的对策是大力推进防止倒闭的经营安定特别咨询事业。具体做法是通过在具有中小企业中介服务机构职能的日本全国主

要商工会议所和都道府县商工联合会设置"经营安定特别咨询相谈室",并聘请通晓经济、经营、法律和中小企业政策的知名人士担任咨询师,都道府县知事和中小企业厅长官委任具有较高威望和能力的人士为工商仲裁士,再加上有较高专业知识的律师、税理师、会计师等调停士组成咨询团队,向中小企业经营者提供具体的咨询指导,帮助处于经营危机和处于倒闭边缘的中小企业解决实际问题,以防患于未然。该相谈咨询处理中小企业倒闭危机的方法,主要有金融调解、订单合同调解、经营事业转换、债权人支援及改进管理方式、改进理财等其他方式。根据日本中小企业厅历年统计,全日本接受倒闭防止咨询的件数每年都在2 000—3 000件,迄今在全国共建立经营安定特别咨询相谈室近300所,政府通过提供上述具体的咨询服务,使许多中小企业避免了倒闭危机。1966年以来日本中小企业倒闭状况如图26-1所示。

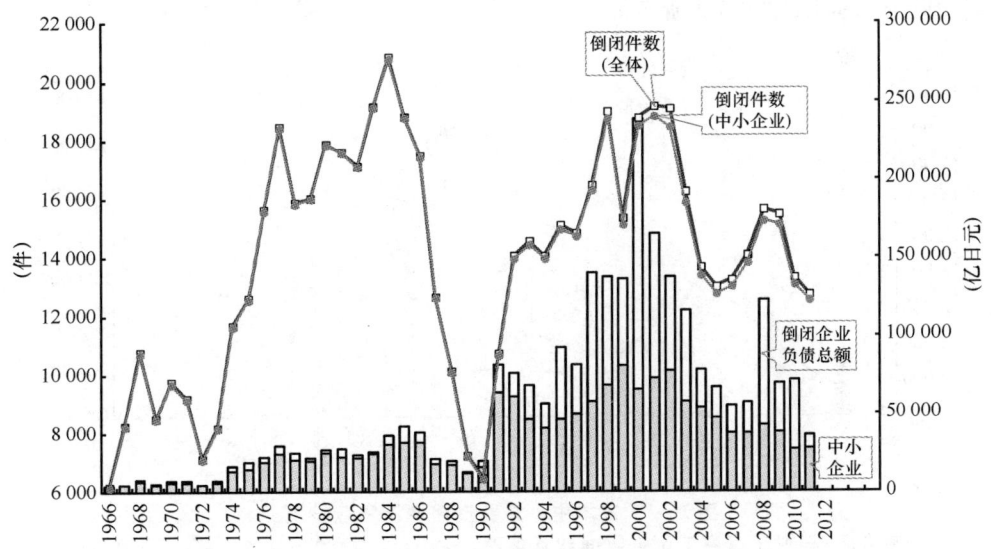

**图 26-1　1966 年以来日本中小企业倒闭状况**
资料来源:根据东京商工调查数据计算整理。

2. 建立中小企业倒闭防止共济基金

20世纪60年代到70年代前半期,受产业结构调整和石油危机影响,日本大量中小企业陷入困境,1975年开始因交易对方破产或受关联影响而引起的连锁倒闭约占倒闭企业总数的20%以上。为了有效防止连锁倒闭的扩大,1977年政府制定颁布了《中小企业倒产防止共济法》,并依法建立了防止中小企业倒闭共济基金制度。该制度于1978年4月正式实施,最早由通产省中小企业厅管辖的中小企业综合事业团负责运营。2004年以后统一由基于相关事业团改组成立的中小企业基盘整备机构（SMRJ）运营管理。该制度采用企业自愿申请、进出自由的原则，只要符合《中小企业基本法》的相关界定，设立企业一年以上的中小企业都可免费加入。按 2010 年最新修订的内容，参加共济的中小企业只要每月认缴 5 000—200 000 日元的挂金（互助保险金，以 5 000 日元为单位，最高累计限额 800 万日元，税法上按经费支出项目做优遇处理），连续交满 6 个月以上，如果交易对方企业倒闭，无法收回合同款等以致带来企业资金无法周转时，参加共济的企业就可持相关票据通过向 SMRJ 或其委托代理机构申请累计最高 8 000 万日元挂金以内、最长可 7 年偿还的无担保、无息贷款。会员企业中途可申请退会，并仍可得到规定比例的挂金退还及一定量的临时低息共济金贷款。该制度明确规定，凡被裁定为"夜逃"（跑路）的企业主，不作为申请倒闭共济金的适用对象。据统计，1978—2011 年，利用该制度提供的贷款件数超过 26 万件，提供贷款共 1 806 亿日元，平均每件贷款近 700 万日元，如图 26-2 所示。

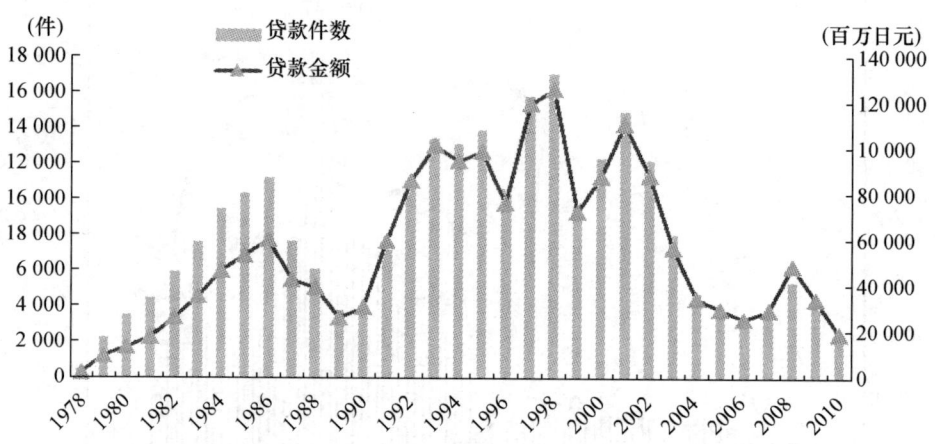

**图 26-2　日本中小企业倒闭共济贷款情况**
资料来源：根据东京商工调查数据计算整理。

此外，为鼓励个人投资办企业，防止小微企业倒闭和解决经营者的退休养老问题，日本政府还制定了《小规模企业共济法》（1965）。根据该法律，小规模企业经营者或高级职员每月自愿交纳保险费 500—7 000 日元，免征所得税，退休后可按每月交纳的保险费收到退休金。目前约有 150 万人参加这项共济制度，存入金额达 7 万亿日元。

### 3. 中小企业倒闭对策贷款制度

对于包括因累计赤字、资本过少、信用低下等其他原因在内引起的企业倒闭，日本政府专门制定了强化中小企业经营基础，特别是强化资金链的贷款制度。主要政策措施包括：（1）设立中小企业经营支援贷款，帮助因经营暂时恶化、资金周转遇到困难的中小企业渡过难关;(2)设立中小企业应对金融环境变化贷款,向因往来金融机构惜贷或经营失败资金周转陷入困境的中小企业发放周转资金贷款;(3)设立支持创业的特别贷款,为支持新开业和扩大发展的中小企业提供贷款。

为了防范因突发自然灾害和事故、全国性行业恶化或衰退等情况下的中小企业连锁倒闭,日本政府还积极推广中小企业业务持续计划(BCP),各政策性金融机构专门设置了中小企业倒闭对策贷款制度,以保证企业整体业务的持续性经营,防止连锁倒闭范围扩大。该制度规定,中小企业金融机构每年设立额外预算专门用于中小企业倒闭防止贷款,贷款利率按基本利率,对于特别指定的行业或业种,贷款利率下浮。2008年10月,日本政府在之前各政策性金融机构的基础上组建了日本政策金融公库,目的是扩充中小企业的信用保证制度,促进民间金融机构放贷。当中小企业无力偿还贷款时,信用保证协会将代其偿还欠款,而政策金融公库则会负责对这种代替偿还行为等进行支援。

2008年国际金融危机发生以后,日本根据《中小企业信用保险法》确立了经营安全网制度,并引入政府100%担保的紧急担保制度以扩充安全网贷款。该制度规定中小企业在营业额同比减少3%以上等特定情况下,可通过银行及信用保证协会的全国网点获得信用认定后申请专项贷款。据日本中小企业厅的统计数据,从2008年12月到2012年3月底,经营安全网制度提供贷款共69万件,贷款数额15万亿日元。紧急担保制度提供担保承诺150万件,承诺金额超过27万亿日元。2011年,针对直接受大地震影响倒闭的企业,日本政府又及时设立了东日本大地震复兴特别贷款制度,到2012年3月底,已对近20万件、实施了约4.4万亿日元的特别贷款。

4. 日本防止中小企业连锁倒闭共济基金政策效果评述

如图26-3所示,根据SMRJ统计,1978—1988年10年间平均每年加入共济的中小企业约33 700多家,其中1986年单年度加入76 000多家,为该制度创设以来最高,1992年次之,1年加入数也超过7万家,随后加入数一路减少,最少时2005年减少到13 500多家。2008年金融危机以来加入数又稍有增加,近两年保持在3万家左右的水准。从1978年该制度实施以来到2010年年末共济加入件数103万件,平均每年有37万家会员企业,其中新加入企业平均约4万家。退会集中在2001年以后,平均每年有2万家成功退出,近几年会员企业维持在30万家以内,连锁倒闭的企业比例由之前的15%—20%降至7%以下。像这样,日本上述防止中小企业倒闭共济制度的不断充实和持续实施,极大地降低了中小企业的经营风险,减少了中小企业连锁倒闭事件的发生,起到了稳定企业、稳定社会的作用。该共济制度的实施对中小企业的经营安全具有明显的积极效果,受到广大中小企业的好评和支持。

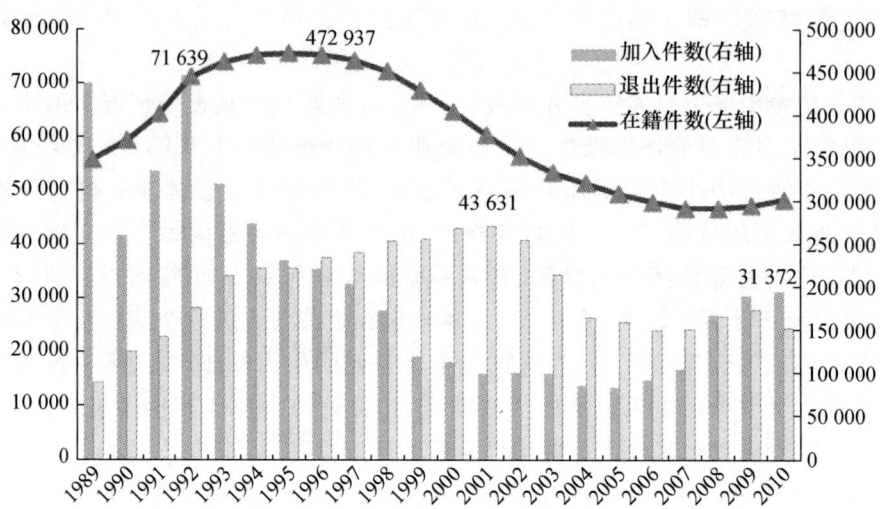

图 26-3　1989 年以来日本中小企业连锁倒闭防止共济基金加入状况
资料来源:根据东京商工调查数据计算整理。

事实上,韩国及中国台湾地区等东亚其他国家和地区从 20 世纪 90 年代初开始就注意引进日本该政策理念。韩国政府注资设立的防止中小企业连锁倒闭共济基金由中小企业协同组合中央会负责管理运用;此外,韩国中小企业厅还设立了总规模为 3 000 万美元的创造工作岗位基金。该基金吸收国外风险投资,由 STIC IT 公司具体操作,为期 7 年,韩国促进中小企业发展的政府部门也参与投资,采取商业化运作方式,重点投向拥有先进技术和市场前景的 IT 相关产业和增长潜力巨大的新兴产业,以此间接扩大青年人就业机会(目标为创造 3 000 个工作岗位)。中国台湾地区在其 1991 年发布的《中小企业发展条例》第 23 条中明文规定:"为防止中小企业连受往来企业倒闭之牵累而发生连锁倒闭,主管机关得协调、辅导产业同业公会,设置或联合设置防止中小企业连锁性倒闭互助保证基金,对因此发生周转或业务困难之中小企业,提供特别融资之信用保证",并在实践中参考日本的做法建立了防止中小企业连锁倒闭保险制度。韩国和中国台湾地区在 1997 年、2008 年两度金融危机中最大限度地规避了中小企业连锁倒闭的风险,这与有效推广应用该共济制度是分不开的。这也为我国解决当前中小企业存在的突出问题提供了有益借鉴。

## 第三节 对策与建议

### 一、国内现行制度相关背景

2002年我国颁布《中小企业促进法》以来,国家和地方也制定了一系列政策和措施,大大促进了我国中小企业的发展。但与发达国家相比,我国的中小企业法律体系还不健全,还存在政出多门、财政支持和监管力度不足等问题。在中小企业政策的实际运用中,长期以来还存在偏重数量规模而忽视内生增长和总体发展质量的问题,特别是在防止中小企业连锁倒闭问题上一直存在政策缺失。

2007年国际金融危机发生以后,我国江苏、浙江、广东等省的部分地市也尝试设立了一些中小企业临时应急周转基金。其中江苏南通市、海安市、启东市、海门市、沭阳县等较早成立了中小企业应急互助基金会。浙江杭州市设立了中小企业金融超市,萧山区设立了中小微企业服务合作社暨互助基金;温州市在2011年"跑路"事件接连发生后设立了应急转贷金,温州民间资本投资服务中心成立了企业重组救市基金,温州鹿城区工商联设立了中小企业转贷临时周转金,乐清市成立了民企互助基金;嘉兴市设立了互助成长基金,嘉善县也设立了中小企业转贷基金;永康市推出了互助基金池担保模式等。但这些地方性的、临时性的应急基金目前都未上升到国家层面的制度设计上,无论是资金来源还是运行管理,都存在很大的不确定性,就目前看来效果有限。

就国家层面现有的中小企业相关基金政策来看,2012年2月国务院常务会议研究决定扩大中小企业专项资金规模,中央财政安排150亿元设立中小企业发展基金,这无疑是非常重要的战略举措。但该基金不是基于用来防止中小企业连锁倒闭而设立的,而是主要用于支持初创小型微型企业的专项基金,而且在支持适用面上没有涵盖到中小企业全体。更重要的问题是,目前中央财政每年预算安排扶持中小企业发展的资金分散在多个部门,主要包括由财政部、发改委共同管理的中小企业发展专项资金,由科技部管理的科技型中小企业技术创新基金,由商务部管理的外贸发展基金,由财政部、人保部共同管理的小额贷款担保基金等,实践表明,这种"九龙治水"的政策实施效果并不理想。

为此,结合前述国内外相关背景和现行经验,我国迫切需要在国家层面建立统一的防止中小企业连锁倒闭的经营安全互助基金制度。

### 二、总体框架建议

(1)基金名称。考虑到企业的立场、感受,提案以"中国中小企业经营安全互助基金"指代"防止中小企业连锁倒闭互助基金",简称"中小企业互助基金"。

(2)基金性质。为准政府基金。由中央财政注资,中小企业自愿加入,以防止连锁倒闭为目的,设立全国统一的中小企业经营安全互助基金。

(3) 资金来源。主要来源于中央财政预算安排（20%以上）、企业认缴资金、基金运营收益、社会捐赠等，还可在政府指导下，通过合法吸收风险投资等渠道不断扩大基金规模。

(4) 基金目的。基于国家层次，把分散在各地区、各部门、各领域的相关资金或基金捆绑在一起，独立建制，实行专款专用，为防止中小企业连锁倒闭、强化现有资金链、实现安全经营和健康发展提供长期稳定的资金来源。

(5) 立法依据。① 根据《中华人民共和国中小企业促进法》（第十条、第十二条、第十三条、第十七条、第二十一条、第二十三条等）进行解释。② 制定新的《中小企业经营安全互助法》。

(6) 入退会资格。凡符合《中华人民共和国中小企业促进法》和《中小企业划型标准规定》（工信部联企业〔2011〕300号）中相关概念界定的我国中小企业均有资格自愿申请加入和退出基金会。

(7) 主要契约内容。加入中国中小企业经营安全互助基金制度者，受到交易对方企业破产或受关联影响、造成资金周转或经营困难时，按已缴纳互助保险金10倍范围内，选择其中较小金额作为所获得的经营安全互助金，并可在一定期限内（按约定）偿还，以无担保、无利息方式提供贷款。详细契约标准及内容等需要进行专门研究论证。

中国中小企业互助基金制度框架如图26-4所示。

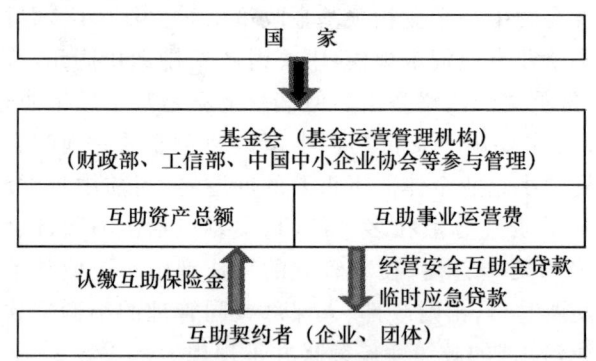

图26-4　中国中小企业互助基金制度框架（案）

资料来源：根据调研资料整理。

## 三、管理运行机制

成立运营管理机构和国家主管机构。建议由财政部、工信部、发改委等中央政府职能部门牵头成立"中小企业经营安全互助基金会"，并负责起草基金会章程和基金管理办法。尽早整合相关资源组建我国"国家中小企业局"（暂称），以对我国中小企业发展进行一元化管理。建议我国尽早设立政府100%出资的"中小企业政策银行"。"国家中小企业局"代表政府通过"中小企业政策银行"等为互助基金注资、划拨运营经费,并对会员企业提供法律、税收和政策等全方位支持。基金设立初期,必要时由中小企业发展基金中有关专项基金统筹启动资金。中国中小企业经营安全互助基金管理运行机制如图26-5所示。

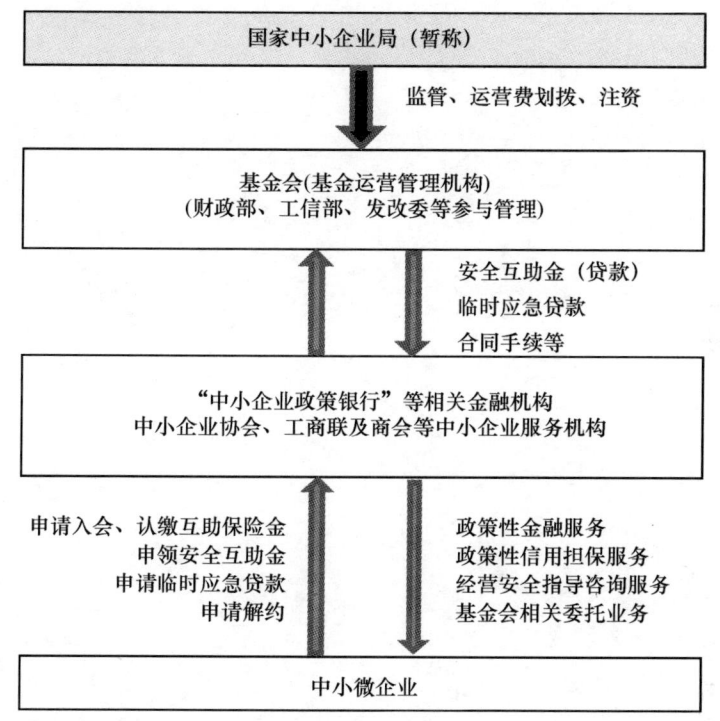

**图26-5 中国中小企业经营安全互助基金管理运行机制(案)**
资料来源:根据调研资料整理。

1. 政策实施与服务机构

基金会具体通过相关金融机构、中小企业协会、工商联及商会等中小企业服务及中介机构办理经营安全互助金(贷款)、临时应急贷款及合同手续等,中小微企业会员也通过身边这些服务窗口办理申请入会、认缴互助保险金、申领安全互助金、申请临时应急贷款、申请解约等。同时,作为中小企业经营安全共济基金制度内容的有机组成部分,为防止连锁倒闭、规避突发事件及自然灾害等带来的风险,基金会还通过相关金融及担保机构实施政策性金融及信用担保服务,通过各地中小企业服务机构向会员企业提供经营安全指导咨询服务等。

2. 监督检查体制

建议新成立的"国家中小企业局"对各省市、各地区的组织申报、项目评审、资金使用和管理等工作进行不定期抽查。财政部驻各地财政监察专员办事处对资金拨付使用情况及项目实施情况进行不定期的监督检查。各省级财政部门负责对经营安全互助资金的使用情况进行管理和监督；省级中小企业主管部门负责结合日常工作和中小企业服务平台对项目实施情况进行管理和监督。

# 第五篇
# 2013年地区中小企业发展专题调研报告

# 第二十七章　温州创建民间金融监管协调机制的新鲜经验与存在问题的调研报告

随着2012年3月28日国务院批准实施《浙江省温州市金融综合改革试验总体方案》，决定设立温州金融综合改革实验区以来，温州这块改革开放的热土再次成为公众和学者的目光聚集地。这项改革涉及地方金融机构改革、新型金融组织发展、民间融资规范等多个领域，是我国金融改革的重要尝试。温州民营经济发达，小微企业较多，民间资本充裕，民间金融活跃。然而，近来经济运行中深层次矛盾暴露得比较充分，出现了部分企业资金链断裂和企业主出走现象，对地方经济和社会稳定造成了一定影响。究其原因，简单来说存在三个问题，一是中小微企业缺乏有效融资渠道；二是民间资本充足，但投资单一，缺乏中介；三是尚未形成一套完善的金融监管体系。因此，在这样的背景下，温州率先在金融改革以及民间金融监管体系方面取得突破，探索出一系列新的模式。

## 第一节　温州民间金融发展与监管现状

《温州市金融业发展"十二五"规划》指出，温州民间资本超过6 000亿元，且每年以14%的速度增长。2013年温州民间资本容量虽然遭受民间借贷危机的影响，但根据估算依然在6 000亿元以上。温州金改以来，区域内共有133亿元民间资金参与金融机构投资，两年增长了44.8%，总额是近430亿元。而且，目前温州一家民营银行试点已经落地温州（首批试点包括3家民营银行，其中一家"花落"浙江温州，为由正泰集团发起，华峰集团等十余家当地民企参股设立的民营银行），这一项目预计可能新吸纳民资200亿元。由此可见，投资金融机构的民间资金已经达630亿元左右。

### 一、温州地区民间金融的基本特点

根据现有文献和官方统计数据，温州民间金融主要有以下几个鲜明的特点：

1. 民间资金涉及面广泛

从20世纪80年代初到90年代末，温州人开始通过发展家庭工商业完成原始资金积累，庞大的社会流动资本流向小商品生产产业链。从90年代末到现在，温州制造业的扩张受制且盈利渐难，资本的逐利性促使温州人开始寻找利润更高的行业,使得温州民间资本开始流入煤矿、石油、房地产等行业,商业炒作活动的利润远远高于传统制造业,并呈现快速回报的特征。

#### 2. 民间借贷具有显著的区域性特征

温州市各地区均存在民间金融现象,但地区间的借贷规模差异很大。这主要取决于当地民营经济的活跃程度、金融环境和当地民众的投资意识等。温州市区的股份制企业较多,使得大量民间游资能够及时找到投资渠道和领域,银行对这些企业的支持力度也相对较强。而各县的股份制企业不多,常见的是"小、松、散"的类似于温州的民营企业,借贷资金的来源以自有资金为主,大约65%为自有资金,29%为自己亲戚的资金,掺在一起,再去放贷;借贷的单笔规模较小,调查发现,平均单笔的金额大概在19.4万元,其中企业的平均金额在40万元左右,居民的个人行为借贷平均为9.3万元。由于游资无法通过股份制进入有实力的大中型企业,投资渠道相对比较狭窄,因此这些地区的民间借贷更为活跃。

#### 3. 信用借贷为主,操作手续简易

长期以来,温州民间借贷活动具有"熟人业务"的特点,借款人和贷款人、融资企业与融资对象之间往往存在亲戚、朋友、同乡等亲密关系,或者通过这些亲密关系人进行转贷、融资。自发形式的民间借贷缺少抵押手续和合同公证环节,借款合约不规范,甚至很多时候不需要借款字据,一般对借款用途不作限定,仅在口头表明资金使用意向,期限事先基本不确定,可临时通知收回,也可要求展期,从提出民间借贷申请到获得资金一般只需要1—2天,短的则只要几个小时,并且普遍以现金方式交接。因此,温州民间借贷活动仍主要依靠传统的"熟人社会"信用体系为支撑,以信用借贷形式存在。

#### 4. 金融纠纷长期存在

温州民间金融的蓬勃发展和监管的相对缺少,使得温州金融纠纷长期存在。自2011年下半年至2012年年初,温州公安机关共立案侦查非法集资类犯罪案件105起,涉案金额128亿元。自从温州金改试点以来,温州市多个县市法院设立了金融审判庭。据温州中院统计,2012年温州全市法院受理民间借贷、金融类案件共25 904件,案件标的总额为338.23亿元,两类案件比2011年分别上升了77.35%和375.07%,比2008年则分别上升了258.73%和1 984.47%,如图27-1所示。

大量非正规金融机构的存在,改变了温州的金融生态格局,出现了以"金融三乱"为特征的民间借贷乱象。而监管机构缺位,监管制度不全,导致不少非正规金融机构违规操作,高息揽储,或以转贷牟利为目的,套取银行信贷资金,再高利放贷;很多民间借贷处于非法状态,出现各种非法集资模式,恶意逃债、暴力讨债屡有发生。

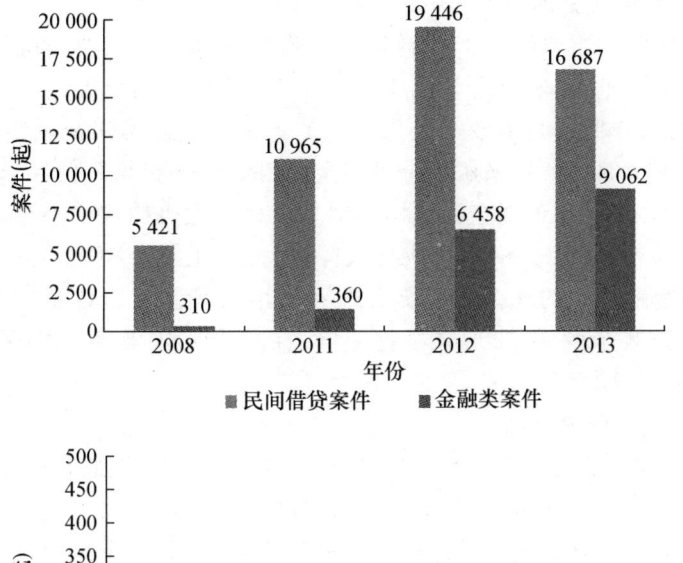

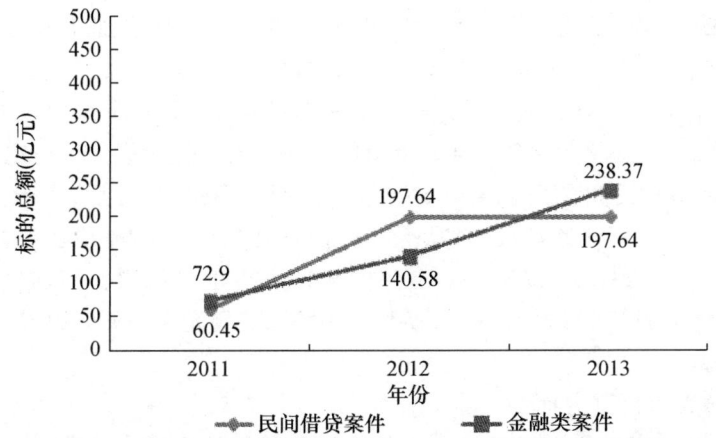

图 27-1　2008—2013 年温州地区民间借贷与金融类案件数与标的总额
资料来源:根据调研资料整理。

## 二、温州地区民间金融发展存在的问题

2011 年下半年以来,随着外部风险因素逐渐向金融领域传导,温州银行业出现了呆、坏账短期内迅速攀升的情况。银监部门对于民间借贷的监管可谓力不从心。温州民间借贷市场总体处于无序状态,风险乱象并存。归纳可知,温州地区民间金融发展主要存在以下问题:

### 1. 金融制度方面

一是民间金融借贷手续简单,缺乏必要的监管和相关法律的保护,具有不规范性、不稳定性;二是温州民间资本以大而散为主要特征,数量庞大,一旦发生纠纷,对社会危害极大;三是资金组织者或担保人没有经过正式渠道的资信审核,易给社会安定造成负面影响。

2. 金融组织形式方面

温州民间金融的主要组织形式包括民间借贷、民间集资、典当融资、民间"合会""标会"、民间票据贴现、"地下钱庄"等。(1)部分民间金融组织的存在阻碍了国家宏观调控,降低了利率政策效果。(2)大量资金被民间金融组织"瓜分",给正规金融机构稳健经营带来压力。民间金融组织资金交易日益频繁,资金流动规模逐步扩大,对银行等正规金融机构特别是农村金融机构或中小金融机构存款吸收形成一定冲击,对资金组织形成巨大障碍,使得正规金融机构的可用资金不足。(3)民间金融组织的存在给现金管理和货币政策制定造成了困难。民间借贷活动属于非正式金融活动,形式不拘一格,有借款期限、借款金额限制不高,利率高,手续简单便捷的特点。

3. 投资方式和渠道方面

改革开放以来,温州几乎家家户户以个体经营形式从事加工制造业,温州民间金融资本与"温州模式"相辅相成发展,金融资本积累于加工制造业,也以投资于加工制造业为主,然而,随着制造业的利润逐步降低,民间金融资本开始寻找其他高利润行业。"温州购房团"闻名于全国有一定非理性特点,在一定程度上"炒房"也促使购买地房价的急剧攀升,造成不良后果。在炒房之后,由于国家宏观政策的调控,温州人又开始炒股、炒黄金、炒煤等,尽管一直不停地在寻找回报丰厚的投资机会,却始终没有按照一条有序的轨道进行正向积累,一旦投资环境发生改变,仍然处于弱势群体的地位。所以寻找新的、规范的、安全的投资产品迫在眉睫。

4. 风险管理机制方面

任何金融制度供给本身都是风险与收益共存的矛盾统一体,不论何种金融机构都面临着市场风险、经营风险、信用风险、政策风险等。民间金融自身也存在着较高的金融风险。同时,民间金融处于一种地下状态,金融监管机构难以进行监管,存款者得不到有效的保护,一旦出现欺诈行为,将牵涉广大民众,引发社会动荡不安,影响经济发展进程。

5. 民间金融效率方面

民间金融大多缺乏正规的组织形式、良好的运作机制、有效的约束机制和风险控制机制,很难承担大规模集聚资本的功能。随着民间金融规模和范围的不断扩大,参与人数的增加,民间金融组织的血缘、地缘关系不断被突破,风险不断积累,大大降低了民间金融的效率。与此同时,民间金融部门可能同正规金融部门争夺金融资源,对于正规金融有一定的"挤出效应",产生利益冲突。

**三、温州民间金融监管存在的问题**

作为民营经济的"桥头堡",温州的民间融资活动需求旺盛,随着民间融资活动的急剧膨胀,针对民间金融的监管并没有及时跟上。目前,温州的民间融资活动多是自我管理、伦理约束,民间融资活动秩序混乱。温州民间金融监管主要存在以下问题:

1. 民间融资立法滞后

我国现有的涉及调整和规范民间融资的法律法规有《刑法》《民法通则》《合同法》《商业银行法》、最高人民法院司法解释以及国务院行政法规。这些法律、法规,从借贷利率、资金筹集和运用等方面初步界定了民间金融的合法性判定标准,随着市场经济的发展,一些问题凸显,客观要求进一步修订完善。由于现有法律条文没有明确将民间融资进行分类或区别对待,民间借贷和非法融资的界限不清,一方面导致投资者难以区分何为合法、何为非法,另一方面导致某些非法融资行为浑水摸鱼企图披上合法外衣。对此,浙江省也做过一些尝试。2010年5月,浙江省高院发布了《关于为中小企业创业创新发展提供司法保障的指导意见》,专门对之前颇受争议的"非法集资"做出较为明确的界定,并界定了不属于非法集资范围的一些集资活动。但在实践中,民间融资犯罪的界限难以厘清,造成了一些积极的、正常的民间融资活动不受法律支持与保护。

2. 监管主体与职责分工不明确

由于民间金融相关立法的缺失,没有一个明确的监管机构能够依法对民间金融活动进行监管。我国目前采取多头、分业监管模式,"一行三会"分别对五大金融市场进行监管。而无论中国人民银行还是中国银监会都没有明确将民间金融列入其监管范围,只是将打击非法集资暂交银监会负责,但缺乏正当的、切实有效的措施和方法,使得对民间金融活动监管不到位。为此虽然温州2012年建立了地方金融管理局,而且温州市人民政府2013年出台了《关于加强地方金融监管工作的实施意见》,对小额贷款公司、民间资本管理公司、民间借贷服务中心、融资性担保公司、非融资性担保公司、典当行、股权投资(管理)企业、各类投资(咨询、管理)企业和寄售行等地方金融相关市场主体进行统一监管,但实际操作中与经信、商务、工商等部分的监管职责分工不明确,与部委规章规定不一致,而且作为具体监管机构的各县(市、区)地方金融局队伍建设跟不上形势需要,监管意识和监管能力较弱,导致温州民间融资缺少有效监管。

3. 行政监管手段缺乏

由于立法滞后和监管缺失,民间金融活动在多数情况下处于自我发展的无序状态,市场趋同现象明显,融资秩序混乱。一方面,参与主体量大面广,据2012年年底不完全统计,温州市工商登记在册各类投资公司1 227家、寄售行396家、担保公司195家,加上其他融资类市场主体合计2 000余家,这些金融组织不同程度地存在非法集资、放高利贷现象;另一方面,监管部门的监管手段极其缺乏,对于参与非法集资、放贷的组织、个人缺乏信息化的监测措施,过度依赖于刑事制裁手段。

## 第二节 温州创建民间金融监管协调机制的实践经验
### 一、温州民间金融阳光化、规范化与法制化

温州民间融资的快速发展已经成为了毋庸置疑的事实,然而其带来的问题也是有目共睹的。2011—2012年,温州民间借贷资金规模约1 100亿元,其中投向生产经营的占比骤降至35%,用于房地产投资的占20%,而流入民间借贷市场的资金多达45%,"以钱炒钱"成为当地民间融资的重要流向。混乱的民间融资、借贷行为,导致了实体产业的空心化,民间高利贷放债现象盛行,甚至出现温州老板因民间融资的集体"跑路"。在此情况下,民间融资呼唤政府通过合理的方式促使民间借贷、融资行为阳光化、规范化与法制化。具体包括:(1)构建民间借贷风险监测指标与风险控制体系;(2)建立民间借贷阳光化、规范化的组织路径和制度保障;(3)确立民间借贷法制化的改革方向。

阳光化是指通过各种途径推动民间金融活动从地下转到地上,温州的具体实践包括:一是新筹建带"温州"二字的金融机构,从而把现有正规金融体系的一大部分机构向民间资本开放;二是已有正规金融机构,例如农村信用社、城市商业银行的增资扩股也向民间资本开放;三是向民间资本开放新发起金融组织,例如小额贷款、村镇银行、信托和保险机构等。

规范化和法制化指构建民间金融体系,通过建立和健全法律和制度来规范和引导民间金融的有序运行。例如,温州形成了相对完整的地方金融监管体系,成立了地方金融管理局、金融犯罪侦察支队、金融仲裁院和金融法庭等机构,还建立了金融的监管和审判联席会议制度;在民间金融法律法规方面,逐步建立和健全民间金融组织准入规范,例如小额贷款公司管理办法、民间资本管理公司管理办法等;在民间金融服务体系方面,目前正在构建民间金融信用体系、民间金融再担保体系以及民间金融信息监测评价体系等。

### 二、温州地区民间金融运营监管机制

浙江省政府于2011年12月8日出台《关于加强和改进民间融资管理的若干意见(试行)》,明确将试点推行民间融资备案管理制度,并选择温州、省级金融创新示范县(市、区)及部分民间融资活跃的市、县(区),探索建立民间融资备案管理制度,鼓励建立民间融资服务机构,探索培育民间融资中介类服务机构,引导资金供需双方对接,降低民间融资成本。国务院批准实施的《浙江省温州市金融综合改革试验区总体方案》也指出:"规范发展民间融资,制定规范民间融资的管理办法,建立民间融资备案管理制度,建立健全民间融资监测体系。"

1. 温州民间融资登记备案制度

温州市率先通过金融改革试点实行民间融资登记备案制度,设立借贷服务中心,引导民间融资公开登记备案。

(1) 民间融资登记备案制度内涵。民间融资登记备案制度是温州在民间融资行为日益活跃的基础上,经由特定登记备案机构对民间融资行为中的出资人、融资人、保证人的姓名、地址、联系方式、职业等基本信息,融资数额、融资期限、融资利率、融资所需的抵押形式、约定还款日期以及融资募集资金的具体用途等信息进行统一登记备案,便于行政主体对报送的信息进行收集、整理、存档以及备查的一种金融监管制度。

(2) 民间融资登记备案制度的必要性和可行性分析。民间融资作为正规融资渠道有益而必要的补充,对于缓解温州"两多两难"问题以及增强市场经济运行过程中的自我适用和调节能力,都具有不可忽视的作用。一方面,建立民间融资登记备案制度,有利于规范温州民间融资行为,是优化金融环境的客观要求,同时也是打造新型民间金融监管以及风险防范体系的有效手段。另一方面,能够促进温州新型民间金融机构的发展,降低民间金融机构成本,提高民间金融机构业务效率。另外,温州建立民间融资登记备案制度具有政策、法律以及税收方面的支撑条件,操作技术上具备可行性。

(3) 温州民间融资登记备案制度的行政主体。为探索民间融资备案措施,温州市发布了《关于开展民间借贷登记服务中心试点的实施意见》,温州民间借贷登记服务中心,以公司化形式运营,营业执照显示,公司注册资本600万元,由14个法人、8个自然人投资设立,经营范围涉及信息登记、信息咨询、信息发布、融资对接服务、物业管理等。根据设想,中心服务主要涵盖五个方面:建立资金供求信息库;通过信息服务系统进行信息配对与对接;安排资金供给方和需求方见面;协助资金供给方、需求方办理借款手续并登记备案;为借贷双方整理资料、归档,向主管部门备案。民间借贷登记服务中心的运行模式是通过融资中介机构集中办事的方式来实现信息集中、运作规范、利率合理和信息登记备案。

(4) 温州民间融资登记备案制度框架的初步设想。温州市根据合法原则、适当原则、规范原则和便利原则,初步搭建民间融资登记备案制度框架。框架的主要内容包括:申报登记备案遵循"小额鼓励、大额引导"原则;建立形式与实质审查相结合制度、持续登记备案制度、查询制度等。

(5) 温州民间融资登记备案制度的难点问题。主要包括以下几个难点问题:① 备案机构的性质和权力来源。一方面,民间融资备案登记应如何设置备案机构,由谁担当,其法律性质是行政主体还是公司企业?另一方面,在没有上位法的情况下,备案机构的权力来源究竟何在?相继出现的机构如温州市地方金融监管服务中心、民间资本管理公司和民间借贷登记服务中心是否有权对民间融资进行强制备案登记？② 备案登记制度的有效性问题。民间融资活动特别是民间资金借贷具有私权性和隐秘性，因此，备案登记能否对民间融资活动进行有效的行政监管，关键在于能否让备案登记主体自觉主动地到登记备案机构进行登记备案。因此，如何通过良好的制度设计，使民间融资的备案监管真正有效可行也是急需解决的问题。③ 民间融资的备案环节。民间融资需通过备案登记进行监管，然而具体是在融资发生前、融资过程中还是融资完成后进行备案登记则要视具体情况而定，要结合备案登记的性质和监管的有效性来进行综合考虑。并且如何设计备案登记制度，有效地融合事前审查与事后监督手段，也是一项需要解决的难点问题。

2. 民间融资利率监管实践：温州指数

温州民间金融运营监管主要检测民间融资价格水平的变化。价格监测是防范民间金融风险的重要内容之一。温州民间融资综合利率指数（简称"温州指数"）是由温州市人民政府主办、温州市金融办具体负责编制的用于反映某一区域一定时期内民间融资价格水平及变动趋势情况的一套指数体系。温州指数现发布两块内容，分别是"温州地区民间融资综合利率指数"（即温州本土利率指数）以及"温州·中国民间融资综合利率指数"（即全国版指数）。两指数共同构成温州指数内涵体系，旨在为温州乃至全国民间融资市场提供了一个风向标，提升民间融资的价格透明度，进而改善和优化民间融资市场的资源配置。

(1) 温州指数的构成。温州指数是依据统计指数与统计评价理论，采用分层加权合成编制方法，对不同融资主体、不同融资产品在不同融资期限内的利率进行综合统计的结果。它包括不同融资主体、融资期限、融资方式的利率水平与趋势等。该体系具体包括"温州地区民间融资综合利率指数"与"温州·中国民间融资综合利率指数"两个方面的内容，如图27-2所示。

(2) 温州指数的评析与运用。通过对温州指数的综合分析解读，线性比较，可为政策机构、民间融资双方提供丰富、具有参考价值的资讯，从而揭示民间融资的运行规律，预测发展趋势，促进民间融资行为健康持续发展。图27-3列示了2013年1月至2014年5月温州地区民间融资综合利率指数发展趋势。总体来看，指数呈不断下降的趋势，表明温州地区民间融资价格正不断下降。据温州市金融办对温州地区382个监测点的最新监测数据显示，2014年5月，温州地区民间融资综合利率指数为20.02%（相当于月息1分67），环比下降0.16个百分点，比2013年1月下降5.3个百分点。

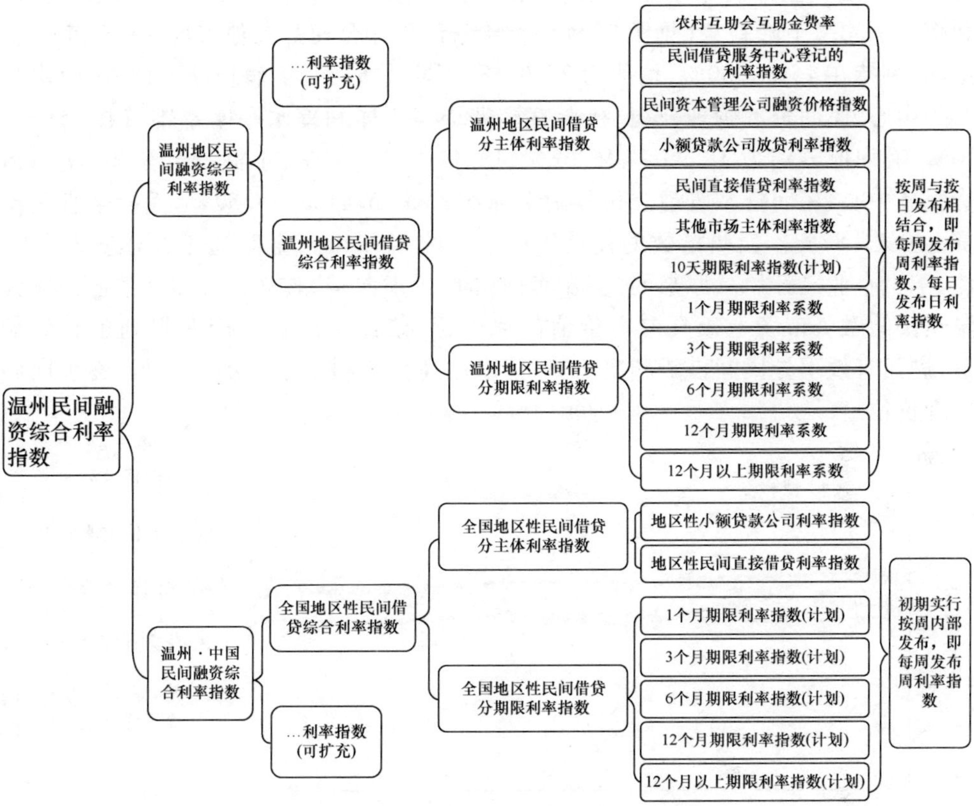

**图 27-2　温州民间融资综合利率指数的内容构成**

资料来源：根据调研资料整理。

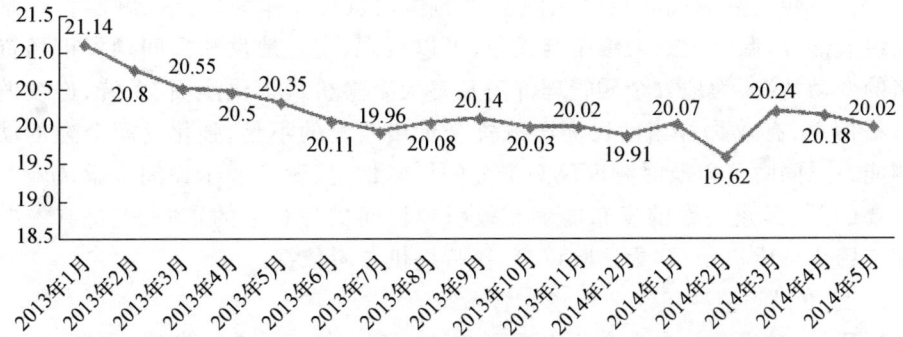

**图 27-3　2013 年 1 月至 2014 年 5 月温州民间融资综合利率指数**

资料来源：根据调研资料整理。

不同融资主体利率水平存在较大的差异,除社会直接借贷外,其他融资主体利率水平均呈下降趋势(见图 27-4)。典当行、担保公司等其他市场主体利率水平最高,维持在 25%—30%,均值为 26.99%,下降 1.52%;小额贷款公司、民间借贷服务中心、民间资本管理公司、社会直接借贷等主体利率水平基本维持在 15%—20%,其均值分别为 18.99%、16.02%、18.11%、16.48%,小额贷款公司、民间借贷服务中心、民间资本管理公司分别下降 6.86%、5.41%、19.59%,而社会直接借贷上升 11.88%。温州指数的连续下降反映出温州市资金融通正在逐步回归理性,不少企业已开始从原来的"弃实奔虚"向"脱虚向实"转变。温州指数已经成为温州民间融资市场上极具参考价值的风向标,信息不对称等问题得到了有效缓解,进而有效引导民间借贷利率走势,使以往高企的利率水平稳步下行,逐步回归合理价位。

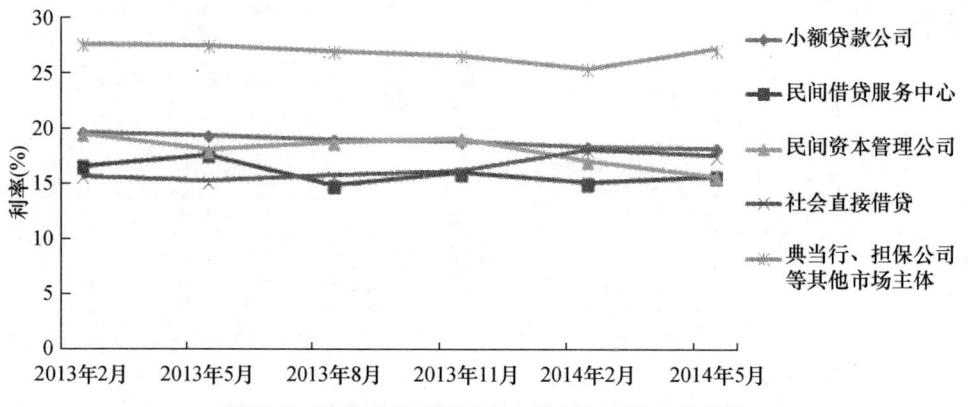

图 27-4　温州地区不同融资主体利率水平变化趋势
资料来源:根据调研资料整理。

(3)温州指数对民间金融风险防范的作用机理。作为地方金融监管体系的重要组成部分,温州指数的编制与发布,可以直观、定量地反映民间融资市场资金价格的变动情况,为地方金融管理部门及各大金融机构提供全面、系统、连续的资金价格信息,有效弥补当前民间金融资金价格监测的不足,强化民间金融的动态监测能力。同时可以及时测度民间资金的松紧情况,预警提示民间金融风险。最为重要的是,温州指数的发布能够有效引导民间借贷利率的走向,促进有效探索利率市场化形成机制,并为法院审判、执行提供参考依据。

3. 地方民间金融组织非现场监管系统

近几年,温州部分中小企业出现资金链断裂和企业主"跑路"的现象,对经济和社会稳定造成了一定的影响。在温州金融综合改革任务中,明确提出实施开发金融组织非现场监管系统,加强对民间金融组织监测监管,切实解决温州经济发展存在的突出问题。非现场监管是金融监管的重要方式和手段,对金融组织的非现场监管程序可以分为采集新型金融组织数据,对数据进行核对整理,根据新型金融组织生成适合新型金融组织的监管指标值,进行指标分析,报告处理和信息反馈五个程序。温州采取的是地方金融监管的系统集成和智能表单模式。通过结构化的综合布线系统和计算机网络技术,将各个分离的设备、功能和信息等集成到相互关联、统一和协调的系统之中,使资源达到充分共享,实现集中、高效、便利的管理。

温州市地方金融管理局将系统集成和智能表单技术进行整合,成功研发出一套符合新形势下地方金融发展需要的信息管理系统——民间金融组织非现场监管系统,如图 27-5 所示。该监管系统在系统集成和智能表单方面具有面向服务的软件架构(SOA)、开放的集成性、与应用系统集成、报表展现的多样性与多功能性、数据查询的及时性以及信息数据的共享性等特点,从而实现了人工监管向信息化监管转变、滞后管理向提前发现转变、信息孤岛向数据整合转变、粗放式管理向精细化管理转变以及被动接受监管向积极接受监管转变。

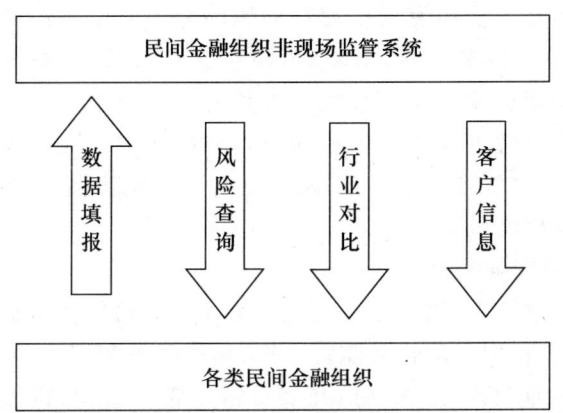

**图 27-5　民间金融组织非现场监管系统信息服务设计图**
资料来源:根据调研资料整理。

## 三、民间金融监管体制的探索与完善

地方金融监管体制的完善是推进金融综合改革的有效保障。地方金融监管体制的建立与完善仍是需要重点研究的课题。具体包括:(1) 地方金融监管的组织架构和风险预警监测指标体系;(2) 双层金融监管的法律体系及其变革;(3) 中央垂直金融监管机构与地方金融监管机构间的权责分配。

1. 温州民间资本管理公司监管

温州市、县级(市级功能区)监管部门采取现场检查和非现场监管相结合的方式,加强对民间资本管理公司的监管,依次建立和实施了民间资本管理公司专管员制度、监管信息采集和报送制度、民间资本管理公司合作银行协管制度、民间资本管理公司信息披露制度、民间资本管理公司高管人员备案制度、民间资本管理公司自律承诺制度、定期审计稽查工作制度等。

2. 温州小额贷款公司发展与监管

2012年,中国人民银行温州市中心支行对温州10家小额贷款公司进行了调查统计,并发布"关于小额贷款公司上报不良贷款不实情况通报"。通报的5家小额贷款公司不良贷款累计上诉案件数量173件,累计金额2.2575亿元。6月,金融办统计温州市29家小额贷款公司逾期贷款金额总数为1.7亿元。以上数据显示,温州市小额贷款公司的不良贷款率上升明显,小额贷款公司面临较大的风险问题。

(1) 温州市小额贷款行业发展现状。温州全市33家小额贷款公司2013年6月末的贷款余额中,小微企业贷款占比19.06%,个体工商户贷款合计占比23.65%,涉农贷款占比49%,另有9.3%为个人贷款。

(2) 温州小额贷款公司发展中存在的风险分析。温州小额贷款公司的风险问题包括外部风险与内部风险。外部风险包括政策风险、行业风险、客户风险。政策风险主要有小额贷款公司在税收优惠和财政支持上不享受与金融机构同等的优惠待遇。行业风险主要来自银行和同行业的压力。客户风险包括无法履行偿债业务以及意愿不足的问题。内部风险包括人员风险、管理风险、流动性风险、业务合规风险以及战略风险。

3. 温州民间借贷服务中心监管

温州市地方金融管理局(以下简称"金融局")是民间借贷服务中心的市级监管部门,负责组织全市中心的日常监管工作,具体负责制定中心监管办法,指导各县(市、区)、市级功能区金融办(局)开展日常监管等工作,督促检查和考评各县(市、区)、市级功能区金融办(局)日常监管工作落实情况。各县(市、区)人民政府、市级功能区管委会是本地中心风险防范和处置的第一责任人。各县(市、区)、市级功能区金融办(局)是中心的县级(市级功能区)监管部门,具体负责本地中心的日常监管等工作。

4. 温州融资性担保公司监管体系

温州各级金融局、地方金融监管服务中心,是融资性担保公司的监管部门。温州市拟构建融资性担保公司监管体系:县(市、区)人民政府、市级功能区管委会应建立相应地方金融监管领导小组和金融局(地方金融监管服务中心),县(市、区)人民政府、市级功能区管委会是本地区融资性担保公司风险防范处置的第一责任人;监管部门应联合各级经信部门做好融资性担保公司的年检初审工作;市信用担保行业协会对会员实行自律管理;建立行业自律性机制,维护市场正常秩序,融资性担保公司的开户行、融资业务合作行等有义务向监管部门及时反馈融资性担保公司的经营状况。

5. 温州市投资(咨询、管理)企业监管

温州市金融局、县(市、区)(市级功能区)金融办(局)为辖区内投资(咨询、管理)企业的业务监管部门,可对辖区内投资(咨询、管理)企业的经营活动进行监督检查和业务指导。市、县(市、区)(市级功能区)工商行政管理部门负责辖区内投资(咨询、管理)企业的工商注册登记、年检及相关监管工作。

6. 温州市非融资性担保公司监管

温州市金融局、县(市、区)(市级功能区)金融办(局)为辖区内非融资性担保公司的业务监管部门,可对辖区内非融资性担保公司的经营活动进行监督检查和业务指导。市、县(市、区)(市级功能区)工商行政管理部门负责辖区内非融资性担保公司的工商注册登记、年检及相关监管工作。

## 第三节　对策与建议

目前,中国民间金融的监管还没有建立一个明确的监管模式,民间金融活动基本上还处于"散打"状态,没有一个真正的部门或机构对民间金融负责,对民间金融进行监督管理,民间金融的监管实施都还没有落到实处。通过目前对温州地区民间金融监管的初步了解,笔者认为对民间金融的监管不能采取单一的某一模式,应当是在承认民间金融合法地位的基础上,实行以政府为主导、以非政府为辅助的多元化的监管模式。民间金融的监管应当多种监管方式相结合,形成一个有机整体,构成一个监管体系。由此,我们对构建民间金融监管协调机制提出如下对策与建议:

1. 加快推进地方金融改革与创新

全力推动和落实《中共温州市委温州市人民政府关于进一步加快温州地方金融业创新发展意见》,实施政府的指导思想和总体目标,充分发挥金融综合改革试验区的先发优势,深化改革,先行先试,积极探索利率市场化。大力推动温州市地方金融机构的股份制模式改革,增强核心资本充足率,继续完善公司治理,深化风险控制。不断强化地方金融政策支持,完善对金融机构和金融管理部门的考核制度。

2. 实行差异化监管

在民间金融监管模式方面,我国监管当局应该转变监管方式,对于不同的金融组织,确立相应的标准,有针对性地实施分类监管,也就是说对不同级次、类别的金融组织,监管当局的监管力度应有所区别。在打击和取缔非法民间金融的同时,通过制度或相关法规保护和支持正常的民间金融行为,实行分类监管。

### 3. 形成立体化监管

我国民间金融分布广泛，民间金融活动存在于各个地区，从东部沿海发达地区到西部欠发达地区都有民间金融活动的发生；民间金融活动分布于各个层面，从大中城市到偏远的乡村，都存在着民间金融活动。所以要切实可行地对这些民间金融组织和活动监管起来，必须有一个非常完善而具体的监管模式。国家应当成立专门的民间金融监管机构，从中央到地方，在纵向和横向上形成网状的立体监管结构，对所有民间金融组织和活动全方位监管起来。根据我国民间金融的特殊性，可构建政府外部监管、行业自律监管、组织自我管理、社会监督以及司法监管五个层次相互配合的监管体系，推进民间金融的健康有序发展。

### 4. 加强民间金融立法

民间金融要健康有序发展，法制建设必不可少。加强立法和监管机构的执法，依法规范民间借贷行为，是构建和谐民间金融生态环境的必然选择。可通过建立和健全法律和制度来规范和引导民间金融的有序运行，合理界定民间融资行为，使民间金融阳光化、规范化和法制化，从法律上确立民间融资主体的权利义务关系，并对其融资方式、期限、利率、用途作出明确规定。只有以立法行为逐步将民间金融纳入金融监管体系，才能规范和引导中小企业民间融资的健康发展，有效防范中小企业民间融资风险。

### 5. 完善行政监管手段

第一，明确监管机构与职能。民间融资能否稳定运行还取决于组织制度是否合理和有效，所以应当按照合理分工的原则，明确相关监管部门的职责，强化监管手段，建立起系统化、专业化和信息化的监管队伍。第二，推行民间融资登记备案制度。温州金融改革试点实行的民间融资登记备案制度具有现实意义。通过设立借贷服务中心，引导民间融资公开登记备案，加强融资双方互通消息，明确民间资本流向。第三，完善信息披露和检测措施。健全信息披露制度是规范民间融资的必要措施，能够使监管部门及时掌握地方资金走向、利率走势，发布利率指数，引导当地民间资本的流向。

# 第二十八章　浙江省中小企业面临的突出问题与对策建议的调研报告

2011年,浙江省中小企业数量为33 719家,2012年增加到35 904家。① 虽然中小企业的数量在增多,但是生存环境不容乐观、令人担忧。为深入了解浙江省中小企业生存现状,我们多次赴浙江省各地区企业进行实地调研,至今已经基本完成数百家企业的调研任务。调查企业来自杭州、宁波、嘉兴、温州、绍兴、台州、湖州、丽水等地市及所辖区县,调查行业涉及机械制造、纺织服装、家具、建材、五金、电器、医药、化工业等,共计发放450份调查问卷,实收391份,其中有效问卷367份。在杭州市、台州市、温州市平阳县、湖州市长兴县、丽水市下辖各县等地召开座谈会十余次,走访企业100余家。参与调研的企业主92%来自民营企业,8%来自外资企业。参与调研的企业中,72%左右的企业年销售总额为3 000万—3亿元,3亿元以上的企业只占到5%左右,这些企业主的看法基本上反映了浙江中小企业的实际生存状况。

## 第一节　当前中小企业发展的严峻现实

### 一、中小企业信心降至冰点

通过与企业主的座谈和问卷调查,发现在对于未来市场环境的判断上,持乐观及非常乐观态度的企业家占到28.3%左右,有28.4%的企业主持非常悲观的态度,包括一些浙江省的传统制造业如纺织服装业、家具业,以及环境污染比较严重的医药化工业,如表28-1所示。至于企业未来的投资动向,大部分企业主持保留态度,有35.3%的企业准备缩小生产规模和减少投资或者干脆停产,尤其是部分纺织服装企业、家具企业、眼镜企业、打火机企业等;有21.8%的企业在未来几年有继续扩大投资的打算,这类企业主要集中于化纤行业、机械制造业以及一些新兴行业,企业主认为未来经济发展中依然存在机会,尤其是政府针对一些新兴产业发展推出一系列政策,有着巨大的商机,部分技术创新能力突出的企业制定了自己的企业扩张战略,如表28-2所示。

---

①　2013年《浙江省统计年鉴》。

表 28-1　中小企业主对企业运营的信心度　　　　　　　　　　单位:%

| 对企业运营的信心度 | 非常乐观 | 乐观 | 中立 | 悲观 | 非常悲观 |
|---|---|---|---|---|---|
| | 8.5 | 14.7 | 28.6 | 28.4 | 19.8 |

资料来源:根据调研资料整理。

表 28-2　中小企业主下一步投资意向　　　　　　　　　　单位:%

| 投资意向 | 扩大投资 | 走一步看一步 | 维持现状 | 缩减规模 | 停产 |
|---|---|---|---|---|---|
| | 21.8 | 18.6 | 24.3 | 27.5 | 7.8 |

资料来源:根据调研资料整理。

从这些基本的统计数字来看,一些具备良好的核心竞争能力或者是新兴行业的制造业企业主对行业发展的前景还是比较看好。不过与之形成鲜明对比的则是大部分以劳动密集型为特点的传统制造业企业主,而且这些行业所吸纳的就业人数又最多,带来的负面社会效应和经济效应更为明显。

处在产业链、价值链低端的中小企业遭遇到的困难比较突出,少数企业甚至已经到了生死存亡的边缘。这一现象是多年来所累积的制度和政策偏差,以及通货膨胀、劳动力成本上升、原材料价格上涨等因素的集中爆发。如果不采取坚决、迅速、有力的措施,很可能会出现比 2008 年上半年中小企业资金链断裂更为严重的局面。尤其是应在 2014 年第四季度来临之前,在融资渠道、产业扶持政策等方面为中小企业提供相应的帮助,否则第四季度到 2015 年年初这一段时间,极有可能出现较大规模的企业倒闭。

企业主虽然认可浙江省的整体政策环境,认为当地政府部门已经采取了一些措施缓解当前的困境,但从宏观经济和行业的角度来看,普遍对企业前景表示悲观。鉴于成本上涨,企业利润已经很薄,"大批倒闭"的说法虽然过于夸张,但"关门大吉"的企业也不少见,即使是仍在坚持生产的企业,也将生产规模压缩至极限。一个比较典型的例子是温州市一家生产眼镜的企业,企业员工人数最多的时候有 1700 人,但目前受限于成本上涨和融资困境,已经缩减到 80 多人,公司不敢接单,几年前就出现一副眼镜仅挣几毛钱的情况,现在更是出现亏损,所以基本上处于停产状态。企业主说像他们这样状况的公司在温州市同行业中占到非常高的比重,至于温州以往的一些传统制造业如打火机、锁具、制笔业等也是同样的一番景象,比如 70% 左右生产打火机的企业已经停产或者关闭。

温州一家服饰公司的企业主说自己企业的工厂规模在不断缩小,他宁愿把钱投入到各地去开店,也不愿意继续生产,工厂开工意味着超高的成本,以及随之而来的零利润甚至负利润,所以很多像他们这样的企业主选择要不就是关门,要不就是缩减规模。台州一家纺织机械制造业的企业主认为,2014 年以来,企业的经营压力越来越大,2008年的时候银行有资金支持,政策也有相应的扶持,企业容易抗住压力,但现在,企业正面临严峻的生存压力。

众多制造业的企业主在谈到造成当下困境的原因时,都会提到以下几点:员工工资和原材料价格的大涨、人民币的升值、融资难和融资成本的提高。传统制造企业,一般人工成本占10%—15%,高的也有20%—30%,而原材料的成本占到60%—80%。杭州某服装出口企业总经理说,从2013年年底到现在,人民币升值已经让公司损失5%。除此以外,原材料、劳动力、物流等各项成本加在一起,较2013年同期上涨32%,2014年出口价格提高5%,但这远远抵不过企业成本的上涨,虽然产品卖得贵了,但反而赚不到钱了。

浙江省海宁市的某家具企业董事长的话比较有代表性,他说现在本企业员工工资比2013年同期上涨30%—40%,原材料上涨30%以上,这两项对企业毛利率的影响就已经很大,再加上银行贷款政策收紧,利率基本为基准利率上浮20%,甚至上浮30%以上,并且有诸多限制,如拉存款、质押存款等存贷的明规则、潜规则影响,获得贷款企业的资金成本普遍高达10%左右或者更高。更为要命的是银行对中小企业的贷款政策存在歧视。银行讲究综合回报,贷款给你先不让你用,你要先存在银行里面,再用这些存款作为保证金开承兑汇票,承兑汇票贴现后才能使用,这样算下来整体的银行融资成本达到了12%。杭州一家轴承制造企业的企业主指出,民间借贷的利息早就到了3、4分,甚至更为夸张。一般的制造业,能有15%的毛利率,事实上就很不错了,政策这样紧下去,肯定会有很多小企业停掉。2008年发生全球金融危机的时候,中国制造业面临的是订单数量迅速减少的困境,主要源于外因,一旦外部需求复苏,困难很快可以得到缓解。而今天中国制造业面临的问题主要是内因,解决起来难度更大。

**二、企业家精神的衰落**

实际上,上述这些问题只是一种表象,一个最为严重的问题就是支撑中国前三十年高速增长的一个重要推动力——"企业家精神"在不断衰落,至少在浙江省这个制造业发达的省份,我们可以看到企业家普遍表现出厌倦情绪,这才是中国经济所面临的一个最大隐患。"企业家精神"指企业家组织建立和经营管理企业的综合才能,它是一种重要而特殊的无形生产要素。一个企业最大的隐患,就是以创新精神为核心的企业家精神消亡。

在接受调查的企业家当中,有72.3%的人认为自己经营企业的压力实在是太大(见图28-1),有些企业主坦承如果有可能不会再做制造业,并且不会让自己的子女从事这一行业。台州某家医药化工企业的王总经理认为企业承担的责任过大,而政府的管制和宏观政策的制约使得企业寸步难行,他每天都在思索如何脱离本行业,并且希望子女再也不要从事制造业。当然这是极端的例子,但是在各

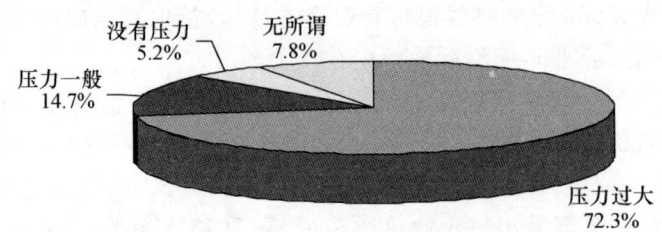

图 28-1　中小企业主经营企业压力的承受度

资料来源：根据调研资料整理。

地区调研的过程中，绝大部分制造业企业家对国家政策环境和行业环境等都比较悲观，如温州某行业协会的会长所言，无论是国家对中小企业的定位，还是产业、财税政策以及《劳动法》的推出，或者是最近国家的一系列宏观调控政策，无不对中小企业主的信心造成巨大的打击，改革开放以后形成的相对宽松的经营环境已经消失，国家宏观经济政策造成的通货膨胀后果，单靠中小企业自身已经无法应对，企业家继续经营的意愿在下降甚至消失，企业家精神可以说受到了空前的挑战。

在这样的背景下，企业主普遍表现出浮躁的心态，出现了很多中小企业主转型做其他投资的现象，一些企业炒作农产品，也有企业利用资金炒作艺术品、古典家具、购置房产等，一些中小企业老总开始转投房地产，一些企业逃离实业，忙着去炒矿、放高利贷以及做 PE 投资等。在调研过程中，每一个地区都有大量的例子，企业主将资金逐渐从制造业抽出，希望进入暴利性行业。浙江省区域经济合作企业发展促进会黄保苗会长的观点代表了很多企业家的想法，中小企业是国民财富的一个重要创造者，如果企业主不想做企业了，创新从何而来？转型如何实现？经济如何实现真正的可持续发展？

## 第二节　当前中小企业面临的突出问题

国家当前面临着宏观经济转型，有的传统制造业确实比较困难，但这个并不是问题的关键，最重要的是企业需要一个更为公平、公正的竞争环境，以及一个相对比较宽松的企业经营环境。如何将前三十年促进经济增长所积累的最宝贵财富——"企业家精神"予以延续是最重要的。虽然经过三十年的改革开放，中国经济实力得到提升，但企业家精神却依然缺乏生长的土壤，因为社会加给企业家的成本太高。政府对经济活动、市场活动的干预在一定程度上增加了企业负担，影响了预期的稳定，提高了未来不确定性。在经营环境恶化、盈利机会减少之际，相当数量的企业家放弃了理想，选择了退出。我们国家正处于转变经济增长模式的关键时期，鼓励和促进创新是转变增长模式的根本性措施。而企业家的使命和工作求创新,在这个时候重振企业家精神就显得格外重要。调查组发现中小企业主在当前复杂的市场环境下,之所以出现各种不满情绪,主要根源于五大困惑:

**困惑一:中小企业负担是否太重?**

约有75%的企业主认为过重的社会负担并没有相应减轻,如图28-2所示。中小企业主最困惑不解的一个问题是,中小企业为国家经济做出如此巨大的贡献,为什么这么多年依然无法获得一个公平、公正的经营环境?

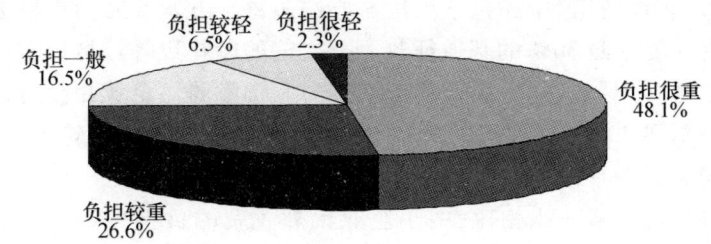

**图28-2 中小企业主对企业承受的社会负担的态度**

资料来源:根据调研资料整理。

一方面,法律法规仍不健全,中小企业仍然缺乏相应的保护,它们很多方面享受不到大企业的待遇。重振企业家精神,要求政府放松和解除管制,强化市场功能。但是部分垄断企业出于维护自身利益的需要,通过长期维持垄断高价、影响政府部门抬高行业准入门槛等手段,阻碍中小企业进入。

在调查中,企业主们最困惑的是中小企业对国民经济的贡献与地位的极度不对称。绍兴一家针织服装企业的企业主说,各地政府希望本地多出大企业,战略偏向大企业,这本身也没错,但也不能因此而忽略小企业的发展空间。随着土地资源的日趋紧张,各地在土地供应上均设置了较高的门槛,往往在安排土地指标时,把大部分指标留在开发区、工业园区用于招商引资项目及较大规模企业用地,对中小企业很少安排用地指标,使得中小企业尤其是小微企业很难拿到土地。发展空间的限制严重制约了中小企业的进一步发展。

中小企业与大企业相比,生存压力更大,但税收负担却一点不低于大企业。温州一家服饰企业的总经理徐怀钏用非常简洁的数据告诉我们企业的税费负担有多重,他说自己企业每年所上缴的税费总额占年营业额的9%—10%,可以说,制造业本身利润并不高,这样的税收负担让企业在现有的宏观环境下无法生存。2013年以来,原料价格高涨,但产品价格上升的空间却不多。因此,该企业扩大规模后利润率反而下降。虽然利润下降了,但因为产品价格在涨,企业的总营业额也在涨,需要缴纳的税费也一路上涨。

另外一家不愿意透露名字的家具企业老总提供的企业数据更为详尽。以

2010年为例,他所在企业全年的营业额约2亿元,毛利大约为1 500万元,但是足额缴税后,算起来大约有700多万元的税收支出,也就是说税收成本占到企业毛利的将近一半。每年需要缴纳的税种包含企业所得税、增值税、城建税、教育费附加、印花税、土地使用税等。增值税方面,按照增值税的缴纳规定,在进行进项抵扣后,他所经营的企业,所缴纳的增值税税额大约占企业利润的5%。在所缴纳的增值税税额基础上按照5%和3%的税率缴纳城建税和教育费附加以及其他各种费用。此外,"管理费用"中还包括厂房需要按照每平方米5元的价格缴纳土地使用税,销售收入要按照80%的基数征收万分之三的印花税等。再加上因为贷款利息产生的"财务费用",实际上企业的盈利能力非常脆弱。企业扣除各项税金与费用后,净利润不到700万元,像这样的企业如果一旦发生资金周转困难,融资成本上升,马上就会面临亏损。

另一方面,与大型企业相比,中小企业税外收费的负担更重。目前向中小企业征收的行政性收费有十几项,收费项目达60多类,尤其是一些基层部门,往往把中小企业视为收费、摊派、集资的重点对象,使之不堪重负,有的甚至被收费压垮,这种案例在现实中并不少见。调研期间,企业主提出的一个比较敏感的话题就是,职能部门往往以罚款代替指导和服务。某行业协会会长就讲到一个例子,消防部门到某企业例行检查,发现消防水管无水,直接开出30万元的罚单,实际上这并不是企业的原因,而是地方公共设施不健全造成,后来还是经过行业协会出面多方协商,最后罚款3万元了事。这样的例子在地方举不胜举,可以看出,地方相关的行政职能部门实际上没有切实履行指导和服务功能,往往以罚代管,而在企业真的需要帮忙的时候却起不到相应的作用。

**困惑二:宏观调控政策能否避免"一刀切"?**

在温州调研的时候,温州市平阳家具协会的吴建光会长以本行业为例,为我们介绍了自2008年以来本行业的发展情况,以及国家宏观政策对企业运营的影响,认为当前企业经营者缺乏信心,实际上,企业主们是对政府的政策没信心。早在金融危机发生之前,国家宏观调控政策已经给中小企业造成很大损伤,2007—2008年上半年,有几万家企业倒闭,2008年以后政府出台4万亿元的财政政策,实际上与中小企业没有直接的关系。国家紧接着出台了一系列政策,如提高利率,紧缩银根,降低出口退税率,实施《劳动合同法》,加上同时期人民币汇率的一路上涨,政策导向让企业主们不知所措,他们觉得国家不鼓励中小企业发展了,很多企业主心里不踏实,不知道政府想做什么,根本不敢放手经营。中小企业主们对未来货币政策不确定性的预期增加了,使他们普遍产生了焦虑。

现在的情况是,一边是中小企业大喊融资困难,另一边却是央行为应对通货膨胀不断提高存款准备金率和利率。参与座谈的企业中有65%左右存在着资金短缺的问题(见图28-3),77%的企业家坦承从银行获得融资比较困难。银行贷款占据企业全部借款资金来源的企业数量仅仅占到所有企业的23%左右,其他企业或多或少都存在着民间借贷或其他途径的借贷行为;所有参与调查的企业中,银行贷款年利率最高的为15%,最低的为6.76%;民间借贷利率最高的达到30%,最低为10%。高位的资金成本给企业正常经营造成了巨大的压力,不利于企业生存及持续健康发展。更为麻烦的是,相当比例的制造业企业利润比较低,如轻纺业的毛利率一般在7%—8%,有的行业更低,企业日益不堪重负。

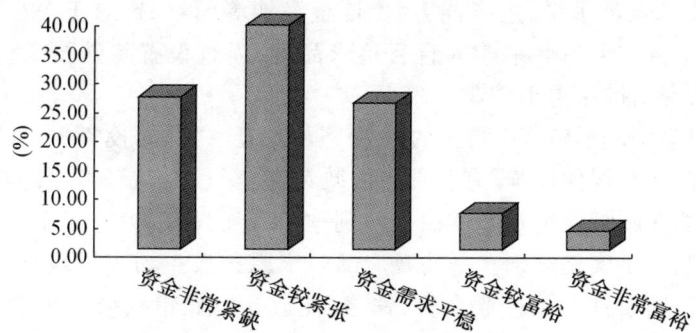

**图28-3 当前中小企业资金短缺情况**

资料来源:根据调研资料整理。

　　企业主最难以接受的事实就是,贷款还掉以后无法再从银行获得资金。中小企业贷款经常使用"借新还旧"的形式,但现在银行一般都很难获批。此外,以前"借新还旧"的惯例是,上一年审批多少信贷额度,下一年就不用批了,但是现在每年都要求重新审批一次信贷额度,很多中小企业的信贷额度被降低了。

　　台州一家汽车零部件企业的方总经理的看法一针见血,认为宏观政策错杀了相当大一批业绩并不错的中小企业,因为目前的监管体系和监管模式没有考虑到地方差异化发展的金融需求,容易导致"一刀切"。所以像浙江这样以中小企业为主的经济结构,每一次调控日子都非常难过。虽然监管部门对中小企业贷款增速有一定要求,但现在整个信贷额度是一个大盘子,信贷资源很容易被大企业挤占,这其实也反映了无论总的信贷额度紧张还是宽松,中小企业的信贷需求一直无法得到充分的满足。中小企业主感到困惑的是:为什么宏观政策要"一刀切"?为什么不能用一些更为有效的方法,针对不同的中小企业实施差别化政策?

　　**困惑三:企业扶持政策为何难落实?**

　　在参与调查的企业中,享受扶持政策的企业非常少,有的企业甚至不知道究竟有些什么样的政策可以享受。继全国人大常委会2002年颁布《中小企业促进法》后,国务院2005年出台"非公经济36条",2009年出台"中小企业29条",

2010年又出台"民间投资36条"。但企业扶持政策依旧难落实,有以下几点原因:

首先,政府部门偏爱大企业大项目,政策制定和执行、要素资源配置等通常以大企业为参照物,而忽视中小企业的特殊需求。自1996年试行政府采购制度以来,我国政府采购扶持中小企业发展、支持自主创新等政策功能在逐步完善和落实。但我国《政府采购法》实施细则一直没有出台,缺乏相应的配套措施,扶持中小企业的政策功能在对象的选择、具体扶持方式、倾斜度的把握等方面没有统一的规定。目前政府采购评标时,主要考量的是价格、服务承诺、公司实力、技术能力和设备、技术人员水平、生产能力、保证金缴纳等因素,这对于中小企业来说没有任何优势。再加上一些采购人盲目追求品牌,通过设置特殊要求、抬高门槛价等违规做法,变相排斥中小企业。

其次,"民间投资36条"实施的效果令人失望。"民间投资36条"实施以来,一些中央部门没有任何动静,有些部门的政策甚至与之相矛盾。具体执行的政府部门和主要的垄断行业更是态度消极。到2011年,只有北京、广东、浙江、江苏等不多的省份制定了实施细则。一些政府部门宁愿积极主动支持国有投资,而有意无意地限制民间投资。从行业来看,铁路、能源、金融、市政公共事业等重要领域并没有进展。相反,来自旧有经济部门的垄断却有强化趋势。

再次,虽然由工信部、国家统计局依据《中小企业促进法》和《国民经济行业分类》,结合我国经济社会和中小企业发展实际,于2011年4月出台《中小企业划型标准规定》,不仅解决了原来标准存在的上述问题,而且对研究和实施中小企业政策,加强分类指导和推动中小企业发展具有重要意义,但是中小企业主一个普遍的忧虑是地方政府在具体实施推动的时候会出现偏差,无法真正享受到扶持政策。中小企业曾享受扶持政策的情况如图28-4所示。

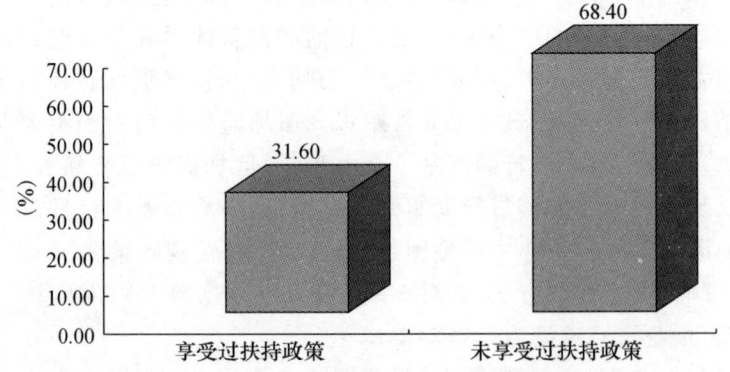

图28-4 中小企业曾享受扶持政策的情况

资料来源:根据调研资料整理。

此外,从政策面上来说,"民间投资36条"明确提出,允许民间资本兴办金融机构,鼓励民间资本发起或参与设立村镇银行、贷款公司、农村资金互助社等金融机构。现在的问题在于我们的审批过于紧,到目前为止,审批的很少。比如民营资本进入村镇银行,这在理论上和政策上都没问题,但在实际上却非常困难,因为有很高的门槛。目前金融机构仍执行2008年的规定,即村镇银行发起必须由商业银行作为控股股东。什么时候才能真正享受到合理的政策扶持手段,也是中小企业主比较困惑的问题。

**困惑四:企业人才为何难留?**

关于企业的用工问题,企业主反映的主要问题可以用"三难"来形容,那就是"招工难、用工难、留工难"。温州沃森电器的董事长在与调研组进行交流时,问得最多的就是为什么企业大幅提高待遇,仍然留不住人才,尤其是高端人才?还有"员工荒"是不是并没有那么严重,而是人为因素造成的?

制造业工人工资的增长已经是不争的事实。某个家具工业园区的企业主讲到,企业前一段时间专门给所有员工宿舍安装了空调,甚至还装上电脑,目的就是能够吸引和留住员工。绝大多数座谈企业家认为2014年前6个月本企业的平均月工资支出比去年同期显著增加,有的甚至达到30%—40%以上(如博洋家具、祥博电器等)。国家同时要求要不断地提高工人的工资,而且硬性规定了要每年提高若干个百分点。以温州平阳为例,2005年企业是951元的平均工资,2010年为1 100元,到2011年最低工资都已经上涨到1 370元,2013年上调至1 470元。在温州、台州、绍兴等相对较为发达的地区,目前企业招聘熟练技工所开出的待遇更是大幅提高,有的企业对那些刚招进来没有任何技术的普工,给予一天80元左右的薪水,并包吃包住。中小企业对用工环境的满意程度如图28-5所示。

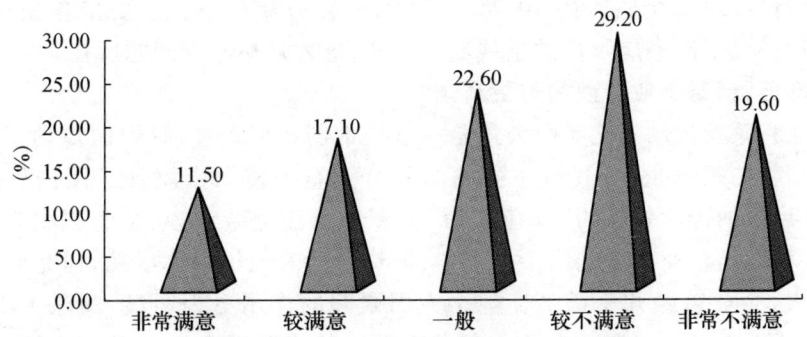

**图28-5 中小企业对用工环境的满意程度**

资料来源:根据调研资料整理。

即便是把员工招进来,依然存在用工困难的问题。根据调研组的了解,制造企业大部分熟练员工的年龄为30—40岁,年轻人不愿意踏踏实实做事,企业主最头疼的就是现在的年轻技工出现断层,可能会在未来给整个制造业造成不可估量的影响。杭州市嘉新工程塑料管业有限公司总经理李国军谈到日本企业在培养熟练技术工人方面,有一套成熟的模式,日本全社会或制造业整体确立了对熟练技术工人的培养认证体制和激励机制,但是在我国到目前为止并没有系统地建立起一个有效的产业工人培训机制,当前不仅是普工短缺,技工、高端人才均处在短缺状态。中小企业往往由于待遇、提供发展平台等限制,懂技术、具有操作经验的技术人才难招日益成为制约企业发展的一个突出难题。

还有一个问题就是留工难。企业不能随意开除员工,但是员工却可以随意炒掉企业,并且给企业带来一系列法律后果。杭州一家知名家居用品企业的副总贾竟一直很困惑,雇主与雇员谁是弱者?雇员合同到期离职,为什么还要支付赔偿?

绝大多数企业主认可员工收入增加的必要性和合理性,但是,国家利益、员工利益和企业利益要兼顾,现在企业真的是非常无助,对员工缺乏约束,企业在不同方面都有可能承担法律风险。最关键的是留不住人才,无法培养企业的核心员工。企业的困惑主要包括:

其一,《劳动法》虽然有效保护了企业员工的合法利益,但企业在具体的运营当中确实有很多现实的困难,在发生利益纠纷的时候,也需要对企业合理利益的维护。政府营造的舆论环境是不是过于严厉?政府、公众和媒体等使得企业在劳资纠纷中受到的舆论压力较大,约束太多,对企业的正常生产经营及创业积极性的保持会不会造成一定的不必要影响?

其二,相关的社会保险法规、政策对社保基金的资金构成设计是不是显失公平?以2009年为例,一方面企业缴费相当于职工缴费的2.8倍,另一方面国家财政补贴仅占社保基金收入的10.21%,社保基金的资金来源主要依赖企业缴费。行政管理替代了国家应承担的金钱给付责任,这才是核心的问题所在。

**困惑五:倒逼企业转型如何更科学?**

浙江肯莱特传动工艺有限公司是一家技术创新型企业,是中国传动工业带行业技术创新的领军企业,其自主研发的复合型石油传动带填补了国内外技术空白,将开启石油传动领域的"绿色革命"。董事长汪金芳认为,企业不能为了创新而创新,他指出企业技术创新十分艰辛,虽然自己的经历堪称成功,但是冒的风险非常巨大,企业曾经几乎破产。他个人因素起的作用更为明显,倾注了10年时间,投入了1.5亿元。实际上绝大部分企业在技术改造与转型升级中倒闭,因为技术创新不是一句话,从技术开发到技术转化,从产品规模化到市场效益的实现,每一个阶段都会死掉一大批企业。许多中小企业在转型升级方面一直处于"无心转、无力转、无处转"的窘境。其实每个企业都想转型升级,但当前宏观政策一变,企业生存都有问题，又如何转型升级？一些企业主开玩笑，说如果不进行转型是慢性死亡，转型可能就是自杀。

各级政府没有充分意识到自身在企业转型升级中的作用，而是不自觉地通过倒逼机制来推动企业转型，实际上是揠苗助长。政府在企业转型升级过程中，要提供一个全面的公共服务平台，更要有一个合理的知识产权保护机制。比如说机械制造业是台州的支柱产业，有"中国阀门之乡"、"中国工业缝纫机王国"等称号，面临着产业转型升级的压力，但当地的企业主指出，对于这些机械加工制造业而言，转型意味着购买更先进的机械设备，意味着向产业链两端延伸，这不仅需要庞大的资金，更需要优秀的人才，而这两样恰恰是众多中小企业难以单独解决的问题。浙江莱克缝纫机有限公司总经理阮明明指出，政府实际上可以从多个角度帮助企业发展，如打击假冒伪劣产品，在企业的品牌培育中发挥更大作用，建立公共服务平台，承担技术创新孵化器的作用，在市区建立缝纫机会展中心，充分发挥政府的扶助职能。

制约中国企业转型升级的一个重要因素是中国知识产权保护机制的缺陷。改革开放三十年，虽然已经有了很大的进步，但远远没有达到国际水平，给企业转型升级带来巨大的障碍。绍兴一家纺织企业的总经理徐向前举了个例子，自己企业一个培养了十几年的员工辞职，带走了企业的核心商业机密，并与竞争对手合作，给企业带来数百万元的损失，让企业白白损失巨大的市场份额，但企业却很难获得政府实质性的帮助，只能通过法律途径，靠企业本身进行取证、上诉等过程，异常艰辛，这样的现实使得一些制造业企业不敢培养人才，在技术创新过程中也承担了相当大的风险。

此外，企业主说得最多的是企业转型升级要顺应市场，事实上一些传统行业的市场前景并不一定会萎缩，还有着一定的发展空间，政府承担的职责应当是提供一个公平的市场环境，保护各种利益相关者的权益，而不是不符合实际情况推出各项政策，强行用产业规划和行政命令来改变各地的产业结构。

## 第三节　中小企业生存困境的深层次原因

### 一、中小企业相关法律法规的缺乏

首先，是对中小企业的地位需要一个更明确的定位。全国人大常委会2002年颁布了《中小企业促进法》，2009年9月出台《国务院关于进一步促进中小企业发展的若干意见》，此后国家又相继出台了《关于进一步加大对科技型中小企业信贷支持的指导意见》《国务院关于鼓励和引导民间投资健康发展的若干意见》《关于加强中小企业信用担保体系建设工作的意见》等一系列法律法规，从各方面提出具体的要求，以保护、支持中小企业的发展。但与美、日、德等国的法律法规体系相比,明显有着很大的差距。立法是小企业蓬勃发展的有力保障。比如美国有一套完整的法律体系来支持、维护小企业的利益,其中包含小企业发展的各个方面,在公平竞争、融资渠道、反垄断、社会服务、科技服务等各方面多角度给予小企业法律支持,如《小企业法》《小企业投资法》《小企业经济政策法》《小企业技术创新法》《加强小型企业研究与发展法》《小企业投资奖励法》等一系列专门针对小企业发展的法律;同时,在其他相关法律制定的时候,也会考虑到小企业的利益,如《专利法》《反垄断法》《知识产权法》《商标法》等法律均包含保护小企业利益的相关条款。

其次,是缺乏一些具体的扶持中小企业政策的细则与条例。以政府采购为例,我国《政府采购法》实施细则一直没有出台,缺乏相应的配套措施,扶持中小企业的政策功能在对象的选择、具体扶持方式、倾斜度的把握等方面没有统一的规定。与此不同的是,美国联邦采购相关法律简化了中小企业采购的程序,规定10万美元以下的政府采购合同,要优先考虑中小企业;并通过价格优惠方式对中小企业给予支持,中型企业价格优惠幅度为6%,小型企业价格优惠幅度为12%。澳大利亚法律规定,联邦一级的采购合同有10%要授予中小企业。

国务院2005年和2010年都出台了促进非公经济和民间投资发展的意见,但从政策实施效果看,很不理想。因此,尽管两个"36条"分别出台了9年和4年,但民间投资依然面临困境,数额庞大的民间资金找不到投资项目和出口,对经济稳定造成了一定影响。

**二、经济体制不顺与宏观政策的影响**

当前,我国的企业依然按照原有的所有制、部门和区域分属于不同部门。婆婆众多,职能交叉,多头管理,致使管理混乱、口径不一,使中小企业无所适从。在项目审批、产品鉴定、职称评定等方面职责不清。这种多方重复"管理"的状况也造成"三乱"现象极为突出,客观上加重了企业负担。而中小企业势单力薄,需要社会提供多方面服务。国外许多国家如英、意、日都设有专门社会中介组织为中小企业在产品开发、市场定位、咨询、技术服务等方面服务。而我国目前为中小企业服务的体系极不健全。

我国连续出台控制通货膨胀的货币政策措施,主要措施是提高商业银行法定准备金率,回收流动性,因而这种货币政策也被称为"数量紧缩型货币政策"。从目前整体效果看,这一政策基本将我国经济增长和通货膨胀调控在"可控"的范围之内,效果是积极的。然而,数量紧缩型货币政策不断冻结经济体中的流动性,一定程度上已经伤及了实体经济,尤其我国最庞大的企业群体——中小企业遇到了严峻的融资和经营困境。

**三、国家经济转型的压力**

我国绝大多数中小企业的主业仍然是利润率较低的制造业和服务业。也有部分中小企业从事高耗能、高污染和资源性行业，但经济转型升级是要求它们加大技术创新、节能减排和环境保护力度，而并不是把它们直接消灭掉。大多数中小企业都从事的是劳动密集型行业，但经济转型升级并非消灭劳动密集型企业，相反我国人口众多的基本特征必然要求企业在不断增强技术创新能力的同时，大量吸收劳动力。有四类企业在当前生存压力最大，而绝大部分中小企业又属于这四类企业之中：其一是原材料依赖型企业；其二是传统低利润制造企业（劳动力、原材料等生产要素纷纷涨价，使原本就微薄的利润趋零）；其三是需求萎缩、产能过剩企业；其四是环保不合格企业和产能落后企业。

**四、企业自身的障碍**

中小企业特别是小微企业抗风险能力较弱，缺乏正常的融资渠道，对生产要素价格变化敏感，在上游能源原材料大幅攀升，用工、融资等成本不断增加的情况下，生产经营比较困难。企业自身的障碍主要有：

（1）技术水平低。在所有参与调研的企业中，31%左右的企业研发经费占产品销售收入超过6%，其余企业普遍在这方面的投入比较低，有的甚至低于1%。此外，基本上没有一家企业的研发经费中来自政府资金的比重超过10%，甚至有77%的企业从未得到政府科技计划的资金支持。在这样的背景下，中小企业受资金、人才、技术储备限制，自主创新能力明显不足，企业生产主要依靠模仿，来料加工、贴牌加工业务比重较高，原创性、自主性产品偏少。

（2）缺乏定价权。以浙江省为例，大量中小企业集中在纺织、服装、机械、化学、塑料制品等劳动密集型传统制造业和传统服务业，从事高科技产业和现代服务业的中小企业明显不足。大型企业数量偏少，中型企业不多，小微企业居多，组织形式以私营企业为主，有限责任公司不多，股份公司偏少，互助发展的组织化程度很低，抗风险能力较弱，再加上政府对价格的管制（如阿思家的例子），企业缺少定价权。

（3）盲目扩张与恶性竞争。部分行业商业模式简单、技术含量不高、行业进入门槛较低，导致这些行业近几年企业数量快速增长，使企业间市场竞争更为激烈。此外，商业模式简单、技术含量不高与进入门槛较低，核心人员跳槽或自立门户，造成行业内恶性竞争。温州有一个例子就充分说明行业内部之间的恶性竞争，某工业园区内两家全国知名服装企业相互较劲，用各种不正当手段将对方企业雇员挖过来，而地方政府和行业协会却没有采取有效措施制止。

## 第四节 对策与建议

中国经济无论怎样转型都要以"实业立国"为根本,就中国的现实经济基础和区域竞争优势而言,中小企业的发展无疑是未来能否再创辉煌的关键所在,中小企业对于中国未来的发展具有战略性和决定性的意义。在这一特殊的宏观经济环境条件下,需要政府采取特定的政策,有针对性地对中小企业使用恰当的方式,重塑企业家精神,帮助企业度过这一困难阶段。也可以借此机会,理顺经济体制,让市场发挥配置资源的决定性作用,真正实现中国经济的健康发展。具体而言,可以从四方面实施,可以归结为四个关键词:"松绑、减负、活血、生肌"。

### 一、创造宽松外部环境,鼓励中小企业发展

**1. 进一步落实"新36条"**

一方面应该明确界定国有资本的投资重点,积极引导中小企业的投资;另一方面,政府应当推行一系列的公共政策,充分利用公共资源,鼓励和帮助民间资本真正进入垄断性行业。

**2. 尽快出台《反垄断法》实施细则**

明确反垄断的核心要件,提高法律的可操作性。企业主认为要明确把打破行政垄断作为反垄断的重点,并制定详细的措施。逐步放宽金融、电信、能源、交通运输、文化教育、医疗卫生等行业对民营企业的限制,减少审批事项与环节。

**3. 建立面向中小企业的政府采购制度**

可借鉴美国、澳大利亚等国的采购相关法律,通过确立政府采购中小企业产品与服务的比例、拆分大额采购项目或采购合同、允许中小企业组成联合体进行投标竞标、给予中小企业一定比例折扣、保证同等条件下中小企业采购优先地位、保证参与采购询价过程中的中小企业比例、降低中小企业参与采购的准入门槛等方式,强化政府对中小企业的采购。

### 二、实施财税减免政策,减轻企业负担

**1. 实行差别化的税收政策**

企业主期盼延续并加大国家2010年针对部分中小企业的减免税政策,实施多样化和结构性减税,最重要的是制定具体的减免细节,对处于微利的企业进一步减税或免税,对具有发展潜力的行业和企业实行税负优惠条件,对积极进行技术改造、扩大投资的企业进行税收减免,以此鼓励技术创新和投资行为。

**2. 政府定向提高贴息率**

以中央政府和地方政府配比的形式,扩大财政贴息的范围,加大对中小企业技术改造、新产品开发、出口创汇等项目的贴息力度。扩大财政部2013年制定的《地方特色产业中小企业发展资金管理办法》的受益企业范畴,加大资金扶持

力度。

3. 政府增加各类专项资金的定向扶持力度

完善《资助向国外申请专利专项资金管理暂行办法》《中央补助地方中小企业平台式服务体系建设专项资金使用管理办法》《科技型中小企业技术创新基金项目》等制度,逐步扩大中央财政预算扶持中小企业发展的专项资金规模,重点用于中小企业信用担保与再担保资金、新办中小企业创业资助、研究人员聘用及招工、就业与培训、产品结构调整和科技成果转化及对中小企业社会化服务体系的资助等。

### 三、拓宽投融资渠道,提高资金流转效率

1. 货币政策要坚持"审慎灵活"的原则,对中小企业实施差别化利率

对效益较好又符合国家产业政策的企业,加大贷款的支持力度。针对不同规模企业、不同行业,应该采取区别对待的政策。在改善当前中小企业融资和经营困境方面,有必要采取差别化的货币政策,允许商业银行拿出较大比例信贷额度提供给中小企业。

2. 实施贷款优惠和贴息政策

一些地方财政安排了一定的贷款贴息资金如2%,对符合贴息条件的重点中小企业给予贷款贴息。中央政府和地方政府在当前复杂的市场环境下,可以考虑更高比率的贴息政策,用于支持中小企业技术改造、新产品开发、出口创汇项目。

3. 进一步完善信用担保体系和信用制度

积极组建再担保机构,探索建立银行与担保机构风险分担机制,建立健全担保风险补偿和激励机制,改进小企业贷款风险补偿考核办法,完善小企业贷款风险补偿资金使用办法,以增强银行向小企业放贷的积极性。

4. 拓展融资渠道

充分利用民间资本充裕的优势,引导和鼓励企业与民间资本的有效对接,创新和拓展中小企业融资渠道。同时,放宽对小额贷款公司的政策,允许小额贷款公司吸收一定比例的储蓄额度,提高资金使用规模,提高民间资本流转效率。

### 四、优化企业扶持政策,增强中小企业竞争能力

1. 加大技术改造、管理体制改革等方面的财政补贴

一是建立重要技术的研究开发费补助金制度。如对一般项目政府补助1/2的经费;对环保节能、有利于产品出口、能提高行业国际竞争力的项目,可以考虑将财政补贴提高到经费的3/4;对中小企业有利于地方发展的技术开发费用,由国家财政与地方财政共同补贴。二是尝试设立阶段技术开发补助金制度,用于支持风险型中小企业的技术开发,并对处于基础应用阶段的构思、技术和开发进行补助。

2. 劳动保障

对中小型企业和灵活就业企业职工的缴费应有一些优惠政策，以便扩大就业。其一，保证各项社会保险基金的资金支付，承担社会保险经办机构、征收机构的办公经费。其二，调整、降低企业社保费率。应当增加政府投入，增加社会保险费率条款，以法律的形式固定国家、企业、个人的缴费比例和计算方法。

3. 构筑中小企业的公共服务平台，加强企业培训与员工培训

加强技术、人才、法律服务平台和小企业统计体系建设，加大对农民工的培训力度，加快教育结构调整，通过职业教育培育更多的高素质劳动者，解决企业面临的"技工荒"。

# 第二十九章　鄂尔多斯市中小企业经营状况与经营环境的调研报告

## 第一节　鄂尔多斯市中小企业发展现状

截至 2012 年 7 月（调研期间），鄂尔多斯市中小微型企业户数已发展到 28 879 户。2012 年，鄂尔多斯市各级、各有关部门坚持以中小企业服务年为主题，认真贯彻落实促进中小微型企业发展的各项政策措施，优化发展环境，大力实施"中小企业成长工程"，有力地推动了中小企业的发展，中小企业总量增加，运行平稳。3 月，鄂尔多斯市出台了《鄂尔多斯市人民政府关于进一步促进中小微型企业发展的意见》（鄂府发〔2012〕16 号），制定并设立了中小微型企业发展基金，建立财政资金奖励补贴机制，完善中小微型企业信用担保体系等十二条促进中小企业发展的政策措施。按照意见要求，鄂尔多斯经信委组织了鄂尔多斯市千户小微企业和百户成长型中小企业的申报筛选工作，为全面培育、重点扶持鄂尔多斯市中小微型企业发展明确了目标。中小企业产业集群发展加快，产业集聚度进一步提高。截至 2014 年第一季度，鄂尔多斯市 8 个产业集群共有龙头企业 65 家，配套中小微型企业 129 家，实现销售收入 20.09 亿元，新增投资 51.32 亿元。中小企业服务体系不断完善。鄂尔多斯市中小企业服务中心、鄂尔多斯信息网开始运行；中小企业电子商务平台正在筹建，信用融资服务平台正着手搭建，建成并被内蒙古自治区评定为中小企业服务平台的有 4 个，中小企业创业基地的有 3 个，累计培育、服务新企业数 600 家；积极开展中小微型企业管理者培训，2014 年上半年培训各类企业人员 1 000 余人；中小企业信用担保与再担保已形成体系，2014 年 1—4 月，为中小微型企业新增担保额 82 笔，共计 11.6 亿元。各级、各有关部门对中小微型企业支持力度进一步加大。鄂尔多斯市各金融机构不断创新业务流程，扩大抵押范围，千方百计帮助中小企业解决融资难问题。截至 2014 年第一季度，鄂尔多斯市中小企业贷款余额达到 862.75 亿元，较年初增长 58.62 亿元，增幅 10.59%，高于各项贷款增速 6.31 个百分点。4 月，内蒙古自治区中小企业局、鄂尔多斯市中小企业局组织 11 家自治区金融机构开展送金融服务"进旗县、进园区、进企业"活动，首站鄂托克旗银企对接会，金融机构与 87 户企业共达成意向性贷款项目 58 个，意向性贷款金额达 80.24 亿元，有效缓解了中小微型企业发展过程中的资金供求矛盾。

总之，鄂尔多斯市政府出台多项政策，解决中小企业面临的困难和问题，采取各种措施支持和引导中小企业的发展,努力为中小企业的生存和发展创造良好的环境,当地中小企业的数量逐年增加,发展步伐不断加快,营业利润不断上升,吸纳就业人员不断扩大,作用也越来越明显,当地的中小微企业成为鄂尔多斯经济发展、产业结构中不可或缺的部分。鄂尔多斯市政府出台的这些政策,究竟在多大程度上优化和改善了当地中小微企业的外部环境,中小微企业又是如何通过自身的努力,提高经营能力,提高竞争优势,是课题组调研的主要内容和重点任务。

## 第二节 鄂尔多斯市中小企业经营环境与状况存在的问题

### 一、鄂尔多斯市中小企业调研基本情况

在74家被调研和访谈的企业中,从企业性质看,国有企业2家,民营企业42家,外企1家,个体私营企业22家,其他7家。鄂尔多斯市中小企业大部分是民营企业和个体私营企业,占比分别为56.8%和29.7%。

从企业创立时间看,如图29-1所示,3年以下的,有16家,占21.6%;3—5年的,有15家,占20.3%;5—10年的,有23家,占31.1%;10年以上,有20家,占27.0%。根据中小企业生命周期理论,被调研的中小企业创立5—10年以上的占58.1%,可见,处于成长期的中小企业居多。

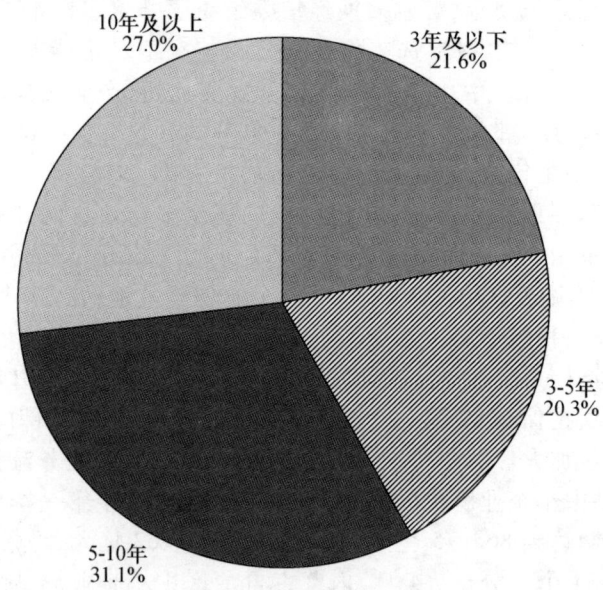

图29-1 企业创立时间情况

资料来源:根据调研资料整理。

从企业固定用工看,如图29-2所示,按人数划分中小微企业,20人以下的,有18家,占24.3%;20—300人的,有49家,占66.2%;300—1 500人的,有7家,占

9.5%。调研的企业主要集中在小微企业,中型企业约占10%。根据《中华人民共和国中小企业促进法》和《国务院关于进一步促进中小企业发展的若干意见》(国发〔2009〕36号)对中小企业的界定,鄂尔多斯市中小企业的调查样本选择符合中小企业的标准。

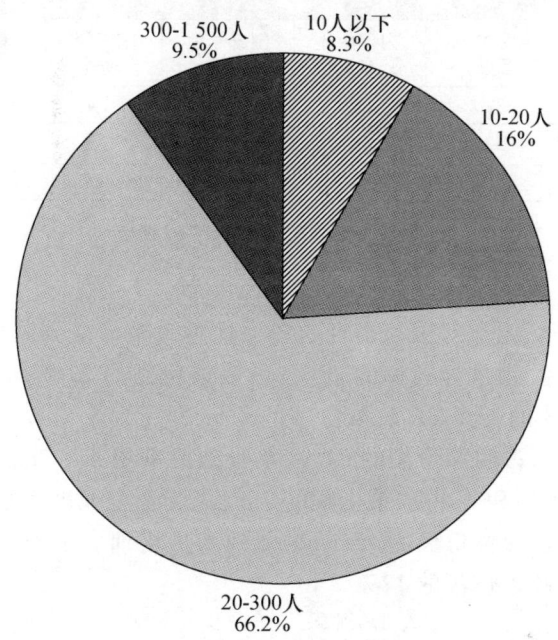

图 29-2　企业固定用工情况

资料来源:根据调研资料整理。

## 二、鄂尔多斯市中小企业经营环境现状分析

### (一) 政策环境分析

**1. 公共政策环境:中小企业对政府有关扶持中小企业的政策了解程度低、享受力度不大**

由图29-3可知,对《国务院关于进一步促进中小企业发展的若干意见》,了解的有32家,占43%;了解很少和不了解的总共有42家,占57%。对《内蒙古自治区人民政府关于进一步促进中小企业发展的意见》,了解的有26家,占35%;了解很少和不了解的总共有48家,占56%。对国家设立的各项扶持中小企业发展的专项资金,了解的有22家,占30%;了解很少和不了解的共有52家,占70%。对自治区设立的各项扶持中小企业发展的专项资金,了解的有24家,占33%;了解很少和不了解的有50家,占67%。对盟(市)设立的各项扶持中小企业发展的专项资金,了解的有24家,占32%;了解很少和不了解的有50家,占68%。可以看出,约有超过60%的中小企业对国家和内蒙古自治区的各项政策和扶持资金了解很少甚至不了解。

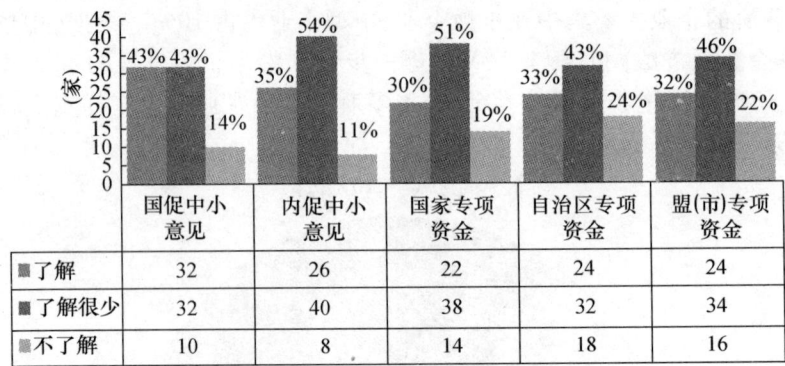

图 29-3 对国家政策的了解程度

资料来源:根据调研资料整理。

由图 29-4 可知,企业对国家出台的各项优惠政策享受到的力度不大,享受到税费减免的有 21 家,占抽样总体的 28%,占政策份额的 22%;享受到融资担保的有 8 家,占抽样总体的 11%,占政策份额的 8%;享受到土地方面优惠的有 20 家,占抽样总体的 27%,占政策份额的 21%;享受到劳动用工和交通运输优惠的各有 7 家,均占抽样总体的 9%,占政策份额的 7%;享受到企业准入登记的有 14 家,占抽样总体的 19%,占政策份额的 15%;享受到人员培训专项资金的有 11 家,占抽样总体的 15%,占政策份额的 12%。

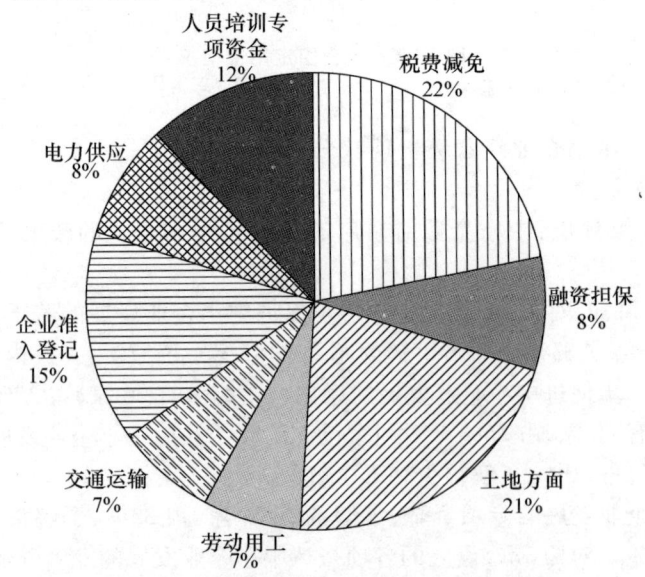

图 29-4 享受到的优惠政策(占政策份额)

资料来源:根据调研资料整理。

结合图 29-5 可知其主要原因:一是企业认为优惠政策缺乏吸引力。持这种观点的有 73 家,占抽样总体的 99%,占没有享受到优惠原因份额的 47%。在实地调查过程中,华泰机械财务经理曾表示"由于为得到相关优惠政策,企业要付出比获得政策收益、利益更多的资源,而且,并不是知道了,你想申请就能申请到政策支持,个别情况存在'索、拿、卡、要'现象,到最后,可能我们得到一百块,要给他 40 块,那我们宁愿不去拿"。二是政府公共服务缺位。政府对中小企业优惠政策的宣传力度低,透明度不高。一方面是许多优惠政策企业不知道,另一方面是由于部门职能交叉、办事手续复杂,承诺企业的各种政策、事项落实不到位的现象依然存在,多项针对中小企业的优惠政策,在实际操作过程中存在承诺的多、兑现的少,部门之间互相推诿、事项落实不到位等现象依然存在。三是政府数据信息公开等公共服务平台建设滞后。政府政策的透明度和政府公开政策信息的工作与中小企业对政策的了解程度有很大的关系。为数不少的企业表示,虽然目前发达的网络科技有助于政府及时公开政策信息,但是企业真正了解、熟悉的政策还是非常少的,企业并不能较容易地得到政府掌握的统计信息和市场信息。四是中小企业自身获取公共信息的能力不足。中小企业的信息收集能力相对于大企业较弱,如果政府能更主动地披露政策信息,积极拓展企业获取政策信息的渠道,使可获取的信息内容和获取信息的规则更明确,这对促进政府政策的有效实施和增强中小企业的竞争力,都是很有价值的。

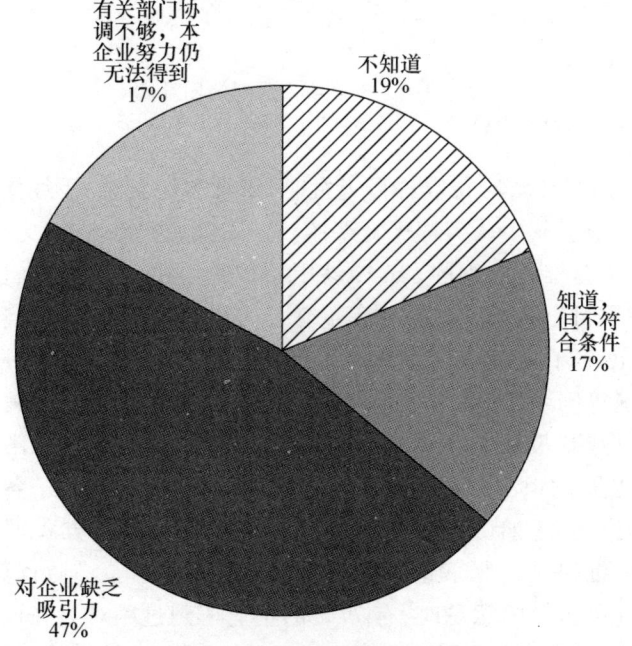

**图 29-5 没有享受优惠政策的原因**

资料来源:根据调研资料整理。

**2. 行政审批环境：行政审批项目多，手续繁杂，存在相互扯皮推诿现象**

由图 29-6 可知，从申报项目遇到的困难方面看，鄂尔多斯市中小企业中有 77% 的企业，在申报项目中都遇到过一些困难，说明中小企业在申报项目时会遇到政府相关部门服务方面的困难。

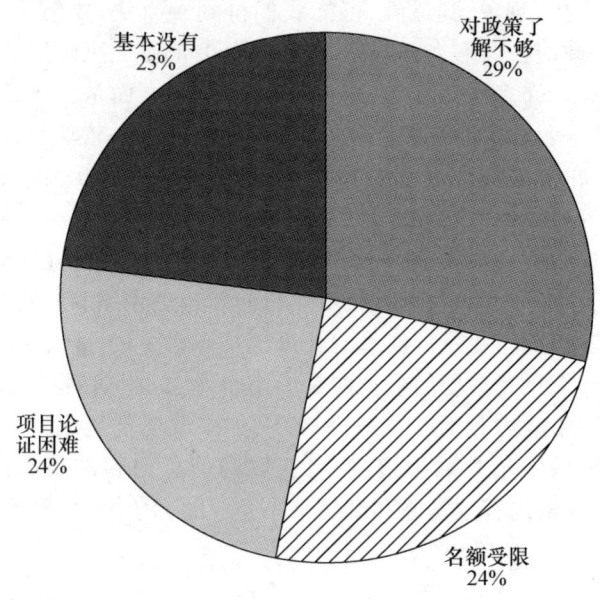

图 29-6　申报项目遇到的困难

资料来源：根据调研资料整理。

由图 29-7 可知，在政府行政许可审批时，审批程序复杂、手续繁多是中小企业认为最普遍的问题。其中认为程序复杂的，有 41 家，占 45%；认为手续繁多的，有 35 家，占 38%；认为推诿扯皮的，有 15 家，占 17%。由于一些部门的具体经办人员素质不高，在项目审批、证照办理等环节人为设置障碍，依法行政不尽如人意；行政审批不规范、部门职能交叉、部门之间协调能力不足、审批程序复杂、审批流程不清晰不明确等问题，导致中小企业在审批时不能及时得到批复而造成企业生产损失。政府有些政策缺乏连续性，执行起来不够到位；一些承诺的事情不能兑现，缺少诚信；服务意识不强，习惯于计划经济的一套行政做法，各种服务手段缺乏有效性和及时性。正如访谈中华泰机械财务经理所说："办税时，层层审批，都两个月了还没审批完。在北京这都是小事，两天就弄完了。"调查数据显示，在问及对政府行政许可审批的意见时，有 77% 的企业遇到过困难。在问及政策落实情况时，企业业主更是不满意，有近 60% 的企业业主认为政策是摆设，根本没有起到实际作用。

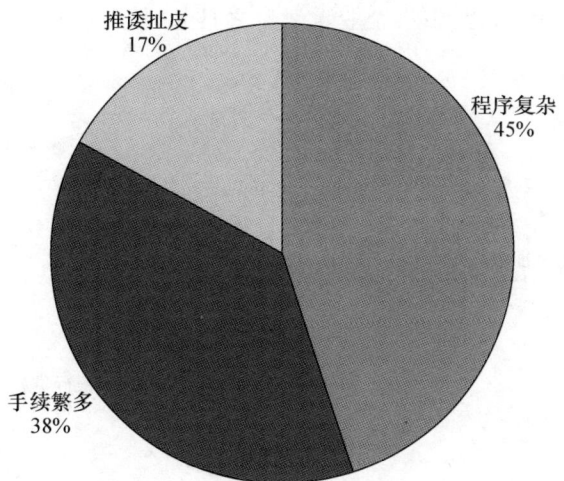

图 29-7 政府行政许可审批的问题

资料来源：根据调研资料整理。

3. 行政管理环境：政府部门职能交叉，行政成本高、效率低下，服务意识和能力有待提高

从企业成长发展现状来看，中小企业需要更有利于其发展壮大的软环境。据调查的多家企业反映，中小企业成长的行政环境有待改善。其表现来自多个部门，尤其是垂直执法部门的频繁检查、稽查和罚款，人为地加大了中小企业的创业成本和发展成本。经过调查分析，我们发现由于在具体实施中政策的衔接和执行、监督等方面还存在不到位的现象，于是使得不少好政策、好措施并没有发挥出其应有作用，中小企业普遍觉得没有太大受益。例如，在税收优惠和鼓励政策执行中，中小企业享受政策程序烦琐、操作成本高，导致许多中小企业望而却步。此外，有相当多的企业反映政府在服务中小企业方面办事效率低，办事困难；乱收费、乱摊派的"二乱"行为并不少见，有很多企业担心企业的合法权益得不到有效保护。然而在政务环境中，歧视中小企业，对中小企业服务不主动、不及时、不到位的现象依然很常见，如某位经理所说："每次来检查没有钱根本解决不了，我们进口了 30 多亿元的设备，每次来检查每次都拿钱。"可以看出某些"摊派、罚款、检查、收费"和"索、拿、卡、要"行为，让中小企业背负了过多经营之外的压力。《中小企业促进法》颁布施行多年，但缺乏具体操作的办法。中小企业在初创期经营欠缺规范，缺乏来自政府执法部门更多的指导和帮助。这从一个侧面反映出政府工作人员服务情况的同时，也反映出政府公务员的服务能力亟待提升。

(二) 经济环境分析

1. 金融环境：中小企业融资难依然是中小微企业发展的主要瓶颈

由图 29-8 可知，中小企业融资和获取资金难的问题仍然是困扰和制约中小企业生存与发展的瓶颈问题,中小企业自诞生之日起,情况就是如此。

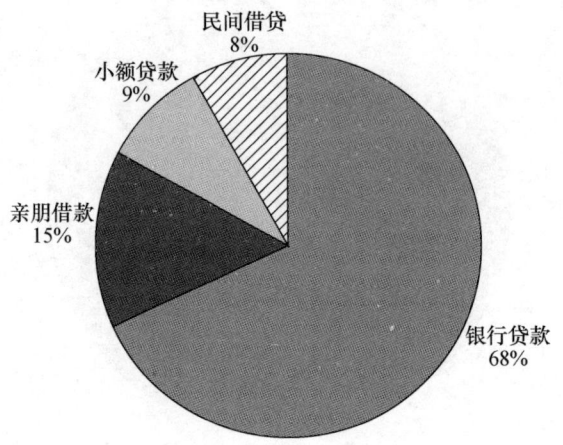

**图 29-8　企业融资渠道**

资料来源:根据调研资料整理。

由图 29-9 可知,从融资难度评价来看,认为非常难的有 21 家,占 28.4%;认为较难的有 31 家,占 41.9%。融资困难、资金短缺是鄂尔多斯市中小企业经营环境中非常突出的一方面,是制约鄂尔多斯市中小企业发展的诸多因素中很重要的一个。

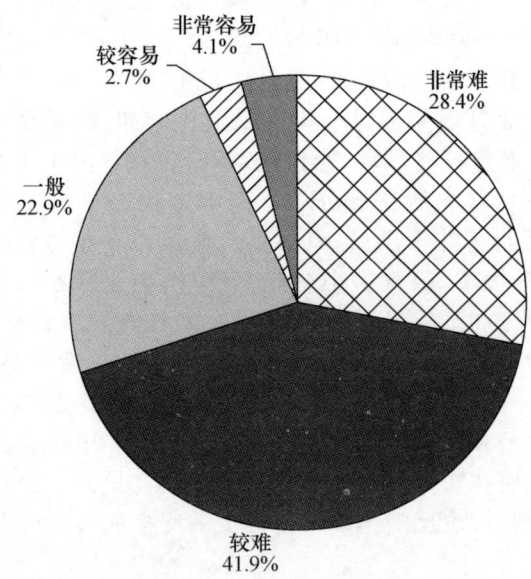

**图 29-9　企业融资难度评价**

资料来源:根据调研资料整理。

虽然经过这些年的发展,鄂尔多斯市初步形成了以银行机构为主渠道,小额贷款公司、信托公司及股权投资类企业为补充,信用担保机构为支持的完整的中小企业融资服务体系,但是仍然存在一些困难。通过调查我们发现,中小企业普遍反应贷款难,手续繁,归还期短。

直接融资方面:中小企业发行股票上市融资有十分严格的限制条件,空间有限,一般中小企业无法利用股票市场筹措资金。有一部分通过亲朋进行借贷,调查的样本中有13家,占15%左右,并不是很多。

银行贷款方面:调查中可以看出大部分中小企业的融资主要是通过银行贷款进行的,有59家,占68%。但由于中小企业自身经营风险大,信息透明度不高,担保能力弱,商业银行因为这类贷款数额小、笔数多、风险大和成本高的考虑,不愿向中小企业提供贷款。另外,由于2014年鄂尔多斯整体经济下行的影响,紧缩货币政策导致银行信贷资金趋紧,银行极力控制对中小企业等资信不充分的企业的放贷,导致中小企业以银行作为主要融资渠道的困难增加,使得很多中小企业资金链断裂,经营困难。实地走访调研中某财政局局长曾说:"国家调控,银根缩紧,2010年国家连续把存款准备金下调,但是还不解决问题,现在银行有钱,没有规模,放不出去,根本就不允许你放。所以中小企业很多都贷不到款。"大型银行对中小企业的融资缺乏支持的积极性和主动性,但是它占有较高份额的资金,因此中小企业在这个方面就减少了一大部分的资金来源。此外,金融服务产品太少,产品设计创新不够,没有符合中小企业的实际需要。

民间资金方面:调研中民间借贷的中小企业有7家,占8%。由于银行贷款手续烦琐、审批期限较长等原因,大部分中小企业更加依赖于民间资金的使用。在鄂尔多斯市这个民间借贷活跃的地方,企业对民间资金的需求,从过去的短期流动资金,转而为企业较长时期的经营和项目所需要,民间资金在一定程度上成为银行资金的替代。民间借贷的利率高,资金价格的上升,直接增加了中小企业的投资成本和财务成本,缩小了企业的盈利空间,影响了中小企业的生存能力和竞争能力。

最后,担保难是制约中小企业融资的一个关键问题,银行对此要求过高,中小企业特别是处于创业初期的企业一般不能满足,因此难以得到银行支持。

2. 税收环境:税收负担依然较重,摊派较多

从税收负担的原因看,如图29-10所示,由于检查的原因,有24家,占35%;由于其他原因(主要是税收费用多),有24家,占35%;由于罚款的原因,有9家,占13%;由于摊派的原因,有6家,占9%;由于评比的原因,有5家,占8%。可见大多数企业认为,政府检查仍是企业负担重的主要原因,调查中有企业反应除了税收外还经常承担很多的杂费。正如某企业业主所说:"水利基金,全国都没有,到

这里居然还有这个。"从以上数据和访谈，反映了鄂尔多斯市中小企业承担的税费不轻。

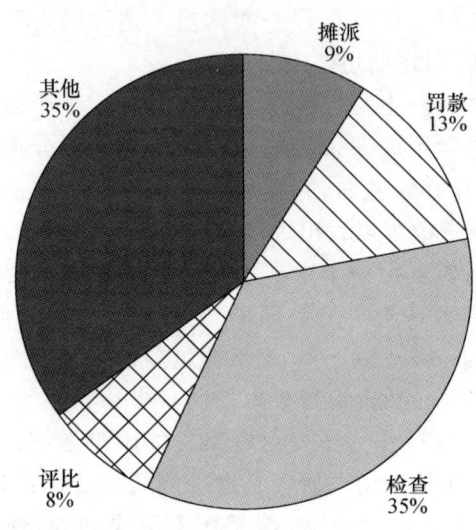

图 29-10　税收负担的原因

资料来源：根据调研资料整理。

（三）社会环境分析

1. 公共服务环境：中小企业社会化服务体系有待健全，服务质量和能力有待提高

由图 29-11、图 29-12 可知，中小企业迫切需要市场信息、技术信息、上岗与转岗培训、市场营销、管理咨询、技术创新及法律咨询、融资担保等方面的社会化服务，然而鄂尔多斯市却没有足够的社会化服务部门为中小企业提供相关的社会化服务。

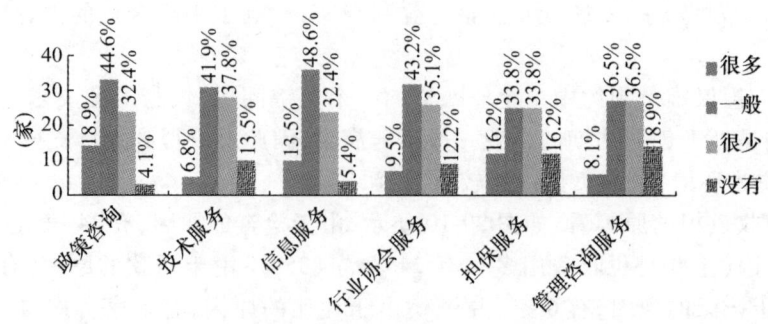

图 29-11　社会服务获得情况

资料来源：根据调研资料整理。

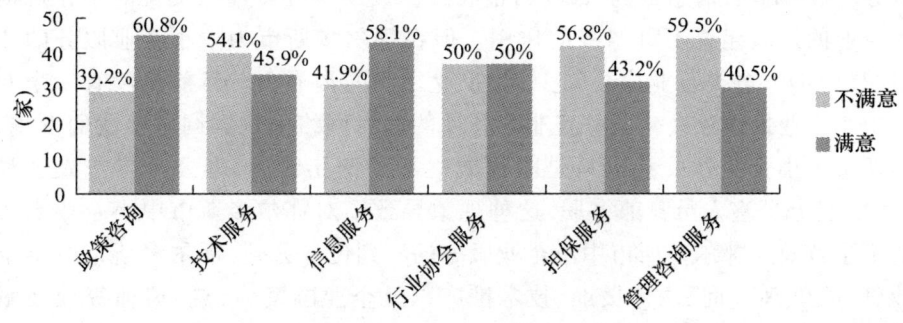

图 29-12 社会服务满意度

资料来源:根据调研资料整理。

从政策咨询看:获得很多的,有 14 家,占 18.9%;获得一般的,有 33 家,占 44.6%;获得很少的,有 24 家,占 32.4%;没有获得的,有 3 家,占 4.1%。不满意的有 29 家,占 39.2%;满意的有 45 家,占 60.8%。

从技术服务看:获得很多的,有 5 家,占 6.8%;获得一般的,有 31 家,占 41.9%;获得很少的,有 28 家,占 37.8%;没有获得的,有 4 家,占 13.5%。不满意的有 40 家,占 54.1%;满意的有 34 家,占 45.9%。

从信息服务来看:获得很多的,有 10 家,占 13.5%;获得一般的,有 36 家,占 48.6%;获得很少的,有 24 家,占 32.4%;没有获得的,有 4 家,占 5.4%。不满意的有 31 家,占 41.9%;满意的有 43 家,占 58.1%。

从行业协会服务看:获得很多的,有 7 家,占 9.5%;获得一般的,有 32 家,占 43.2%;获得很少的,有 26 家,占 35.1%;没有获得的,有 9 家,占 12.2%。不满意的和满意的各 37 家,均占 50%。

从担保服务看:获得很多的,有 12 家,占 16.2%;获得一般的和获得很少的都是 25 家,均占 33.8%;没有获得的,有 12 家,占 16.2%。不满意的有 42 家,占 56.8%;满意的有 32 家,占 43.2%。

从管理咨询看:获得很多的,有 6 家,占 8.1%;获得一般的和很少的都是 27 家,均占 36.5%;没有获得的,有 14 家,占 18.9%。不满意的有 44 家,占 59.5%;满意的有 30 家,占 40.5%。

从以上调研数据可以看出,在社会服务方面,大多数中小企业对管理咨询服务、担保服务、技术服务的获得感到不满意。一方面,是由于这些咨询体系的缺失;另一方面,是由于企业获得信息的渠道不畅通。

总体来看,鄂尔多斯市社会服务体系建设滞后。为从创业辅导、信用评价、技术服务、人才培训、信息咨询、市场营销和法律援助等方面提供支持的中介机构对中小企业的发展起着不可忽视的作用。但在鄂尔多斯市为中小企业服务的非政府组织(NGO)、各类行业协会很少,与企业之间的沟通少。目前也没有一个专门面向中小企业提供社会化服务且非营利性的信息网络系统。调研中我们发现,鄂尔多斯市中小企业办公室也只是刚刚成立不到两年时间,办公室工作人员只有2—3人,且办公室人员身兼多职,这种现象导致了对鄂尔多斯市中小企业真实情况的不了解及对鄂尔多斯市中小企业服务的不到位。另外,鄂尔多斯市中小企业创业辅导、管理咨询、法律援助、技术推广以及企业融资、信息、培训等社会服务体系尚不健全,公益性服务不足,而企业的咨询需求却很旺盛,调查中发现有很多企业希望得到咨询服务。从调研中我们发现,在企业招工方面仅有4%的企业使用中介服务,在获取市场信息方面也只有不到20%的企业使用了中介或行业协会。

2. **市场环境:获取市场信息的渠道不畅,行业协会作用薄弱**

由图29-13可知,通过政府获取信息的,有40家,占22%;通过网络和电视报纸媒体获取的比例分别占21%;而通过行业协会获取市场信息比例仅占11%。可见鄂尔多斯市中小企业大多数是通过政府、网络、电视报纸媒体获得市场信息,行业协会提供的信息较少。

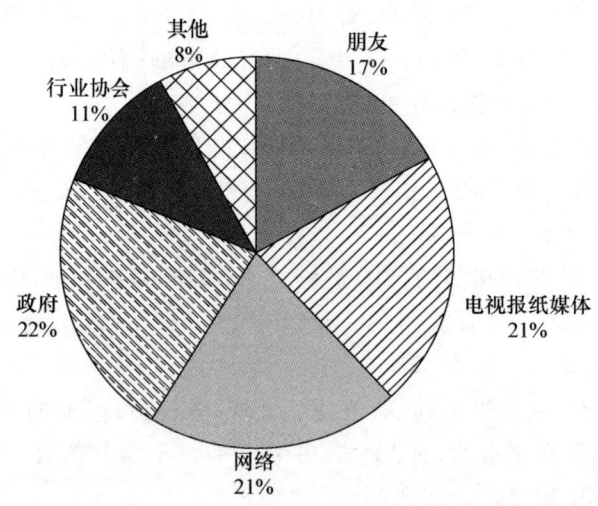

图29-13 获取市场信息的渠道

资料来源:根据调研资料整理。

行业协会作为政府与企业、企业与企业或企业与客户之间的中介,承担着政府、企业和客户承担不了或承担不好的特殊职能,通常体现在:实现行业自治管理、建立行业自律机制、制定行业的行规行约;在政府指导和企业参与下,制定行业发展规划;制定行业技术、经济、管理等标准,提高产品(服务)质量和经营水平;开展行业内部价格协调,防止价格垄断,保护公平竞争,维护企业合法权益;搜集、整理、发布信息,为企业和政府提供市场、生产、科研、管理和资源等各类信息;组织专家学者为企业提供咨询及中介服务;组织行业培训和研讨活动,促进行业整体素质的提高等。这些是行业协会在中小企业的发展中可以起到政府所不能的重要作用。它作为政府和企业的桥梁和纽带,可以通过协助政府实施行业管理和维护企业合法权益,推动行业和企业的健康发展。但在鄂尔多斯市,行业协会尚未完全发挥其应有作用。

3. 人力资源市场环境:人力资源市场落后,体系不健全,招工缺乏劳动力市场渠道

由图29-14可知,从招聘人才的难度看,认为一般的,有35家,占47%,可知鄂尔多斯的中小企业社会招工基本能够得到满足。但有约22%的企业认为较难招工,其中认为非常难的,有2家,占3%;认为较难的,有14家,占19%。

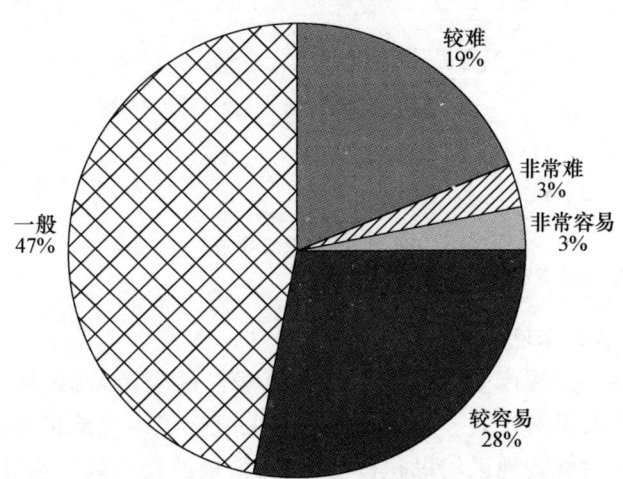

**图29-14 招聘难度**

资料来源:根据调研资料整理。

由图29-15可知,从招聘渠道来看,企业外部劳动力供给缺少市场化,使用中介服务最少,为7家,仅占4%;员工推荐的有44家,占24%;通过各类招聘会的,有34家,占18%。根据实地走访华泰机械财务经理可知,鄂尔多斯市物价高、生活费用高的现象,造成了企业就业人员的收支不平衡,这不仅影响企业引进高端管理型、技术型、服务型人才,还造成以上人才的流失。另外,鄂尔多斯市专项培

训中小企业管理人员、专业技术工人及基础性服务人员的培训机构很少,现有职业院校的专业设置适应不了企业人才需要,无法满足企业用人需求,导致中小企业大部分采取自主培训和外地招工等方式引进必备人才,增加了人力资源成本。再加上,中小企业没有形成科学有效的人才引进、培育和使用机制,也是导致人才匮乏、流失,影响企业健康可持续发展的原因之一。

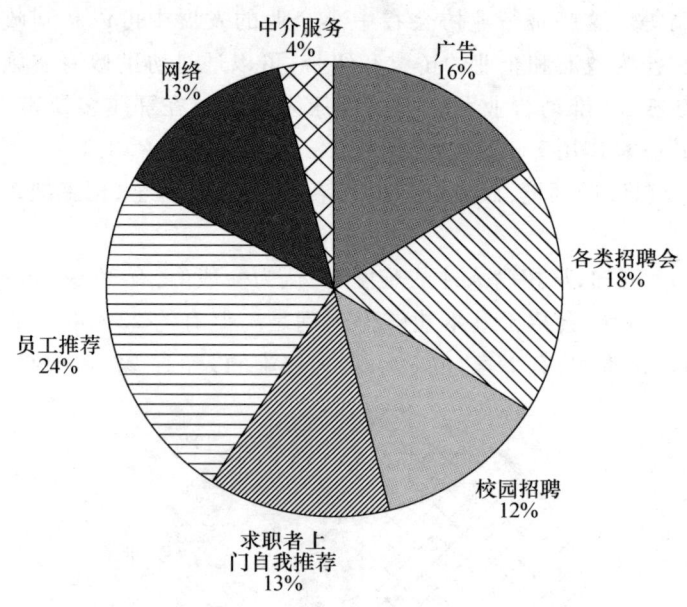

**图 29-15　招工渠道**

资料来源:根据调研资料整理。

(四) 文化技术创新环境分析

社会风气在一定程度上影响着一个地区居民的生活习惯、生活方式、道德观念甚至行为方式及思考模式。它从某种程度上改变了一些地区居民的生活方式,积极的社会风气会促进地区居民积极与上进,消极的社会风气会让人们变得安逸与懒惰。而在我国西部地区(包括鄂尔多斯),由于受一些传统观念和习俗的影响,社会中的致富欲望和创业精神远不及温州人。人们往往安于现状,很容易满足,日子过得好一点,就"小富即安"。他们也希望生活过得好,但又想过得舒服,有时宁愿失业也不愿意做那些"脏、苦、累、危险"的工作,或者被认为低贱的工作,宁愿在当地受穷也不愿去外面闯荡,以寻找发展的机会。根据我们的调查发现,在谈及宁愿自主创业还是给别人打工的时候,80%的回复是宁愿要一个安稳的工作,说到为什么不自主创业的原因时,大家也都归结于外部环境的恶劣,比如没有很好的机会、资金不足、风险太大等。尤其是由于鄂尔多斯属于资源型城市,很多本地人由于一夜暴富而安于现状,不知如何分配自己得到的突如其来的资金,转而80%的鄂尔多斯人开始从事地下钱庄,但一个地区经济的真正发展还是要靠实业来带动的。正如实地调研中一位企业管理人员所说:"鄂尔多斯暴富心态太强,鄂尔多斯一夜超过香港这种桂冠又没有支撑点,缺乏人员素养和城市的素养,思想至少落后发达地区30年。很多人不去工厂打工或干实业,而是去搞民间借贷。"所有这些造成了鄂尔多斯企业自主创业创新的风气和意识较差。

鄂尔多斯多数中小企业以家族模式进行经营管理,缺乏现代企业管理理念和管理机制,人员素质较低,科技人员不足,在一定程度上影响了中小企业的创新。自身素质不高,技术创新不足也是该地区中小企业面临的一个重大难题。目前,鄂尔多斯市中小企业的快速发展主要是以低技术水平和外延扩张为特征,生产技术和装备水平都比较落后。中小企业的技术创新严重不足,技术创新能力与水平不够且存在的障碍与问题较多,成为中小企业进一步发展的重要瓶颈。在调研过程中,问到中小企业所使用的技术来源时,几乎没有一个企业使用的是自己自创的,大都是从外部购买获得,这足以制约中小企业向更高、更好的方面发展。

综合而言,鄂尔多斯市中小企业技术创新存在以下问题:一是中小企业技术创新所需资金严重不足。资金不足严重制约中小企业的技术创新,造成此问题的最重要原因是融资渠道的不畅。造成中小企业技术创新资金紧张的另一个重要原因是政府对中小企业的财政支持不足。二是中小企业技术创新所需的人才、技术、设备、信息缺乏。大部分中小企业在这些方面不具备优势,严重制约企业的技术创新。三是中小企业的技术创新环境与服务体系需要完善。因为中小企业规模小,所以它对技术创新、对外部环境和服务体系的依赖性更大。但是,就目前调查结果来看,鄂尔多斯市中小企业的技术创新环境与服务体系都有待完善。

(五) 经营环境评价

根据本次调查,鄂尔多斯市中小企业在经营环境中面临的重大问题依次排序为:融资难(24%)、市场竞争加剧和原材料价格上涨(各20%)、人才难留(12%)、政府政策(10%)、招工难(8%)。如图29-16所示。

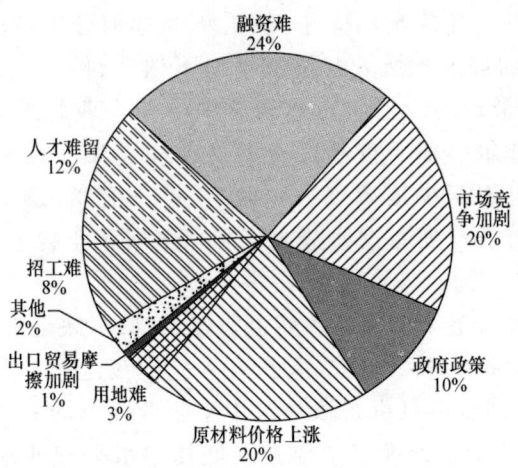

图 29-16　经营环境面临的重大问题

资料来源:根据调研资料整理。

## 三、鄂尔多斯市中小企业经营与管理现状分析

### (一)鄂尔多斯市中小企业经营现状分析

#### 1. 成本水平逐年升高

由图 29-17 可知,2013 年企业的成本水平较 2011 年以及 2012 年都上升,成本平均上升 20% 以上。原材料成本大幅度上升是成本水平上升的主要原因。例如,加工企业随着煤价的上涨以及运输成本的上升,成本水平进一步上升;对于部分高耗能企业,电价的上升让企业不得不提升产品的价格。当然,如果气温超过 33 度,那么就可能限电,但这只是针对高耗能企业。人工成本继续快速上升。按照供应链成本三大理论比较明确的界定,可以将成本按内容分为:物料成本、劳动力成本、制造成本、运输成本、设备成本和其他变动成本,几大成本均制约着鄂尔多斯市中小企业的发展,特别是劳动力成本和物料成本。

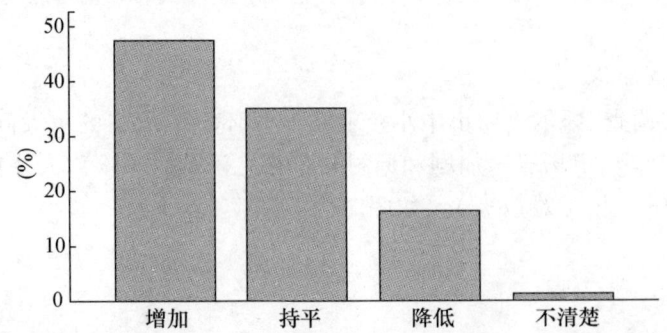

图 29-17　2013 年与 2011 年、2012 年相比企业成本水平变化情况

资料来源:根据调研资料整理。

劳动力成本较高的原因，一是当地人不做，不愿意当工人；二是技术型人才非常匮乏，所需人才主要靠外来引进。本地教育水平落后，物价水平和生活成本高，引进人才难以留住，大量劳动力人才外流，大大加剧了鄂尔多斯乃至整个内蒙古自治区劳动力成本的大幅度上升。

2. 中小企业盈利减少

企业的盈利能力指标包括生产经营能力指标、资本投入产出比率指标和所有者投资盈利能力指标。由表29-1可知，随着成本的上升，中小企业的盈利情况也不容乐观，仅有31.1%的企业相对于2011年增盈；这在某种程度上挫败了中小企业的积极性，仅有17.6%的中小企业预期2012年会增盈。结合鄂尔多斯的企业规模和企业数量不断增加可知，我国的许多中小企业都非常希望快速扩大生产经营规模，特别是实施多样化生产和多元化经营。当企业发展到一定的阶段，多元化扩张就成了很多中小企业的必然选择。在这些中小企业看来，企业的成长就是规模的扩大，结果造成一批中小企业盲目扩大生产经营规模和追求多元化发展道路，从而使企业出现资金短缺、产品质量不高、服务跟不上等困难，陷入产品越来越多而市场越做越小的困境。鄂尔多斯市中小企业面临的挑战也是多元化扩张发展的道路所带来的诸多问题和困难。

表29-1 成本水平、企业盈利情况交叉制表　　　　　　　　　　单位：家

| 成本水平 | | 企业盈利情况 | | | | 合计 |
|---|---|---|---|---|---|---|
| | | 增盈 | 持平 | 增亏 | 不清楚 | |
| 成本水平 | 增加 | 10 | 12 | 13 | 0 | 35 |
| | 持平 | 11 | 12 | 3 | 0 | 26 |
| | 降低 | 2 | 3 | 7 | 0 | 12 |
| | 不清楚 | 0 | 0 | 0 | 1 | 1 |
| | 合计 | 23 | 27 | 23 | 1 | 74 |

资料来源：根据调研资料整理。

值得可喜的一点是，鄂尔多斯的中小企业已有93.2%走出自治区，走向全国甚至走向世界。当然，税收优惠对中小企业有些影响，有些企业考虑产业转移也是考虑到一定的税收优惠，降低经营成本，因此，中小企业考虑在内地扩张的原因之一是内地政府提供的税收优惠政策。中小企业作为社会经济发展与繁荣的推进器和稳定器，却背负着沉重的负担。过重的负担不仅制约了中小企业的发展，也制约了员工的收入增长。就经济学中政府在市场经济调控中起着"看不见的手"的作用可知：政府必须制定有利于中小企业发展的税收政策措施，积极发挥税收政策在拉动投资、扩大出口、结构转型、产业升级、克服瓶颈、促进创业等方面对中小企业

发展的正面促进作用,尽量减少税收政策调控的时滞性等负面作用或局限性。

3. 资金获取困难

从图29-18可以看出,对于中小企业存在的重大经营困难从高到低依次是资金(28.0%)、成本(23.0%)、技术(17.2%)、营销(15.6%)、经营管理(13.3%)和质量(2.9%)。扩张需要资金,各种经营成本上升增大了资金需求,资金成为企业经营遭遇的最大瓶颈,而融资难依旧是中小企业面临的最大问题。由于中小企业的自身特征,及偿债能力弱、融资规模较小、财务规范性差、缺乏完善的公司治理机制等问题,中小企业抵御风险的能力一般较弱。目前,中小企业一般都是通过地下钱庄、私募基金、担保公司、投资公司等来获取企业发展需要的资金,难以从根本上解决资金困难问题。

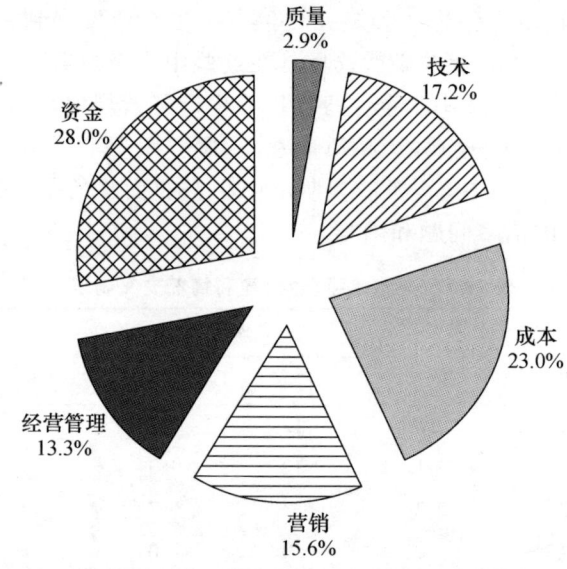

图29-18 企业目前存在的重大经营困难情况

资料来源:根据调研资料整理。

融资难主要体现在以下方面:一是在直接融资方面:中小企业发行股票上市融资有十分严格的限制条件,空间有限,一般中小企业无法利用股票市场筹措资金。二是在银行贷款方面:中小企业自身经营风险大,信息透明度不高,担保能力弱,商业银行因为这类贷款数额小、笔数多、风险大和成本高,不愿向中小企业提供贷款。三是在民间资金方面:银行贷款手续繁琐、审批期限较长等原因,造成大部分中小企业更加依赖于民间资金的使用。但民间资金借贷的利率很高,直接增加了中小企业的投资成本和财务成本,缩小了企业的盈利空间,影响了中小企业的生存能力和竞争能力。成本问题占了23.0%,排名第二,这在前面的分析中已予以阐述了。

当然,还有近一半的企业存在着技术、营销以及经营管理方面的各种问题,主要表现在产品同质性严重,创新能力差,市场竞争激烈。由于自身资金和技术水平所限,基础薄弱的中小企业只能有选择地进入门槛较低的行业,其产品还主要集中在中低端,而且越是低端产品,厂商越多。由于进入的行业过于集中,行业之间产品同质性明显,且都属于竞争性行业,因此,企业相互之间竞争异常激烈。由于资金缺乏、融资困难和研究开发费用昂贵,中小企业只能依靠产品模仿或停留在成型产品的生产与销售上。企业管理的焦点只停留在产品的质量、价格、渠道和广告宣传上,而不能根据市场的状况和消费者的需求开发新产品,造成企业产品单一、样式陈旧,缺少市场竞争力。这也从一个侧面反映了鄂尔多斯市中小企业创新能力差。中小企业应该从经济学的最基本原理供需原理出发,多生产市场上需要的多元化高新技术产品,完成产品从4P到4C的转型升级才是企业的当务之急。加强企业内外部的管理问题,提高自身的技术,学习引进优秀的技术,以及增强企业营销能力也是企业的当务之急。

(二)鄂尔多斯市中小企业管理现状分析

1. 企业战略方面:有长期发展计划

由图29-19、图29-20可知,几乎所有的企业都有长期的发展规划以及年度经营计划,分别占到了87.8%和91.9%。这与调查样本的基本信息中从企业创立时间看多数企业处于成长期的特征相符,说明鄂尔多斯市中小企业具有良好的发展态势。

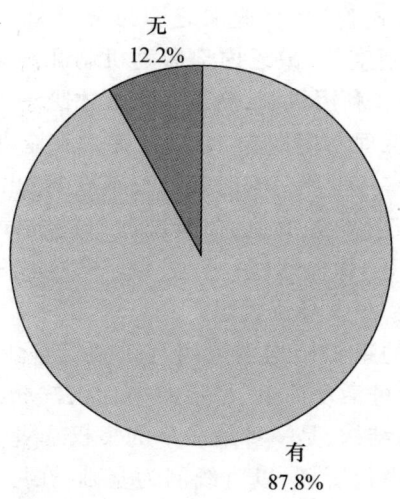

图29-19 企业有无长期发展规划

资料来源:根据调研资料整理。

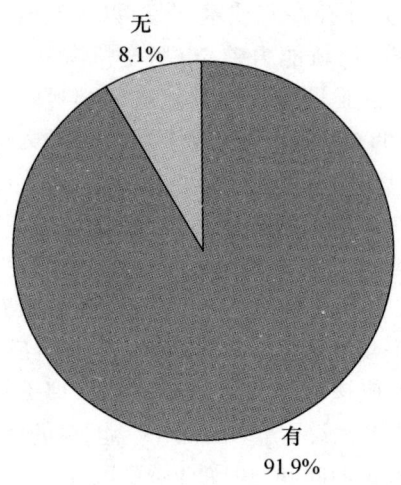

图 29-20　企业有无年度经营计划

资料来源：根据调研资料整理。

2. 组织结构方面：组织机构不健全，管理制度缺失，合规性差

在调查中发现几乎所有的中小企业都有财务部或专职人员，设有采购部和销售部企业的比例也都达到了 81.1% 和 79.7%。可见，传统的三大部还是中小企业的核心部门。有近四成的企业没有设置人力资源部，更不用说设立研发、数据信息等部门了，其机构不健全，组织体系有待完善。中小企业由于大多数为私营企业，其中有一部分是家族式管理，普遍缺乏职位分类管理、员工职业生涯管理制度、培训制度、内部控制制度等，缺乏内部激励机制和约束机制，企业没有科学有效的人力资源引进、培训和利用机制，高级管理人才匮乏。

中小企业通常各种管理制度缺失，合规性差。在企业的机构设置里，往往会出现这样一些现象：会计一定会有，有时兼办公或仓管，出纳有时直接就是老板或老板亲近的人；管生产或管业务的，也会兼统计；司机也兼业务或结账；如果是生产型的小企业，工人也不会像流水线一样只做一个工段的事情，尤其是技术含量不高的活，通常一职多能，一人身兼数职。

鄂尔多斯中小企业的组织结构多采用直线制或直线职能制。这种组织结构存在着许多优点：对于业务活动简单、稳定的小企业，一般采用直线制结构进行垂直管理，不设专门的职能结构，是一种最简单的集权式管理。对于中小型企业，一般采用直线职能制结构进行管理，以直线制为基础，在厂长（经理）领导下设置相应的职能部门，实行厂长（经理）统一指挥与职能部门参谋、指导相结合，做到管理工作专门化。这样，既能保证统一领导，又可以发挥职能部门的参谋指导作用，弥补了领导人员在专业管理知识和能力方面的不足，协助领导做出决策。

但同时也存在着许多缺点,由组织理论分析得出最突出的缺点主要体现在内部控制制度不健全。目前,多数企业的内部控制制度不够全面,没有覆盖所有的部门和人员,没有渗透到企业各个业务领域和各个操作环节,使中小企业会计工作秩序混乱、核算不实而造成会计信息失真现象极为严重。如不少企业常规票据分管制度、重要空白凭证保管使用制度、会计人员分工中的内部牵制原则均没有建立,甚至一些小企业没有正规的财会部门,会计、出纳、审核等事项由一个人包办。原始凭证的取得或填制本身就不合法,以此为依据编制的记账凭证、登记的账簿、出具的会计报表及一系列的会计分析等也就毫无意义。一些企业人为捏造会计数据,设置"小金库",乱摊成本,隐瞒收入,虚报利润,恶意逃避税收等。所有这些,都与企业内部控制制度不健全密切相关。

3. 培训方面:培训管理体系和培训制度不健全,针对性差,难以实现对企业绩效的提升

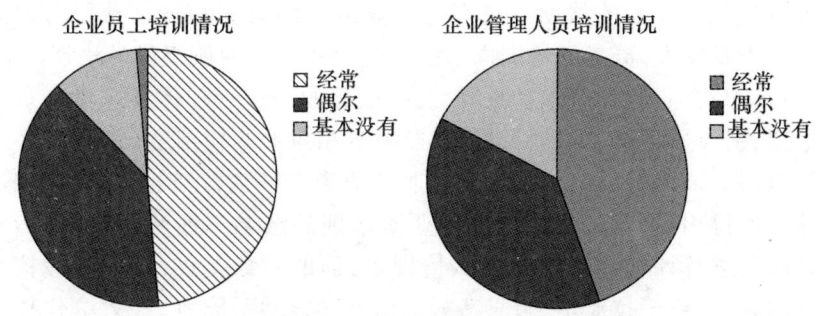

图 29-21　企业员工及管理者接受培训情况

资料来源:根据调研资料整理。

由图 29-21 可知,在企业培训方面,48.3% 的企业还是非常注重企业内部和外部以及员工和领导的培训问题,而有些企业没有对员工或领导进行培训的原因主要集中在公司内部资金紧张,国家给予的培训资金没有到位,有些企业并不知道当地或者国家对中小企业的优惠政策等。从总体上来讲,被调研企业的管理层大都对培训相当重视,能充分认识到员工培训对企业发展的重要性,并有长期或短期的培训计划,对培训有一定的投入。但是现阶段许多企业的培训工作缺乏针对性,存在着为培训而培训的现象,培训活动很少与其他人力资源管理活动相互配合,或者缺少明确的目标。在这种情况下,培训只是一种活动,而不是一种战略。鄂尔多斯市中小企业经常用参加培训的人数来衡量培训的结果,却很少研究培训的真实效果,没有对培训原因的评估,没有支持培训的工作环境准备过程,也没有对培训结果的衡量。因此企业培训的效果对企业绩效的提高程度、企业员工对培训的看法与企业的预期有所偏差。通过问卷和访谈,我们分析了导致员工积极性

不高的原因所在：

（1）企业对不同层次员工的培训重视程度不一。从访谈中了解到，企业中高层员工的培训机会要大大高于普通员工，这表明培训虽然受到了重视，但对不同层次的员工培训所表现出的重视程度是不一样的。有的员工除岗前培训外没有受到任何培训，这类员工占到25%。由于普通员工培训受忽视，从客观上导致他们没有学习积极性，感受到自身的发展受到限制，容易产生跳槽的想法。

（2）培训内容安排欠科学。从培训内容来看，新进员工培训一般包括理论培训和岗位实践培训。理论培训包括企业文化、规章制度、安全教育等，这属于员工共性教育；岗位实践培训内容根据员工的岗位安排，培训时间长短不一。除岗前培训外，在职培训是企业培训的一项重要内容，主要以技能培训和管理培训为主。有19.2%的员工认为企业组织的培训内容对自己没有太多的帮助，有30.8%的员工认为企业组织的培训内容对自己有一些帮助，有67.0%的员工认为企业组织的培训内容对自己有较大的帮助。我们对企业组织的培训和自己希望参加的培训内容进行调查时发现，员工的培训内容需求远远大于企业所提供的培训内容。

（3）培训与企业的管理体系脱节，没有配套的培训管理体系来激励员工参加培训的愿望、引导员工确立培训目标，以及没有相应的奖罚制度。

（4）培训效果评价反馈不够健全。通过访谈了解到，培训部门对培训后的效果总结评估做得相当不够，有83%的企业对培训的结果不加评估，只有17%的企业对培训结果进行评估。不管是什么培训，培训的对象是谁，培训的考核通常只采用笔试的方法，对于技能培训，只考核笔试不考核动手能力，意义并不大。

（5）企业与学校、企业与企业间培训方面联系不够紧密。有些企业与高校、职业学校有过合作或合作意向，如订单式培养，但是大部分企业与学校的合作方面存在着脱节现象。并且企业与企业之间，同行业组织的合作也非常少。由于企业之间存在着竞争，企业与企业之间的培训资源并未得到有效整合，这样一方面不利于行业整体的发展，使得产业在应对来自全球化形势下国外企业和行业的竞争时处于不利地位，另一方面也不利于社会资源的有效利用。

4. 人力资源方面：人力资源素质不高，人才流失严重

从生产力的三要素条件看，目前鄂尔多斯市中小企业发展所需的资源、资本等"物"的方面相对富足，技术、设备等生产工具方面也可以通过项目引进加以解决，而最大制约在于"人"的方面，主要表现为高级人才匮乏和产业工人短缺。尽管政府每年投入大量人、财、物力加强人才引进、职业教育和技能培训，但人才队伍仍难以满足快速增长的产业需求，目前鄂尔多斯市每年产业工人缺口约5万人。

（1）人力资源素质不高，紧缺急需人才的培养培训少。随着我国企业竞争环境的复杂多变，企业战略也必须适应环境而导致其多变性；相应的企业组织架构

也需要变革,为企业实施战略服务。这就要求随着企业战略和组织的变化及时找到企业所需要的各种高素质人才,使企业人事管理对员工的素质提出更多的挑战。学历水平虽然不是衡量员工素质的唯一指标,但绝对是衡量员工素质的重要指标。

由图 29-22 可知,在人员结构方面,企业管理人员的学历近五成是大专,本科以上学历仅占 20%,可见企业高学历的管理人才还是十分匮乏。

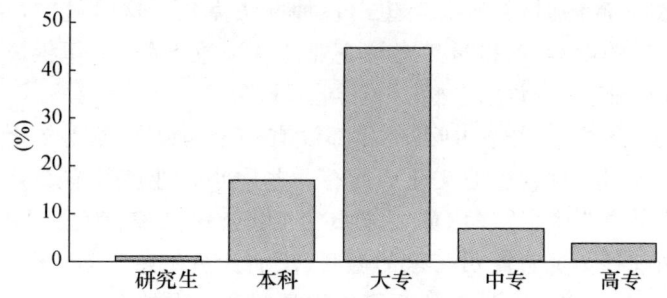

**图 29-22　企业管理人员学历情况**

资料来源:根据调研资料整理。

(2) 人才流失严重。由图 29-23 可以看出,人员流失、营销策划和绩效考核分别以 47.3%,35.1% 和 27% 成为中小企业最首要的三大问题,其中人员流失情况尤为严重。

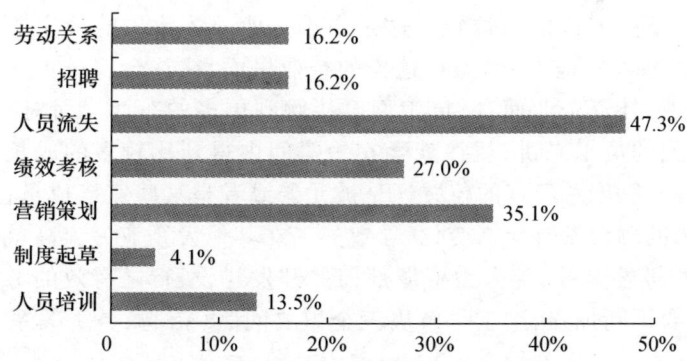

**图 29-23　企业管理中面临的重大困难情况**

资料来源:根据调研资料整理。

中小企业的人才流失原因是多种多样的,如性别、年龄、报酬、工作预期、企业文化等,但这些因素概括起来不外乎两类,即内部因素和外部因素。一些中小企业中高级人才的流失率高达 30%,而过高的人才流失率必将给企业带来相当大的负面影响,最终可能影响到企业持续发展的潜力和竞争力,甚至可以使企业最终

走向衰亡。人才流失原因既有企业制度层面的,也有员工层面的,调查得出如下几点原因:

(1) 企业缺乏有效的激励措施,合规性差。中小企业由于规模较小,资金链较长、更容易断裂,财务管理和薪酬评定较为混乱。一些中小企业存在这样的情况:效益好的时候,不见加奖金提工资;资金吃紧的时候不是拖欠工资,就是只发30%—50%的工资。有时候为了刺激出成效,企业业主承诺完成指标后奖金、提成有多少,真到年底的时候,却总会想出各种办法克扣。这时候,对于员工的心理将造成非常不良的影响,使得员工对该企业的认同感下降,工作积极性丧失,导致员工另寻其他企业,想方设法"逃离"这个公司。

(2) 企业文化匮乏,很多中小企业都没有一个明确的企业文化,更别说公司专门设立战略部门去规划企业文化。而有一些中小企业就算有企业文化,其企业文化也存在着某些"弊病"。比如要求员工"以公司为家,为公司竭尽所能地奉献",但是公司往往不能带给员工家的温暖,反而让员工感觉自己像一群埋头工作的水牛。所以,企业文化对员工的凝聚作用是非常巨大的。

(3) 员工工作压力大且得不到应有的尊重。中小企业生存和发展的压力往往很大,面对这些压力,有些老板经常会克制不住自己的情绪,喜怒无常地呵斥甚至辱骂自己的员工,导致员工觉得自身价值得不到肯定,工作压力大并没有得到应有的尊重,促使了员工的离职。

(4) 员工难以实现自身价值,企业没有员工成长快,优秀的员工难以在企业中找到实现自己更大价值的位置。这是中小企业人才流失的最主要原因。中小企业是非常锻炼人的地方,因为在这样的企业里面,往往会将员工一专多能来使用,相对大企业、外资企业而言,员工们会接触到更多的东西。而对一些有悟性、有能力、肯付出的员工来讲,往往就会在短时间内得到比较多的成长。员工成长了,可是部门经理、副总经理的位置还是被元老或者是某些家族成员占着,可以供他们施展拳脚的舞台没有什么变化,导致员工在其他大企业另谋高就。人员流失和员工创新积极性受挫,与人力资源部门的开发建设、行之有效的考核制度等密切相关,有必要不断加强,这正是解决三个重要问题(招聘、员工关系、人员培训)的关键。

## 第三节 对策与建议

由于中小企业并不像大企业那样具有资源和资金优势,所以更容易受到外部环境的影响。因此,无论是鄂尔多斯市由煤炭城市向非煤炭城市的转型,还是走出2012年鄂尔多斯市由于民间借贷的不合理性所导致的鄂尔多斯整体经济低迷的状态,都迫切需要为中小企业的成长与发展提供良好的外部环境,这也是鄂尔

多斯市中小企业能否度过艰难期的必要条件。同时,中小企业自身也要加强内部管理,加大创新力度,提高自身的竞争力。因此,在新形势下,深入贯彻落实科学发展观,加快转变发展方式,实施中小企业成长工程,推动中小企业发挥特色,扬长避短,提高素质,加大创业、创造、创新的步伐,内外结合,从而最终实现鄂尔多斯市中小企业又快又好的发展。

## 一、优化环境,构建促进中小企业发展的外部环境体系

### (一) 完善市场法律政务环境,建立法律与政策政务扶持体系

#### 1. 建立良好的法律环境,保障中小企业的合法权利

鄂尔多斯市政府应帮助鄂尔多斯市中小企业熟悉法律、法规和政策,引导企业自觉遵守法律法规,依法诚信经营,照章纳税,切实保障鄂尔多斯市中小企业的合法权益,增强其知法、守法和用法的能力。依法严肃处理侵犯鄂尔多斯市中小企业企业权益的违法犯罪行为,加大对已生效判决的执行力度。依法受理鄂尔多斯市中小企业企业行政复议申请、行政执法投诉,及时纠正违法行政行为,维护其合法权益。司法行政部门要为企业提供法律服务或法律援助。

#### 2. 建设支持促进自主创业和中小企业发展的服务型政府

鄂尔多斯市在进一步完善社会主义市场经济体制,加快政府职能的改革,实现由"管理型政府"向"服务型政府"的根本性转变过程中,应借鉴世界上部分市场经济发达而规范的国家支持和促进中小企业发展的经验,建设有利于鄂尔多斯市中小企业发展的服务型政府,这些是支持和促进鄂尔多斯市中小企业发展必不可少的重要外部条件。因此,在建设服务型政府过程中,凡涉及中小企业发展的政府各个有关部门,首先,应充分认识到中小企业发展对于我国社会经济发展的重要意义,彻底转变思想和观念,变"管理"为"服务"。其次,应尽可能地为中小企业提供高效而便利的各项服务。针对鄂尔多斯市目前在自主创业及中小企业的工商管理和市场管理方面存在的突出问题,我们建议:

第一,借鉴部分国家的经验,建立鄂尔多斯市政府各个相关部门联合办公的"中小企业服务中心",以增强对中小企业的服务功能。

第二,针对目前存在的突出问题,应采取有力措施予以解决。如减少企业注册的登记时间、减少对经营范围及方式的限制、减少注册登记名目繁多的前置审批和许可环节、规范和减少各种收费等。同时,应严格执行国家财政部、发改委、工商总局联合发出的要求,停止征收个体工商户管理费和集贸市场管理费,坚决制止"乱收费"。

第三,应加快对造成"乱收费"的根本原因的调查和整改,即对鄂尔多斯市现有工商管理体制和财政管理体制进行改革,从源头上解决制约鄂尔多斯市中小企业发展的管理体制方面所存在的深层次问题。

### 3. 优化政策政务环境，建立政策支持与服务体系

建立鄂尔多斯市支持和促进中小企业发展的政策体系。鄂尔多斯市所制定的支持和促进中小企业发展的政策，应当涵盖中小企业发展所涉及的所有领域，即形成一个政策的完整体系。从总体上看，该政策体系主要应当包括：

第一，有关支持和促进鄂尔多斯市中小企业发展的基本政策和法律法规，如中小企业发展的中长期发展纲要或规划等。

第二，有关支持和促进鄂尔多斯市中小企业发展的金融政策和法律法规，如涉及小额贷款公司建立及运作的有关政策和法律法规，加强和改进对中小企业金融服务、建立中小企业信用担保体系、促使"地下钱庄"合法化和对放贷人的制度进行改革等方面的政策和法律法规。

第二，有关建立支持和促进鄂尔多斯市中小企业发展的各项财政专项补助支持基金的政策。

第四，有关支持和促进中小企业发展的税收优惠政策，比如仿效意大利政府政策中明文规定对中小企业雇佣不同的雇员人数实施不同程度的减少税收，一方面可以鼓励中小企业解决社会就业压力，另一方面可以鼓励中小企业自身的发展，并促进社会的整体和谐。

第五，有关支持和促进中小企业发展的工商管理、市场管理的政策和法律法规。

### 4. 行政审批流程再造，建立网上行政审批系统

目前鄂尔多斯市各部门行政审批程序不清晰、要求报送的材料不清楚、审批时间不明确，导致鄂尔多斯市中小企业办理行政审批事项时间长、审批成本增加，滋生腐败、权钱交易现象。因此，我们建议鄂尔多斯市进行行政审批流程的再造，可以借鉴美国、日本、新加坡等发达国家的经验。

依据对发达国家网上审批系统流程再造的经验，我们建议鄂尔多斯政府建设"一条龙审批系统"，也叫一站式或并联审批系统。一条龙审批系统的重点是实现多审批部门分段审批系统间的集成，包括牵头审批部门、前置审批部门和后续核准办证部门等。一条龙审批重点解决的是按照统一优化的流程，采取串联或并联的方式将多部门分段审批组织成网上自动流转处理的一条龙审批。通过构建一条龙审批，减少申请人递交文件的数量、份数；信息共享，减少人工录入次数及申办人来往跑路次数；采取提前通知、提前介入、并行审批等方式，缩短整个过程的审批时限。一条龙审批系统能明显地提高政府为社会公众服务的水平和政府的决策管理能力。

## (二) 创新融资财税环境,建立金融与财税扶持体系

### 1. 创新融资环境,建立鄂尔多斯市中小企业微型金融体系

稳定的融资渠道可以为鄂尔多斯市中小企业的成长提供有力的保障。与大企业相比,鄂尔多斯市中小企业的融资显得尤为重要。然而鄂尔多斯市中小企业由于先天的原因,大多数资产规模小,部分鄂尔多斯市中小企业更是产业层次低、经济效益和生产稳定性差,竞争力和风险抵抗力差,信用等级低,难以获得平等的融资机会,以至于很多鄂尔多斯市中小企业目前仍停留在内部融资阶段,甚至不得不通过民间渠道来获得资金来源。这严重阻碍了中小企业的成长,使其发展规模与经济发展的要求不适应,从而影响其作用的发挥。为了保障鄂尔多斯市中小企业健康成长,融资渠道是一个关键点。

(1) 建立鄂尔多斯市中小企业专属金融机构:小额贷款公司。帮助鄂尔多斯市中小企业融资实际上是一个民生工程,因为中小企业的很多指标没有办法符合银行的贷款条件。银行的"资金阀门"随着国家各种宏观调控政策的实施正在一点点关紧,与此相反的是,民间融资却在很多地区越来越活跃,已经成为为一些特定区域经济与民营经济提供资金的主体之一。根据一些国家的做法及成功经验,建议在鄂尔多斯成立专门向中小企业和自主创业者提供"微型金融"支持与服务的微型金融机构——小额贷款公司,并以小额贷款公司作为"微型金融"支持与服务体系的支柱和主要实施机构。

(2) 建立新型资金担保体系。目前,造成鄂尔多斯市中小企业融资难的一个重要原因是资金担保问题,中小企业由于其规模小、实力弱,有的甚至没有可以抵押的实物或者厂房,所以一般银行都不愿意给其提供贷款。不仅仅是鄂尔多斯,我国整体的情况也是如此,因此如何完善中小企业担保体系对解决中小企业融资难问题具有重要意义。对此,我们建议:

第一,建立多层次信用担保体系,创新担保抵押机制。鄂尔多斯市各级财政要进一步加大对政策性担保公司的注资力度,使之做大做强。鼓励各种经济成分的资本参与担保公司投资,形成多元化、多层次的信用担保体系。根据鄂尔多斯市的实际情况,市财政不大可能为中小企业提供大量的低息甚至无息贷款。因此,鄂尔多斯市应建立这样的中小企业融资体系,即以信用担保体系为主、以财政支持为辅。此外,根据鄂尔多斯市的实际情况,中小企业大多主要分布于区、县,因此,鄂尔多斯应建立区、县一级信贷担保机构,此担保机构对于整个信贷担保体系高效运作发挥着重要作用。全面落实支持鄂尔多斯市中小企业发展的金融政策,进一步完善中小企业金融服务,积极引导银行业金融机构创新体制机制,创新金融产品、服务和贷款抵质押方式,扩大对中小企业的贷款规模和比例。

第二,建立政府主导的信用担保机构。担保机构作为银行与企业的融资中介,是推进银企合作、完善金融业务链条、化解银行贷款风险、提高信贷资产质量的主要环节,也是增强企业信用、缓解鄂尔多斯市中小企业融资困难、促进鄂尔多斯市中小企业发展的助推器。政府在中小企业信用担保中担当的角色非常重要,具有公信人的地位。因此,鄂尔多斯市政府可以以政府为主导,政府、中小企业、担保机构三方共同分担风险,建立信用担保机构:一是建立风险补偿基金。市、县财政可以安排特定的专项资金,作为补偿基金给信用担保机构,补助担保机构的代偿坏账。二是完善中小企业信用再担保制度。为了分散信用担保机构的经营风险,提高其运作效率,市、县政府应设立专门用来为民营担保机构提供贷款支持的再担保基金。

2. 完善针对中小企业的税收优惠政策

要加快清理、规范和完善当前的税收政策,建立起明确以鄂尔多斯市中小企业为受惠对象的统一的税收优惠政策。从当前的经济发展态势看,这种税收倾斜要体现以下要求:有利于推动中小企业的技术创新,如对增加研发投入、引进先进技术和设备等方面的投资进行税收抵免;有利于中小企业做大做强,如把利润转为固定资产投资的部分免征固定资产投资调节税,允许加速折旧;有利于促进中小企业扩大出口,如对中小企业实行较高的出口退税率和优先出口退税;有利于中小企业增强就业吸纳能力,如视中小企业招收的下岗失业人员数量而给予相应的税收减免。

3. 加大财政补贴力度

财政补贴应牢牢把握以下原则:合理选择补贴对象,并根据不同时期经济发展的需要,适时调整;补贴的目的是提高中小企业生存竞争和创新能力,严格把握补贴的分寸、形式和环节;补贴不是简单地针对中小企业本身,在中小企业生产经营和技术创新过程中,某些环节当被补贴对象具有一定生存竞争能力和创新能力后,应适时减少甚至取消补贴;注意财政补贴制度与其他中小企业支持政策的结合使用。在当前,地方财政应予以补贴的是:中小企业新产品、新工艺的研究开发和技术创新;中小企业的技术改造和结构调整;中小企业为节省能耗和物耗以及保持生态平衡、减少环境污染而进行的研究与开发;中小企业信息网络的建设;中小企业人力资源的开发与应用、就业与培训、国际市场开拓;能提高人们生活质量并广开就业渠道的中小企业等。

(三)完善社会化服务环境,建立社会化服务与支持体系

所谓中小企业社会化服务与支持体系,就是指社会各方面通过各种形式向中小企业经营者所提供的中小企业生产各个环节所需要的各种经济和技术服务的总和。建立健全鄂尔多斯市中小企业社会化服务体系,改善鄂尔多斯市中小企业经营环境,引导其健康发展,充分发挥其在国民经济和社会发展中的重要作用,是

扶持促进鄂尔多斯市中小企业发展的关键。鄂尔多斯市中小企业对服务体系的需求是多方面、多层次的,而且随着经济形势的变化,它们自身的发展还会不断涌现出新需求。就现阶段而言,鄂尔多斯市中小企业对服务体系的需求主要集中在教育培训、管理咨询、信息网络、行业协会等领域。

1. 提供多样化教育培训服务

加快人才开发和培养,是扶持和促进鄂尔多斯市中小企业发展的根本所在。建立人才开发系统,为鄂尔多斯市中小企业引进、培养、开发人才创造条件,这是鄂尔多斯市社会化服务体系的重要内容。我们建议:

第一,以人才交流中心、职业介绍所等中介机构为主,采取多种形式帮助鄂尔多斯市中小企业引进所需要的各类人才,代理企业档案管理、劳务中介、职称申报等手续;积极开展鄂尔多斯市中小企业人才测评与推荐,联合人才交流中心和职业介绍所等机构,为鄂尔多斯市中小企业选择和聘用生产经营、技术开发、企业管理所需要的各类人才提供帮助。

第二,采取官助民办的方式,建立鄂尔多斯市中小企业培训基地,举办各种培训班、研讨会,为鄂尔多斯市中小企业培训经营管理人才和技术专业人才;对鄂尔多斯市中小企业的管理人员和技术人员进行专业培训和辅助培训;充分利用现有的广播、电视、网络教室等手段发展远程教育解决矛盾。鄂尔多斯市中小企业可按照国家和自治区规定的比例足额提取职工教育经费,专项用于职工的教育和培训,不得挪用。

2. 建立完善管理咨询服务

鄂尔多斯市政府应引导建立一批为鄂尔多斯市中小企业服务的管理咨询机构,提供咨询、教育、信息、技术、产品开发和市场开发等方面服务。由服务中心与法律援助中心等法律服务组织建立法律固定协作关系,无偿或低价为中小企业提供各种法律咨询、代理及专项服务等法律援助。我们建议:

第一,由服务中心组织,在鄂尔多斯市政府有关职能部门、高等院校、研究所聘请若干名热心企业发展、熟知政策规定的人员为组织成员,组成中小企业辅导团,为中小企业的设立、发展和调整提供免费的专项政策咨询服务。向中小企业提供行政、社会服务机构的名称、地点、服务内容、收费情况、联系电话等相关内容,引导中小企业方便地获得服务。

第二,通过建立中小企业服务信息网,面向社会开放、免费提供政策、技术、市场等信息服务。

第三,聘请各学科、各领域的专家组成政府专家顾问团,为鄂尔多斯市中小企业科学决策提供帮助。

第四,成立专门管理咨询企业,为鄂尔多斯市中小企业提供管理方法、组织设计、形象策划、制度建设、质量认证、财务分析、统计技术等方面的诊断、咨询和辅导。

第五，充分发挥各级行政机关及有关单位的研究室作用，为鄂尔多斯市中小企业的设立和发展提供免费专项政策咨询服务。

第六，联合发挥各专业技术部门综合技术优势，组建咨询集团，为鄂尔多斯市中小企业提供优质、快速咨询服务；借助国外资金和咨询渠道，建立中外合资综合咨询服务机构，推动咨询业产业化、国际化进程。

第七，设立鄂尔多斯市中小企业创业中心，为经过筛选、具有良好发展前景、特别是科技型小企业的创立、发展提供条件和一条龙的服务，包括场地租用，资金协助，工商、财务、税务代理，经营管理辅导、营销策划等。

3. 促进中介公司产业化

健全的服务体系是鄂尔多斯市中小企业生存和发展的催化剂，由于鄂尔多斯市中小企业数量巨大、行业分布较广，而布局分散，中介机构可以为其提供鄂尔多斯市政府难以提供的融资、信息、咨询、培训等社会化服务。因此，政府可以通过经济诱导手段，同时动员、鼓励和推动社会力量，建立一个全方位的、涉及中小企业生产的全阶段的社会化服务体系。国外在此方面已有较好的举措，如美国经理服务团和德国金融机构的做法。

由政府资助的公共机构对中小企业的成长与发展虽然起着显著的作用，但是由于机构的数目有限，远远不能全面满足中小企业的需求。因此，为了加快鄂尔多斯市中小企业的发展，必须加快中介服务活动的社会化和产业化，这也是鄂尔多斯市中小企业中介服务体系发展的根本方向。我们建议：

第一，鄂尔多斯市政府应大力发展民营服务体系，这是促进鄂尔多斯市中小企业中介服务体系产业化的一个重要方面。同时鼓励高校、科研院所、企业及社会团体建立各类的服务机构，并鼓励一些科研机构向服务中小企业发展，鼓励专家、工程师举办业余咨询活动等。

第二，鄂尔多斯市政府要鼓励目前存在的公共服务机构向企业化方面发展。大多公共服务机构在建立时从事的经营活动都是在政府支持之下的非营利性活动，过多的非营利性活动会在一定程度上打压民营企业的经营活动，不利于民营企业的发展。所以，鄂尔多斯市政府应鼓励公共服务机构随着对市场的熟悉和业务的拓展之后，其服务活动向营利方向逐步发展，管理方面逐步实现企业化经营。

4. 培育和发展鄂尔多斯市行业协会

鄂尔多斯市正处于经济转轨、社会转型时期，行业协会仍处在起步阶段，难以摆脱对政府的依赖，从而造成对自身宗旨、性质、职能的淡忘，出现鄂尔多斯市行业协会对鄂尔多斯市中小企业的发展作用的弱化现象。鄂尔多斯市要按照政事分开、政社分开、管办分离的原则扶持规范的行业协会,绝不简单是在政府机构改革之时,把一些职能让渡给行业协会,成为"二政府"。行业协会必须在改革和政府转变职能的大背景下,找准位置,实现真正的转型。政府的哪些职能行业协会可以接过来,哪些不能接,每个行业协会都必须有清楚的认识。比如,行业标准、行规行约的制定,行检行评、质量监督与检测、认定标识和资质证书等,行业协会做比较合适,也符合国际惯例。通过增强行业协会的合法性来创造良好的生存空间。目前,行业协会的发展面临着许多困难,但最主要的就是由于政策法规不到位,行业协会的社会合法性普遍不足,从而造成生存空间的狭窄。为此,要借助鄂尔多斯市社会各方面的力量,为行业协会发展创造良好的环境。鄂尔多斯市政府要尽快把应该由行业协会承担的职能交给行业协会去做,进一步理顺行业协会与政府业务主管部门的关系,并用明确的法律文本加以确定;在行业协会经费来源方面要给予适当的政策扶持,如免交所得税;支持行业协会的基本工作条件,可给新建行业协会一定开办费,提供必要的办公条件;支持行业协会进行国际交流等。

5. 依据产业集群理论,建立鄂尔多斯市中小企业孵化基地

中小企业集群的竞争优势集中在交易成本、品牌优势、外部经济优势、融资优势、创新优势、协同机制优势等,体现了中小企业集群在市场竞争中具有"小市场、大巨人"的优势。我们建议:

第一,在中小企业集群理论的基础上,建立鄂尔多斯市中小企业孵化基地。目前鄂尔多斯市政府已经建立了多个制造园区、工业园区等产业集群,但数量、规模和园区集合性远远不够。

第二,建立类似于自主创业和中小企业"孵化器"或"培育器"的专门组织机构体系及更多的第三部门(NGO 或 NPO),对自主创业和鄂尔多斯市中小企业在生产经营、企业管理等方面进行教育培训、辅导咨询以及信息沟通与交流等,使鄂尔多斯市中小企业的优势得到发挥,有效地实现中小企业的信息和资源共享。

第三,为鄂尔多斯市中小企业在生产经营、企业管理等方面所遇到的诸如创业项目的咨询与风险评估、市场调查与预测、财务分析、产品的市场营销、创业计划书的撰写以及国家有关税收、市场管理和有关法律法规等方面的实际问题提供咨询、指导。

6. 大力发展公共网络数据信息平台

随着知识经济时代的到来和互联网的普及,人们对信息的了解、获取及对知识的获得很大程度上依赖于互联网。因此,如果能为鄂尔多斯市中小企业提供准确、有效的网络资源,完善互联网环境,将对鄂尔多斯市中小企业的成长有很大的促进作用。我们建议:

以鄂尔多斯市所成立的"鄂尔多斯市中小企业信息网"为依托,在建立类似于日本的中小企业"地方情报中心"机构的基础上,由政府负责这种网站的建设、运行与维护。由于这种网站是由政府建设起来的,具有权威性、政策性和社会服务性。因此,首先,网站的运行不能带有以营利为目的的商业性网站性质。其次,网站可以发布国家和各地政府有关支持和鼓励自主创业与中小企业发展的权威性政策和信息。最后,由于网站具有社会服务的性质,因此,它应当是开放式的,允许公众通过网站相互进行信息的沟通与交流,但是为了确定信息及服务的准确性,建议企业及个人凭有效证件进行会员注册,以保证信息发布、技术交流及项目合作的准确性,减少欺诈行为,维护广大中小企业及自主创业人员的合法权益。

### (四) 创新技术文化环境,建立自主创新集群与人才外部支持体系

#### 1. 建立中小企业自主创新集群体系,提升创业创新文化氛围

当代科学技术突飞猛进,科技战略在经济社会发展中占据了越来越重要的位置。依据美国"新经济"的启示,中小企业整体对国民经济战略重要性的背后实质上是中小企业比大企业具有更强的推动创新的优势,这种创新优势在一国经济增长的动力从要素驱动进入创新推动时显得尤为重要。

加快建立以中小企业为主体、以市场为导向、产学研相结合的技术创新集群已刻不容缓。与产业集群所不同的是,创新集群不仅仅是同一产业或相关产业的企业与其他经济机构的空间积聚而形成外部经济,它还包括促进知识转移和支持地方经济发展的公共及私人地方性机构(如大学、科研院所、知识密集型服务机构和中介组织等)。

中小企业自主创新活动是一项系统工程,不仅需要企业(包括中小企业的参与),需要高校、科研院所、金融系统等创新资源的供应者,还需要鄂尔多斯市政府提供政策、制度及公共平台。无论是企业、高校、科研院所、金融机构,还是各级政府与中介服务机构等,都是创新集群的主体,它们可以分为两个部分:自主创新主体即企业;知识创新主体即大学和科研院所;创新服务主体则是金融服务、中介服务、政府公共服务机构。它们共同构成了创新产业集群,决定着整个创新集群的活动和走向。

因为中小企业或者中小企业联盟体通常是自主创新发起者、自主创新投资者或者自主创新成果的营业者和技术创新的最大受益者,所以它们是技术创新的主体。作为自主创新的主体,企业和企业之间要么通过合约建立起合作创新关系,要么通过市场建立起技术交易关系,合作关系、代理关系、交易关系是自主创新主体和相关产业之间关系的最常表现形式,而鄂尔多斯市政府对自主创新主体来说则是宏观的管理者、公共政策的制定者、公共服务的提供者等。鄂尔多斯市通过这种集群合作的方式,不仅可以解决鄂尔多斯市中小企业资金

少、没有自己的科研机构的问题,还可以为自主创新产品寻找出路,大大促进了鄂尔多斯市中小企业的发展,同时也有助于促进建立鄂尔多斯市的创新型社会。

2. 建立人才外部支持体系

第一,整合培训资源,改革培训管理体制,建立社会化人才培训公共服务体系。

明确鄂尔多斯市政府管理培训机构、公共培训机构以及社会培训机构培训人才的功能,调整多头管理的人才培训体制,强化鄂尔多斯市政府在人才培训中的规划、指导、监督、服务作用。充分发挥行政学院等各类公共培训机构在公共服务体系人才培养中的主渠道作用,注重发挥行业协会、社会培训机构的作用。通过政府资助培训、课题招标、购买培训等扶持措施,培植一批信誉好、质量高、针对性强的专业培训机构,形成专业训练网络。选择若干培训能力强、培训效果好、业内影响大的培训机构,作为各类人才常规培训和提高培训的基地,并建立社会化评估体系和动态管理机制,引导人才培训机构向专业化和市场化方向发展。

第二,加大财政投入力度,优化投入机制,努力寻求中小企业人才供给机制的创新。

提高鄂尔多斯市政府人才投入绩效。整合政府人才资金,加大人才开发投入,突出政策重点,提高资金使用绩效,支持人才的引进、培养和激励。探索建立毕业生实习机制,鼓励用人单位与国内外高校共同建立实习基地,吸引高校学生毕业前来鄂尔多斯市中小企业实习。鼓励对鄂尔多斯市中小企业发展紧缺专业的高校实习生,与用人单位签订就业协议。毕业后履行协议的,用人单位可向政府申请实习补助。

第三,优化人才环境,完善创新型人才的服务保障体系。

完善人才政策制定机制。建立社会参与人才政策制定的机制,实行人才开发政策咨询会制度。充分发挥各类社团组织的作用,为人才引进、流动、生活服务等政策的制定提供咨询意见。组建人才中介行业协会,建立人才中介服务和等级评价体系,加强行业自律,规范人才中介活动,提升服务水准和诚信。特别是通过建立人才社会福利机制来留住人才。

## 二、强健自身经营能力,打造核心竞争优势

(一)战略方面:因地制宜选择不同竞争战略

在鄂尔多斯市中小企业发展的过程中,处于竞争环境中的中小企业可以采取如下战略:

(1)根据中小企业机动灵活、市场适应性较强的特点,可以制定"找空白——市场空白领域进入战略"。市场空白领域一般是指大企业在追求规模经济效益中

所忽略或难以涉足的经营领域。采用这种战略的中小企业当发展到一定规模,具有一定的实力以后,就必须进行战略调整,摆脱那种"打一枪换一个地方"的被动局面,制定适合企业长期发展的经营战略。

(2)根据中小企业力量单薄、产品单一的特点,可以制定"生存互补——协作战略"。大企业为了获得规模经济效益,必然要摆脱"大而全"的生产体制桎梏,求助于社会分工与协作。这在客观上增加了大企业对中小企业的依赖性,为中小企业长期的生存和发展提供了可靠的基础,所以称这种相互依赖关系为生存互补战略。鄂尔多斯市中小企业在决定自己的生产方向时,应该不是着力于开发新产品,而是接受一个或几个大企业的长期固定的订货,与大企业建立紧密的分工协作关系。

(3)根据单个中小企业资金缺乏、生产技术水平较低、难以形成规模效益等特点,可以制定"优势互补——联合竞争战略"。中小企业在平等互利的基础上结成较为紧密的联系,互相取长补短,共同开发市场,从而有利于自己的生存和发展。采用联合竞争战略的中小企业可以更有效地利用有限的资金和技术力量,强弱联合,优势互补,克服单个企业无法克服的困难和危机,取得 1+1>2 的规模经济效益。

(4)根据中小企业经营范围狭窄、比较容易接近顾客的特点,可以制定"与众不同——经营特色战略"。中小企业在生产经营过程中,通过技术开发和工艺创新,可以取得具有新颖性、先进性和实用性的科技成果,或设计出新结构、新规格、新式样的产品,或具有独特技艺或配方的老字号产品,或由于提供特殊的销售服务而具有一定的信誉等。这些都可以使中小企业的产品或服务具有与众不同的特点,从而以独特的优势取得竞争的主动权。

(二)组织结构方面:健全管理体制,强化内部控制

家庭式企业发展到一定阶段就需要转变管理方式,引进科学的管理模式,如引入合伙人成立合伙企业;吸引外部资本入股,改为股份制企业;聘请外部专业人才参与管理。中小企业要善于学习这种两权分离的做法,加强内部控制,促进企业的发展壮大。主要方法有:

1. 不相容职务分离,形成有效制衡机制

不相容职务是指由一个人担任可能会发生错误和舞弊行为,又可能掩盖其错误和舞弊行为的职务。如果不相容职务不实行相互分离的措施,就容易发生舞弊行为。不相容职务分离的核心是"内部牵制",对于鄂尔多斯市中小企业,由于企业规模小,出于成本等方面的考虑,尽可能少用人,用"强"人,经常出现一个人来承担多项工作,其中就出现很多不相容职务集于一身的情况。因此,在设计、建立内部控制制度时,首先应确定哪些职务和岗位是不相容的;其次要明确规定各个

机构的岗位职责权限,使不相容岗位和职务之间相互监督、相互制约,形成有效的制衡机制。

2. 坚持以人为本,做好绩效考评控制

在内部控制中,控制环境是最基本的构成要素,而人又是控制环境中的重要因素。鄂尔多斯市中小企业应注重企业内部控制环境的营造,加强对人力资源的管理和控制。要严把用人关,对重要岗位的人员配备和管理人员的选拔应全面考查德、能、勤、绩的综合素质。应科学设置考核指标体系,对内部各职能部门和全体员工的业绩进行定期考核和客观评价,并将考核结果作为确定员工薪酬以及职务晋升、评优或降级、调岗和辞退的依据。企业各级管理部门和人员必须明确各自的职能和责任,建立责任追究制度,根据各自的情况在年末进行考评、确定绩效。

3. 强化内部审计,借助外部审计力量

鄂尔多斯市中小企业应加强企业内部审计监督职能,建立独立的内部审计机构,而且内部审计机构的组成人员应该由企业最高层直接聘请能力强、思想素质高、敢说真话的员工从事,他们直接对企事业的最高领导层负责,以保持相对的独立性。通过内部审计制度,监督内部控制制度的执行情况,对内部控制制度的各业务环节进行评价,避免内部控制制度形同虚设。有些中小企业可能出于成本考虑没有设立内部审计,但可以借助外部审计的力量,切实发挥审计的功能。

(三) 人力资源方面:以人为本,解决人力资源困境

1. 提升人力资源管理意识

由于鄂尔多斯很多中小企业对人力资源的轻视,导致大量的人才流失。要解决这一问题,首先要改变管理观念,重视人在管理中的作用。同时,由于人力资源管理水平和决策是由中小企业管理者或所有者制定的,因而,企业管理者应当注重自身素质的提高,对人力资源管理不能停留在旧有观念上,应当保持与时俱进,看到人才是一个企业保有长久生命力的源泉。

2. 加强对知识型员工的管理

知识型员工具有以下特点:学历高、学习能力强、对工作的忠诚度低、流动意愿强烈、激励方面看重精神奖励。由于鄂尔多斯市中小企业的人员素质普遍不高,所以鄂尔多斯市中小企业中的知识型员工就显得更加重要。因此,针对这些特点和原因,鄂尔多斯市中小企业应当对知识型员工比例高的部门、中层以上领导部门的员工实施差别化管理。首先,要想加强这些员工的工作忠诚度,需要企业应用组织文化来加强其组织归属感;其次,最重要的是对知识型员工的工作内容进行改善,各尽其能,要善于发现知识型员工的特点和长处,给他们最能够发挥其自身价值的工作岗位。

### 3. 人力资源管理体制的全面改善

（1）制定合理的招聘战略。首先，应当拓宽招聘渠道，对于不同性质的员工通过不同的招聘渠道进行招聘。其次，改善人才招聘程序。一方面，企业要做好招聘前的招聘职位需求分析，确定不同层次的员工招聘的条件；另一方面，不同层次和不同岗位的招聘，应当具有不同的招聘程序。

（2）转变企业激励制度。首先，构建薪酬与绩效挂钩的管理体系。鄂尔多斯市中小企业人力资源管理的关键点就是建立有效的薪酬与绩效挂钩的管理体系。中小企业薪酬与绩效挂钩的管理体系同时也能有效阻止人才的流失，为人才发挥自身才能提供空间，促进企业的科技创新，提高企业的核心技术竞争力。其次，注重根据不同的员工类型，分别实行不同的激励方式。

（3）将员工培训与企业核心竞争力的提升进行关联。鄂尔多斯大部分中小企业以劳动密集型为主，金融危机的到来，使很多以低附加值生产为主的企业倒闭或停产，这也迫使鄂尔多斯市中小企业的经营模式转向技术密集型和资金密集型，因而，最终竞争优势是依靠资金投入和技术投入来获取的。

因此，员工的培训必须要与鄂尔多斯市中小企业核心竞争力的提升紧密相关。首先，应当注意改变其培训内容。由于知识型员工的增加，其一般的技术学习能力都较强，而职业忠诚度相对较弱，因而企业应当对企业文化、团队合作能力、职业规划等培训予以加强，以帮助员工进行宏观工作思维的培训。其次，应当注重对员工的压力管理。由于中小企业的盈利状况欠佳，很多企业都有裁员的压力，因而，员工的压力也较大，尤其是对于业务竞争较为激烈的部门如销售部门、基层销售部门，应当注重聘请专门的专家对其进行压力管理的相关培训，有助于帮助员工创造最优良的工作环境，使其发挥最优秀的工作水平，提升工作效率。

### （四）信息方面：紧跟潮流，加强企业内部信息化建设

中小企业具有面广量多、规模较小、机制灵活、容易适应市场需求变化等特点，对信息化的要求与大企业大相径庭，不需要建立集成化企业信息环境，IT技术的需求是简单易用、安全可靠、具有针对性、适合自身状况、易于扩展，由于鄂尔多斯大多数中小企业的信息技术应用水平不高，对服务的需求程度更高、频度更强。因此，我们建议：

第一，中小企业的信息化建设，不能只考虑选择的计算机与网络设备是否最先进，而应根据同类型企业的具体需求、管理制度、组织结构、运作方式、行业背景等情况，将信息化建设与提高企业经济效益结合起来。

第二，从以产品为核心转向以服务为中心，提供包括产品、系统、应用及客户支持的集成方案，切实以客户为导向。

第三，简化难度。把从咨询、方案设计到实施服务的全过程进行简化，使集成化的繁杂的信息化实施变得简单易用，便于操作。

# 第三十章　河北省中小企业发展的调研报告

## 第一节　河北省中小企业发展的现状、作用及面临的发展机遇

### 一、河北省中小企业发展的现状和作用

改革开放30多年来，历届河北省省委、省政府高度重视中小企业发展，在中央和省关于加快发展中小企业等一系列政策方针的指引和推动下，河北省中小企业发展呈现出规模不断壮大、结构不断优化、效益不断提升的良好局面。

一是对经济社会发展的贡献越来越大。2013年，全省中小企业完成增加值18 680.2亿元，占全省GDP的66%，比"十五"末增长2.86倍，提高23.6个百分点，增长幅度相当之大；上缴税金2 554.6亿元，占全省财政收入的70.2%，对发展的贡献率达到三分之二以上，比"十五"末增长4.69倍，提高26.8个百分点；中小企业单位255.6万个，从业人员达到2 014.6万人，分别比"十五"末增长43.8%、54.2%。

二是涌现出了一批大型中小企业和名牌产品。在钢铁、光伏、汽车、能源、玻璃、医药、纺织和食品等领域，出现了长城汽车、新奥燃气、华夏幸福基业、隆基泰和、晶龙、英利、神威药业、以岭药业、六个核桃、承德露露等一批行业领军企业，形成了沙河玻璃、高阳纺织、容城服装、安平丝网、安国中药、盐山管道、孟村管件、清河羊绒、顺平肠衣等各具特色的产业集群，这些企业和产业集群不仅在国内占有一席之地，而且在国际市场上都具有一定影响力。2013年河北省中小企业拥有中国驰名商标176个、河北省著名商标2 578个、名牌产品982个，在全国的知名度、美誉度不断提升。

三是造就了一批优秀中小企业家。伴随着中小企业的快速发展，一批中小企业家成为中小企业领军人物、冀商的优秀代表。这些企业家有本土成长的、外来落户的、国有企业改制造就的，是河北经济发展的引领者、社会财富的创造者、社会责任的担当者，是我们的宝贵财富，为河北改革开放和现代化建设做出了重要贡献。

### 二、河北省中小企业发展面临的发展机遇

党的十八届三中全会明确提出，要毫不动摇鼓励、支持、引导非公有制经济发展，激发非公有制经济活力和创造力。习近平总书记指出，要支持非公有制经济

健康发展,鼓励非公有制企业参与国有企业改革,鼓励发展非公有资本控股的混合所有制企业,鼓励有条件的私营企业建立现代企业制度。李克强总理在2014年的《政府工作报告》中强调,要增强各类所有制的经济活力,在更多领域放开竞争性业务,为民间资本提供大显身手的舞台。近年来,党中央、国务院制定了一系列支持中小企业发展的政策措施,如出口退税、小微企业税费减免、加大财政资金投入等,这些为我们进一步指明了在新形势下中小企业发展的前进方向,提供了重要指导。同时,随着改革红利的持续释放、转型升级的加快推进、新型城镇化建设的全面启动、京津冀协同发展的深入推进,这些为河北省中小企业发展提供了更加广阔的舞台,创造了更加有利的条件。河北省省委、省政府各部门应从全省经济社会发展的大局出发,进一步增强责任感、紧迫感和使命感,把加快发展中小企业提升到新的战略高度,最大限度地释放潜力、激发动力、增强活力,推进中小企业发展实现新跨越。河北省广大中小企业家要抢抓商机、把握机遇、主动作为、谋求发展,为河北科学发展、绿色崛起贡献新的力量。

## 第二节　河北省中小企业面临的问题

河北省中小企业在全国处于第6位(排在前面的有广东、江苏、山东、浙江、河南),综合实力和发展水平处在上中游,但与先进省份相比仍有较大差距。这些差距主要表现在以下六个方面:

第一,总量不多。2012年河北省中小企业有260.6万家(2013年年底为255.6万家),分别比江苏、浙江、山东、辽宁少104万家、51万家、54万家和8.7万家。每万人拥有企业个数36个,分别比江苏、浙江、山东、辽宁少130个、107个、51个和44个,规模以上民营工业企业营业收入不及山东、江苏的一半。

第二,规模不大。2012年河北省年营业收入10亿元以上的中小企业有243家,比山东少约500家,比辽宁少160家;营业收入超百亿元的仅有12家,比江苏少60家,比山东少约50家,比辽宁少2家;年营业收入超千亿元的中小企业还一户没有。2012年规模以上中小企业营业收入29 457亿元,比山东少约43 000亿元,比江苏少约40 400亿元,比浙江少约13 200亿元。

第三,竞争力不强。大多数企业还停留在传统产业或产业链条的低端,拥有自主知识产权、知名品牌的优势企业还不多,缺乏像美的、华为、联想那样在国内外叫得响的领军企业。"2013中国中小企业500强"中,浙江、江苏和山东分别有142家、108家和43家,河北省仅有16家。河北省中小企业拥有中国驰名商标176个,分别比山东、辽宁少254个和36个。

第四,成本上升。近年来,企业的成本压力主要来自企业用工、能源价格、原材料价格全面上涨以及税费负担过重。

（1）劳动力成本刚性上涨。由于招工难，很多企业不得不采取提高薪酬待遇的办法来吸引和留住员工，刚性上涨的人工成本直接带来了企业生产经营成本的上升。

（2）能源、运输、原材料成本上涨的压力依然存在，油价、工业企业电价成本也有较大幅度上升。

（3）中小企业实际税收负担相对较重。由于大型企业和部分中型企业比较容易获得各种名目的直接或间接税收优惠和财政补贴，导致盈利水平较低的小型和微型企业实际税负偏重。一些地方执法不公也增加了企业负担，个别地方甚至为完成税收任务随意增加企业税负。

（4）中小企业长期遭受乱收费的困扰。虽然目前各地加强了针对中小企业的"三乱"治理，但部分依附于政府部门的中介机构和一些审批环节，仍然存在乱收费的突出问题，加重了中小企业负担。当前企业成本上升的后续压力仍然较大，中小企业依靠"低成本、低价格、低利润、高消耗、高排放"的发展模式难以为继，在国内外市场竞争中的成本比较优势越来越小，这无疑给处于微利经营的中小企业带来较大挑战，转型升级动力突显不足。

第五，政府管理部门协调不力。在中小企业的管理体制上，国家层面的中小企业管理部门仅有工信部下属的中小企业司，而且不同类别中小企业和民营经济的管理分属工业和信息化部、商务部等不同部门，许多机构的管理服务能力尚不能适应中小企业发展需要。从各省、市、县中小企业主管部门的设置情况看，与同级商务或工信部门存在职能交叉重叠的现象，组织协调难度加大。从部门运转情况看，中小企业主管部门职能弱化，人员配备、编制安排、经费拨付均与经信委（或工信厅）相差甚大，导致中小企业主管部门的积极性与主动性欠佳。中小企业的政府管理部门协调不力导致转型升级缺乏保障。除此之外，中小企业的转型升级在以下方面仍缺乏相应保障。一方面，政府部门缺乏针对中小企业政策落实的追踪考核机制。目前，尚未对各类政策的执行建立监督机制以及对政策的实施效果和资源使用情况建立必要的评价机制，从而未能有效判断政策的实施效果。最终，往往使得政策落实不到位，中小企业直接受益不够。另一方面，中小企业统计监测制度仍不完善。目前我国尚未形成统一的中小企业统计体系，有关部门也未建立中小企业统计监测系统。国家统计局对规模以上工业企业标准从主营业务收入 500 万元上调至 2 000 万元也不利于加强中小企业统计监测。

第六，从自身情况看，河北省中小企业存在"先天不足"。当前，河北省中小企业发展已站在新的历史起点上，具备了新一轮发展的时代机遇。河北目前已开启了建设经济强省、和谐河北的新征程，京津冀一体化发展规划开始启动实施，为中小企业发展提供了更大的舞台、更广阔的空间。但是也要清醒看到，与先进省份相比，河北省中小企业发展规模还不够大，结构还不够优，水平还不够高，经营粗放、产业低端、实力较弱,在产业层次、创新能力、融资用工、发展环境等方面还存在着一些突出矛盾和困难。下大力解决好这些问题,对中小企业加快转型升级,转变发展理念和发展方式,保持经济平稳较快发展、促进社会和谐稳定具有十分重要的意义。

目前,河北省中小企业转型升级,"四难"现象较为突出:

1. 融资难

受当前国家货币政策、银行信贷额度制约等影响,国有和商业银行贷款的准入条件提高,银行贷款主要投向大中型企业,中小企业特别是小微企业很难达到其规定的条件。小微企业即使能得到贷款,也主要是"流贷",长期贷款难,且无法享受基准利率,贷款成本高,浮动利息大多在30%—50%以上,贷款利率明显偏高。国务院发展研究中心关于中小企业发展新环境、新问题、新对策课题研究报告显示,近年来,商业银行对中小企业特别是小微企业的贷款利率基本都是上浮,幅度为20%—70%,小企业贷款的实际利(费)率高出大企业6个百分点左右,而国外一般高出1.5—2个百分点。据国家统计局问卷调查,2013年第二季度有融资需求的小微企业中,仅不到40%的企业可以从银行获得部分或全部贷款,平均年利息及费用率约为7.25%;不少企业依赖民间借贷,平均月利率约为1.7%—1.8%,折合年利率高达20%以上。小微企业的生产经营领域大多为微利行业,融资成本过高限制了企业发展。中小企业发展的金融政策启动相对缓慢,针对中小企业的专门信贷机制尚待建立健全,中小企业融资难的深层次问题没有解决,资金短缺仍然是制约中小企业发展的最大外部阻碍因素。

造成河北省中小企业融资难的原因有以下两点:一是中小企业大多是私营企业,发展时间短,自有资产少,抗风险能力相对较弱,资信水平较低,财务制度不健全,运作不规范,难以达到金融机构贷款要求,金融机构对中小企业"惜贷";二是中小企业的金融服务和金融支持系统不健全。一方面,中小企业信用担保体系还不完善,以中小企业为受保主体的担保机构不多;另一方面,直接融资体系发展严重滞后,在发行股票和债券方面,中小企业大部分受规模小、知名度不高、信用等级较低等条件的限制,难以达到上市条件,导致中小企业的资金来源很大程度上依赖银行贷款。

2. 用地难

国家对土地宏观调控日益趋紧,管理更加严格,河北省用地指标基本保障省级重点项目,而多数中小企业、中小企业项目很难成为重点,或者达不到政策规定标准拿不到用地指标,小微企业用地更是难上加难。

3. 用工难

招不上、用不起、留不住的现象较为普遍,受传统就业观念、社会保障制度不完善等影响,大部分高校毕业生不愿去民营中小企业就业,农村青壮年更愿意到大中城市打工而不愿去县域企业,并且员工薪酬成本上涨过快,使多数企业难以承受。

4. 转型难

河北省中小企业主要分布在钢铁、化工、水泥、玻璃、纺织等产业,受国家宏观调控和低层次产业结构影响,企业面临着节能减排、淘汰落后产能的严峻挑战,生存经营和转型发展压力加大。

## 第三节 对策与建议

当前,河北省中小企业发展已经站在新的历史起点上,也到了加快转型升级的重要关口。推动中小企业又好又快发展,就要按照科学发展的要求,做足"好"和"快"的文章。既要好字当头,加快调结构转方式,提高发展质量和效益,又要好中有进、好中求快。因此,要着眼增强中小企业发展的协调性和可持续性,坚持以全面深化改革为动力,以提质增效升级为核心,以抓好各项政策落实为关键,全力打造河北省中小企业发展的升级版。

### 一、注重做大总量,增强中小企业的支撑力

发展中小企业,首先要解决"量"的问题。就河北省而言主,既需要"顶天立地"的大企业,也需要"铺天盖地"的中小微企业。一方面,要加强对重点中小企业的支持帮扶,鼓励大型中小企业通过资产收购、产权转让、参股控股、合资合作等方式开展兼并重组,努力打造一批"企业航母",力争年内实现千亿元中小企业零的突破。对列入"三个一百"领军企业工程的中小企业,实行"一企一策"对口帮扶,在土地、资金、市场等方面给予适当倾斜,帮助企业做大做强。另一方面,要千方百计培育市场主体,认真抓好"个转企、小升规、规改股、股上市"的各项工作,加大对"个转企、小升规"的政策扶持力度。鼓励企业拓宽融资渠道,支持符合条件的企业上市融资,利用市场资本破解资金难题。鼓励全民创业,完善扶持创业的优惠政策和公共就业创业服务体系,重点抓好因化解过剩产能下岗职工、高校毕业生、农村转移劳动力等人员的自主创业,提高创业成功率。从2014年起设立省级中小企业发展基金并逐年增加,支持企业发展壮大,确保到2017年全省中小企业单位数量增长60%以上。

### 二、注重提升质量,增强中小企业的竞争力

质量是企业立身之本,效益是企业最高目标。要增强中小企业的市场竞争力,就必须在提高质量和效益上下功夫。要充分发挥省级工业技改资金和中小企业发展专项资金的撬动效用,引导钢铁、化工、纺织、医药等传统产业加大研发和技改投入,运用新技术、新工艺、新方法进行发展和提升,提高产品附加值和竞争

力,实现由一般加工向高端制造的转变、由产品竞争向品牌竞争的提升。要鼓励引导民企民资拓展投资领域,大力发展先进制造业、新材料、新能源、节能环保等战略性新兴产业,积极吸纳省外知名中小企业来河北省投资发展新兴产业。要支持中小企业积极发展科技研发、工业设计、信息服务、商贸物流、金融保险、文化创意、医疗养老等现代服务业,引导企业由生产产品向提供服务转变,把中小企业培育成现代服务业的生力军。要大力实施品牌战略,加大对技术含量与附加值高、市场潜力大的区域品牌、名牌产品和知名企业的培育和推介力度,力争年内新培育中国驰名商标10个以上,省名牌产品和著名产品100个以上,省中小企业名牌产品200个以上。中小企业要像爱护自己的眼睛一样呵护企业的品牌,将维护提升发展品牌作为企业做大做强的基础。

三、注重创新发展,增强中小企业的驱动力

创新是企业发展的永恒动力。目前,创新能力不足是制约河北中小企业发展的主要瓶颈。要用好国家和省支持科技创新的各项政策,引导中小企业加大科技研发投入,建设各类实验室、技术中心、研究中心、设计中心,参与国家和省重大科技计划项目和技术攻关,切实提高自主创新能力。要大力推进协同创新,支持中小企业开展与国有企业、科研单位、大专院校的产学研用对接活动,积极承接京津冀丰富的科教智力资源,加快科技成果向中小企业转化应用,形成一批具有比较优势的高新技术企业和产品,促进中小企业向"专、精、特、新"方向发展。要建设1 500家年主营业务1亿元以上的科技"小巨人"企业,重点选择像晨阳水漆、先河环保、旭新光电、银隆新能源等行业排名居前、技术水平领先、发展潜力较大的100家企业予以扶持。加强集群内公共技术服务平台建设,解决行业关键性技术难题。力争年内新增省级示范平台30个,争创国家级示范平台5个,以集群的整体技术进步推动产业发展。

四、注重加强管理,增强中小企业的生命力

现代企业制度是企业立于不败之地的法宝,"家族式"管理、"作坊式"生产难以把企业做大做强。国内有很多知名的企业都曾在行业中创造辉煌,但由于忽视企业管理和内部监督,很快便由盛转衰。河北省的许多中小企业也存在类似问题,有的企业一开始如日中天,但时间不长就一路下滑,现在已销声匿迹。如中国的光伏产业被认为是盲目发展的一个生动案例。中国光伏业疯狂的发展时期是近五年,在各地政府的推动之下,100多个城市将光伏产业作为支柱产业,企业家们也疯狂拉关系、融资、上项目,疯狂地发展,致使产能严重过剩,最后又疯狂地死亡。好在中央政府出手,和欧盟谈判,双方作了妥协,保住了我国光伏产品在欧盟的一定市场份额。并且中央政府支持在国内大力发展光伏发电,这才避免了全行业的崩盘。风能发电亦如此。早些年风能发电有八十家组装厂,目前风能发电八十家组装厂已倒闭七十家,剩下十家可能还要倒闭五家。所以只有按照现代企业制度的要求,建立合理的产权制度、规范的法人治理结构和科学的管理制度,中小企业才能成为"常青树"。要引导企业建立健全现代企业制度,鼓励企业实行公司制改造,培养和引进职业经理人,提高企业制度化、精细化管理水平。要引导中小企业广泛采取现代化管理方法,改进企业业务流程和组织结构,建立健全内部激励约束机制,不断加强质量、品牌、安全、营销等方面的管理。要引导中小企业增强抵御风险能力,树立风险管理意识,健全风险和危机处理系统,规范企业财务行为,建立与发展相适应的资金链管理模式,有效防范经营风险。中小企业一定要严格遵守国家财务制度和税收法规,切实做到依法依规经营,自觉抵制违法违纪行为。

**五、注重扶持、培育,把部分中小企业做大做强**

要加速培育一批规模大、实力强、叫得响的巨人企业。支持有条件的企业组建跨地区、跨行业、跨所有制的大企业大集团,特别是积极参与国有企业改革重组,大力发展混合所有制经济。省里在抓"三个一百"领军企业工程,各地也要抓一批领军企业工程,争取每个县至少有一家上市公司。要通过3—5年的努力,使省营业收入超百亿的中小企业实现成倍增长,力争更多的冀字号中小企业进入全国500强。要充分发挥各类开发区、高新区和物流园区的聚集功能,搭建好技术、电子商务、信息等服务平台,引导中小企业向园区集中集聚,发挥产业集群的规模效应。要发挥龙头企业的带动作用,通过扶植龙头企业把更多分散的中小企业组织起来,促进产业由低端向高端演进。

**六、注重绿色、低碳环保,发展高新技术产业**

发展绿色环保高新技术产业,不再上污染环境的项目。所有中小企业都必须认清发展大势,下决心转向绿色、循环、低碳发展的现代产业。必须把节约能源资源、保护生态环境放在突出位置,围绕推进大气污染治理和生态环境建设,坚持绿色生产、清洁生产、高效生产,尤其是要把环保设备配齐配全、用足用好,决不能为了一己之利造成社会公害。政府部门必须以铁的手腕治理企业污染,排放不达标的必须达标,滥采乱挖、乱排乱放必须关停并转,使企业发展真正与生态文明的要求相适应。

要提高技术含量,发展高新技术产业,增强核心竞争力。全省中小企业要实现转型升级,必须走创新之路,既要"有中生新",在现有基础上生出新产品、新技术、新产业,又要"无中生有",扩展新业务,拓展新产业。各地都要建立健全以企业为主体、以市场为导向、产学研相结合的创新机制,健全科技成果交易平台,完善科技资源配置机制、知识产权保护机制,推动产业技术创新联盟、成果转化基地、科技孵化器等平台建设,为中小企业创新发展创造条件。实施科技型中小企业成长计划，扶持一批科技型"小巨人"企业，支持和引导更多的中小企业争创百年老店、百年老厂。

## 七、政府应为中小企业发展提供优质服务

（一）要加快转变政府职能

国务院发展研究中心调查显示，党的十八届三中全会明确的15项重点改革任务中，企业家对加快转变政府职能的关注度最高、期望值最大，这就对政府深化改革提出了新的更高要求，也增强了我们加快改革的内在动力。要按照"非禁即入、非禁即许"的原则，加快取消和下放行政审批，清理不利于民间投资的地方性法规和规定，尽快出台政府限制行为"负面清单"。要打破中小企业发展的"天花板"，鼓励中小企业进入交通、能源、金融、水利、生态、医疗等领域，支持符合条件的中小企业产品和服务进入政府采购目录。要深入推进政府机关标准化建设，全面推进服务承诺、首问首办、限时办结等制度，简化办事流程，完善运行机制，提高政府行政效能。

（二）营造服务到位、办事高效的政务环境

认真落实国家和省制定的关于促进中小企业发展的政策措施，为中小企业又好又快发展提供有力保障。建立完善领导干部定点联系民企制度，省市县领导都要选择一家以上中小企业作为联系点，蹲点调研、解剖麻雀、加强指导，及时帮助企业解决困难和问题。省工信、发改、财税、金融、工商、质监、国土等部门要重心下移、靠前服务，在综合协调、项目建设、工商注册、借贷融资、用地用工等方面做好保障。要尽最大努力为企业松绑减负，按照正风肃纪要求，坚决杜绝吃拿卡要现象。各级工商联、行业协会、商会要发挥好桥梁纽带作用，加强对中小企业的指导、管理和服务，当好政府的参谋助手，为中小企业排忧解难。同时，结合政府机关标准化建设，全面推行服务质量公开承诺制，完善网上审批业务系统，规范政务公开，简化办事程序，提高行政效率。要及时把国家和省的有关政策信息、行业信息、技术信息传递到民营企业，指导企业了解政策、掌握政策、用好政策。要转变工作作风，建立健全中小企业联系制度，积极为企业排忧解难。要加强监督检查，确保国家和省支持中小企业发展的各项政策措施落实到位。

（三）营造严明规范、公平公正的法制环境

全面推进依法行政，严格执法、公正执法、文明执法，坚决治理乱收费、乱罚款、乱摊派、乱检查、乱评比、乱培训等现象，对巧立名目、转嫁负担的问题要坚决查处，对重复检查、借机敛财的行为要坚决取缔，切实维护好中小企业的合法权益。要进一步规范市场经营秩序，坚决打击各种扰乱市场公平竞争的行为，创造健康有序的市场经营环境。

（四）营造放心投资、安心创业的社会环境

加大社会管理创新力度，加强社会治安综合治理，创造良好的社会治安环境。要加强社会诚信体系建设，支持和引导民营企业依法、规范、诚信经营。充分发挥舆论导向作用，大力宣传民营经济发展的先进典型和成功经验，在全省形成尊重纳税人、关爱企业家、扶持创业者的浓厚氛围。

（五）要科学监测、强化督导

完善中小企业运行监测制度，改进统计方法，完善统计指标，强化基层基础，加强对小微企业的专项统计和对成长型中小企业的直报监控，逐步建立协调有序的省、市、县（市）中小企业运行监测网络，全面、客观、及时地反映全省中小企业进展和分布情况。做好中小企业发展的态势分析工作，及时把握中小企业发展动态，合理制定政策措施，引导中小企业快速健康发展。要强化督导，建立健全中小企业发展长效机制，加强对中小企业发展指标、重点任务、政策落实情况的督促检查，使各项工作有布置、有检查、有评估、有奖惩。积极发挥新闻媒体舆论监督作用，完善企业权益保护机制，对侵犯中小企业合法权益、干扰企业经营活动的典型案例予以曝光，确保政策到位、工作到位、服务到位。

（六）要加强中小企业家队伍建设

企业家的素质决定企业的经营水平和方向，是打造"百年老店"的关键因素。根据国务院发展研究中心的研究报告，近年来我国企业家队伍的素质在不断提高，但整体素质仍然偏低。大浪淘沙，适者生存，提升自身能力才是正道。中小企业家要从企业长远发展出发，既要加强学习、提高素质，努力掌握市场经济、企业管理、法律法规等方面的知识，不断开阔视野和眼界，争取走在时代前列；又要遵纪守法、诚信经营，争做绿色发展的表率、奉献社会的榜样、依法创业的楷模。各级政府要加强对企业家的培训和引导，关心爱护企业家，使他们政治上有荣誉、经济上有实惠、社会上有地位、发展上有动力，努力打造一支懂经营、会管理、敢担当、有作为的新时期冀商队伍。

# 第三十一章　湖北省中小企业健康成长环境的调研报告

## 第一节　湖北省优化中小企业发展环境的现状

近年来,湖北省大力实施中小企业成长工程,其数量不断增加,结构不断优化,贡献率不断提高。2011年,全省企业总数27.32万户,中小企业占比超过99%。全省营业收入过千亿产业达到9个,其中聚集了一大批中小企业。并且不少中小企业实现升级转型的飞跃,从传统领域向基础设施、装备制造、高新技术、新型服务等领域跨越,成为湖北省新兴产业和现代服务业新的增长极。中小企业对经济社会发展贡献率日益提高,甚至超过了"半壁江山"。2011年,以中小企业为主体的全省民营经济增加值为9 990.9亿元,增长30.3%,对GDP增长贡献率达到64.1%,占全省税收的50%以上、发明专利的60%以上、新产品的70%以上、安置就业的80%以上。中小企业已经成为推动湖北省经济迅猛发展的重要支撑力量,是发展县域经济、高新产业的主力军,是吸纳就业、维护社会稳定的主渠道,功不可没。而这些成绩的取得离不开中小企业所拥有的不断改善的外部环境,它印证了"环境就是竞争力,就是生产力"的发展规律。

### 一、加大"放小"的力度,不断优化中小企业发展的政策环境

所谓"抓大放小",是我国正确处理大型企业与中小企业关系和定位的策略。这里所谓的"放",是指政府要更多地赋予中小企业自主权,放心、放手、放权搞活中小企业。近年来,湖北省省委、省政府相继出台了《关于进一步加快个体私营等非公有制经济发展的若干意见》《湖北省实施〈中小企业促进法〉办法》《湖北省人民政府关于进一步促进全省中小企业发展的意见》等政策性文件,加大"放"与"扶"的力度,不断优化中小企业发展的政策环境。

一是"放权",即深化行政审批制改革,减少行政事业性收费。2011年,湖北省的省级行政审批事项由482项减至373项,许多审批事项实现"零收费",湖北已跻身全国行政审批事项最少省份行列。省级税务、工商、物价、金融等部门纷纷出台有力措施,打出了支持中小企业发展的"组合拳"。如省物价局、财政厅联合发文,取消全省涉及行政事业性收费37项,另随文取消两项经营服务性收费,39项收费取消后,每年可减少企业负担3亿元,降低企业运行成本。

二是"放开",即放开垄断行业和市场准入。鼓励支持中小企业、民间资本进

入社会公共事业、基础设施建设、金融服务业等法律未禁止的行业和领域;大力支持创新型中小企业向电子信息、新能源、新材料、生物医药、节能环保、高端制造业和生产性服务业等战略性新兴产业发展;允许有实力的中小企业参与国有企业改造重建,国有企业或乡镇企业改制后的企业,成为中小企业发展的强大动力。量大面广的中小企业积极参与市场竞争,营造了充满活力的市场环境,促进了市场配置资源基础性作用的发挥。如宜昌长江机床有限责任公司,是由军工企业改制而来,现为中国唯一的全系列和最大型插齿机制造基地。

三是"放宽",即扶持全民自主创业,放宽创业经营条件,努力营造全民创业的舆论氛围。近年来,全省各地开展中小项目投资创业洽谈会、赶集会、推介会等活动,加快"全民创业示范基地"、"大学生创业园区"、"返乡农民工创业园区"等创业基地建设,目前全省各类中小企业创业基地达到400多个。2012年,湖北省推动中小企业创业兴业,全年新增小微企业4万余家。全省中小企业创业热情回升,民间投资回暖。2013年1月,湖北省对大学生创业推出了一系列优惠政策:未明令禁止的行业都能进,创业基地内创业连续3年免收场租,可申请小额贷款,通过税费减免为创业"减负",对就业困难的高校毕业生在自主创业领取工商营业执照后,按每人2 000元的标准给予一次性创业补贴等。

四是"放财",即加大财税、行政等支持力度,放水养鱼,从资金上扶持中小企业发展。湖北省不断探索补助性、资本性、激励性等多种投入方式支持中小企业发展,安排中小企业发展专项资金,引导社会资本更多地投向中小企业。并完善以财政绩效评价为核心的"跟踪问效"制度,确保财政资金的安全与合理使用,切实提高财政资金的使用效益。2012年湖北省将营业税起征点从月营业额5 000元提升至起征点门槛上限2万元,免除纳税金额占小微企业全部税负六成左右。加上个人所得税、增值税等其他减税税目,湖北地税减税54亿元,实现返利于民,让税于企业。为促进产业集群的发展,从2008年起,湖北省财政每年安排1亿元建立产业集群发展专项资金,采取贷款贴息、专项补助、资本金投入等方式,重点支持包括粮食行业在内的产业集群骨干企业、公共服务平台和信息化建设、共性技术攻关和产业链的延伸。

为鼓励企业加大技术改造力度,促进产业链转型升级,宜昌市财政局、经信委联合制定了《宜昌市城区中小企业发展专项资金管理暂行办法》,市财政拿出2 000万元重点扶持科技成长型、协作配套型、资源深加工型、出口创汇型、"精、专、特、新"型等中小企业技改发展项目,对通过有关技术改造在2—3年内销售收入或入库税收年均增幅30%以上,能实现倍增目标的给予优先支持。为推进"中小企业成长工程",湖北省政府加大对中小企业的扶持力度,积极推动全省中小企业在数量扩张的同时更加注重质量提高,重点培育一批创业型、创新型、外向型、配套型、品牌型中小企业,对成功上市的企业,省政府一次性给予200万元奖励,培育行业细分领域"隐形冠军"。

**二、创新金融服务模式,不断改善中小企业的融资环境**

近年来,针对中小企业融资难的问题,湖北省政府不断降低融资成本,关注初创、小微企业的生存和发展,不断改善它们的融资环境。截至2012年6月底,湖北省小微企业贷款余额3 047亿元,比上年同期增长23.1%,高于全国平均增速6.7个百分点。湖北省辖内小企业贷款平均增速已连续6年超过全部贷款平均增速,平均增长率达27.5%。

一是着力破解中小企业融资"难、贵、慢"问题。湖北银监局从工作机制、服务平台、融资模式和科技金融融合四个方面加强引导和创新,着力破解中小企业融资"难、贵、慢"问题。按照"信息对称、风险分摊、受益共享、成本下降、激励相容"原则,搭建中小企业金融服务俱乐部服务平台,不断开展制度创新,完善小微企业金融服务。

二是推行金融"扫街式"服务。2013年7月,武汉市农商行创新管理,推广小微金融的"扫街式"服务,进行了"地毯式"的营销宣传,累计扶持了1.89万户小微企业和个体工商户、4 503家农业企业、342家农业专业合作社、43万余农户。

三是大力推进银企合作。在全省银企对接会上,宜昌有170家企业获省各银行贷款资金支持26.02亿元。黄石市经信委与黄石银监分局联合举办了"服务企业促增长,银企合作渡难关"的系列活动,市财政拿出5 000万元设立中小微企业周转金专项资金,支持城区中小微企业保增长。虽然在初创、小微企业投入的专项基金数量并不是很多,但它具有政策导向性和示范性。襄阳市强化对中小企业的增信服务和信息服务,搭建综合信息共享平台,健全融资担保体系,大力发展贷款保证保险和信用保险业务,形成"小微企业—信息和增信服务机构—商业银行"利益共享、风险共担的新机制。

四是提供量身定做的金融服务。鼓励和支持金融机构围绕地方特色,开发适合商贸、科技、农村等各类小企业的"自助贷"、"信用贷"、"网商贷"、"订单贷"、"桥隧贷"等特色产品,以及对生产季节性产品企业的仓单质押贷款,对科技型小企业的股权、知识产权、版权质押贷款。如襄阳市发展产业链融资、商业圈融资和企业集群融资,积极开展知识产权质押、应收账款质押等贷款业务,为中小企业提供量身定做金融服务。

**三、转变政府职能,不断优化中小企业投资环境**

2012年9月29日,湖北省政府发布了《湖北省优化经济发展环境条例》,为进一步优化经济发展环境,平等保护各类市场主体的合法权益,规范行政行为,促进司法公正,营造崇尚发展、尊重创造、开放包容、互利合作、诚实守信、重商护商的

经济发展环境提供指导。

一是变"官为本"为"企业为本",大力倡导"产业第一,企业家老大"的理念。积极倡导尊重知识、尊重人才、尊重企业家的良好风尚。凡是国家法律法规未明确禁止和限制的,按"非禁即入"的原则,一律向各类市场主体开放,建立公平的市场竞争机制。努力营造各种所有制经济依法平等使用生产要素、公平参与市场竞争、同等享受法律保护的投资环境。

二是变"审批型"政府为"服务型"政府。降低投资准入门槛,优化投资的审批登记程序,创新招商方式。襄阳市是全国范围内"审批事项最少、服务环境最优、收费最低"的城市。通过行政审批优化,该市工业、文化旅游、物流、商贸服务业项目审批需提供资料由原来的 226 项减至 20 余项。宜昌市夷陵区推进信息公开和企业减负工作,简化行政审批程序,为企业提供快捷服务,开展集中上门服务,先后在鸦鹊岭镇青岛工业园、小溪塔高新技术产业园开展 15 家企业集中办证 123 件。随州市推进"三百"活动(百家机关联企业、百名科长当保姆、百家站所下基层),落实重点投资项目、招商引资项目代理式和保姆式服务制,为其提供全方位、全程式、保姆式服务。汉川市不断优化投资发展环境,提升"五度"(投资强度、税收额度、链条长度、科技高度和环保程度)标准,强化"四式"(秘书式参谋、保姆式服务、警卫式保护、兄弟式关爱)服务,创新招商方式,大力开展"访百引十"活动,在广东、浙江、福建、武汉等重点区域开展驻点招商,瞄准世界 500 强和国内 500 强招商,提高招商引资质量,形成在谈、签约、建设、投产和扩能的梯次推进态势,着力提高项目的"三率"(履约率、资金到位率和投产达效率)。

三是变"画地为牢"为"开放式发展"。加强基地、园区和圈域经济建设,主推中小企业升级转型。湖北省以"科技创新+产业基地"、"科技创新+园区"、战略性新兴产业等为载体,形成以知名品牌、管理科学、具有竞争力的大企业为龙头,中小企业为基础,专业分工协作,基础设施和信息资源共享,服务便利的集群优势,扩大产业规模效应和集聚效应,促进产业结构优化升级。2011 年,湖北省中小企业累计确立国家创新基金创新项目 358 项,共获资助 23 911 万元,位居全国第五,全省中小企业累计完成技术改造投资占全省技术改造投资的 90%。《湖北省经信委关于确定 2012 年度湖北省重点成长型产业集群的通知》确定 75 家产业集群为 2012 年度湖北省重点成长型产业集群,引进产业关联性项目,拉长产业链,形成大中小企业配套、上下游产业联动、产业链和服务链完善的产业集群,促进产业集群加快发展。湖北省还发挥电力、汽车、化工、建材、生物医药、特色农业等产业优势,着力构建"襄十随宜昌"汽车产业带、"宜荆"电力化工产业带、"荆荆襄随"现代农业产业带与"宜恩神十"特色生态产业带,促进产业结构不断优化。充分发挥襄阳、宜昌两个副中心城市的带动作用,促进圈域八市(州、林区)错位发展、特色发展和协调发展。
**四、着力服务体系建设,不断优化中小企业的服务环境**

中小企业发展需要大量的公共服务,其中包括信息提供、信用担保、经营者和劳动力培训、融资贷款、管理咨询、法律咨询、市场调查、投资咨询、项目评估、资信评定、业务中介等。服务环境是关键,近年来湖北省不断提升公共服务环境,降低服务成本,改善服务质量。

一是社会化服务体系建设目标定位更加明确。湖北省《关于进一步促进全省中小企业发展的意见》指出:"力争通过3—5年的努力,在全省建立起以政府公共服务为引导、公益性服务为基础、商业性服务为支撑,体系完备、功能健全、服务规范、运转高效,省市县三级贯通的中小企业社会化服务体系,形成创业辅导、融资担保、人才培训、技术创新、信用评价、信息咨询、法律维权、协会商会等八大服务平台,培育一批受中小企业欢迎的服务示范机构,打造一批有特色的品牌服务产品,培养一支高水平的专业化服务队伍。"

二是创新服务载体,公共服务平台建设初见成效。2011年,武汉市中小企业服务中心、仙桃市无纺布制品生产力促进中心和孝感市翔业中小企业服务中心被认定为首批国家级中小企业公共服务示范平台。这些平台集服务窗口与网络平台于一体,具备融资担保、信息咨询、创业辅导、产业对接等功能,中小企业可享受免费咨询和事务代理等一条龙服务。

三是转变工作作风,打造最优服务环境。宜昌市商务局以服务市场主体为重点,树立"服务立局"、"开门办商务"、"商舞宜昌"等观念,不断更新服务理念,积极打造"解难快车"、"读秒工作法"等品牌服务模式,全力打造服务型政府。

## 第二节 湖北省中小企业发展面临的新环境、新挑战

2011年中国企业家生存环境指数报告显示,中国企业家生存环境指数的平均得分是61.30分,这个指数刚过及格线,这意味着企业尤其是中小企业在中国生存依然很困难。湖北省地处华中地区腹地,在东西部之间承担"中部崛起"之重任。但调研结果证明,与东部沿海发达省市相比,湖北中小企业数量偏少,产业层次偏低,自主创新偏弱,成本代价偏重,这已经成为湖北经济社会发展的"短板"之一。

**一、产能严重过剩的大背景使中小企业"生存难"**

自改革开放以来,湖北省许多中小企业一直依附在大型国有企业主导的产业链上下游生存和发展。以武钢集团为代表的钢铁产业,为该省5000多家中小型钢贸企业提供了巨大的发展商机和空间;同样,以东风集团为代表的汽车产业,也为武汉、十堰及襄阳等地区众多中小企业提供了汽车零配件制造、加工、维修服务

的机会。正因为如此,以大型企业为龙头的产业链与产业集群,与中小企业之间存在着共存共荣、相托相依的紧密关系。一旦钢铁行业、汽车行业等相关产业出现严重的产能过剩,中小企业就会成为直接的受害者,或大量中小企业经营亏损,生存困难。

以钢铁和汽车行业为例,目前我国的粗钢年产量已突破7亿吨,是全球25大产钢国的产量总和,事实上,我国钢铁产能已突破10亿吨,而市场实际需求大约只有5亿吨左右。在钢铁行业产能严重过剩的背景下,铁矿石采购成本却在快速上升,而钢铁价格却在不断下跌,被逼无奈,武钢集团为了生存也不得不大力发展非钢铁产业,包括房地产开发、国际贸易等十多个间接行业。与武钢集团相比,日子更难过的是湖北省的大多数中小钢贸企业,它们要么亏损经营,要么转行另谋生路。当然,近年来也出现了不少钢贸商因无力还贷而"跑路"的现象。同样,中国汽车行业经过金融危机以来的三年"大跃进",汽车产销量呈现跳跃式增长。目前中国汽车产量已超过2 000万辆,远超世界第二大和第三大产车国美国和日本的总量。根据国家"十二五"规划,2015年中国汽车产量将达到2 500万辆,而目前全球的汽车总量也不过8 000万辆。由于缺乏自主知识产权及核心技术,再加上低端产能严重过剩,整个汽车行业发展面临着严峻的形势与挑战。"城门失火,殃及池鱼",湖北省众多为汽车行业提供零部件制造与加工的中小企业,不但面临着亏损经营的压力,而且还受大公司拖延支付货款的牵连。这种"因大累小"的环境,使中小企业生存更加艰难。

## 二、国内价格上涨、国外市场萎缩的大背景使中小企业"盈利难"

近年来,我国物价水平持续上涨,生产要素成本不断攀升,许多中小企业的产品价格受国家控制通胀、市场竞争、出口市场萎缩等多重因素作用,难以同步上涨。而大多数中小企业处于产业链末端,原料和市场两头在外,消化成本的难度加大,呈现"高进低出"的剪刀差。湖北省总工会的调查问卷显示,2010年以来企业成本"大幅增加"的占31.9%,"小幅增长"的占48.8%。认为成本提高的主要因素有:"原材料价格上涨"(90.3%)、"劳动力价格上涨"(88.0%)、"水电油气等基础能源价格上涨"(63.0%);而与此同时企业主营产品价格"大幅上涨"的仅占1.9%,"小幅上涨"的占22%,"变化不大"的占53.1%。

国内价格上涨的原因归结起来,主要源于三个方面的外部环境:

其一,源于原材料价格上涨。调查问卷显示,企业原材料价格上涨平均值为23.6%。黄石三五轩酒店2012年以来原材料价格上涨超过15%,而菜价却无法同步上涨,否则留不住客源。咸宁福人药业公司反映,近年来中药价格大幅上涨,企业生产必需的三七价格从2008年45元/千克涨到2010年500元/千克,涨幅超过10倍,受到国家对基本药物价格的严格控制,企业每生产一盒口服液亏损3元多。原材料价格的波动加剧了企业的经营风险。咸宁某棉纺企业反映,从2010年开始,三级棉从1.3万元/吨最高涨至3.6万元/吨,又逐渐回落到2.1万元/吨左右,由于担心价格反弹,公司加大采购力度,2011年年末库存量达到4 000吨,占用资金8 000万元,同比增加2 500万元。

其二,源于基础能源价格上涨。近年来,国内水、电、油、煤、运等基础能源价格持续上涨,推动企业生产成本不断增加。国务院早在2009年就下发了加快发展旅游业的意见,明确宾馆饭店享受与一般工业企业同等的用水、用电、用气价格。但调研表明,这一政策在许多地方尚未得到落实。荆门金王子大酒店等高星级酒店反映,水、电、气单价远高于一般工业企业,酒店现在是谈"电"色变、望"水"兴叹、唉声叹"气"。远安地处山区,其经济是靠车轮子跑出来的,主要运输是公路,但企业反映目前公路各种收费仍居高不下,直接加剧了企业的成本,甚至处于无钱可赚的境地。

其三,源于国外市场的萎缩。自2008年金融危机爆发以来,人民币对外升值进一步加剧,导致国外市场需求明显减少,出口成本不断上升,这直接冲击并影响了我国对外加工出口型中小企业的生存环境,尤其是对劳动密集型、低附加值产品的加工出口影响最大。

湖北省外贸出口有两个特点:一是从出口企业性质来看,外资企业出口占全省出口的比例为40%,国有企业约占30%左右,30%为民营中小企业。二是从出口类别来看,湖北省仍以劳动密集型、低附加值产品出口为主,其中,机电产品出口占比超过50%,纺织、服装、鞋类、塑料制品、家具及农产品出口占比20%,钢材及船舶出口占15%,其他产品占比不足15%。据统计,在湖北省外贸出口中,中小企业所占份额超过60%。尽管国家制定了出口退税的优惠政策,然而,人民币对外持续升值,正在不断地挤压并吞蚀着劳动密集型、低附加值产业的出口利润,使得加工出口型中小企业生存十分困难,不少中小企业亏损经营,失去了盈利空间。荆州隆化石化生产三氯氢硅(太阳能电池的基础原料),产品主要出口欧盟。近年来,欧盟国家对三氯氢硅需求放缓,出口订单锐减,销售价格一路由2008年的15 500元/吨跌到2012年年初的5 000元/吨。企业生产越多亏损越多,被迫从2011年10月起减产60%,生存极为艰难。

**三、加快经济转型异常艰难的大背景使中小企业产业"升级难"**

改革开放30多年来,我国的工业化与城镇化战略取得了巨大成就。然而,在粗放式、外延式、总量扩张的经济发展模式下形成了"三高一低"的格局,即"资金高投入、资源高消耗、污染高排放、就业低增长",优质、高效的产能不足,劣质、低效的产能过剩。与此同时,各地产业结构趋同现象严重,许多地方政府以GDP为向导,对区域经济缺乏科学的产业政策导向,各地的产业链与产业集群极其类似,

出现同质化竞争,而这正是我国中小企业普遍面临的区域性经济环境。面临上述经济环境,湖北省中小企业必然出现产业升级难。目前,湖北省中小企业主要集中在农产品加工、普通工业制造及传统服务行业,它们主要从事劳动密集型、低附加值产品及劳务提供,高新技术和高附加值企业少,核心竞争力不强。湖北省在农产品初加工、建筑业、普通制造业、商业零售与批发、住宿餐饮业等行业生存的中小企业占比为60%—70%。相反,在作为劳动力就业蓄水池的第三产业,生产性服务及现代服务业领域经营中占比较低,发展严重滞后。

湖北省中小企业产业升级困难的主要原因有三个:一是科技创新、自主研发和创新能力不足。大多数企业无研发机构,高新技术产业贡献率低,大多数中小企业投资均专注于短、平、快项目,项目选择主要以传统行业为主,不愿冒风险。二是专业高端人才缺乏。大多数中小企业盈利能力有限,无法为企业各类人才提供良好的待遇环境,使得企业很难留住真正优秀的人才。三是有些行业的政策准入门槛过高,甚至排斥民营资本。目前,由于政策准入门槛限制,许多现代服务业已被资金密集型和技术密集型大企业所垄断,金融、能源、电信、铁路等行业,中小企业及民间资本很难直接介入,这在很大程度上为中小企业产业升级人为设置了障碍。

**四、金融体制改革滞后的大背景使中小企业仍然"融资难"**

据湖北省总工会的调查问卷显示,目前湖北省中小企业资金"十分紧张"和"比较紧张"的分别占13.7%和46.6%。融资困境仍然是最大的发展"瓶颈"。如荆门市1.3万多家中小企业,与银行有信贷往来的只有1 000家左右,占比不到8%。黄石西塞山区近500家中小企业,在银行贷过款的不足10%。90%的企业认为从银行贷款困难,其中认为"贷款手续烦琐"的占22.7%,"所在产业不是国家支持重点"的占22.3%,"贷款利率高"的占16.9%,"企业有效抵押贷款资产不足"的占13.8%。事实上,由于我国资本市场发展缓慢,金融体制改革和创新落后,企业融资渠道一直单一地过度依赖银行贷款,这也演变成了一种社会共识与企业习惯:缺资金,找银行。这一传统的企业融资方式,已经形成了企业融资对银行信贷的过度依赖。正因为如此,我国银行信贷规模一直超速增长。然而,银行信贷的无度扩张却仍无法满足企业贷款需求的刚性增长,这样也就形成了融资依赖一边倒:企业缺钱找银行,政府缺钱找银行。其实,银行纯属负债经营,它以储户存款为负债开展放贷活动,因此,银行放贷必须将安全性放在首位。这种体制惯性必然制约中小企业融资。

中小企业融资难的主要原因源于三个方面:一是"不敢贷"。中小企业生命周期短,尤其是小微企业规模小、死亡率高,贷款风险大,而且它们缺乏足够的抵押物,难以获得银行贷款支持,导致银行存在着"惧贷"、"惜贷"心理,这是中小企业贷款难的最直接原因。二是"贷不起"。中小企业贷款成本高。我国存款利率尚未市场化,导致了资金价格的双轨制。银行贷款执行基准利率,资金价格便宜。相反,非银行贷款利率可以高达银行贷款基准利率的4倍。目前湖北省中小企业贷款利率普遍在基准利率上浮30%—60%,有些银行实行"一浮到底",加上各种担保费、公证费、登记费、评估费等,综合费率达到10%—15%,相比较大型国企信用贷款享受基准利率甚至基准利率打九折,中小企业贷款利率高出1.5—2倍。黄石国药公司2011年贷了400多万元,但银行要求其提前存入贷款总额30%—50%的现金,存得越多利率越低。三是"不能贷"。资本市场很难提供中小企业直接融资机会。我国资本市场发展严重滞后,全国统一的场外市场(OTC)迟迟没能推出,市场化发债门槛过高,尤其是高收益债券(俗称"垃圾债")仍未真正开闸。因此,除少量中小企业偶尔发行过一次中小企业集合债券外,它们几乎无法进入资本市场融资。同时,银行对大企业发放2—3年以上中长期贷款,而对中小企业通常"一年一贷",实行额度按月控制,资金等待时间长,到位率低。在信用评级标准方面,也对中小企业实行了"高门槛"。荆门市1.3万多家中小企业,达到A级信用标准的不到700家,比重不足6%。

**五、人工涨价、用工短缺的大背景使中小企业面临"用工难"**

问卷调查显示,近几年来企业用工成本普遍增加20%—30%,技术工人工资涨幅更大,某些工种工资水平甚至已接近沿海发达地区。如咸宁一家企业反映,几年前工资1500元可以招到人,现在涨到2000元才有人肯干。宜昌市主管部门认为目前该市中小企业最难是"用工难",也是中小企业最大的负担,企业普遍感到"招工招不了,用工用不起",出现"就业难"与"用工难"两难并存的状况。而且工资增加后,企业社保费用开支相应水涨船高。企业老板感叹,"不加工资招不来人,工资加的基本没钱赚"。而与此同时,企业又普遍面临着缺工问题。据湖北省总工会的一项调查显示,湖北省中小企业"长期缺工"的占22.6%,"临时缺工"的占42.6%,所缺工种占到前三位的分别是"熟练工人"(47.5%)、"技术工人"(45.5%)、"技术研发人员"(27.9%)。咸宁市中小企业用工总量需10.8万人,用工缺口约3.5万人,其中制造业缺工1.2万人。黄石市有500多家企业用工短缺。

目前,湖北省中小企业"用工难"主要表现为两个方面:其一,结构性缺工突出。两种情况同时存在,即技术工人短缺和普通一线工人短缺并存。各地人才市场上电工、焊工、钻工、检验工、修理工等技术工人始终都是"抢手货"。同时,普通一线工人缺口很大,尤其在机械制造业、电子电器、纺织服装、餐饮酒店等劳动密集型和传统服务行业表现更加明显。据荆州市人社局调查,全市企业生产一线缺工达29%,女工短缺问题尤为严重。咸宁市女工短缺占到缺工总量的60%以上。黄石市餐饮业龙头三五轩酒店,满员需1100人,但现有只有800人,缺工超过

30%。尽管坚持常年招工并将女服务员录用年龄放宽至48岁,但依然招不到人。用工不足导致一些企业难以超负荷开工和扩大规模。荆门雄丰肥业公司拥有三条生产线,由于人员严重不足,目前只有一条生产线正常运营,企业"有订单不敢接"。其二,职工流失率过高。"招人难、留人难、留有用的人难上难",是目前许多中小企业的窘境。调查显示,中小企业中"大量职工流失"的占6.5%,"少量职工流失"的占71.7%,认为"职工流失对企业生存发展已经造成较大影响"的占35.8%。其主要原因有:"工资收入低"(46.3%)、"职业发展空间少"(44.3%)、"国家法律法规约束不力"(38.8%)。企业反映,一些员工特别是青年员工不遵守劳动合同规定,随意辞工甚至不打招呼就走人,加剧了企业用工不稳定,容易引发劳动争议矛盾。

湖北省中小企业"用工难"的原因主要有:一是本地农村劳动力大量外出,加上养殖、林业等产业用工的分流,导致劳动力局部"供不应求"。二是企业用工不规范、劳动条件差、收入水平低、前景不明朗,导致用工缺乏吸引力。湖北省中小企业与沿海发达地区同类企业相比,在工资收入、福利保障、技能培训、人文关怀等方面仍然存在较大差距,致使"孔雀东南飞"。如咸宁三环汽车方向机公司职工平均工资2 500元以上,不少新进员工学到手艺后就到沿海地区工作,工资至少在4 000元以上。三是作为中小企业员工主体的80、90后新生代农民工,与其父辈相比对个性发展、劳动条件、生活环境的要求更高了,而挣钱养家的压力有所减轻,吃苦耐劳的精神有所减退,他们把工作舒适度放在首位,宁愿选择低工资、环境好的工作岗位,也不愿意去生产一线当工人。荆州奥达纺织公司有员工3 000人左右,而30岁以下的仅占13%。四是政府服务不够完善,信息公布不及时、不充分,导致信息不对称,双向选择的适配性不强。

**六、税费偏多、负担沉重的政策环境使中小企业"受惠难"**

据国家工信部发布报告显示,我国中小企业的税费负担已经占总成本的30%。税费过重是我国企业长期面临的难题,税目繁多、税率较高、重复征收等问题仍然存在,极大地制约了企业的可持续发展。我国税制不尽合理,对企业的实际现状考虑不足,致使财税征收无法与经济发展相契合,企业感觉负税过重也在情理之中。与大企业多处于煤、电、水等垄断行业利润相对丰厚不同,中小企业多处于竞争性领域,利润较为微薄。同样的税费占各自利润的比例,大企业要明显低于中小企业。

调查表明,湖北省中小企业面对的税费负担过重主要是三个方面的问题:

其一,税收结构不尽合理。湖北省中小企业原材料供应主要来自不能提供增值税专用发票的小规模纳税人,无法享受增值税进项抵扣,而产品供应给上游大型企业,对方只接受增值税专用发票,这样一来,实际税负比享受增值税进项抵扣的大型企业还重。我国增值税存在17%、13%两档税率，以低税率产品为原料的企业购进原料按13%进行进项税抵扣，销售产品则按17%征收销项税，"高增抵扣"使企业多支付4%的增值税。这一问题在纺织、部分农产品加工行业十分普遍。

其二，涉企收费过多过滥。目前，中小企业除了缴纳增值税、营业税、企业所得税、个人所得税、印花税、房产税、土地使用税、车船使用税、资源税、耕地占用税、土地增值税、契税各种税外，更有名目繁多的收费。据2012年财政部数据，第一季度全国非税收入4 118亿元，同比增长53.39%，地方非税收入3 472亿元，同比增长50.1%。非税收入的各种收费已然成为地方政府财政收入的重要组成部分。一些被调研的企业历数各种收费多达二三十项，企业不堪重负。黄石国药公司反映，药监部门、动植物检疫部门都到门店去收取野生动物保护费，公司老总戏称"政府收费都有法，收的企业没得法"。企业对垂直管理部门二级单位收费问题的反应比较集中。一些企业反映，消防部门以罚代管，一个灯不亮或少一个灭火器，不提整改，直接罚几千几万。荆门雄丰肥业公司反映，质检所进行地泵检测，2010年检测费为5 000元，2011年一下就涨到了1.2万元。有企业反映，一些部门收费随意性很强，人为操作空间大，如果请客吃饭"做工作"可以少收甚至免收。

其三，优惠政策难以实现。由于宣传学习不够，不少中小企业对国家和地方出台的优惠政策缺少了解和理解，而有些政策又比较原则、笼统，没有具体细则，缺乏可操作性，有些政策又附加了较多限制条件，企业难以真正受益。更突出的是，现行中小企业优惠政策均建立在企业会计核算健全的基础上，而大量的中小企业因达不到这些要求而无法享受优惠政策，政策不能用足用活用够，企业"受惠难"。

## 七、要素制约、发展受限的外部环境使中小企业"用地难"

"用地难"是湖北省中小企业普遍面临的问题。甚至是制约中小企业发展的最大的"瓶颈"和"短板"之一。主要原因：一是由于土地资源日益稀缺，用地需求量刚性增长，用地指标则受到越来越严格的限制，中小企业用地指标的空间越来越小；二是由于中小企业规模较小，所需用地面积都比较小，一般只需20—30亩，地方政府认为中小企业土地利用率太低，往往将其搁置起来，使其"边缘化"；三是由于地方政府存在"抓大放小"的认识误区，在项目建设用地上出现"抓大弃小"，投资越大、规模越大的项目，其用地越容易，反之，越困难。大量的中小企业因为"一地难求"而陷入"落地难、做大难"的困境。政府部门这种"嫌小爱大"的价值取向，直接制约了中小企业发展。荆州、宜昌等地规划用地起征点均为50亩，许多中小企业因此被拒之门外。

中小企业发展还受到能源、资源、环境、市场竞争等要素的制约。黄石西塞山区某工业园建成五年,但部分企业仍水电不通,职工上班得喝矿泉水。一些开发区、工业园基础设施、配套设施不健全,缺少公共交通、金融机构、商业网点、文化活动场所等,给企业及职工的生产、生活带来极大不便。据湖北省总工会的调查,中小企业对"用电贵、用电难"诉病颇多。荆门某公司反映,购买80多万元的变压器后,还需缴纳15万元保证金才能用上电,而保证金既不退又不能抵扣电费。荆门某轻工业机械公司因经营困难基本停产,但每月还必须缴纳630 KVA变压器基本电费16 380元,即俗称的"座机费"。此外,无秩序的市场竞争也对中小企业发展产生挤压,包括一些大企业利用优势地位,向中小企业随意压价、收取费用,特别是拖延占用货款,使中小企业资金周转困难,而且是敢怒不敢言。

**八、服务不到位、准入受限制的公共服务环境使中小企业"办证难"**

调研表明,湖北省中小企业服务存在着诸多问题,具体包括以下三个方面:

其一,重服务"要素",轻服务"体系"。目前,政府服务中小企业的职能存在着"碎片化"、"孤岛化",其职能和资金分散在各个部门,形成政出多门、多头管理的局面,难以形成工作合力,而企业也感觉"婆婆很多,不知找哪个"。目前,涉及中小企业管理的部门有经信委、商务局、消防、国土、税务、质检、卫生、环保、金融等十几个部门,其中既有垂直部门,也有地方所属部门,制约有余、配合不足、协调困难,增加了企业的成本。而湖北省的行业协会、商会、企业间组织和社会中介组织发育并不充分,且主要集中在大中城市,越往基层越少,其中大多数定位不清,实力不强,公共性服务水平低,商业化服务企业又"用不起"。美国资产在10亿美元以下的小银行有7 000多家,主要服务对象是社区小企业,而我国小银行不足600家,这也是湖北省中小企业融资难的原因之一。与此同时,由于推动中小企业信息化的社会化服务严重滞后,目前我国中小企业使用电子商务的不足10%,而欧盟国家这一比例接近2/3。

其二,市场准入存在大量的"玻璃门"和"弹簧门"。尽管国家出台了不少鼓励和引导民间投资的意见,但现实中实效性的推动并不多,中小企业在许多领域准入方面仍受到歧视和偏见。例如,二手车交易被少数企业把持,农药经营只对植物保护站、土壤肥料站等国有背景的经营机构开放。因此,企业将民间资本市场准入受限制形象地比喻为"玻璃门"和"弹簧门",即看着可以进去,真的想进去头上会撞出大包,或刚把脚挤进去后,又不得不在各种因素干扰下被弹回来。

其三,政府服务存在着缺位、错位和越位。一些政府部门及工作人员的慢、懒、软、散的作风,不作为、小作为、慢作为的行政行为,不给好处不办事、给了好处乱办事的功利主义,盲目追求花架子、好大喜功,热衷于各种评比检验的形式主义等,不仅造成政府服务中小企业的职能亏欠,损害了政府形象,而且使企业承受过多的压力。企业反映,有的地方政府部门不是通过优质的公共服务搞活企业,而是通过各种扫街式罚款手段"搞活的企业",即越是好的企业越是盯着,把它搞垮、搞死、搞脱水。许多地方要求企业必须征订的报刊达到20多种。而同时,企业反映最大的困难是"办证难",主要是审批手续复杂、办理时间长及前置审批条件多等问题。某企业反映,建设用地审批环节太多,前后要盖100多个章。黄石某药业公司反映,完成从立项备案到办证、安评、消防审批、规划局审批、国土安全审批手续至少得花一年多时间,办完各种手续,畅销产品已经变成了滞销产品。某企业反映,在审批过程中发改局要求先办照、后办证,工商局要求先办证、后办照,使企业无所适从,正如民间所戏称的,我们的政府如"麻袋里面装棱角——一个个都是头",遭殃的却是百姓和企业。

## 第三节 对策与建议

大量的事实表明,对于中小企业的生存和发展来说,外部软硬环境起着关键性甚至是决定性的作用,更可以说,环境就是生产力,环境就是竞争力。尤其对于湖北这样一个中小企业发展不够、外部环境不优的省份来说,必须用大力气,采取新的路径和措施来优化中小企业发展环境。"瓶颈"在哪,解决问题的切入点就在哪;"短板"在哪,解决问题的突破口就在哪。

**一、坚持思想解放,营造舆论环境,有效解决中小企业发展的"共识难"**

一是在克服认识误区,在重新认识中小企业发展的地位和作用上取得"共识"。必须从变化了的国际国内大背景出发,给中小企业重新定位,充分认识并大力宣传中小企业在发展经济、增加就业、推动创新、扩大内需等方面发挥的重要作用,大力倡导"产业第一,企业家最大",不仅是大企业家是"老大",众多的中小企业家也是"老大",尤其是在湖北省县市区一级的党委和政府的领导者,更应该对中小企业的地位和作用重新认识、重新判断,要从"抓大弃小"、"抓大放小"的认识误区中走出来,坚持"两手抓",一手抓大项目、大企业引进发展,一手抓中小企业发展壮大,做到抓大不忘小、抓大不弃小,树立"小企业,大战略"、"小企业,大作为"、"小企业,大贡献"的意识,大力营造关心中小企业,关爱企业家的良好氛围。

二是要树立"放"的思维模式,在对中小企业进一步放权、放心、放手上取得"共识"。要提高中小企业优惠政策的"含金量"和执行力。目前,从中央到省里已陆续出台了若干重要文件和大政策,急需各地政府和有关部门拿出相应的实施办法和配套措施,而其中的"总闸门"、"总开关"就是要强化对中小企业的"放",即放权、放心、放手、放开、放宽。考察浙江中小企业发展经验,可以发现,思想解放、大胆扶持是重要的保证,它启示我们,中小企业的发展不是"管"出来而是"放"出来的。湖北省各地有关部门要摆脱对中小企业"管死"的办法很多、"管活"的办法很少的思维模式,要围绕破解制约中小企业发展的突出问题,在如何"放"的政策出台上做文章,并且要有针对性、实效性和"含金量"较大的政策措施。同时,要根据新的形势和上级文件,加强对湖北省有关中小企业法规政策的制定和修改,清理剔除各种禁止性、限制性、歧视性规定。要加强宣传和学习,加强检查和督办,提高中小企业优惠政策的知晓度和执行力。建议省政府在适当时候开展全省中小企业优惠政策落实情况的调研检查,或纳入有关部门群众路线教育征求意见和整改活动中。

## 二、坚持金融体制创新,完善融资环境,有效解决中小企业的"融资难"

一是政府要有新作为。要用改革的、创新的精神解决中小企业的"融资难"、"融资贵"。要通过推进金融体系改革,积极发展商业性、区域性银行以及小额贷款公司、融资租赁公司、典当行、村镇银行、社区银行等小型金融机构;建立统一的中小企业信用评级体系,政府相关部门应开展对中小企业的信用培训服务,指导企业建立完善的财务报表、财务原始凭证、信用档案和信用管理制度等,以提升企业的信用管理水平和银行对企业的信用评级;建立多种资金来源、多层次结构的中小企业信用担保体系,完善风险分担和商业化运行机制;推动金融机构建立中小企业贷款合理定价、风险补偿和业绩奖励制度;完善银企对接模式,发挥政府的组织和引导作用,定期开展银企洽谈会、金融座谈会、项目推介会等,搭建中小企业融资平台;出台激励政策鼓励发展担保公司、小额贷款公司等民间融资机构,规范民间信贷秩序,引导民间资本投资中小企业,积极参与实体经济健康发展。

二是金融机构要有新服务。商业银行要创新中小企业金融产品和服务,探索灵活多样的抵押担保方式,大力发展知识产权、股权抵押贷款。合理确定中小企业贷款利率,禁止"一浮到底",规范评估、抵押等各种收费,真正解决企业"融资贵"的难题。要建立中小企业贷款专营服务机构,适当下放信贷审批权限,提高中小企业贷款规模和比重,加大对科技型、创业型、成长型企业的金融支持力度。

三是企业自身需要有新提升。外部环境与中小企业自身的管理、信用和实力有着内在的联系。"有为才有位",中小企业要通过产业升级、科技创新、加强管理等,增强自身的竞争能力和发展后劲,以赢得政府和银行更多的关注和扶持,解决"恐贷"的问题。同时,企业要强化信用观念、金融意识,建立规范的产权制度、财务制度,依法纳税、守法经营,履行社会责任,培养良好的商业信誉和银企关系,解决"敢贷"的问题。

## 三、坚持"腾笼换鸟",完善政策环境,有效解决中小企业的"转型难"

一是坚持"腾笼换鸟"的发展思路,从政策上予以引导。所谓"腾笼换鸟"是指以政策为向导,让那些高新技术和高附加值偏低、自主研发和创新能力偏弱、科技贡献率偏小,但占用土地、资源、基础设施较多,又带来严重的环境污染、高能耗、高物耗的中小企业退出市场,鼓励那些资源消耗少、无污染、科技含量高的企业发展。如对符合产业发展方向、成长性的企业建立中小企业专项投入,引导和鼓励企业加快转型升级。对中小企业转型升级、自主创新、技术改造、投资国家鼓励类项目等,安排专项资金给予贴息补助。建立重点中小企业名录,在用地、资金、能源等要素上优先扶持,同时淘汰一批产品附加值低、市场竞争力弱、环境污染大的企业和产品。设立财政性周转扶持资金,加大对中小企业转型升级的扶持力度,缓解那些科技含量较高、前途看好但苦于眼前缺乏流动资金的中小企业的"燃眉之急"。同时,对不符合有关法律法规、严重浪费资源、污染环境、危害人民群众生命健康、不具备安全生产条件的工艺技术、装备及产品等落后生产能力,采取限制和淘汰措施。尤其是在中央已明确扼制产能过剩的相关产业中,各地政府更应有自觉的认识和正确的政策"指挥棒"。习近平总书记2013年8月在视察湖北时,要求湖北加快转变经济发展走在全国的前列。要完成这一任务不仅是十大企业的责任,也是各地政府和中小企业的责任。

二是以产业集群为载体,从建设好产业园区的平台上予以扶持。产业集群是中小企业发展壮大、增强竞争力的重要载体。虽然湖北省已形成电子信息、农产品加工、纺织服装、生物医药、轻工等产业集群,但由于缺乏科学的规划,多数产业集群只停留在简单的"归大堆"或同质化的集群,缺乏内在关联度,尚未形成合力。因此,地方政府应有针对性地采取有效的政策和措施,促进产业集群的健康成长。重点是建设好产业园区,地方政府要引导企业集中布局,统一征地,统一建设,鼓励行业领先企业、协作配套企业、知名品牌企业以及研发企业和机构进园,实现基础设施共享,使园区成为集制造、规模、品牌、技术和研发于一体的产业园区。同时要有意识地培养骨干企业,通过各种优惠政策,包括荣誉奖励等方法,积极扶持产业群中的龙头企业,为其提供"个性化服务",促使企业做大做强,产生示范作用。更好地实施湖北省的品牌战略,目前,湖北省不少品牌企业都源于中小企业,调研中企业呼吁政府应加大对进入国家级、省级品牌方阵的中小企业的奖励力度。

### 四、坚持以人为本,改善用工环境,有效解决中小企业的"用工难"

一是要转变用工观念,适应务工人群新的变化。现阶段企业职工的文化素质、价值观念以及人才和劳务、市场正发生着重大的变化,新生代农民工已成为中小企业务工人群的主体,他们的求职就业观念与其父辈相比,已不可同日而语,今非昔比。他们不仅注重工资待遇和劳动环境,更注重个人的权利及精神生活的满足,"要工资更要关爱"不再是"浮云",实现体面劳动和有尊严的生活正在成为新生代农民工的群体意识和价值取向。因而,无论是地方政府还是企业管理者,都必须转变用工观念,适应"企业选择工人"转向"工人选择企业"的趋势,既要关注和解决员工的工资、福利、保险等"硬待遇",也要注重和满足员工的休息、健康、培训、平等、自尊等"软待遇",加强人文关怀,关注员工的多层次需求,提升劳动者素质,以增强企业的吸引力、凝聚力,以优质的"软环境"留住人才。

二是要强化政府就业服务。推进公共就业服务平台建设,着力加强县市区劳动力市场建设,完善劳动力市场对劳动力资源的基础性配置作用,加大大众传媒劳动力供需信息发布力度,推进用工、求职、培训、职介等信息的互通共享。加强劳动用工状况检测与分析,帮助企业通过举办招聘会、外出招工、校企联合等方式缓解用工短缺。加强和创新社会管理,推进城乡一体化,逐步改变城乡二元管理体制、公共服务非均等化所形成的差别化待遇状况,尽快尽多地解决农民工融入城市进程中的各种实际问题,稳定农民工城市就业。

三是着力从制度和机制层面改善企业用工环境。推动企业健全依法用工制度,加强管理,纠正不签订劳动合同、滥用劳务派遣、拖欠工资、超时劳动、不缴纳社会保险、职业危害等问题,改善劳动生产条件,提高工资福利水平,增强职工对企业的满意度和归属感。如宜昌市长机科技公司,是一家科技含量较高的企业,引进人才的门槛虽然提高到了硕士研究生,但月薪也在提高,已达 5 000 元/月。同时还设有"报恩工程",每月给员工的父母表示孝心,并有住房公积金,有周转房,定期给职工进行培训,从而为企业注入了活力。远安县还推出"企官制度",即人在企业上班,但编制档案放在县里,以增强大学生就业中小企业的归属感和荣誉感,推出"凡远安籍大学生,可 100% 在远安就业",推出"百人计划",即每年招 100 名大学生到中小企业就业。同时,政府和教育部门要引导劳动者转变就业观念,增强劳动合同和劳动纪律意识,增加诚信度,强化职业生涯规划,改变临时务工、随时辞工的状况,构建和谐的劳资关系。

四是加强职业教育,提高职工技能水平。围绕建设高素质产业大军,大力发展职业技术教育,推进职业学校、职业培训机构与企业开展定向培训、订单培训、在岗培训。督促企业依法提取并合理使用职工教育培训经费,加强职业技能培训,促进职工提高技能素质、拓展发展空间、人才有序流动。

## 五、坚持税费制度改革,改善经济环境,有效解决中小企业的"增收难"

一是通过税收制度改革,加大对中小企业的税收优惠力度。各级政府,包括税务部门要真正把中小企业作为吸纳就业的摇篮,而不是国家税源的主要渠道,树立"让利于民,还利于民"的理念,着力优化税收结构,改进纳税服务。当前国家正在进行"营改增"的税制改革,湖北应以此为契机,全面落实国家扶持中小企业的减税、免税、延期缴纳税等优惠政策,统一纺织等行业增值税进项抵扣率和销项税征收率,切实减轻中小企业的税负,使企业能"轻装上阵"。

二是做好"加减法",即加大财政支持力度,减免各种费用,以降低企业经营成本。湖北与其他中小企业发展好的省份相比,政府对企业的财政投入偏低,应逐年增加省中小企业发展专项资金规模,各市(州)、县市区相应设立中小企业发展专项资金,做到专款专用、优者优扶。对那些面临困难但符合国家产业政策的企业,实行一定的减免或缓交社会保险、水电费等。对那些吸纳高校毕业生、下岗职工多的企业可给予培训费、社会保险等补贴。增加中小企业参与政府采购的机会,在同等条件下优先向中小企业购买商品或服务。目前,各地政府也面临着财政收入、GDP增速的压力,很有可能继续沿袭原有的名目繁多的收费惯性,甚至还保留着"收费养人,养人收费"部门利益至上的收费体制,不少地方政府的财政收入中非税收入仍占主要部分。因此,没有更自觉的认识、更有力的措施,扶持中小企业只能是一句空话、大话。

**六、坚持行政审批体制改革,改善服务环境,解决中小企业"办证难"、"用地难"**

一是深化行政审批制改革,解决中小企业"办证难"。推进各级政府行政服务中心建设,集中办理审批事项,实行"一站式"服务,提高政府服务效能。要借助群众路线教育实践活动的推力,转变政府职能、转变工作作风,改变"门难进、脸难看、话难听、事难办"的"四难"风气,加大治理力度,着力治理不作为、小作为、慢作为,以及"懒、散、慢、软"的作风,严厉惩处对企业乱收费、乱罚款、乱摊派以及各种"吃拿卡要"等作为,坚决纠正以罚代管、重复鉴定检测、强制购买产品或服务等问题,对那些"不给好处不办事,给了好处乱办事"的部门或人员要严肃处理。要畅通中小企业投诉渠道,让中小企业参与评级政风行风和发展环境,营造良好的政策环境。武汉市地税局在深化政府审批制改革中大胆创新,推出"先办后审"的模式,受到企业的好评和欢迎,值得借鉴和推广。解决企业"办证难",还需要深化行政体制改革,特别是简政放权,实行大部制改革,解决多头管理、多头指挥、多头收费,齐抓共管变成"同室操戈",最后是"阎王打架,小鬼遭殃",企业承担恶果。大部制改革有利于理顺对中小企业服务、管理的关系,明确责权,有利于整合政府资源、节省行政成本、提高服务质量和效能。建议归顺省、市、县三级中小企业的主管部门,统一职能、机构和人员以及考核,改变目前杂、乱、多的管理格局,或学习东部省份经验,组建中小企业局,集中散落在不同部门的职能,更有效地推动中小企业发展,提供组织机构的保障。

二是健全要素服务体系,解决中小企业"用地难"。政府应加强开发区、工业园基础设施建设,完善生产生活配套服务,让企业进得去,还能留得下,过得好。要加快电网升级改造,促进电企对接,确保企业正常用电,强化用电监管,取缔"霸王"条款,别让企业再"唉电叹气"。解决"用地难",需要统筹兼顾,创新模式,加大闲置土地回收力度,抑制圈地现象,提高土地综合利用率。政府适当投资建设廉租厂房,供中小企业租用或先租后赎,企业可"不求所有但求所用";支持科技型企业扩建用地;对符合条件并纳入省重点培育高成长中小企业的高新技术产业、现代服务业、新兴产业和高端制造业等重大项目可优先供地,实现优者优用,优者先用。

三是健全社会化服务体系,解决中小企业"服务难"。通过优化整合社会资源,建立起以政府公共服务为引导、公益性服务为基础、商业性服务为支撑,省、市、县三级上下贯通的中小企业社会化服务体系,构建创业辅导、融资担保、人才培训、技术创新、信用评价、信息咨询、法律维权、协会商会等服务平台。政府职能既要实现"下移",即下放给下级政府,"平移",即在部门间进行整合,又要实现"外移",即转移给非政府组织。要强化行业协会、商会职能,将专业技术性事物逐步由政府部门移交给行业协会、商会,改变"政府强,社会弱"的格局,让中小企业能够既得到政府的扶持,又不受过度的行政干预,实现凡是市场能解决的事,政府决不代劳;凡是市场解决不了的事,政府决不袖手旁观的尊重市场规律、尊重企业自主权利而不放弃政府调节监管的政企关系。

实践证明,环境就是商机,环境就是生产力,环境就是竞争力,为中小企业营造健康的外部环境,就是在推动湖北的科学发展。

# 第三十二章 浙江省中小企业知识产权利用现状的调研报告

浙江建设创新型省份和科技强省,亟待依托中小企业将专利等知识产权潜在的生产力转化为现实生产力,实现保护创新与促进运用的有机结合,加速知识产权经济价值的交易流通,进而形成知识产权产业化转化的创新驱动力,切实提升中小企业核心竞争力。为实现这一目标,建议浙江省尽快建构中小企业技术创新与知识产权战略相融合的产业化转化与交易流转综合平台运作机制,助推中小企业转型升级。我们对当前浙江省专利研发及其利用现状、中小企业对专利等知识产权的现实需求以及中小企业知识产权产业化转化与交易流转综合平台建设框架及其推进政策提出了一些建议。

## 第一节 当前浙江省专利研发及其利用现状

2009—2012 年,浙江省专利申请总量与授权量约以每年 20% 以上的速度递增,总量多年稳居全国前三。特别是 2012 年,浙江省专利申请总量为 249 373 件,授权量达到 188 431 件,分别比上年同期增长 40.8% 和 44.7%,高出全国平均增速 13.8 个百分点和 12.7 个百分点,居全国第二位,成绩斐然。但据《2011 年全国专利实力状况报告》,将全国 31 个内地省份划分为五类,广东、北京、江苏、上海位居第一类。浙江省 2010 年专利实力居全国第 9 位,处于中游的第二类。2011 年,浙江省在全国的专利实力名次下滑至第 12 位,有向第三类靠拢的趋势。进一步调研还得知,虽然浙江省在专利申请和授权总量上常年稳居前列,但有效发明专利占全部有效专利的比例仅为 6.69%(2010 年),低于全国平均水平(14.2%),也低于广东、江苏等省的水平,甚至低于云南、贵州等省的水平。

上述专利总量排名与专利实力排名上的悬殊差距,凸显出浙江省专利等知识产权产业化转化率偏低,尚未形成与中小企业创新驱动的有效衔接等现实状况。这与浙江作为全国中小企业发达省份的身份不相符合,也无法满足当前浙江中小企业转型升级的现实需求。

## 第二节 中小企业对专利等知识产权需求存在的问题

宏观上看,中小企业对专利等知识产权的现实需求,是企业技术创新与知识产权战略融合这一重要理念的具体化,体现为企业对知识产权保护创新与促进运用之间有机结合的渴望。具体来说,拥有自主研发能力的企业需要从技术、市场和经济层面充分评估企业自身创新成果的价值,整合创新资源,通过产业化转化等形式,实现对自主知识产权价值的充分运用。而对暂无能力自主研发新专利、新技术,但在生产经营中依赖新专利、新技术的中小企业而言,自由开放、安全可靠的知识产权交易流转平台则是必不可少的。

应该说,近些年来我国各级政府大力推进技术成果产业化平台建设,在国家和地方层面均设立了一些专利(技术)交易、转化平台,还配套出台了许多扶持政策,如鼓励中小企业利用知识产权质押融资手段缓解转型发展中的资金困境等。这些都在一定程度上满足了企业在技术创新资源的有效配置和知识产权高效流转利用等方面的现实需求,成效明显。但现实中仍然暴露出一些问题,浙江省也不例外。主要体现在:

(1)信息不对称现象比较严重,以专利技术为核心的技术成果交易在供需双方之间缺乏有效的信息沟通和交流机制。

(2)现有技术成果转化交易平台在载体、规模和成交业绩方面都较为局限或单一。

(3)对专利等技术转移的价值评估和风险防控方面都缺乏完善的机制,影响了技术成果交易的有效完成。

(4)对转化、交易和流转等行为引发的纠纷调处机制存在一定缺陷,企业容易陷入诉讼等。

## 第三节　对策与建议

针对上述现状和问题,综合《中共浙江省委关于全面实施创新驱动发展战略,加快建设创新型省份的决定》和《国家技术创新工程总体实施方案》等文件精神和要求,我们认为,浙江省应尽快建构全国领先的知识产权产业化转化与交易流转综合平台运作机制,形成依托知识产权转化、流转的创新驱动,切实提升全省中小企业在转型升级中的核心竞争力。

该平台的功能框架应按照"需求导向、服务产业;创新机制、盘活资源;政府引导、多维联动;明确权责、协同发展"的原则来进行建构,并注意集合"产业化转化、交易流转、质押融资、企业创新"等服务于一身,主要功能应包括:

### 一、实现"需求"与"资源"的畅通对接

即通过该综合平台,建立专题性的知识产权信息数据库和检索分析系统,提高知识产权产业化转化的信息化水平。并通过充分共享和利用国内外有效的专利等知识产权资源和信息,以产业需求为导向,以市场需求为技术创新的原动力,

以中小企业为实施主体,提升专利技术等知识产权产业化转化的比重,同时兼顾科技型中小企业的孵化和培植。

## 二、推动"政、企、学、研"的良性互动

该综合平台的建设无疑需要政府有关主管部门出台对专利等知识产权产业化转化、交易流转等有利的扶持政策。同时,政府还应有效引导该综合平台运行机制下的多方参与主体开展实名认证,利用该平台,引导企业"接管"高校和科研机构不具备产业化条件或者难以产业化的专利。以及通过出资购买专利、支持正在进行的研究项目等手段,推动各方主体间形成:"委托→发明→价值评估→增值→专利/其他知识产权资源→风险评估→市场评估→许可/转让→谈判→合同"的良性互动,提升专利等知识产权资源从研发到投产的过程效率,并起到防止高价值专利流失和降低外部风险干扰的作用。

## 三、形成"实体"加"网络"的立体服务

即除了在中小企业聚集的产业园区、经济开发区设置专门的固定场所作为该综合平台的实体服务终端、适时开展知识产权转化交易展会等以外,应充分认识专利等知识产权资源更新迅速、转化运用频率快等显著特征,并基于信息网络传播的重要作用,建设好网络化的在线服务平台,实现与网络空间和远程服务的对接和衔接,以提高知识产权转化、交易信息的传播面和覆盖面,全面实现"实体"与"在线"的立体服务。

## 四、实施"公开"并"及时"的跟踪反馈

当事人通过综合平台履行相关法律手续,只是完成了知识产权产业化或交易流转的第一步,后续进展情况如何,直接关系到项目实施的长远效果,这就需要及时进行跟踪反馈,以更好地实施后续服务或采取合理的应对措施。即通过该综合平台的信息端口,对项目反馈信息进行公开发布和实时跟踪,及时终止不良项目的继续进行,把风险和损失降到最低。

为更好地推进该综合平台的运行机制建设,还应注意做好以下几项工作:

(1)细致周密的实施方案。在具体的方案制订中,应全面考虑目标定位、服务对象、资源配置、制度规范、建设重点、实施步骤和具体措施等相关内容。要注意做好与创新型省份和科技强省的建设目标以及省中小企业发展现状和实际需求的紧密结合。还应注意对现已建成并投入使用的其他同类平台开展优化整合和改造升级,避免重复建设和资源浪费。

(2)全面科学的政策扶持。该平台的建设和发展,离不开全面科学的政策环境作为支持。诸如:知识产权产业化转化、交易的税率优惠政策,专门人才引进和培养政策,区域战略性产业重点扶植政策,重大项目经费配套政策等。

(3)职责明确的建设团队。基于该平台的综合职能,其建设团队的人员组成

必然呈现专业结构上的多元化。这不仅要求团队成员具备较高的专业化技能,更需要明晰各自的职能和彼此间的协同关系,以便高效地开展工作。

(4)自上而下的深入宣传。政府相关职能部门要充分利用现有的信息传播手段和途径,加强对将该综合平台自上而下的宣传介绍。只有让更多的中小企业和相关单位获悉信息,才能促使更多的知识产权资源在该综合平台上得以转化、流转和利用。

# 2013年中国中小企业大事记

**1月**

1月17日,工业和信息化部办公厅发布《关于加强国家中小企业公共服务示范平台管理工作的通知》(工信厅企业〔2013〕7号),旨在规范对国家中小企业公共服务示范平台的管理,发挥其示范带动作用,加强国家中小企业公共服务示范平台的管理工作。

1月17日,财政部、商务部印发《中央财政促进服务业发展专项资金管理办法》(财建〔2013〕4号),就专项资金分配、专项资金使用、预算执行与专项资金支付以及监督检查与绩效评价做出规定。办法自印发之日起执行。《中央财政促进服务业发展专项资金管理办法》(财建〔2009〕227号)同时废止。

**2月**

2月2日,中国证监会公布《全国中小企业股份转让系统有限责任公司管理暂行办法》。《暂行办法》共6章,35条,包括总则、公司职能、组织结构、自律监管、监督管理及附则。《暂行办法》公布实施后,全国中小企业股份转让系统公司还将发布实施相关业务规则,全国场外市场的业务规则体系将逐步建立,为全国场外市场建设从区域性试点转为面向全国的规范运行奠定法律基础。

2月5日,全国中小企业工作电视电话会议在北京召开。工业和信息化部部长苗圩出席会议并做重要讲话。会议由工业和信息化部党组成员、总工程师朱宏任同志主持。北京、陕西、江苏、黑龙江中小企业主管部门负责同志在会上交流了本地区贯彻落实国发14号文件的情况以及促进中小企业发展的经验和做法。工业和信息化部相关司局、直属单位的负责同志在主会场参加了会议。各省、自治区、直辖市、计划单列市、新疆生产建设兵团以及各地级市中小企业主管部门,部分中小企业服务机构的负责同志,共计8千多人在主会场及各地方320多个分会场参加了会议。

2月5日,青岛银监局召开2013年小微企业金融服务工作思路座谈会,银监局政策法规处在对22家主要银行机构调研的基础上,对当前辖区小微企业金融服务工作发生的一些变化、出现的一些新问题进行了归纳总结,并提出了2013年整体工作思路。

2月7日,科技部印发《创新型产业集群试点认定管理办法》(国科发〔2013〕230号)及创新型产业集群评价指标体系,明确创新型产业集群试点认定条件和工作程序,以贯彻落实国务院《关于进一步支持小型微型企业健康发展的意见》,进一步促进产业集群创新发展。

2月23日,吉林省政府印发《关于突出发展民营经济的意见》(吉发〔2013〕5号),明确总体要求和发展目标,放宽了准入领域和条件,鼓励全民创业,大力支持科技创新,并在金融、财政、税收等方面给予支持与优惠,特别是设立了中小企业和民营经济发展专项资金及发展基金10亿元,由省工信厅(中小企业处)组织实施。

2月25日,国务院促进中小企业发展工作领导小组扩大会议在京召开,会议由工业和信息化部主持,发改委、科技部等28个部门有关司局负责同志参加了会议。会议的主要精神是:一要充分认识促进中小企业发展的重要意义。当前,我国仍将长期处于社会主义初级阶段,发展是第一要务。因此,发展中小企业,不是权宜之计,而是我国必须始终坚持的长期战略。二要正确把握中小企业发展面临的新形势。三要努力开创中小企业工作新局面。进一步加大财税政策支持力度,进一步推动解决小微企业融资难问题,进一步提高中小企业发展的质量和效益,进一步加强和改善对中小企业的服务,进一步加强组织领导和政策协调。

2月26日,中国国际中小企业博览会改革创新研讨会在广州召开。本次会议的主要任务是研究中博会改革创新方案,探讨如何积极稳妥推进中博会向国际化、市场化、专业化的方向发展,同时也为第十届中博会的组织工作提前预热。中博会组委会副主任、工业和信息化部党组成员、总工程师朱宏任,中博会组委会秘书长、广东省人民政府副秘书长林英出席会议并讲话,工业和信息化部中小企业司司长郑昕主持会议。

2月27日,山西省中小企业工作暨中小企业系统党风廉政建设会议在太原市召开。会议确立了2013年山西省中小企业发展主要预期目标:中小企业增加值同比增长17%左右;新创办1万户以上小微企业;新培育100个销售收入超亿元的"小巨人"企业。

## 3月

3月5日,工业和信息化部部长苗圩、中国科学院院长白春礼在《工业和信息化部、中国科学院协同创新推进工业转型升级战略合作协议》上签字,标志着部院双方正式开启全面战略合作,协同推进我国工业转型升级。

3月7日,河北省中小企业局正式发布《办好10件实事扶助小微企业工作方案》及《责任分工安排》。方案结合河北省实际情况,要求全省各级中小企业主管部门要集中力量办好10件实事,进一步强化服务小微企业、促进小微企业发展。10件实事包括推进政策落实、解决融资困难、破解用地瓶颈、推动小微企业转型升级、加快创业基地建设、推进平台网络建设、强化人才智力支撑、帮助企业开拓市场、加强信用体系建设、加强财政资金扶持。

3月8日,工业和信息化部出台《扶助小微企业专项行动实施方案》。《方案》提到,要培育一批创新型、创业型和劳动密集型等"三型"小微企业;认定第三批100家国家中小企业公共服务示范平台;开通一批中小企业公共服务平台网络;支持500家以上担保(再担保)机构为小微企业提供担保服务;完成50万名企业经营管理人员、1 000名领军人才培训,建立针对中小企业服务的管理咨询专家库,提升小微企业管理水平;积极帮助企业开拓市场,为超过2 000家境内外企业提供展示交流服务;建设企业负担情况网上直报系统,推动减轻企业负担政策落实;举办第十届中国国际中小企业博览会,为小微企业搭建平台,帮助开拓市场。

3月19日,四川省政府发布《大力扶持小型微型企业发展重点工作部门分工方案》,将58项大力扶持小型微型企业发展的实施意见分解下达到省政府有关部门与有关单位。

3月21日,中国银监会发布《关于深化小微企业金融服务的意见》。《意见》在"银十条"基础上提出了15条具体措施,是银监会落实和推进对小微企业金融服务差异化监管政策的又一重要举措,体现了银监会对金融支持小微企业的一贯重视。《意见》指出,要以"始终坚持服务小微企业、支持实体经济健康发展"为指导思想,以"提高小微企业贷款可获得性、拓宽小微企业金融服务覆盖面"为工作目标,提出进一步完善多层次的小微企业金融服务体系,鼓励和引导商业银行尤其是中小银行进一步提高小微企业金融服务专业化水平,鼓励和引导商业银行尤其是中小银行和新型农村金融机构将小微企业服务网点拓展到老少边穷地区、县域、乡镇等金融服务薄弱区域,鼓励商业银行先行先试、创新小微企业金融产品和服务方式等举措。

3月24日,湖北省经信委启动扶助小微企业专项行动,重点培育创新型、创业型和劳动密集型小微企业,力争全年新增小微企业1万家。

3月29日,2013年河南省小微企业金融服务工作会议在河南省周口市召开,会议由河南银监局主办。会议总结了2012年全省小微企业金融服务工作,表彰了为全省小微企业金融服务做出突出贡献的先进单位和先进个人。河南银监局党委书记、局长李伏安在会议上安排部署了2013年小微企业金融服务工作。

3月30日,2013中国中小企业发展高峰论坛在北京举办,本次论坛由中国中小企业发展促进中心、北大青鸟集团联合举办。本次论坛以"稳健成长——在改革中前行"为主题,针对我国中小企业发展现状和多年来一直存在的融资难、社会服务体系不健全、信息缺乏、企业管理水平低、市场竞争能力弱、整体素质不高等问题进行深入讨论,尤其是在世界经济持续下行,各种形式的保护主义抬头,以及国内资金、劳动力、原材料等成本不断上升的巨大压力下,为中小企业的发展寻求

新的方向。中国中小企业发展促进中心主任秦志辉、北京大学校长助理黄桂田分别在开幕式上致辞,来自政界、商界和学术界的近200名嘉宾应邀出席。

**4月**

4月12日,中国中小企业服务创新大会暨首选服务商发布会在北京举行,会议由工业和信息化部中小企业发展促进中心主办。会议首次发布了"中国中小企业首选服务商"名单,吉林省促进中小企业发展服务中心、中国联通、中国农业银行等33家来自金融、物流、商务及高技术服务等领域的服务机构和服务商入选。

4月18日,部分地区中小企业经济运行情况座谈会在长沙举行。工业和信息化部中小企业司司长郑昕及湖北、江西、河南、湖南等地中小企业负责人参加了会议。

4月22日,2013中小企业信息化服务信息发布会暨中小企业信息化培训启动会在北京举办,会议总结了2012年中小企业信息化推进工作并部署了2013年工作任务。工业和信息化部中小企业司司长郑昕主持会议。中国电信、用友畅捷通、江苏风云科技、百度、中国联通、万铭集团多家信息化服务商及《计算机世界》等媒体参加此次发布会。会议中签署多项合作协议。

4月22日,中国小微企业金融服务论坛在北京召开,本次论坛由中国中小商业企业协会、中国中小企业家年会主办。论坛主题是"发展普惠金融、壮大小微企业",通过加强行业专家、金融机构、企业代表的演讲与对话,探讨适合我国小微企业发展的创新融资产品,交流商业银行在针对小微企业贷款方面已经取得的一些成绩和经验,传播与改善我国小微企业融资的方法与理念。

4月22日,天津市科委、教委联合下发《天津市"高校科技创新工程"实施意见》,为推动高校开展创新创业和产学研合作、构建协同创新高地、助推本市科技型中小企业发展、建设创新型城市,推出了一系列含金量很高的政策支持。《实施意见》共17条,从增强服务本市经济社会发展能力、设立成果转化专项基金、突破制度性障碍、营造良好创新创业环境等方面,为高校科技创新提供了政策"红包"。

4月23日,重庆市政府发布《重庆市扶助中小微型企业科技创新和信息化建设实施方案》,对扶持重庆市中小微型企业加强科技创新能力和信息化建设提出了明确的发展目标和扶持措施。力争到2015年,建成较为完善的中小微型企业科技创新和信息化发展体系;培育1万家科技型中小微型企业;认定100家中小企业技术创新和信息化公共服务平台;应用信息技术开展研发、管理和生产控制的中小微型企业比例超过45%;利用电子商务开展采购、销售等业务的中小微型企业比例超过50%;充实中小企业专家委员会专家库,提升中小微型企业管理水平。

4月23日,山西省政府常务会议讨论通过《进一步支持中小微企业发展的措施(2013年第1批)》。《措施》要求,认真落实第一批15条扶持措施,要使财政扶持资金规模达到10亿元。

4月27日,财政部印发《地方特色产业中小企业发展资金管理办法》(财企〔2013〕67号)。《办法》分总则,支持内容及方式,项目资金的申请,项目申报、审核及资金拨付,监督管理,附则,共6章25条,自2013年5月1日起施行。《财政部关于印发〈地方特色产业中小企业发展资金管理暂行办法〉的通知》(财企〔2010〕103号)废止。

**5月**

5月6日,科技部发布《2013年科技型中小企业技术创新基金项目指南的通知》(国科发计〔2013〕458号)。《指南》是中小企业、各类机构以及地方创新基金管理部门申报、组织创新基金项目的重要指导性文件。

5月9日,2013厦门市中小企业服务博览会开幕,本次博览会主题为"服务企业 助力成长",由厦门市政府主办,其间同时举办厦台成长型企业项目对接会和厦门市中小企业产品展示展销会,并开展中小企业发展大讲堂、成长型项目对接会、银行产品推介会等11场论坛博览会。本届博览会展位数量增加到近500个,向更多的中小企业"敞开大门",展会规模为历届之最。

5月14日,重庆市工商局与团市委签订《促进青年创新创业合作协议》,共同出台10条措施,支持青年创新创业。协议明确,将设立1 000万元微企创业资金,用以补贴300户符合条件的青年微企创业者。

5月15日,甘肃省工信委联合省财政厅制定并下发《甘肃省中小企业发展专项资金管理暂行办法》。《办法》明确,专项资金的80%将用于支持中小微企业(非公有制企业)技术改造,20%用于支持中小微企业服务体系建设。

5月24日,天津市财政局、市人力资源和社会保障局、中国人民银行天津分行印发《关于进一步改进小额担保贷款管理积极推动创业带动就业的意见》,大幅提高了贷款最高额度,包括大学毕业生自主创业、自谋职业者最高可获得30万元小额担保贷款支持。

**6月**

6月5—7日,第一届上海(国际)中小企业精品展在上海世贸商城举办。本届展会的展览面积5 200平方米,有近400家国内外优秀中小企业参展,主要展览和展示轻工消费品、工业配套品、文化创意及新型业态等现代服务。展会期间,围绕"发展专精特新,促进企业成长"主题,举办了专题研讨、开幕巡展、服务授牌、企业论坛、行业对接等多项大型活动。

6月10日,2013中国·青海绿色发展投资贸易洽谈会在青海省西宁市开幕,并召开支持青海中小企业加快发展座谈会。青海省省委常委、常务副省长骆玉林、青海省政协副主席马长庆出席会议,工业和信息化部中小企业司司长郑昕主持会议。会上,对口援青省市的中小企业管理部门还与青海省经济委员会签订了支持青海中小企业加快发展战略合作协议。

6月15日,《中央预算内投资补助和贴息项目管理办法》(国家发改委2013年第3号令)经国家发展和改革委员会主任办公会讨论通过。

6月19日,工业和信息化部办公厅发布《关于开拓中小企业人力资源 做好2013年高校毕业生就业工作的通知》(工信厅企业〔2013〕106号)。《通知》指出,要充分认识当前做好高校毕业生就业工作的重要性,大力促进高校毕业生就业工作。

6月25日,云计算服务中小企业培训班在京举办,工信部中小企业司司长郑昕参加并致辞。

这次培训的目的在于让各地中小企业服务机构充分了解我国云计算发展情况、应用情况,以及云计算服务中小企业的案例,改善服务方式,增加服务功能,更好地为中小企业提供全方位的服务,同时也为大家相互联系交流搭建平台,以推进示范平台的建设。

6月26日,第四届中国—西亚北非中小企业合作论坛在江苏省常州市举行。本次论坛是由中共中央对外联络部与江苏省人民政府共同主办,旨在深化中国与西亚北非地区国家政党及政要交流,就新形势下中小企业合作的措施和前景进行讨论,为各国中小企业务实合作搭建平台。工业和信息化部中小企业司副司长许科敏出席论坛并发言。来自西亚北非地区19个国家的约150位外方代表以及中央和国家机关、江苏省等相关单位的负责同志出席了论坛。

## 7月

7月1日,国务院办公厅发布《关于金融支持经济结构调整和转型升级的指导意见》(国办发〔2013〕67号),即"金融国十条",要求推动金融改革和发展,扩大民间资本进入金融业,持续加强对重点领域和薄弱环节的金融支持,切实防范化解金融风险。"金融国十条"提出要整合金融资源支持小微企业发展,优化小微企业金融服务。

7月1日开始,全国人大财政经济委员会邀请了国务院发展研究中心、社科院、中国中小企业发展促进中心、中国民私营经济研究会、北京联合大学、中关村等研究中介机构,以及若干政府部门、若干中小企业等连续召开三场座谈会议,正式启动对《中小企业促进法》修法工作。

7月3日,中国—中东欧中小企业合作论坛隆重举行,论坛由工业和信息化部、重庆市人民政府和中国—中东欧国家合作秘书处共同主办,工信部中小企业司司长郑昕主持。来自中东欧国家的捷克、匈牙利、波兰、斯洛文尼亚,以及来自重庆市人民政府等代表出席论坛并做演讲。通过本次论坛,中国—中东欧国家之间加强了联系,增进了交流,探讨了合作。

7月13日,2013中国中小企业投融资交易会在北京召开。第十届全国人大常委会副委员长顾秀莲出席了开幕式。本届投融会是由国家发改委、工业和信息化部、中国人民银行、中国银行业监督管理委员会、中国证券业监督管理委员会正式批复作为指导单位,由中国中小企业协会、中国银行业协会、中国股权投资基金协会和中国高新技术产业开发区协会共同主办的。本届投融会以"创新小微金融,优化金融配置,服务实体经济,助力中小企业"为宗旨,共吸引200余家机构参展,总展览面积近2万平方米,集中展示超过2 000种服务中小、小微企业的金融产品,为广大中小企业主开辟了适合自身需求的融资途径,提高了融资成功率。

7月14日,中小企业海外投资论坛在北京举行。此次论坛活动由中国中小企业协会与中国进出口银行、商务部投资事务促进局共同举办,促进了中国中小企业对外投资合作,为广大中小企业走出去提供了更多渠道。

7月15日,中小企业困境转机论坛在北京举行。本论坛旨在联合各界精英,汇集各方智慧,为金融危机之下的中国危困企业寻求转机,解危纾困。本论坛将官、产、学、研、用"五位一体"密切结合,全方位地关注中国市场经济中的企业困境,不断提升论坛的影响力和高端化,推动困境企业救治服务理念在中国企业界的全面展开及深入实施。

7月15日,中小企业融资战略与CFO价值论坛在北京举行。中小企业融资战略与CFO价值论坛是《新理财》杂志社主办的第九届中国CFO高峰论坛,有各部委主管领导、经济学家、知名CFO参会,为企业家详解世界经济对中国的影响、中国的经济政策走向、汇率波动对企业融资的成本战略考量、股权投资的估值与CFO价值、企业并购与重组中CFO的战略价值、私募债运作探秘、新三板的战略机会与风险等话题。

7月18日,天津市出台《关于做好促进普通高等学校毕业生就业工作的意见》,进一步支持高校毕业生就业创业。在拓宽就业渠道方面,鼓励高校毕业生到民营企业、非公有制经济组织就业。对小型、微型企业招用高校毕业生并与其签订1年以上劳动合同的,给予1年社会保险补贴;对初创期的科技型中小企业招用高校毕业生并与其签订1年以上劳动合同的,给予1年岗位补贴和社会保险补贴;对企业招用就业困难的高校毕业生的,给予1年岗位补贴和3年的社会保险补贴。

7月18日,湖南省出台《关于鼓励支持劳动密集型企业和中小微型企业吸纳就业的若干措施》(湘政办发〔2013〕41号),就劳动密集型企业和中小微企业给予一次性岗位补贴和社会保险补贴、提供小额担保贷款及贴息、给予职业培训和就业见习补贴、实行养老保险缴费费率过渡试点等方面做出规定。

7月23日,国家发改委发布《关于加强小微企业融资服务 支持小微企业发展的指导意见》（发改财金〔2013〕1410号）。《意见》指出,要确保符合条件的创业投资企业及时足额享受税收优惠政策,继续加大国家新兴产业创投计划实施力度,加紧制定鼓励财政出资的股权投资企业、产业投资基金支持小微企业的政策措施,进一步完善"统一组织,统一担保,捆绑发债,分别负债"的中小企业集合债券相关制度设计,扩大小微企业增信集合债券试点规模,鼓励发行企业债券募集资金投向有利于小微企业发展的领域,清理规范涉及企业的基本银行服务费用,完善银行收费定价机制。

7月24日,国务院常务会议,决定从2013年8月1日起,对小微企业中月销售额不超过2万元的增值税小规模纳税人和营业税纳税人,暂免征收增值税和营业税,并抓紧研究相关长效机制。

## 8月

8月1日起,为进一步扶持小微企业发展,经国务院批准,对增值税小规模纳税人中月销售额不超过2万元的企业或非企业性单位,暂免征收增值税;对营业税纳税人中月营业额不超过2万元的企业或非企业性单位,暂免征收营业税。

8月2日,国家发改委办公厅印发《关于进一步改进企业债券发行工作的通知》（发改办财金〔2013〕1890号）。《通知》指出,要按照完善制度、公开透明、简化手续、优化程序、在线运行、限时办结、权责对等、严控风险、探索创新的基本原则,经广泛征求意见和认真研究,决定将地方企业申请发行企业债券预审工作委托省级发展改革部门负责。

8月8日,国务院办公厅发布《关于金融支持小微企业发展的实施意见》（国办发〔2013〕87号）。《意见》指出,要确保实现小微企业贷款增速和增量"两个不低于"的目标,加快丰富和创新小微企业金融服务方式,着力强化对小微企业的增信服务和信息服务,积极发展小型金融机构,大力拓展小微企业直接融资渠道,切实降低小微企业融资成本,加大对小微企业金融服务的政策支持力度,全面营造良好的小微金融发展环境。

8月8日,重庆审议通过《重庆市人民政府关于进一步支持小微企业健康发展的实施意见》。《实施意见》提出,要加大对小微企业信贷倾斜,切实缓解小微企业融资困难;要按照国家要求,推动结构性减税,落实国家对小微企业的各种税收优惠政策,减轻小微企业税费负担;要认真帮助解决小微企业用工问题,加大对小微企业的财政支持力度;要为小微企业营造良好发展环境,切实解决小微企业的实际困难。

8月8日,四川省政府办公厅印发《2013年下半年工业经济稳增长八条措施》,全力推动工业经济稳中有进、稳中有为,力争完成全年规模以上工业增加值增长14%的预期目标。《措施》提出,加大力度推进重大产业发展项目建设。四川省政府提前下达技改贴息资金1亿元，主要对今年下半年工业投资项目进行贴息，确保全年全省技术改造投资达到4600亿元。着力推进174个省政府重点工业项目，力争完成600亿元年度投资计划。

8月9日，全国工商联小微企业发展座谈会召开，工业和信息化部党组书记、部长苗圩带队参会，听取小微企业发展情况和意见与建议。工信部办公厅、中小企业司、规划司、产业政策司、科技司、信息化推进司、直属机关党委及部中小企业发展促进中心的相关负责同志参加了座谈会。

8月12日，国务院办公厅发布《国务院办公厅关于金融支持小微企业发展的实施意见》，意见指出，小微企业是国民经济发展的生力军，它对于稳定经济增长、扩大就业起着重要的作用。因此国务院要求继续坚持"两个不低于"的小微企业金融服务目标，支持在小微企业集中的地区设立村镇银行、贷款公司等小型金融机构。

8月13日，2013年中国民营经济发展（长白山）论坛在吉林省白山市召开。本次论坛由全国工商联、吉林省人民政府共同主办。吉林省省委书记王儒林和中央统战部副部长、全国工商联党组书记、第一副主席全哲洙在开幕式上致辞。全国工商联和国家有关部委领导、知名专家学者，吉林省有关部门和各市州主要负责人，国内著名民营企业家及吉林省重点企业和民营企业负责人共300余人出席。

8月15日，工业和信息化部、财政部、海关总署、国家税务总局公布享受科技开发用品进口税收优惠政策的国家中小企业公共服务示范平台名单（第二批）。

8月16日，四川省印发《关于鼓励和支持民营经济又好又快发展的若干政策措施》（川府发〔2013〕44号）。《措施》规定，需就财政资金、财政政策、税收、信贷、直接融资渠道、用地、人才等方面给予民营企业支持。农民专业合作社参照执行这一系列扶持政策。

8月21日，财政部、国家税务总局印发《关于暂免征收部分小微企业增值税和营业税的通知》（财税〔2013〕52号）。《通知》将销售额或营业额的含义、季度申报销售额或营业额的确定、代开发票等问题做了进一步明确。

8月22日，淘汰落后产能工作经验交流会在南京召开，会议由工业和信息化部产业政策司主办，江苏、山东、浙江、安徽等16省（区、市）参加经验交流会。工业和信息化部党组成员、总工程师朱宏任出席会议并讲话，产业政策司副司长辛仁周主持会议。

## 9月

9月7日，第20次APEC中小企业部长会议在印度尼西亚巴厘岛召开。工业和信息化部党组成员、总工程师朱宏任出席会议并作题为"加强合作 优化环境 促进中小企业提升国际市场开拓能力"的发言。会议通过了第 20 次 APEC 中小企业部长会议联合声明。来自 APEC 21 个经济体的代表团参加了会议。会议由印度尼西亚中小企业与合作社国务部部长沙里夫·哈桑主持。工业和信息化部中小企业司司长郑昕、国际合作司副司长赵永红等出席会议。

9 月 9 日,青海省制定并下发《青海省千家中小微企业培育工程实施意见》。《意见》指出,择优选择 1 000 家具有发展潜力、特色鲜明的中小微企业开展重点培育,全面提升中小微企业发展质量和水平。到 2015 年,实现千家企业主营业务收入年均增幅超过 20%,完成增加值年均增幅超过 20% 的"双 20"目标。

9 月 14 日,国家发改委印发《关于开展全国涉企收费专项检查的通知》(发改价监〔2013〕1779 号),在全国范围内部署开展涉企收费专项检查工作。《通知》指出,应结合政府职能转变工作,以国家减轻企业负担政策为主线,严肃查处国家明令取消及免征的收费项目继续收费的;商业银行在贷款过程中强制收费、以捆绑等方式变相强制收费,只收费不服务、少服务的;擅自将已取消的行政事业性收费转为经营服务性收费继续收取的;行业协会利用行政职能强制入会并收取会费等乱收费问题。

9 月 14 日,中德政府合作培训项目指导委员会第五次工作会在北京召开。会议听取了项目执行机构中国中小企业发展促进中心和德国国际合作机构关于项目实施情况的报告,中德双方对培训项目进行了评估和总结,并就进一步加强合作交换了意见。会议由工业和信息化部中小企业司副司长田川与德国联邦经济和技术部司长卡尔文德凌共同主持。

9 月 15 日,2013 中国—阿拉伯国家博览会隆重举行,此次博览会由工业和信息化部、宁夏回族自治区人民政府和阿拉伯工业发展和矿业组织共同主办,论坛由工信部中小企业司司长郑昕主持。

9 月 24 日,工业和信息化部党组成员、总工程师朱宏任到工信部电子第五研究所调研,并与电子五所领导和部分中层干部座谈。

9 月 25 日,第十届中国国际中小企业博览会在广州隆重开幕,本次论坛由工业和信息化部、国家发展和改革委员会、财政部、国家工商行政管理总局、国家质量监督检验检疫总局、中国银行业监督管理委员会、广东省人民政府以及联合主办国印度尼西亚、联合主办组织联合国南南合作办公室共同主办。本次中博会共有展示面积 10 万平方米,展区展位达到 5 135 个,参展企业和机构 2 852 家。其中境内展位 4 035 个,参展企业 2 410 家,涉及绿色食品、汽车零部件及用品、节能环保技术产品、应急技术产品、智能制造与装备、珠宝及工艺品等行业,来自全国的小企业和服务机构围绕"节能、环保、低碳、绿色"重点展示了"专、精、特、新"产品、技术和服务;境外展位 1 100 个,参展企业和机构 442 家,分别来自印度尼西亚、乌干达、泰国、日本、赞比亚、尼日利亚、肯尼亚等36个国家（组织）和地区。

9月25日，第十届中博会中国中小企业高峰论坛在广州举行。工业和信息化部党组成员、总工程师朱宏任出席论坛并致辞。广东省副省长刘志庚、联合主办方印度尼西亚中小企业与合作社国务部部长高级顾问哈桑·加哈里、联合国南南合作办公室局长周一平分别出席论坛并致辞。墨西哥企业家局局长恩里克·雅各布·罗察、中方各主办单位领导、各国驻穗总领事馆代表以及来自全国各省（自治区、直辖市）、广东各地市中小企业主管部门和企业界、商协会的代表参加了论坛。

9月26日，国务院办公厅印发《关于政府向社会力量购买服务的指导意见》（国办发〔2013〕96号）。《指导意见》要求规范有序开展政府向社会力量购买服务工作，要进一步明确购买主体、承接主体、购买内容，建立健全购买机制、资金管理和绩效管理。各级政府要加强组织领导、健全工作机制、严格监督管理、做好宣传引导，确保确定的目标任务顺利完成。

9月26日，中小企业信息化应用推广活动暨中小企业信息化论坛在广州隆重举行，此次论坛为第十届中国国际中小企业博览会重要活动之一。本届论坛的主题是"深化信息技术应用 扶助小微企业成长"。论坛由第十届中博会组委会主办，中国中小企业信息网承办。工业和信息化部中小企业司副司长许科敏、广东省经济和信息化委员会总工程师陈少媚以及各省市中小企业管理部门、行业协会、信息化服务厂商、中小企业代表等200多人参加论坛。

9月30日，重庆市政府正式发布《关于进一步支持小型微型企业健康发展的实施意见》（渝府发〔2013〕70号）。《意见》指出，将从融资、税负、用工、财政、创业环境等5个方面对小微企业予以进一步扶持，以激发民间创业活力、优化发展环境、支持小微企业做优做强。

**10月**

10月9日，重庆市高级人民法院出台《关于审理涉及小额贷款公司、担保公司、典当行商事案件若干问题的解答》（渝高法〔2013〕245号），指出通过明确不同经营行为效力和司法保护范围，积极引导和规范三类企业经营行为。《解答》中明确规定，对三类企业业务范围内的合法经营将予以保护。

10月10日起，国家发改委部署开展全国涉企收费专项检查，检查的范围是具有涉企收费行为的政府部门（含下属单位）及行业2012年以来的收费行为，重点对建设、交通、环保、工商、消防、商业银行等部门和行业开展检查。其中，突出对涉及中小微企业乱收费行为的查处。

10月14日，第七届中国中小企业节在西安开幕，由中国中小企业协会和西安市人民政府共同主办。本届中国中小企业节以"优化环境、创新升级"为主题，并举办中国中小企业发展高峰论坛,发布2013年中国企业创新成果和优秀中小企业服务商评选结果,发布《中国中小企业蓝皮书》。全国人大常委会原副委员长顾秀莲、中国中小企业协会会长李子彬、陕西省有关领导出席开幕式。

10月15日,由汇付天下举办的"汇付天下行"活动在成都举办。本次活动以"创新金融服务四川小微企业"为主题,如何为成都小微企业创造良好的发展环境、做好配套金融服务成为此次活动讨论的焦点。汇付天下和中国建设银行、招商银行、民生银行、平安银行、广发银行、成都农商行、德阳银行等共同探索服务之道。10月,汇付天下首批获得国家外汇管理局跨境支付全业务试点牌照,可开展包括货物贸易、留学教育、航空机票及酒店住宿等跨境支付全业务试点。

10月16日,财政部、国家发改委发布《关于公布取消314项行政事业性收费的通知》,对各省(自治区、直辖市)设立的行政事业性收费项目进行了全面清理,决定取消一批行政事业性收费。自2013年11月1日起,取消314项各省(自治区、直辖市)设立的行政事业性收费。

10月16日,重庆市工商局与市中小企业局正式签署《联合帮扶成长型微型企业合作协议》,将首批1 000户达到《中小企业划型标准规定》的成长型微企纳入联合帮扶范畴,实现微企和中小企业扶持政策无缝对接。

10月25日,国务院召开国务院常务会议,决定放宽公司注册资本登记门槛,除法律、法规另有规定外,取消有限责任公司最低注册资本3万元、一人有限责任公司最低注册资本10万元、股份有限公司最低注册资本500万元的限制;不再限制公司设立时股东(发起人)的首次出资比例和缴足出资的期限。公司实收资本不再作为工商登记事项。这一措施将进一步激活中小微企业的活力。

10月29日,四川省中小企业发展中心与西南联交所签署合作共建四川省中小企业产权交易市场的战略合作协议,这意味着四川省中小企业产权交易市场的创建工作正式启动。

## 11月

11月4日,陕西省首家中小企业创业工坊在陕西省中小企业平台正式运行。该平台由陕西省中小企业服务中心、陕西和泰投资管理企业、西安惠民商务信息咨询有限公司共同发起成立。工坊主要涉及创业投资及相关服务,包括创业项目的收集、评价对接,创业培训、创业辅导、创业投资、组织创业大赛等。

11月4日,国家发改委、工业和信息化部召开贯彻落实国务院关于化解产能严重过剩矛盾的指导意见电视电话会议,全面贯彻落实国务院《关于化解产能严重过剩矛盾的指导意见》。

11月5日,2013中国(贵州)非公有制经济发展论坛在贵州省毕节市隆重开幕,会议由中国民主建国会中央委员会、工业和信息化部、贵州省人民政府共同主办。来自30多个省（自治区、直辖市）的民建会员和企业代表共300余人参加了论坛。本次论坛共签约项目24个，项目涉及工业、农业、旅游业等产业，签约总金额370.18亿元；捐赠救护车30辆、青光眼治疗设备10台。

11月8日，2013年中国小微金融高峰论坛在北京召开。本次论坛就小微金融的现状及出路、小微企业为什么融资难、小微金融是中国经济转型必不可少的润滑剂等问题进行了剖析和探讨，同时对利率市场化背景下，小微金融的机遇与挑战、小微金融中的银行角色定位等进行了主题讨论。同时，本次峰会发布了《2013中国小微金融发展报告》，并公布了小微金融排行榜暨获奖机构。

11月9—12日，中共中央召开十八届三中全会，明确提出允许具备条件的民间资本成立中小型银行，将对解决中小企业融资难、融资贵问题带来决定性的变化。

11月11日，工业和信息化部在四川省成都市召开部分省市中小企业公共服务平台网络建设工作座谈会。工信部党组成员、总工程师朱宏任出席并作了"大力推进平台网络建设 促进中小企业健康发展"的重要讲话，部分首批平台网络建设省作了现场演示汇报，参会省市中小企业主管部门就各地中小企业公共服务平台网络建设情况作了交流发言。会议由中小企业司司长郑昕主持，副司长许科敏、副巡视员韦向群以及相关处室负责同志参加会议。

11月13日，2013中国小微企业创业案例大赛在北京举办。本次大赛由《经济观察报》、经济观察网、经济观察研究院主办。此次大赛在公开、公正、透明的原则下进行，专家评委会由经济学家、学者等重量级人物组成。共评选出11家最优秀案例，包括上海蒙特梭利教育、苏州加减乘除家居有限公司等。

11月19日，根据第五轮中美战略与经济对话成果清单和《中美中小企业合作与发展谅解备忘录》，第一次中美中小企业政策对话会议在北京召开。会议由工业和信息化部中小企业司司长郑昕和美国商务部副助理部长艾伦共同主持。

11月21日，广东省政府印发《关于进一步扶持中小微企业发展和民营企业做大做强的意见》（粤府〔2013〕115号）。《意见》对全省民营骨干企业采取了一系列扶持措施，同时，《意见》支持民间资本在符合准入条件、承诺自担风险的前提下探索发起设立民营银行等民营金融机构。

11月22日，海南省人力资源和社会保障厅、省财政厅共同印发《海南省创业孵化基地认定和管理暂行办法》，海南省将采取"政府引导扶持、市场机制运作"扶建一批创业孵化基地。创业孵化基地将为孵化企业提供创业场地和基本办公条件，协调相关部门落实鼓励创业优惠政策和其他扶持措施，以及协助孵化企业办理开业手续，提供创业培训、创业指导、政策和信息咨询及有关代理服务。

11月26日，辽宁省第十二届人大常委会第五次会议听取并审议《辽宁省中小微企业权益保护条例(草案)》。《条例》规定,任何单位和个人不得强制或变相强制中小微企业缴纳活动经费及其他费用,不得要求中小微企业无偿或者廉价提供劳务,不得无偿占用中小微企业财务,不得侵害中小微企业知识产权或未经其允许而公开涉及商业秘密的信息,不得向中小微企业摊派、索要赞助以及强制其捐赠捐献或参加商业保险。

11月29日,工业和信息化部中小企业司在郑州召开中小企业发展工作座谈会。工业和信息化部中小企业司司长郑昕、副司长吴义国等一行8人出席座谈会,河南省工业和信息化厅中小企业服务局局长沈超出席并主持会议。郑州市中小企业服务局、洛阳市、新乡市、许昌市、周口市工信局主要领导,省食品协会、纺织协会、服装协会主要负责人,以及8家中小企业代表、6家中小企业服务机构、6家融资性担保机构参加了座谈会。

## 12月

12月2日,重庆市工商局、市人力社保局、市财政局联合出台《关于做好微型企业社会保险补贴工作的通知》(渝人社发〔2013〕242号)。《通知》指出,重庆市微型企业招用城乡劳动力,与其签订1年以上期限劳动合同,按规定参加社会保险并按时足额缴纳社会保险费的,可享受社会保险补贴。微型企业招用就业困难人员和登记失业高校毕业生已享受相关社会保险补助的不重复享受。

12月4日,财政部发布《关于做好政府购买服务工作有关问题的通知》。《通知》指出,要充分认识推进政府购买服务工作的重要性和紧迫性,积极有序推进政府购买服务工作,切实加强对政府购买服务工作的组织实施。

12月9日,中小企业信息化工作交流座谈会在北京召开,会议由工业和信息化部组织召开。部党组成员、总工程师朱宏任,中小企业司司长郑昕,副司长许科敏、吴义国出席座谈会。座谈会由郑昕司长主持。来自天津、浙江、山东、湖北、贵州、陕西6省市中小企业管理部门相关负责同志,以及12家中小企业信息化服务商代表参加座谈会。

12月13日,国务院发布《关于全国中小企业股份转让系统有关问题的决定》(国发〔2013〕49号)。《决定》指出,要充分发挥全国股份转让系统服务中小微企业发展的功能,建立不同层次市场间的有机联系,简化行政许可程序,建立和完善投资者适当性管理制度,加强事中、事后监管,保障投资者合法权益,并加强协调配合,为挂牌公司健康发展创造良好环境。

12月13日,四川省政府金融办、上海证券交易所、深圳证券交易所联合举办四川省中小企业私募债券培训会议,以贯彻落实国家和四川省有关支持中小企业发展举措,拓宽中小企业融资渠道,推动四川中小企业私募债券工作,更好地服务实体经济发展。四川省政府与上海证券交易所、深圳证券交易所签署《中小企业私募债券业务试点合作备忘录》。

12月18日,山西省中小企业局与省科学技术协会,就促进中小微企业创新发展签订战略合作协议。双方将在提供技术创新公共服务、推广先进科技成果等6个方面开展多层次、宽领域合作,进一步激发中小微企业创新活力,努力构建具有山西特色的中小微企业创新发展体系。

12月19—20日,2013 APEC中小企业峰会在深圳隆重举行,就我国民营经济发展过程中的重大问题进行了深入探讨。本届峰会由中国国际贸易促进委员会、APEC工商咨询理事会和APEC中国工商理事会共同主办,外交部、商务部和中国中小企业国际合作协会联袂支持,APEC中国工商理事会秘书处、中国中小企业国际合作协会会员发展与服务中心、APEC中小企业服务联盟携手承办,中亚电子博览中心倾情协办。峰会以"创新不止"为主题,围绕"科技创新"、"互联网新金融"、"市场细分"、"跨国企业发展"、"健康产业"、"品牌构建"、"文化与商业"等焦点议题进行了探讨。

12月24日,由江苏省经信委、省中小企业局牵头建设的江苏省中小企业公共服务平台网络正式开通。该平台网络设有全省服务呼叫热线"96186",63家分布在江苏省各地的窗口平台集聚了上百家联动机构,能为江苏省150多万家中小企业提供融资担保、管理咨询等与企业经营发展相关的实时、贴心服务。

12月25日,国务院办公厅发布《关于进一步加强资本市场中小投资者合法权益保护工作的意见》(国办发〔2013〕110号)。《意见》指出,要健全投资者适当性制度,优化投资回报机制,保障中小投资者知情权,健全中小投资者投票机制,建立多元化纠纷解决机制,健全中小投资者赔偿机制,同时加大监管和打击力度,强化中小投资者教育,完善投资者保护组织体系。

# 参 考 文 献

1. Ai-Rafee S, Cronan T P. Digital piracy: factors that influence attitude toward behavior[J]. Journal of Business Ethics, 2006, 63(3):237—259.

2. Ajzen I, Madden T J. Prediction of goal-directed behavior: attitudes, intentions, and perceived behavioral control[J]. Journal of Experimental Social Psychology, 1986, 22(5):453—474.

3. Ajzen I. The theory of planned behavior[J]. Organizational Behavior and Human Decision Processes, 1991, 50(2):179—211.

4. Al-Somali S A, Gholami R, Clegg B. An investigation into the acceptance of online banking in saudi arabia[J]. Technovation, 2009, 29(2):130—141.

5. Ang J S, Cole R A, Lin J W. Agency costs and ownership structure[J]. The Journal of Finance, 2000, 55(1):81—106.

6. Arundel A, Bordoy C, Kanerva M. Neglected innovators: how do innovative firms that do not perform R&D innovate? Results of an analysis of the innobarometer 2007 survey No. 215[R]. Brussels: European Commission, INNO-Metrics Thematic Paper, 2008.

7. Bakan I, Yildiz B. Innovation strategies and innovation problems in small and medium-sized enterprises: an empirical study[M]// Aydogan N. Innovation Policies, Business Creation and Economic Development. New York: Springer, 2009.

8. Baysinger B D, Kosnik R D, Turk T A. Effects of board and ownership structure on corporate R&D strategy[J]. Academy of Management Journal, 1991, 34(1):205—214.

9. Bebchuk L A, Fried J M. Executive compensation as an agency problem[J]. Journal of Economic perspectives, 2003(17):71—92.

10. Benmelech E, Kandel E, Veronesi P. Stock-based compensation and CEO (dis) incentives[J]. The Quarterly Journal of Economics, 2010, 125(4):1769—1820.

11. Chau R Y K, Hu P J H. Investigating healthcare professionals, decisions to accept telemedicine technology: an empirical test of competing theories[J]. Information & Management, 2002, 39(4):297—311.

12. Chen Lin, Ping Lin, Frank M Song, Chuntao Li. Managerial incentives, CEO characteristics and corporate innovation in Chinas private sector[J]. Journal of Comparative Economics, 2011(39):176—190.

13. Coleman V I, Borman W C. Investigating the underlying structure of the citizenship performance domain[J]. Human Resource Management Review, 2000, 10(1):25—44.

14. Conner M, Lawton R, Parker D, et al. Application of the theory of planned behavior to the prediction of objectively assessed breaking of posted speed Limits[J]. British Journal of Psychology, 2007,98(3):429—453.

15. Eagly, Chaiken. The Psychology of Attitudes[M]. Fort Worth, TX: Harcourt Brace Jovanovich,1993.

16. Edmans A., Gabaix X., Mlandier A. A multiplicative model of optimal CEO incentives in market equilibrium[J]. Review of Financial Studies,2009,22(12):4881—4917.

17. Elliott M A, Armitage C J, Baughan C J. Using the theory of planned behavior to predict observed driving behavior[J]. British Journal of Social Psychology,2007,46(1):69—90.

18. Evangelista R, Mastrostefano V. Firm size, sectors and countries as sources of variety in innovation[J]. Economics of Innovation and New Technology, 2006,15(3):247—270.

19. Festinger L. A Theory of Cognitive Dissonance [M]. Stanford, CA: Stanford University Press,1957.

20. Fishbein M, Ajzen I. Belief, Attitude, Intention and Behavior: An Introduction to Theory and Research[M]. Reading, MA: Addison-Wesley,1975:12—18.

21. Fisher D. The demonstration effect revisited[J]. Annals of Tourism Research,2004,31(2): 428—446.

22. Fritsch M. Does R&D-cooperation behavior differ between regions?[J]. Industry and Innovation,2003,10(1):25—39.

23. Jensen, M C, and Meckling, W H. Theory of the firm: managerial behavior, agency costs and ownership structure [J]. Journal of Financial Economics,1976,3(4):305—360.

24. Jirl Klemes, Ferenc Frideler. Advances in process integration, energy saving and emissions reduction[J]. Applied Thermal Engineering,2010(1):1—5.

25. Kang H, Hahn M, Fortin D R, et al. Effects of perceived behavioral control on the consumer usage intention of e-coupons[J]. Psychology & Marketing,2006,23(10):841—864.

26. Kraft P, Rise J, Sutton S. Perceived difficulty in the theory of planned behavior, perceived behavioral control or affective attitude[J]. British Journal of Social Psychology,2005,44(3):479—496.

27. Lean O K, Zailani Suhaiza R T, et al. Factors influencing intention to use e-government services among citizens in Malaysia[J]. International Journal of Information Management,2009,29(6): 458—475.

28. Lim H, Dubinsky A. The theory of planned behavior in ecommerce: making a case for interdependencies between salient beliefs[J]. Psychology & Marketing,2005,22(10):833—855.

29. Milorad Bojic, Panos Mourdoukoutas. Energy saving does not yield $CO_2$ emissions reductions: the case of waste fuel use in a steel mill[J]. Applied Thermal Engineering, 2000(11):963—975.

30. Narula R. R&D collaboration by SMEs: new opportunities and limitations in the face of globalisation[J]. Technovation,2004,24(2):153—161.

31. NEGASSI S. R&D co-operation and innovation a microeconometric study on French firms

[J]. Research Policy,2004(33):365—384.

32. Organ D W. Organizational citizenship behavior:its construct clean-up time[J]. Human Performance,1997,10(2):85—97.

33. Penrose E. T. The growth of the firm-a case study:the Hercules Powder company [J]. Business History Review,1960,34(1):1—23.

34. Philip R,Fai T F. The nature of SME co-operation and innovation:a multi-scalar and multi-dimensional analysis[J]. International Journal of Production Economics,2013,141:316—326

35. Pinto H,Guerreiro J. Novation regional planning and latent dimensions:the case of the algarve Region[J]. The Annals of Regional Science,2010(2):315—329.

36. Podsakoff P M,Mackenzie S B,Paine J B,et al. Organizational citizenship behaviors:a critical review of the theoretical and empirical literature and suggestions for future research[J]. Journal of Management,2000,26(3):513—563.

37. Pool J. Differentiating among motives for norm conformity[J]. Basic and Applied Social Psychology,1998,29(1):47—60.

38. Riddel M,Schwer R K. Regional innovative capability with endogenous employment:empirical evidence from the U. S. [J]. The Review of Regional Studies,2003(1):73—84.

39. Sawers J L,Pretorius M W,Oerlemans L A G. Safeguarding SMEs dynamic capabilities in technology innovative SME-large company partnerships in South Africa[J]. Technovation,2008,28(4):171—182.

40. Scott S G,Bruce R A. Determinants of innovative behavior:a path model of individual innovation in the workplace[J]. Academy of Management Journal,1994,37(3):580—607.

41. Sheeran P,Norman P,Orbell S. Evidence that intentions based on attitudes better predict behaviour than intentions based on subjective norms[J]. European Journal of Social Psychology,1999,29(2—3):403—406.

42. Som O. Innovation Without R&D:Heterogeneous Innovation Patterns of Non-R&D-Performing Firms in the German Manufacturing Industry[M]. Germany:Springer DE,2011.

43. Taylor S,Todd,P A. Decomposition and crossover effects in the theory of planned behavior:a study of consumer adoption intentions[J]. International Journal of Research in Marketing,1995,12(2):137—155.

44. Vandewalle D,Van Dyne L,Kostova T. Psychological ownership:an empirical examination of its consequences[J]. Group and Organization Management,1995,20(2):210—226.

45. Williamson O E. Economic Institutions of Capitalism[M]. New York:Frss Press,1985.

46. Zabala-Iturriagagoitia J M,Gutierrez-Gracia V P A,Saez F J. Regional innovation systems:how to assess performance[J]. Regional Studies,2007(5):661—672.

47. Zucker L G,Darby M R,Brewer M B,et al. Collaboration structure and information dilemmas in biotechnology:organizational boundaries as trust production[A]. Kramer R M,Tyler T M. Trust in

Organizations:Frontiers of Theory and Research[C].Newbury Park,CA:Sage Publications,1996:90—113.

48. 阿德纳.创新的生态系统风险[J].哈佛商业评论:中文版,2006(8):44—58.

49. 曹丽荣.科技型中小企业专利工作现状及政策建议——基于上海市科技型中小企业实证调研的思考[J].科技进步与对策,2011(12):32—36.

50. 曾春华,胡国柳.治理环境、终极股东控制与公司并购绩效[J].商业经济与管理,2013(9):68—77.

51. 陈菲琼,任森.创新资源集聚的主导因素研究:以浙江为例[J].科研管理,2011,32(1):89—96.

52. 陈曦,宋合义,薛贤.价值认同对程序公平与组织公民行为之间关系的作用研究[J].科学学与科学技术管理,2012,33(9):135—144.

53. 陈晓红,李玉环,曾江洪.管理层激励与中小上市公司成长性实证研究[J].科学学与科学技术管理,2007(7):134—140.

54. 程柯,孙慧.产权性质、管理层持股与代理效率——基于随机前沿模型的度量与分析[J].山西财经大学学报,2012,(10):97—105.

55. 池仁勇,金陈飞.中小企业发展对城乡收入差距的影响机制研究——基于劳动力市场分割的视角[J].经济社会体制比较,2014(2):221—228.

56. 池仁勇,叶倩倩.台湾中小企业辅导政策研究[J].科技进步与对策,2014(4):100—105.

57. 丑建忠,黄志忠,谢军.股权激励能够抑制大股东掏空吗?[J].经济管理,2008(17):48—53.

58. 邓新明.中国情景下消费者的伦理购买意向研究——基于TPB视角[J].南开管理评论,2012,15(3):22—32.

59. 窦亚芹,李秀真,吴文杰.江苏科技型中小企业自主创新的金融支持研究[J].科技管理研究,2014(2):6—10.

60. 冯根福.双重委托代理理论:上市公司治理的另一种分析框架——兼论进一步完善中国上市公司治理的新思路[J].经济研究,2004(12):16—25.

61. 傅颀,邓川.高管控制权、薪酬与盈余管理[J].财经论丛,2013(4):66—72.

62. 高雷,张杰.公司治理、盈余管理与企业成长[J].经济理论与经济管理,2009(12):53—59.

63. 耿新,张体勤.企业家社会资本对组织动态能力的影响[J].管理世界,2010(6):109—121.

64. 顾远东,彭纪生.创新自我效能感对员工创新行为的影响机制研究[J].科研管理,2011,32(9):63—73.

65. 郭丽娟,仪彬,关蓉等.简约指标体系下的区域创新能力评价——基于主基底变量筛选和主成分分析方法[J].系统工程,2011,29(7):34—40.

66. 韩一杰,刘秀丽.基于超效率DEA模型的中国各地区钢铁行业能源效率及节能减排潜力分析[J].系统科学与数学,2011(3):287—298.

67. 汉森,伯金肖.创新价值链[J].哈佛商业评论:中文版,2008(4):36—49.

68. 郝臣.中小企业成长:外部环境、内部治理与企业绩效——基于23个省市300家中小企业的经验数据[J].南方经济,2009(9):3—12.

69. 何文强,汪明星.全要素能源效率的DEA模型评价——基于中国1991—2007年数据的实证检验[J].上海商学院学报,2009(5):92—96.

70. 侯风华,赵国杰.我国东部省市的区域创新能力评价研究[J].科学管理研究,2008,26(2):21—23.

71. 江静.公共政策对企业创新支持的绩效——基于直接补贴与税收优惠的比较分析[J].科研管理,2011,32(1):1—9.

72. 金碚.中国工业的转型升级[J].中国工业经济,2011(7):5—15.

73. 金桂荣,张丽.中小企业节能减排效率及影响因素研究[J].中国软科学,2014(1):126—133.

74. 李柏洲,徐广玉,苏屹.中小企业合作创新行为形成机理研究——基于计划行为理论的解释架构[J].科学学研究,2014(5):777—786.

75. 李东进,吴波,武瑞娟.中国消费者购买意向模型——对Fishbein合理行为模型的修正[J].管理世界,2009(1):121—129.

76. 李世祥,成金华.中国能源效率评价及其影响因素分析[J].统计研究,2008(10):18—23.

77. 李寿喜.产权、代理成本和代理效率[J].经济研究,2007(1):102—113.

78. 林毅夫,孙希芳.银行业结构与经济增长[J].经济研究,2008(3):31—45.

79. 刘沛林,卜华白.金融共生理论及其实际运用价值——袁纯清《金融共生理论与城市商业银行改革》述评[J].北京大学学报(哲学社会科学版),2003(7):153—154.

80. 刘瑞翔.资源环境约束下中国经济效率的区域差异及动态演进[J].产业经济研究,2012(2):43—51

81. 卢加元.中小企业云服务选择风险与应对策略研究[J].南京社会科学,2014(3):57—61.

82. 马慧民,王鸣涛,叶春明.高科技企业知识产权综合实力评价指标体系研究[J].科技进步与对策,2009(3):106—108.

83. 马文聪,朱桂龙,蒋峦.创新是组织公民行为影响绩效的中介变量吗?——基于高科技行业的实证研究[J].科学学研究,2010,28(2):307—315.

84. 马跃如,段斌.董事会特征、高管激励方式与中小企业成长——基于国有样本与民营样本数据的对比研究[J].科学学与科学技术管理,2010(10):180—185.

85. 梅波.行业周期、两类代理冲突与研发费用投入——来自企业和行业层面的证据[J].财经论丛,2013(4):73—80.

86. 南开大学公司治理研究中心公司治理评价课题组李维安等.中国上市公司治理指数与公司绩效的实证分析——基于中国1149家上市公司的研究[J].管理世界,2006(3):104—113.

87. 秦军.科技型中小企业自主创新的金融支持体系研究[J].科研管理,2011,32(1):79—88.

88. 沈骋,邓明然,褚义景.面向资源和环境的企业节能减排评价体系研究[J].武汉理工大学学报,2010,32(4):49—52.

89. 沈红波,寇宏,张川.金融发展、融资约束与企业投资的实证研究[J].中国工业经济,2010(6):55—64.

90. 石榴红,张时森,冯照桢.基于面板数据的上市公司薪酬差距与公司绩效关系研究[J].当代经济科学,2013(4):64—73,126.

91. 石新泓.创新生态系统:IBM Inside[J].哈佛商业评论:中文版,2006(8):60—65.

92. 宋河发,穆荣平,彭茂祥.区域创新能力及其基于熵变计算的建设政策研究[J].科学学研究,2012,30(3):372—379.

93. 孙爱英,李垣,任峰.企业文化与组合创新的关系研究[J].科研管理,2006,27(2):15—21.

94. 孙欣.省际节能减排效率变动及收敛性研究——基于Malmquist指数[J].统计与信息论坛,2010(6):101—106.

95. 唐方成,全允桓.经济全球化背景下的开放式创新与企业的知识产权保护[J].中国软科学,2007(6):58—62.

96. 唐剑,陈颜,梁山.基于竞合博弈的中小企业集群竞争力演化策略[J].西南民族大学学报(人文社科版),2014(3):124—127.

97. 汪健,卢煜,朱兆珍.股权激励导致过度投资吗?——来自中小板制造业上市公司的经验证据[J].审计与经济研究,2013(5):70—79.

98. 汪克亮,杨宝臣,杨力.基于环境效应的中国能源效率与节能减排潜力分析[J].管理评论,2012,24(8):40—50.

99. 王东静,张祥建.利率市场化、企业融资与金融机构信贷行为研究[J].世界经济,2007(2):50—59.

100. 王海峰,罗亚非.基于超效率DEA和Malmquist指数的研发创新评价国际比较[J].科学学与科学技术管理,2010(4):42—49.

101. 王锐淇,张宗益.区域创新能力影响因素的空间面板数据分析[J].科研管理,2010,31(3):17—26.

102. 王霄,张捷.银行信贷配给与中小企业贷款[J].经济研究,2003(7):68—75.

103. 王亚星,叶玲,管亚梅.基于因子分析的民营上市公司可持续增长研究[J].财经理论与实践,2012(6):61—65.

104. 王有志,梅伟,洪青.国外促进中小企业自主创新措施经验及对江苏的启示[J].科技管理研究,2011(7):61—67.

105. 魏楚,沈满洪.能源效率与能源生产率:基于DEA方法的省际数据比较[J].数量经济技术经济研究,2007(9):111—121.

106. 魏守华,禚金吉,何嫄.区域创新能力的空间分布与变化趋势[J].科研管理,2011,

32(4):152—160.

107. 吴文华,康平.法人控股中小上市公司经营者持股与企业绩效——来自深圳市中小企业板的数据[J].经济与管理研究,2007(5):67—71.

108. 吴延兵,米增渝.创新、模仿与企业效率:来自制造业非国有企业的经验证据[J].中国社会科学,2011(4):77—95.

109. 吴志明,武欣.知识团队中变革型领导对组织公民行为的影响[J].科学学研究,2006,24(2):283—287.

110. 武春友,吴琦.基于超效率 DEA 的能源效率评价模型研究[J].管理学报,2009,6(11):1460—1465.

111. 夏玮,刘晓海.中小企业知识产权使用情况分析与政策建议——从中小企业创新现状、分类与模式的角度[J].科学学与科学技术管理,2010(6):148—152.

112. 谢绚丽,赵胜利.中小企业的董事会结构与战略选择——基于中国企业的实证研究[J].管理世界,2011(1):101—112.

113. 谢子远.国家高新区技术创新效率影响因素研究[J].科研管理,2011,32(11):52—58.

114. 徐宁,任天龙.高管股权激励对民营中小企业成长的影响机理——基于双重代理成本中介效应的实证研究[J].财经论丛,2014(4):54—63.

115. 徐向艺,徐宁.金字塔结构下股权激励的双重效应研究——来自中国上市公司的经验证据[J].经济管理,2010(9):59—65.

116. 徐小钦,王艳侠.企业专利实施中若干问题的分析和探讨[J].科学学与科学技术管理,2009(10):123—126

117. 徐珍,孙颖.推进中小企业运用专利制度的探讨——基于浙江省中小企业专利工作的现状[J].科技通报,2010(1):13—20.

118. 姚耀军,董钢锋.中小银行发展与中小企业融资约束——新结构经济学最优金融结构理论视角下的经验研究[J].财经研究,2014(1):105—115.

119. 于鹏飞,李悦,高义学等.基于 DEA 模型的国内各地区节能减排效率研究[J].中国人口·资源与环境,2010,20(3):13—20.

120. 余雅风,郑晓齐.合作创新中企业知识学习行为的制度化研究[J].科研管理,2002,23(5):88—92.

121. 虞群娥,李爱喜.民间金融与中小企业共生性的实证分析——杭州案例[J].金融研究,2007(12):215—222.

122. 郁俊莉,张晓.中小企业融资中的信用能力建设模式[J].统计与决策,2014(6):183—185.

123. 袁纯清.共生理论及其对小型经济的应用研究[J].改革,1998(2):101—105.

124. 张达.工信部:中小企业贡献60% GDP 并创造80%城镇就业[EB/OL]. http://money.163.com/12/0214/20/7Q8H8DUA00252G50.html.

125. 张洁.区域特质、创新模式与提升路径——以河北省科技创新为例[J].中国科技论坛,2012(12):82—85.

126. 张捷.中小企业的关系型借贷与银行组织结构[J].经济研究,2002(6):32—37.

127. 张婧,段艳玲.市场导向对创新类型和产品创新绩效的影响[J].科研管理,2011,32(5):68—77.

128. 张军,易文斐,丁丹.中国的金融改革是否缓解了企业的融资约束?[J].中国金融评论,2008(3):1—14.

129. 张雷,黄园淅.中国产业结构节能潜力分析[J].中国软科学,2008(5):27—54.

130. 张玉明,梁益琳.创新型中小企业成长性评价与预测研究——基于我国创业板上市公司数据[J].山东大学学报(哲学社会科学版),2011(5):32—38.

131. 赵斌,栗虹,李新建等.科技人员创新行为产生机理研究——基于计划行为理论[J].科学学研究,2013,31(2):286—297.

132. 甄峰,黄朝永,罗守贵.区域创新能力评价指标体系研究[J].科学管理研究,2000,18(6):6—8.

133. 郑宝华,演克武,朱佳翔.中国低碳经济下区域全要素生产率研究[J].经济问题探索,2012(1):163—168.

134. 郑兵云,李邃.竞争战略、创新选择与企业绩效[J].科研管理,2011,32(4):59—68.

135. 郑刚,刘仿,徐峰,彭新敏.非研发创新:被忽视的中小企业创新另一面[J].科学学与科学技术管理,2014(1):140—146.

136. 中国科技发展战略研究小组.中国区域创新能力报告[M].北京:科学出版社,2009.

137. 周建,袁德利.公司治理机制与公司绩效:代理成本的中介效应[J].预测,2013(2):18—25.

138. 周仁俊,高开娟.大股东控制权对股权激励效果的影响[J].会计研究,2012(5):50—94.

139. 朱承亮,安立仁,师萍等.节能减排约束下我国经济增长效率及其影响因素——基于西部地区和非期望产出模型的分析[J].中国软科学,2012(4):106—116.

140. 朱红军,何贤杰,陈信元.金融发展、预算软约束与企业投资[J].会计研究,2006(10):64—71.

141. 朱军,徐梦.江苏中小企业融资困境与对策[J].宏观经济管理,2014(2):77—78.